凤凰文库
宗教研究系列

清华大学人文社科振兴基金后期资助项目

中国佛教信仰与生活史

ZHONGGUO FOJIAOXINYANG
YUSHENGHUOSHI

圣凯 著

江苏人民出版社

图书在版编目(CIP)数据

中国佛教信仰与生活史/圣凯著. —南京:江苏人民出版社,2016.9(2021.8重印)
ISBN 978-7-214-19634-7

Ⅰ.①中… Ⅱ.①圣… Ⅲ.①佛教-信仰-研究-中国 Ⅳ.①B949.2

中国版本图书馆CIP数据核字(2016)第228194号

书　　　名	中国佛教信仰与生活史
著　　　者	圣　凯
责 任 编 辑	戴宁宁　金书羽
责 任 校 对	陆诗濛
责 任 监 制	王　娟
装 帧 设 计	刘葶葶
出 版 发 行	江苏人民出版社
地　　　址	南京市湖南路1号A楼,邮编:210009
网　　　址	http://www.jspph.com
照　　　排	江苏凤凰制版有限公司
印　　　刷	江苏凤凰通达印刷有限公司
开　　　本	652毫米×960毫米　1/16
印　　　张	21　插页2
字　　　数	292千字
版　　　次	2016年9月第1版
印　　　次	2021年8月第3次印刷
标 准 书 号	ISBN 978-7-214-19634-7
定　　　价	68.00元

(江苏人民出版社图书凡印装错误可向承印厂调换)

目 录

序论：中国佛教信仰的表达与转化
　——制度史、社会史、文化史的视角与研究史 1
　　一、"整体佛教"与佛教中国化 1
　　二、中国佛教信仰的制度史视角 6
　　三、中国佛教信仰的社会史视角 10
　　四、中国佛教信仰的文化史视角 14

第一章　魏晋南北朝佛教徒的信仰与生活 19
　第一节　佛教忏法的形成 19
　　一、道安的僧尼轨范与悔过法 19
　　二、南北朝的唱导 23
　　三、斋会与悔过 25
　　四、六朝礼忏仪的形成 29
　　五、陈真观与《梁皇忏》的形成 31
　第二节　佛教素食传统的形成 39
　　一、素食传统的经典依据 39
　　二、梁武帝以前僧尼素食的传统 40

三、周颙、沈约的素食思想　44

四、梁武帝《断酒肉文》的思想　48

第三节　南北朝佛教的社邑与慈善事业　59

一、南北朝佛教的社邑　59

二、南北朝佛教的福田思想　62

三、南北朝佛教的慈善事业　64

第四节　南北朝的《法华经》信仰　70

一、《法华经》的三昧思想　71

二、《思惟略要法》的"法华三昧"观法　75

三、《普贤观经》的忏悔思想　76

四、《法华经》信仰的流行情况　78

五、慧思的《法华经安乐行义》　83

第五节　南北朝的药师佛、观音信仰和舍利信仰　88

一、南北朝的药师佛信仰　88

二、南北朝的观世音信仰　92

三、南北朝的舍利信仰　96

第二章　隋唐五代佛教徒的信仰与生活　102

第一节　隋唐佛教的信仰与仪式　102

一、智𫖮与忏法的集大成　102

二、宗密与《圆觉经道场修证仪》　118

三、唐代禅宗的忏法　121

四、道宣与律宗的忏法　129

五、善导与净土礼赞仪　133

六、隋唐的药师道场与药师礼忏仪　142

七、弥勒信仰与弥勒礼忏仪　151

第二节　隋唐的内道场与舍利信仰　156

一、内道场的起源　156

二、杨广的慧日道场、日严寺　158

三、唐代的内道场 167
　　四、隋文帝的舍利信仰 172
　　五、唐代诸帝的舍利信仰 179

第三节　隋唐佛教的社会慈善事业 184
　　一、隋代佛教的慈善事业 184
　　二、唐代的悲田养病坊 186
　　三、唐代寺院的宿房 189

第四节　唐五代的俗讲与变文 193
　　一、唐五代的讲经仪轨 193
　　二、唐五代的俗讲 207
　　三、唐五代时期的转变与变文 208

第三章　宋元佛教徒的信仰与生活 211

第一节　宋元佛教徒的信仰与仪轨 211
　　一、宋代天台宗的忏法制作与实践 212
　　二、宋代华严宗的忏法实践 221
　　三、宋元佛教的社邑与净土结社 229
　　四、涅槃会与《涅槃礼赞文》 232
　　五、水陆法会的演变与发展 240

第二节　宋元佛教的慈善事业 244
　　一、宋代佛教的社会救济事业 244
　　二、宋代佛教的地方公益事业 247

第三节　宋元佛教的放生习俗 249
　　一、放生习俗的渊源 250
　　二、宋以前的放生活动 252
　　三、宋代放生习俗的流行 253

第四章　明清佛教徒的信仰与生活 256

第一节　"蒋山法会"与明太祖整顿瑜伽教 256
　　一、"蒋山法会"的启建与法仪次第 256

二、明太祖的鬼神宗教观与祭祀"礼""时"的要求 262

三、明太祖对经忏佛事的规范与推动 264

第二节 明清佛教经忏佛事与丛林仪轨 268

一、明清佛教经忏佛事的流行与混乱 268

二、明清佛教忏法的制作与完善 271

三、丛林早晚课诵的修订与流行 282

四、明清民国对经忏佛事的反思与批判 288

第三节 明清佛教的慈善事业与放生习俗 296

一、明清佛教的慈善事业 296

二、明清佛教的放生习俗 298

第四节 明清佛教"四大名山"信仰的形成 302

一、"四大名山"出现年代考 303

二、四大名山的信仰内涵 307

三、名山信仰的建构与"边地情结"的克服 314

参考文献 316

后　记 330

序论:中国佛教信仰的表达与转化
——制度史、社会史、文化史的视角与研究史

一、"整体佛教"与佛教中国化

什么是佛教?似乎是一个非常简单的问题。但是,作为流传2600多年的信仰传统,佛教具有丰富的思想、典籍、历史、习俗等。赵朴初在《佛教常识答问》对"佛教"的解释是:

> 佛教,广义地说,它是一种宗教,包括它的经典、仪式、习惯、教团组织等等;狭义地说,它就是佛所说的言教。如果用佛教固有的术语来说,应当叫做"佛法"。①

佛教的核心是佛、法、僧三宝,即信仰、思想、制度等三大要素。所以,佛教是依佛、法、僧三宝为核心与根本而建立的既成宗教,包括释迦以来的教义教理、宗教修行解脱之道,还有共同的宗教信念与生活方式,以及在世界各国各地逐渐形成的宗教文化。"佛"是佛教的"信仰"要素,指佛教创立者释迦牟尼佛,从佛陀的本生故事逐渐引申出佛陀观、佛身

---

① 赵朴初:《赵朴初文集》(上卷),北京:华文出版社,2007年,第571页。

观乃至菩萨信仰、净土信仰,而且引发出佛教信仰的礼仪制度、艺术等;"法"是佛教的"思想"要素,即以四圣谛为核心而衍出的理论思想;"僧"是佛教的"制度"要素,是指信仰、弘扬、实践佛教思想的僧众,同时亦包括信仰佛教的居士团体,依"僧"而有戒律、清规制度及后来中国佛教的罗汉信仰、祖师信仰等。除此之外,从历史与现实来说,佛教作为宗教的社会实体,还具有社会、文化两大层面,这是佛教的外延。所谓"整体佛教",就是指佛教作为整体关联的存在,包含着佛教的三大要素与佛教、社会、文化等三大层面。

现代人类学家史拜罗(Melford E. Spiro)[1]通过研究上座部佛教在缅甸社会的变迁,将佛教分为意识形态系统、仪式系统、僧伽系统,最后还有"佛教与世界"一部分。在佛教的意识形态系统中,分为两大类:一、解脱体系,有"涅槃佛教"(Nibbanic Buddhism)和"业力佛教"(Kammatic Buddhism),"涅槃佛教"是规范性佛教,关心从轮回中解脱出来;"业力佛教"是非规范性的解脱佛教,注重积德消业,以提升人在轮回中的地位;二、非解脱体系,即第三种"消灾佛教"(Apotropaic Buddhism),关注人类在俗世的福利,如治病、防卫夜叉、预防旱灾等。[2]史拜罗从人类学角度,探讨经典的教义与信众的观念之间的互动关系,即宗教观念和一般社会秩序与文化生活间的关系,值得我们重视与借鉴。

所以,佛学研究必须从佛教、佛教与社会、佛教与文化三大层面,进

---

[1] Melford E. Spiro 将宗教定义为"包含与文化所假定的超自然存在相互作用的文化模式化的一套体制",见 Spiro, Melford E.:"Religion: problems of definition and explanation", Michael Banton (ed.), *Anthropological Approaches to the Study of Religion*. ASA Monogrphs 3. London: Tavistock, 1973, p. 96。另外,参考[英]菲奥纳·鲍依(Fiona Bowie):《宗教人类学导论》(*The Anthropology of Religion: An Introduction*),金泽、何其敏译,北京:中国人民大学出版社,第25页。
[2] [美]麦尔福·史拜罗(Melford E. Spiro):《佛教与社会:一个大传统并其在缅甸的变迁》("Buddhism and Society: A Great Tradition and its Burmese Vicissitudes"),香光书乡编译组译,嘉义:香光书乡,2006年,第50页。

行全方位、立体、综合的探讨。一、从佛教自身来说,典籍、信仰、思想、制度构成四大研究领域;二、从佛教与社会来说,政治、经济、慈善公益、社会生活成为四大研究领域;三、从佛教与文化来说,佛教文学、艺术、建筑等都是重要的研究对象。

佛教从印度传入中国,不仅为中国人带来全新的精神世界,更将全新的生活方式移植入中国人的生活世界,丰富了中国人的生活内涵;同时,为中国社会提供全新的动力与影响力,影响着中国人的政治、经济、慈善公益、社会生活等;最后,儒家、道教作为中国人社会生活的"背景",也是佛教发展的"背景",三者之间形成密切的互动关系,冲突、沟通、接受、融合,各美其美,美美与共,共同为中国人的思考与行为提供资源。

研究中国佛教,必须以中国固有的信仰、思想、制度、社会生活、文化心理为"背景",探讨佛教在中国的"转化"、佛教与中国社会、佛教与中国文化等思想议题,即所谓"中国化"的问题。很多学人将"佛教在中国"与"中国的佛教"割裂开,各自强调其主体性,如吕澂先生反对中国佛学是印度佛学的"移植",而提倡"嫁接论"。他说:"中国佛学是印度佛学的'嫁接',所以中国佛学的根子在中国而不在印度。"[①]牟宗三先生在《佛性与般若》一书中强调:

> 佛教并未中国化而有所变质,只是中国人讲纯粹的佛教,直称经论义理而发展,发展至圆满之境界。若谓有不同于印度原有者,那是因为印度原有者如空有两宗并不是佛教经论义理之最后阶段。这不同是继续发展的不同,不是对立的不同。[②]

牟宗三先生的立场,可谓与吕澂先生完全不同,强调中国佛学是印度佛学的"继续发展",这是"移植论"的观点。我们必须注意到,二人所关心

---

① 吕澂:《中国佛学源流略讲》,北京:中华书局,1979年,第4页。
② 牟宗三:《佛性与般若·序》,台北:台湾学生书局,1992年。

对象只是佛教思想——"法",而与佛教的信仰、制度无关。

20世纪中叶,西方汉学家在中国佛教研究方面出现了"同化论"与"转化论"。如荷兰汉学家许理和(Erik Zürcher)的名著《佛教征服中国:佛教在中国中古早期的传播与适应》①,1998年刚在中国译出后,因为书名取消副标题,从而引起一场"佛教征服中国"还是"中国征服佛教"的讨论。② 但是,我们发现许理和"Conquest"的本意是指佛教在中国传播与调整过程中"克服"了种种困难得到发展而言,并无汉字"征服"的意思——一种主体性的改变。许理和在书中提到:

> 佛教不是并且也从未自称为一种"理论",一种对世界的阐释;它是一种救世之道,一朵生命之花。它传入中国不仅意味着某种宗教观念的传播,而且是一种新的社会组织形式——修行团体即僧伽(saṇgha)的传入。对于中国人来说,佛教一直是僧人的佛法。因佛寺在中国的存在所引起的作用与反作用力、知识分子(intelligentsia)和官方的态度、僧职人员的社会背景和地位,以及修行团体与中古中国社会逐步整合(integration),这些十分重要的社会现象在早期中国佛教的形成过程中都起到了决定性的作用。③

该书概述了公元5世纪以前佛教传入中国的历史,以及它与中国文化互相适应的过程,从文化史的角度分析佛教与中国士阶层之间的冲突与融合,最终被中国社会所接受的历史。佛教与儒家政治、宗法伦理以及夷夏论相冲突,最终宗法社会能够允许出家僧团的存在,这不仅是思想层面的融入,更是社会组织制度互相之间的"克服"与"整合"。

---

① Erik Zürcher, *The Buddhist Conquest of China: The Spread and Adaptation of Buddhism in Early Medieval China.* Leiden: E. J. Brill, 1959.
② 2003年重版则加上副标题,见[荷]许理和:《佛教征服中国:佛教在中国中古早期的传播与适应》,李四龙、裴勇等译,南京:江苏人民出版社,2003年。
③ [荷]许理和:《佛教征服中国:佛教在中国中古早期的传播与适应》,李四龙、裴勇等译,南京:江苏人民出版社,1998年,第2页。

1973年，陈观胜（Kenneth Ch'en）出版了一部著作《佛教的中国转化》，分别从伦理生活、政治生活、经济生活、文学生活与教育社会生活等五个方面，分析佛教进入中国以后的适应与转变（Transformation）过程。① 葛兆光援引该书的提法，对许理和的结论提出了疑问。他在《七世纪前中国的知识、思想与信仰世界》中说：

> 从五至七世纪的思想史进程来看，似乎并不是佛教征服了中国而是中国使佛教思想发生了转化，在佛教教团与世俗政权、佛教戒律与社会道德伦理、佛教精神与民族立场三方面，佛教都在发生着静悄悄的立场挪移。在中国这个拥有相当长的历史传统的文明区域中生存，佛教不能不适应中国；在专制的中国政权势力的统治下，他们只能无条件承认政权的天经地义，承认宗教应该在皇权之下存在。②

在中国的汉民族本位意识的情势下，佛教极力回避民族情绪的强烈对抗，在继承与延续佛教主体性同时，努力地调整与转变佛教的思想、信仰伦理、组织制度。

所以，"佛教的中国转化"即是佛教的"中国化"。但是，近一百年的中国佛教研究大都集中在佛教思想领域去探讨"中国化"，很少从"整体佛教"的角度考察这一问题；其次，"佛教中国化"的研究也缺乏将"中国"作为一种"整体"背景去思考；最后，研究者由于各自不同的学科背景，会重视其所熟悉的佛教相关领域，如思想哲学、社会经济、信仰文化、历史考据、文献版本等，亦缺乏"整体佛教"的关照。从佛教研究的发展来说，更应该关注佛教信仰与佛教制度的"中国化"。

---

① Kenneth Ch'en, *The Chinese Transformation of Buddhism*. Princeton: Princeton University Press, 1973.
② 葛兆光：《七世纪前中国的知识、思想与信仰世界》，《中国思想史》第一卷，上海：复旦大学出版社，1998年，第594页。

二、中国佛教信仰的制度史视角

佛教信仰既有宗教信仰的共同点,亦有其独特性。著名社会学家爱弥尔·涂尔干(Emile Durkheim,1858—1917)强调"宗教是神话、教义、仪式和仪典所组成的或多或少有些复杂的体系",他将任何宗教现象分为两个基本范畴——信仰和仪式:信仰是舆论的状态,是由各种表现构成的;仪式则是某些明确的行为方式。他说:"这两类事实之间的差别,就是思想和行为之间的差别。"①他将世界分为两大领域——神圣与世俗,在他看来:

> 信仰、神话、教义和传说,或者作为各种表现,或者作为各种表现体系,不仅表达了神圣事物的性质,也表达了赋予神圣事物的品性和力量,表达了神圣事物之间或神圣事物与凡俗事物之间的关系。仪式是各种行为准则,它们规定了人们在神圣对象面前应该具有怎样的行为举止。②

同时,涂尔干提出宗教还有一个与巫术相区别的必要特征——教会。因为真正的宗教信仰总是某个特定集体的共同信仰,这个集体不仅宣称效忠于这些信仰,而且还要奉行与这些信仰有关的各种仪式。集体成员不仅以同样的方式来思考有关神圣世界及其与凡俗世界的关系问题,而且还把这些共同观念转变成为共同的实践,从而构成了社会,即人们所谓的"教会"。但是,巫术缺少这样的共同体。最后,他将宗教定义如下:"宗教是一种与既与众不同、又不可冒犯的神圣事物有关的信仰与仪轨所组成的统一体系,这些信仰与仪轨将所有信奉它们的人结合在一个被

---

① [法]爱弥尔·涂尔干:《宗教生活的基本形式》,渠东、汲喆译,上海:上海人民出版社,1999年,第42页。
② 同上书,第43页。

称之为'教会'的道德共同体之内"。① 这样充分说明了宗教观念与教会观念是不可分离的,宗教明显应该是集体的事物。所以,涂尔干强调宗教的三大要素——信仰、仪轨、教会,而信仰的核心特征即是神圣性——神圣事物的性质、品性、力量及神圣与世俗的关系。仪式是象征性的行为方式,它表达信念,并且企图影响神或产生出像治疗这样的世俗效果。它们是通过象征性的行为来表达信念的一种重要的方法,也是产生宗教体验的一种重要途径。② 教会通过共同的信仰表达,集体地表现了为某种制度。

佛教的三大要素——佛、法、僧都具有神圣性,是佛教的核心信仰要素。在中国佛教信仰史上,释迦牟尼佛、弥勒佛、阿弥陀佛、观世音、文殊、普贤、地藏等信奉对象,不断处于起伏变动中。如侯旭东研究五、六世纪北方民众的佛教信仰,指出释迦、弥勒、观世音是当时影响最广的尊像,除观音信仰较稳定外,北朝后期释迦、弥勒崇拜渐替;思维、多宝一度流行,阿弥陀、卢舍那北朝末影响渐起;"西方三圣"在北朝时,影响不大。③ 佛菩萨的信仰,不仅通过造像而实现祈愿目的,佛菩萨信仰与忏仪的结合,出现如西方净土礼忏仪、药师忏、弥勒忏、观音忏等,一直流传至今,长盛不衰。

佛舍利是佛陀的遗体,历来受到佛弟子的尊崇与供养。佛舍利在南北朝时期传入中国,尤其由于隋文帝的提倡,民间社会积极参与,舍利供养成为全社会的共同宗教活动,舍利信仰曾经是构成中古的政治、社会图像的重要成分之一。南朝陈文帝建国时,利用佛牙舍利来装饰自己政权的合法性。隋文帝杨坚将自己的佛教信仰与治国理念紧密结合,在仁寿年间的四年内,动员全国的人力、物力,先后三次下敕兴建舍利塔于天

---

① [法]爱弥尔·涂尔干:《宗教生活的基本形式》,渠东、汲喆译,上海:上海人民出版社,1999年,第54页。
② [英]麦克·阿盖尔(Michael Argyle):《宗教心理学导论》,陈彪译,北京:中国人民大学出版社,2005年,第262页。
③ 侯旭东:《五、六世纪北方民众佛教信仰》,北京:中国社会科学出版社,1998年,第290页。

下诸州。唐皇室围绕着陕西法门寺,不断地展开舍利供奉活动。冉万里《中国古代舍利瘞埋制度研究》以中国古代的舍利瘞埋制度为研究对象,内容涉及舍利的种类、传入和向外传播问题;同时根据考古资料,对塔基地宫的出现及其演变、与墓葬的关系等问题进行了深入探讨;对各时期舍利容器的组合方式及其特点进行了深入分析。① 随着各地舍利与地宫的不断出现,在宗教社会学、历史学、考古学等方法的综合视野下,舍利研究将会不断深入。

"法"的信仰主要体现在经典崇拜与讲经仪式,尤其是《法华经》《华严经》《涅槃经》等大乘经典,历来强调书写、供养、读诵、演说、思惟修等功德,引起中国佛教徒的经典崇拜观念。《法华经》的思想与信仰,对中国佛教影响极大,最终成为天台宗的核心经典。有关《大般涅槃经》的经典史、教团史,日本学术界已经取得很大的成果。② 在中国佛教信仰史中,曾出现了以《涅槃经》为中心的"涅槃忏",而且在南朝时代颇为盛行。唐五代的佛教寺院中,盛行纪念佛陀涅槃的"涅槃会";北宋天台学僧净觉仁岳(992—1064)专门为举行涅槃会,制作了《释迦如来涅槃礼赞文》。有关《华严经》的经典研究,韩国学者李道业探讨了《华严经》的法身佛、菩萨、唯心、缘起、净土等思想以及各会的主要内容。③ 在南北朝至隋唐,出现了"华严斋"与"普贤斋"的修行团体。随着佛教结社的流行,宋代出现了以《华严经》为信仰中心的华严经社。华严宗的忏法体系,以圭峰宗密(780—841)《圆觉经道场修证仪》(简称《修证仪》)十八卷与慧觉《华严经海印道场忏仪》四十卷最具代表性,是现存各种忏法中篇幅较大的两部。宗密根据《圆觉经》的修行方法、东晋道安至天台智𫖮的实修体系,以及智者大师的《天台小止观》及《法华三昧忏仪》,阐明佛教修行者在实

---

① 冉万里:《中国古代舍利瘞埋制度研究》,北京:文物出版社,2013年。
② [日]望月良晃:《大乘涅槃経の研究——教団史の考察》,东京:春秋社,1988年。[日]下田正弘:《涅槃経の研究——大乗経典の研究方法試論》,东京:春秋社,2000年。
③ 李道业:《华严经思想研究》,京都:永田文昌堂,2001年。

际修行及宗教行事方面所应行的坐禅观法与忏悔灭罪的方法,并规定赞仰讽诵加行礼拜的行法,制作成《修证仪》十八卷。后来,宋代的净源将《修证仪》简化为《圆觉经道场略本修证仪》一卷。

"佛"与"法"信仰的结合,最终体现为忏法的流行。忏法在中国佛教的影响与地位,我们从《大正藏》《卍续藏经》所保存下来丰富的忏仪著作,便可见一斑。① 历来通行的忏法有两类:一类是集诸经所说,忏悔罪过的仪则;一类是依五悔法门(礼拜、忏悔、劝请、随喜、回向),修习止观的行法。② 忏法之所以具有中国佛教的特色,其原因在于受到中国本土文化的影响,尤其是儒家、道教的思想。中国佛教忏法依据经典所开示忏悔方法的不同,各宗各派形成了不同的忏悔仪式,尤其是天台宗《法华三昧忏仪》对后代忏法的制作产生了重要的影响。在思想理念上,各宗派在诠释忏悔思想时,都表现出不同的理念;但是,中国佛教忏法的比较普遍的理念,仍然可见一斑。明清以来,忏法的发展逐渐远离了其原有的理念,产生了一些流弊,成为其自身继续发展的"困境"。

佛教忏法在最近20年的佛教研究中,渐有热门之势,海峡两岸、日本、欧美学界等学者,如盐入良道、郭丽英、汪娟、释大睿等在佛教忏法研究方面有所成就。③ 佛教忏法研究涉及忏悔、罪业、禅观等思想,更涉及忏仪文献的版本源流、忏法流传历史乃至忏法与社会、政治的互动关系。尤其,瑜伽焰口④、水陆法会⑤乃至水陆画⑥的研究,不断获得重视与

---

① 《大正藏》第45、46卷属于忏法的典籍总共有13部;《卍续藏经》第128、129、130册都是"礼忏部"的内容,共有36部。
② 圣凯:《中国汉传佛教礼仪》,北京:宗教文化出版社,2001年,第3页。
③ 汪娟:《敦煌礼忏文研究》,台北:法鼓文化,1998年;释大睿:《天台忏法之研究》,台北:法鼓文化,2000年;圣凯:《中国佛教忏法研究》,北京:宗教文化出版社,2004年;汪娟:《唐宋古逸佛教忏仪研究》,台北:文津出版社,2008年;白金铣:《唐代禅宗忏悔思想研究》,台北:文史哲出版社,2009年;
④ 袁瑾:《佛教、道教视野下的焰口施食仪式研究》,北京:宗教文化出版社,2013年。
⑤ 洪锦淳:《水陆法会仪轨》,台北:文津出版社,2006年。
⑥ 戴晓云:《佛教水陆画研究》,北京:中国社会科学出版社,2009年。

突破。

"僧"代表着佛教的制度层面,包括僧团的戒律与僧团的信仰生活,前者与社会不共,后者与社会相通。"僧"的信仰主要是指信仰的制度性表达,或者说僧团生活的神圣表达。如阿罗汉是佛陀时代的声闻弟子,但是《法住记》记载十六阿罗汉为了末世众生的福田,为了维护大乘佛教的法身理想,而愿长久住世,不般涅槃,从而在中国佛教形成"罗汉信仰"[1]。如中国汉传佛教僧尼素食传统的形成,既有大乘佛教经典的依据;更有梁武帝推行政教结合的政策,加上大乘菩萨戒的提倡,以"王法"和"佛法"的双重应用,推动"断酒肉"运动的开展。

在佛、法、僧的信仰中,佛菩萨的信仰具有信仰的感召力,僧团的信仰生活具有现实的影响力,因此佛教信仰逐渐渗透到社会,成为中华文明的共同精神生活。

三、中国佛教信仰的社会史视角

许多学者在探讨佛教的类型时,受到西方汉学的影响,常常将佛教分为"精英佛教"与"大众佛教"。在西方汉学中,常常提到的 popular religion,国内译为"民间宗教"[2]或"大众宗教"[3]。维克多·特纳(Victor Turner)强调仪式的作用:

> 与其说社会(societas)是一种事物,不如说社会是一种过程——一种辩证的过程,其中包含着结构和交融先后承继的各个阶段。在人类的生活中,似乎存在着一种"需要"(need)——如果我们能够使用这个有争议的词汇的话——来使人们对这两种形式都进行参与。

---

[1] 陈清香:《罗汉图像研究》,台北:文津出版社,1995年。
[2] Stephan Feuchtwang:*Popular Religion in China:The Imperial Metaphor*,Richmond:Curzon Pressss,2000. 中译本见[英]王斯福:《帝国的隐喻:中国民间宗教》,赵旭东译,南京:江苏人民出版社,2009年。
[3] [美]韦思谛:《中国大众宗教》,陈仲丹译,南京:江苏人民出版社,2006年。

那些急迫地想使这一"需要"在日常的活动之中得到满足的人,人会在仪式的阈限中去寻求。那些在结构中处于低下地位的人,在仪式中追求象征意义上的"在结构中处于较高地位";而那些在结构中处于较高地位的人,在仪式中追求象征意义上的"在结构中处于低下地位",即使在达到目标的路上经历苦难,也在所在不惜。①

通过参与佛教的仪式活动,个体成员建立起平等的关系,实现了集体生活形式的整合性②,推动了僵化的社会结构意义的松动,实现了佛教的社会功能。

佛教与社会的关系,主要表现在佛教与政治、经济、慈善公益、社会生活之间的互动与影响。佛教戒律的教团史与社会生活的关系,受到学界的高度关注。③ 如日本学者诸户立雄既探讨了僧道格、度僧制度等特有的佛教戒律问题,更考察了佛教教团与土地税役制度、佛教教团与唐初国家的关系。④ 长谷部幽蹊主要探讨了明清佛教的宗派意识问题,同时指出了明清佛教王法与佛法、僧徒内政及外交补弼、教团组织与社会伦理等。⑤ 事实上,佛教与中古社会的关系十分复杂,既有佛教与政治权力的冲突,也有官员与佛教的相互利用;佛教对中国传统地方社会的影响,包括断屠、斋戒等民俗的兴起和地方公共工程与福利事业的建设;还有,佛教独特的丧葬习俗对中国民间社会的影响,产生了林葬、石窟瘗葬、塔葬等。⑥ 我们主要探讨了梁武帝对素食传统的推动、隋唐时代的内道场、明太祖对经忏佛事的整顿等,很好地体现了佛教与政治的互动关系。

---

① [英]维克多·特纳(Victor Turner):《仪式过程:结构与反结构》,黄剑波、柳博赟译,北京:中国人民大学出版社2006年,第206页。
② [德]格奥尔格·西美尔强调"集体的整合性"是宗教的社会功能,见《宗教社会学》,曹卫东译,上海:上海人民出版社,2003年,第17—26页。
③ 严耀中:《佛教戒律与中国社会》,上海:上海古籍出版社,2007年。
④ [日]诸户立雄:《中国佛教制度史の研究》,东京:平河出版社,1990年。
⑤ [日]长谷部幽蹊:《明清佛教教团史研究》,京都:同朋舍,1993年。
⑥ 刘淑芬:《中古的佛教与社会》,上海:上海古籍出版社,2008年。另外,见[日]竺沙雅章:《增订版中国佛教社会史研究》,京都:朋友书店,2002年。

祖师信仰本身是中国佛教僧团内部的信仰体系,但是祖师信仰逐渐与民众信仰结合起来,如傅翕所创建的转轮藏,万回成为和合神,弘忍等祖师成为行业神,布袋和尚在中国民间的流传,义忠、印肃、道济、定光等信仰①,彰显了中国民众的朴实、平易、实用的佛教信仰形态。② 佛教信仰的开放性与社会性特点,鼓励着自身与社会生活的融合,逐渐进入百姓的日常生活。如放生习俗,既有经典的依据、高僧的提倡,更有皇帝的推动与民众的参与,从南北朝至今,一直兴盛不衰。

　　佛教提倡"慈悲"、因果和功德等观念,一直驱动着佛教界从事慈善、救济等事业。南北朝佛教通过"邑""义""社"等佛教民间组织③,致力于赈灾济贫、看病行医、凿井修桥铺路等,于是义井、义桥、义冢等慈善事业得以开展。唐代佛教与政府合作,开设悲田坊、养病坊等。宋代佛教出现了收养贫病老人的居养院和安济坊、收养遗弃婴孩的慈幼局、帮助贫苦人家抚养婴孩的举子仓以及专业收葬无主及穷乏骸骨机构漏泽园等多种慈善设施。

　　佛教与社会的互动,既有佛教信仰与社会观念之间的互相影响,更有佛教寺院作为公共机构与政治权力、经济、社会生活、慈善事业之间的制约与支持。卜正民(Timothy Brook)探讨晚明士绅的寺院捐款,指出宗教作为公共机构的制约性环境有三:一、宗教团体和国家权力的主导性关系给宗教活动的组织施加政治方面的限制,二、经济资源和劳动关系决定资助宗教事业的可行性,三、社会结构形成宗教事业的支持者及

---

① 谢重光讨论了唐宋时期福建的定光佛信仰,见《中古佛教僧伽制度和社会生活》,北京:商务印书馆,2009年。
② [日]永井政之:《中国禅宗教団と民众》,东京:内山书店,2000年,第1—278页。
③ 郝春文:《中古时期社邑研究》,台北:新文丰出版公司,2006年。Jacques Gernet, *Buddhism in Chinese Society: An Economic History from the Fifth to the Tenth Centuries*, Translated by Franciscus Verellen. New York: Columbia University Press, 1995. 中译本见[法]谢和耐:《中国5—10世纪的寺院经济》,耿昇译,上海:上海古籍出版社,2004年。

其内在关系。① 依此观点,佛教寺院作为公共机构的制约性环境间接地影响着佛教教义和信仰的内容;准确地说,佛教的社会生态制约着佛教信仰的社会表达,影响着佛教与民众日常生活之间的互动。

葛兆光一向提倡"一般知识、思想与信仰的世界"的思想史研究,他反对把思想史写成精英和经典的思想史,反对以精英人物为中心的排列,理由是:其一,思想精英和经典文本构成的思想似乎未必一定有一个非常清晰地延续的必然脉络,倒是那种实际存在于普遍生活中的知识与思想却在缓慢地接续和演进着,让人看清它的理路;其二,精英和经典的思想未必真的在生活世界中起着最重要的作用。因此,他提出在精英和经典之外,"还有一种近乎平均值的知识、思想与信仰,作为底色或基石而存在,这种一般的知识、思想与信仰真正地在人们判断、解释、处理面前世界中起着作用"。② 如太史文(Steven Teiser)有两部著作,有助于理解佛教对社会生活的影响:一、《中国中古时期的鬼节》③,讲述佛教的盂兰盆节演变为道教的鬼节,以及这种演变对民间的社会生活所产生的影响,重点分析"目连救母"故事;二、《〈十王经〉与中国中古佛教地狱观的形成》④,研究敦煌本《十王经》出现的宗教文化背景,讨论中古时期"十王"信仰如何进入中国人死后的葬礼。我们反问:什么是佛教与社会互动的共同基础?或者说,除了政治、经济、社会生活、慈善事业等制约性环境以外,哪些佛教信仰观念被中国民众所接受,最后成为中国的"一般知识、思想与信仰"?这就需要我们从中国佛教信仰的社会史视角,转移

---

① [加]卜正民:《为权力祈祷——佛教与晚明中国士绅社会的形成》,南京:江苏人民出版社,2005年,第1页。
② 葛兆光:《七世纪前中国的知识、思想与信仰世界》,《中国思想史》第一卷,上海:复旦大学出版社,1998年,第13页。
③ Stephen F. Teiser, *The Ghost Festival in Medieval China*. Princeton: Princeton University Press,1988. 汉译本见[美]太史文:《幽灵的节日:中国中世纪的信仰与生活》,侯旭东译,杭州:浙江人民出版社,1998年。
④ Stephen F. Teiser, *Scripture of the Ten Kings and the Making of Purgatory in Medieval Chinese Buddhism*. Honolulu: University of Hawaii Press,1994.

到文化史的视角上来。

四、中国佛教信仰的文化史视角

佛教在中国生根、发展,在思想上要与中国固有的儒家、道教文化兼容,在信仰上要与"礼"文化融合,在制度上必须获得王权的接纳,在传播上必须得到社会的包容与护持,在经济上则要有蓬勃的经济发展作为支撑。从汉魏两晋南北朝至唐宋,佛教成功地完成了中国化的历程。儒家、道教是中国固有的文化,佛教的传入,势必与儒家、道教形成矛盾与冲突,儒、佛、道三教的"文化对话",成为中国文化的主要内容。

但是,从文化史视角探讨中国佛教信仰与生活,确实发现儒、佛、道三教思想精英与经典文本对民众生活影响的有限性;同时,三教之间又有一些基本的思想观念通过"文化对话"而进入彼此的观念体系中,共同影响着中国社会的物质生活与精神生活。冯友兰考察中国哲学的背景,强调了中华民族的地理背景、经济背景、家族制度、入世和出世。[1] 因为特殊的家族制度,中华文明非常重视"孝"和祖先崇拜。南北朝至隋唐时代的三教论争,"孝"等伦理是佛教面对中华文化的最大问题,因此《三破论》、夷夏之争等便纷至沓来。因此,佛教不断"转化"与"调适"自己的理论与立场,强调佛教的许多经典亦重视孝道,创作各种"伪经"等,甚至强调佛教的"孝"高于儒家的"孝"。[2] 如《梁皇忏》中极力宣扬父母之恩,希望礼忏者生起报恩之心,同时提到应为过去父母礼佛:

今日道场,同业大众,其中若有父母,少便孤背,难复再遇。万

---

[1] 冯友兰:《中国哲学简史》,涂又光译,北京:北京大学出版社,1996年,第14—20页。
[2] 冉云华指出孝道虽然在印度佛教中受到注意,但是所处的地位,远不及在中国佛教中那么重要崇高。这有三个方面的表现:中国政治、社会、文化对孝道的重视,远超过在印度的传统;中国佛教人士所承受的孝道压力,要比印度的沉重甚多;孝道与中国官僚政治的结合,是印度历史所没有的现象。参考《从印度佛教到中国佛教》,台北:东大图书股份有限公司,1995年,第44页。

劫悠然,既未得天眼,死生智明,不知父母舍报,神识更生何道。唯当竞设福力功德,追而报恩。为善不止,功成必致。经言:为亡人作福,如饷远人;若生人天;增益功德;若处三途,或在八难,速令解脱。生若值佛,受正法教,永离众苦忧畏,悉除七世久远历劫亲缘,十方众生同得解脱。是为智者至慈至孝,最上报恩。[1]

对于现世父母,应该供养孝顺;对于过去世的父母,应该通过忏悔、礼佛,使其增福解脱。这是基于心灵世界可以沟通的前提,只要至诚恳切,当下一念的诚心,便可以直接沟通已往生亲友的心灵(灵魂)活动。此一理念不但成功地化解了佛教伦理与中国本土传统孝道伦理早先存在的隔阂,而且更充分地满足了中国人的孝思。忏仪流行至今不衰,与中国孝道伦理的延续,几乎可以说是息息相关。[2]

从中国佛教信仰的表达来说,最大制约性因素就是"礼"。"礼"是中国古代社会的价值目标,追求人与人之间的等级有序是社会共同的理想;"礼"不但表现为各种弥散性的礼仪制度、伦理规范,而且还是普遍的社会制度。以中央集权制和礼制为背景,中国佛教以佛教戒律为思想渊源,在唐中期建立了独具中国特色的禅宗清规制度,为禅宗的生存和可持续发展提供了不可或缺的制度保障。

从六朝后半期一直到隋唐,道教与儒家之反佛,多从纲常伦理、王道政治、夷夏之辨等立论,而这三方面正是中华民族之社会政治制度、思想文化传统、民族心理习惯之特点所在。[3] 佛教忏法的成立,受到中国儒家文化重视"礼"的影响。正如马克斯·韦伯所指出的那样,儒教与佛教更加明显的对比是,儒教所要的是对俗世及其秩序与习俗的适应,它只不

---

[1]《慈悲道场忏法》卷八,《大正藏》第45卷,第956页中。
[2] 游祥洲:《论中国佛教忏悔伦理的形成及其理念蕴涵》,傅伟勋主编:《从传统到现代——佛教伦理与现代社会》,台北:东大图书公司1990年,第125页。
[3] 赖永海:《中国佛教文化论》,北京:中国青年出版社,1999年,第82页。

过是为受过教育的世人确立政治准则与社会礼仪的一部大法典。① 在三教论衡中,佛教受到中国固有思想的批判,因为佛教是"胡教",适合于未开化的外国人的需要。而相对于礼仪之邦的中国,佛教只有适应中国文化"礼"的要求,从而制定了忏法。如刘宋时代慧通反驳道士顾欢的《夷夏论》中说:

> 若乃烟香夕台,韵法晨宫,礼拜忏悔,祈请无辍,上逮历劫亲属,下至一切苍生。若斯孝慈之弘大,非愚瞽之测也。②

佛教在中国文化的影响下,在无意识对抗中国"礼"的过程中,逐渐地被融化了,于是产生如忏法等佛教礼仪。所以,谢和耐先生指出,祈祷仪轨提出了一个具有根本性和广泛意义的问题,也就是由中国社会中的宗教生活方式同化佛教的做法。③

佛教与道教相比,从义理上说,佛教远远地超过道教;但从科教礼仪来说,道教却比佛教丰富,所以,中国佛教在发展过程中吸收道教的礼仪是必然的。萧登福先生则直接说,佛教的忏文,从其向三世诸佛忏悔、祈求消灾灭罪、荐亡往生的观念上看,和道教的上章首过的动机是相同的。道教早在东汉之世,就已经采行向天、地、水三官上章首过的作法,把自己所犯的恶业,写于章纸上,向三官来忏悔,祈求赦免。道教的玉录斋、涂炭斋、八节斋等更是以忏罪为主,因而佛教的忏法,当是受道教上章首过的作法启发。④ 同时,如汉传佛教在佛事中有念文疏的仪式,这是吸收了道教斋醮科仪的青词表文改造而来。⑤

---

① [德]马克斯·韦伯:《儒教与道教》,洪天富译,南京:江苏人民出版社,1997年,第178页。
② 《弘明集》卷七,《大正藏》第52卷,第46页上。
③ Jacques Gernet, *A History of Chinese Civilization*, Translated by J. R. Foster, Cambridge University Press, 1982, p. 215.
④ 萧登福:《道教与佛教》,台北:东大图书公司,1995年版,第43页。
⑤ 当然,佛教的忏仪也影响道教忏仪及斋醮仪式的制作,如唐代道教有名的《九幽忏》便是仿照佛教的《梁皇忏》制作而成的,二者在程序及忏文上都表现出惊人的相似性。见拙著《中国汉传佛教礼仪》,北京:宗教文化出版社,第2001年,第3—4页。

中国远古时代的宗教当以敬天、事鬼、拜祖先最为盛行和最具代表性。在此三者中,祖先崇拜在宗教学里可以纳入鬼神崇拜的范畴之中,而鬼神崇拜又以灵魂不灭的思想为基础。① 中国古代普遍把人死后离开肉体而独立存在的灵魂称为"鬼"。《礼记·祭法》说:"大凡生于天地之间者皆曰命,其万物死皆曰折,人死曰鬼。"人死为鬼的观念,是古代中国的普遍观念,后来道教以及中国佛教都将此作为本宗教的基本观念。

事死如事生,事神如事人,是传统宗教的态度,也是儒家对待鬼神的基本原则。因此,对这种"不死灵魂"所变成的鬼神,则采取敬而远之的态度。但是,对祖先的鬼魂,则虔诚敬奉、礼拜,因此《论语·学而》记载:"慎终追远,民德归厚矣。"朱熹对此解释说:

> 慎终者,丧尽其礼。追远者,祭尽其诚。民德归厚,谓下民化之,其德亦归于厚。盖终者,人之所易忽也,而能谨之;远者,人之所易忘也,而能追之;厚之道也。故以此自为,则己之德厚;下民化之,则其德亦归于厚也。②

正是在这种"人死为鬼""慎终追远"观念的影响下,为亡者诵经礼忏,以救度亡者,以显出生者对死者的追思与怀念。

在古代的中国,"普天之下,莫非王土"的观念已经是一种天经地义的真理,这种天赋的权力延伸到国家的所有领域。本来远离政治、超越政治的印度佛教,当传到中国大地时,却引起宗教权力与世俗权力的抗争,于是便有南朝"沙门不敬王者论"和北朝"当今皇帝即如来"的事件。所以,佛教不能不适应中国:在专制的中国政权势力的统治下,中国佛教只能无条件承认政权的天经地义,承认宗教应该在皇权之下存在。③ 如

---

① 赖永海、王月清:《宗教与道德劝善》,南京:江苏古籍出版社2002年版,第15页。
② 《四书章句》,济南:齐鲁书社1992年版,第5页。
③ 葛兆光:《七世纪前中国的知识、思想与信仰世界》,《中国思想史》第一卷,上海:复旦大学出版社1998年版,第594页。镰田茂雄先生将中国佛教的这种现象称为"国家佛教",见《中国佛教通史》(第一卷),关世谦译,高雄:台湾佛光山出版社1985年版,第3—8页。

《梁皇忏》中为国王、诸王礼佛①,《国清百录》"敬礼法"中提到为皇帝、皇后、太子敬礼诸佛:

> 为武元皇帝、元明皇太后、七庙圣灵,愿神游净国,位入法云,敬礼常住诸佛。为至尊圣御,愿宝历遐长,天祚永久,慈临万国,拯救四生,敬礼常住诸佛。为皇后尊体,愿百福庄严,千圣拥护,敬礼常住诸佛。为皇太子殿下,愿保国安民,福延万世,敬礼常住诸佛。为在朝群臣百司五等,愿翼赞皇家,务尽成节,敬礼常住诸佛。②

在忏文中,如此为国家、皇帝等祝福、回向,比比皆是。忏法体现了中国佛教的"国家佛教"特点,同时也体现了中国佛教忏法重视现实利益的特点。

总之,从文化史的角度来看,孝道、礼制、鬼神观念、国家观念等是中国佛教信仰表达与转换的制约因素。在中国佛教信仰的形成过程中,亦不断回应着这些制约性观念。如地藏信仰提倡地藏菩萨执掌幽冥世界,积极地融入孝道文化。③ 又如于君方所指出,观音信仰是针对"理学"这种极权信仰和实践体系而产生的回应。④ 佛教信仰中国化的最具有代表性的成果,就是"四大名山"的形成,"四大名山"信仰格局始于万历年间,在康熙年间已经成为中国佛教的共识,成就了中国文化建立优越感的"中心梦"。⑤

---

① 《慈悲道场忏法》卷八,《大正藏》第 45 卷,第 955 页中—下。
② 《国清百录》卷一,《大正藏》第 45 卷,第 794 页下。
③ 张总:《地藏信仰研究》,北京:宗教文化出版社,2003 年;尹富:《中国地藏信仰研究》,成都:巴蜀书社,2009 年。
④ 于君方:《观音——菩萨中国化的演变》,陈怀宇、姚崇新、林佩莹译,台北:法鼓文化,2009 年,第 530 页。另外,参考李利安:《观音信仰的渊源与传播》,北京:宗教文化出版社,2008 年。
⑤ Sheng Kai, On the Veneration of the Four Sacred Buddhist Mountains in China, *The Eastern Buddhist* 44/2(2013):121-143.

第一章　魏晋南北朝佛教徒的信仰与生活

魏晋南北朝佛教的信仰与生活，是在吸收印度、西域等地的佛教信仰方式基础上，逐渐采取适应了中国人的信仰心理与信仰方式，并对原来的信仰表达方式进行改造，最终成为中国佛教徒自己的信仰方式。

第一节　佛教忏法的形成

忏悔是佛教重要的修行方法，随着佛教忏悔经典的传译，忏悔仪式逐渐被纳入中国佛教徒的信仰生活中。但是，忏法之所以具有中国佛教的特色，其原因在于受到中国本土文化的影响，尤其是儒家、道教思想的影响。在魏晋南北朝三教论争的时代背景下，中国佛教的忏法是高僧们在印度、西域原有忏悔仪式的基础上，参照并吸收中国"礼"文化的表现形式而逐步建立起来的。

一、道安的僧尼轨范与悔过法

佛教制度的中国化，始于道安。《高僧传·道安传》说：

> 安既德为物宗，学兼三藏，所制僧尼轨范、佛法宪章，条为三例：

一曰行香定座,上经上讲之法;二曰常日六时行道,饮食唱时法;三曰布萨差使,悔过等法。天下寺舍,遂则而从之。①

早在三国曹魏时代,昙摩迦罗与昙谛实行授戒法,但未臻完备。道安在邺都时,即有意致力于戒律,因战乱而未达成心愿。从襄阳回长安后,请竺佛念译出《十诵律比丘戒本》,整备佛教制度。

道安制定僧尼轨范,是基于现实要求的。西晋元康七年(297)译出的《渐备经》,其中《渐备经十住胡名并书叙》说:

泰元元年(376),岁在丙子,五月二十四日,此经达襄阳。释慧常以酉年(373)因此经寄互市人康儿,展转至长安;长安安法华遣人送至互市,互市人送达襄阳,付沙门释道安。襄阳时,齐僧有三百人,使释僧显写送与杨州道人竺法汰。②

随着僧徒的增多,建设僧团制度势在必行。但是,当时戒律传译未足,如上面的序所说:"云有五百戒,不知何以不至,此乃最急。四部不具,于大化有所缺,《般若经》乃以善男子、善女人为教首,而戒立行之本,百行之始,犹树之有根,常以为深恨。"道安遇昙摩侍而大喜,于是根据戒律与听到的西域僧团制度制定了僧尼轨范。

但是,后世对道安僧尼轨范的具体内容则解释不同。《出三藏记集》卷十三《法苑杂缘原始集目录》记载"《安法师法集旧制三科》第二十一"③,《法苑珠林·呗赞篇》说:"昔晋时有道安法师,集制三科,上经上讲布萨等。先贤立制,不坠于地,天下法则,人皆习行"④,赞宁《大宋僧史略》则这样记载:

晋道安法师伤戒律之未全,痛威仪之多缺,故弥缝其阙,埭堰其

---

① 《高僧传》卷五《道安传》,《大正藏》第 50 卷,第 353 页中。
② 《出三藏记集》卷九,《大正藏》第 55 卷,第 62 页下。
③ 《出三藏记集》卷十三,《大正藏》第 55 卷,第 92 页中。
④ 《法苑珠林》卷三十六,《大正藏》第 53 卷,第 575 页下—576 页上。

流。立三例以命章,使一时而生信。一、行香定座上讲,二、六时礼忏,三、布萨等法。过逾此法者,则别立遮防。①

赞宁认为,道安僧尼轨范的三科即:一、行香定座上讲,二、六时礼忏,三、布萨等法。而《法苑珠林》的记载则缺"六时行道"。

但是,汤用彤强调,道安的三科是上经、上讲、布萨等。②《法苑珠林·说听篇·仪式部》引用《三千威仪经》,提及比丘"上高座读经",应该具有的威仪:一、当先礼佛,二、当礼经法上座,三、当先一足蹑阿僧提上正住座,四、当还向上座,五、先手按座乃却座;已经坐下的威仪:一、当正法衣安座,二、揵稚声绝当先赞偈呗,三、当随因缘读,四、若有不可意人不得于座上嗔恚,五、若有持物施者当排下著前。③ 汤用彤认为,"上高座读经"即是"上经",即是上高座转读之法。因为,在讲经之前,先要转读经典。道宣在《广弘明集·悔罪篇》中说:

道安慧远之俦,命驾而行兹术。至于侯王宰伯咸仰宗科,清信士女无亏诚约。昔南齐司徒竟陵王制布萨法净行仪,其类备详,如别所显。今以纸墨易繁,略列数四,开明悔过之宗辖焉。④

如果说道安的僧尼轨范是中国佛教奠基时期的纲要性探索,慧远则在继承道安的基础上,对僧制进行了更为深入的规定。在《出三藏记集》中保存下了当时慧远所制定制度的有关名称,如《法社节度》《外寺僧节度》《节度》《比丘尼节度》(《出三藏记集》载陆澄《法论目录》各载其序)等⑤,这些名称提示我们,当时庐山僧团关于比丘、比丘尼、外寺僧、结社等方面的制度已有全面的制定。然后,是齐竟陵文宣王撰《净住子净行法门》、梁武帝撰《慈悲道场忏法》等,真正意义上的中国佛教忏法开始出

---

① 《大宋僧史略》卷中,《大正藏》第54卷,第241页上—中。
② 汤用彤:《汉魏两晋南北朝佛教史》(上册),北京:中华书局,1983年,第153页。
③ 《法苑珠林》卷二十三,《大正藏》第53卷,第460页上—中。
④ 《广弘明集》卷二十八,《大正藏》第52卷,第330页中。
⑤ 《出三藏记集》卷十二,《大正藏》第55卷,第84页上。

现。但是，道安僧尼轨范具体内容无从知晓，如元代念常《佛祖历代通载》记载道安"著《僧尼轨范》及法门清式二十四条，世遵行之"①，僧尼轨范对后世的影响可见一斑。

对于僧尼轨范的第三"布萨差使悔过等法"，道宣《四分律行事钞》提到"普照沙门道安开士撰《出家布萨法》，并行于世"②，这是依律典而制定的僧团布萨诵戒法。在现存藏经中，在道安之前译出的律典有：后汉安世高译《佛说犯戒罪报轻重经》一卷、《大比丘三千威仪经》二卷、吴支谦译《佛说戒消灾经》一卷、曹魏康僧铠译《昙无德律部杂羯磨》一卷、曹魏昙谛译《羯磨（出昙无德律）》一卷。但是，最令道安欣慰的是竺佛念译《鼻奈耶》十卷。道安《鼻奈耶序》说：

> 经流秦地，有自来矣。随天竺沙门所持来经，遇而便出于十二部，毗曰罗部最多。以斯邦人庄老教行，与方等经兼忘相似，故因风易行也。道安常恨，三藏不具，以为缺然。岁在壬午，鸠摩罗佛提赍《阿毗昙抄》、《四阿含抄》，来至长安，渴仰情久，即于其夏出《阿毗昙抄》四卷，其冬出《四阿含抄》四卷。又其伴屠宾鼻奈，厥名耶舍，讽鼻奈经甚利，即令出之，佛提梵书，佛念为译，昙景笔受，自正月十二日出，至三月二十五日乃了。凡为四卷，与往年昙摩寺出戒典相似，如合符焉。于二百六十事疑碍之滞，都赦然焉，上闻异要，焕乎可观焉。二年之中，于此秦邦三藏具焉。③

道安对汉地经律论三藏的具足，非常盼切；尤其热心于戒律的完整，致力于佛教制度的建设。随着印度、西域外国僧人的增多，长安佛教界有机会接触到这些地方的僧团制度；而且，随着律典的译出，中国僧人对戒律的认识亦逐渐提高。所以，布萨等僧团制度亦被引入寺院的生活

---

① 《佛祖历代通载》卷六，《大正藏》第 49 卷，第 524 页中。
② 《四分律删繁补阙行事钞》卷上之四，《大正藏》第 40 卷，第 34 页中。
③ 《鼻奈耶序》，《大正藏》第 24 卷，第 851 页上。

中。布萨即是出家僧尼每半月集会一次,诵习戒本,并反省自己有无违反戒律的行为,如有犯戒,应当众忏悔。"差使"即是僧团的差使制度,如有外寺比丘或比丘尼请教诫等内容时,僧团的派遣方法等;"悔过法"即是比丘犯戒后,僧团为行摩那埵等惩罚办法。戒律的"悔过法"与后来中国佛教的忏法仍然有本质的区别,戒律的"悔过法"是通过僧团的羯磨作法而实行的忏悔。

二、南北朝的唱导

依慧皎《高僧传》:"昔草创高僧本以八科成传,却寻经导二技,虽于道为末,而悟俗可崇"①,慧皎发现"经师""唱导"二科具有化世的作用,于是加入成为十科。依《高僧传》的"诵经""经师""唱导"三科,可见初期佛教的诵经、唱导直接影响了南北朝末期、隋代佛教忏法的制定。道宣在《续高僧传》中,将"诵经"改为"读诵",而"经师"与"唱导"合并于"杂科声德篇"。

《高僧传》的"诵经科"记载僧人大都是苦行、诵经、礼忏、习禅而获得感应。依他们所诵,有《法华经》《维摩经》《十地经》《思益经》《大涅槃经》《金光明经》《首楞严经》《大品经》《金刚般若经》等,其中以《法华经》《维摩经》为主要修持经典,可见魏晋南北朝时期的经典流行状况。如释普明(晋代约 371—455)以"忏诵为业",诵"《法华》、《维摩》二经"②;释法宗因射孕鹿,悔悟出家,"蔬苦六时以悔先罪",又"诵《法华》、《维摩》"③,可见诵经与忏悔紧密相连。

在斋会中,南北朝的佛教徒一般都是先礼忏,然后"宣唱化导"。唱导的礼仪来自印度与西域,《大宋僧史略》说:"唱导者始则西域,上座凡赴请,咒愿曰,二足常安,四足亦安,一切时中皆吉祥等,以悦可檀越之心

---

① 《高僧传》卷十三,《大正藏》第 50 卷,第 417 页下。
② 《高僧传》卷十二《普明传》,《大正藏》第 50 卷,第 407 页中。
③ 《高僧传》卷十二《法宗传》,《大正藏》第 50 卷,第 408 页中。

也。舍利弗多辩才,曾作上座,赞导颇佳,白衣大欢喜,此为表白之椎轮。"①可见,唱导是耆宿大德应邀受供时,为檀越施主祈求吉祥,念诵回向,为施主做种种赞叹咒愿,便以赞叹、宣唱的方式表达。"唱导"即是表白之意。慧皎《高僧传·唱导篇论》曰:

> 唱导者,盖以宣唱法理,开导众心也。昔佛法初传,于时齐集止,宣唱佛名,依文致礼;至中宵疲极,事资启悟,乃别请宿德升座说法,或杂序因缘,或傍引譬喻。其后庐山释慧远,道业贞华,风才秀发,每至斋集,辄自升高座,躬为导首,先明三世因果,却辩一斋大意。后代传受,遂成永则。故道照、昙颖等十有余人,并骈次相师,各擅名当世。②

慧皎对唱导的源流进行了解释,最早佛法初传时的集会,即是唱念佛名而礼拜;待礼到中夜疲倦时,则礼请大德说法。慧皎认为,中国佛教中最早升座唱导的是庐山慧远(334—416),在斋会中慧远亲自领导,先谈三世因果,再述斋会的意义,于是形成唱导的规则。慧远之后,诸师争相学习,蔚为时尚。

作为唱导师,必须博学、出口成章,能够"指事适时,言不孤发",如道照(368—433)为宋武帝唱导,略述人生"百年,迅速迁灭","苦乐参差,必由因(召)果",于是感动武帝而赏赐他三万钱。③ 慧璩,"读览经论,涉猎书史,众技多闲,而尤善唱导;出语成章,动辞制作,临时采博,罄无不妙诣",慧璩能临机应变,出口成章,后受宋武帝赏悦,为"京邑都维那"。④ 同时,唱导还需要"善诱",如昙颖"诵经十余万言……性恭俭,唯以善诱为先,故属意宣唱,天然独绝",昙颖的个性是谦恭又勤俭,擅长于诱导众

---

① 《大宋僧史略》卷中,《大正藏》第54卷,第242页上。
② 《高僧传》卷十三,《大正藏》第50卷,第417页下。
③ 《高僧传》卷十三《道照传》,《大正藏》第50卷,第415页下。
④ 《高僧传》卷十三《慧璩传》,《大正藏》第50卷,第416页上。

生,故独钟于唱导。①

所以,慧皎总结,唱导贵四事——声、辩、才、博,"非声则无以警众,非辩则无以适时,非才则言无可采,非博则语无依据",此即是唱导师必须具备的四种条件。唱导师的声音如钟鼓,用来警醒大众;谈吐得当,不得有错误,能够适合当时在场听众的根机,即是"辩";"才"是指唱导师的才气,比如文章要用词华丽、具有文采;"博"指唱导师必须博览经论与世间的书、史。而且,对于不同的听众对象,必须采取不同的唱导方式:一、对出家五众,应该"切语无常,苦陈忏悔",从而令其精进于道业;二、对君王长者,应该"兼引俗典,绮综成辞",用僧人的博学与文雅的辞藻,令高位者因生起恭敬心而得度;三、对一般百姓,直接讲说生活周遭所发生的事;四、对山中匪徒,直接明白地陈述罪状。如果唱导师既"知时知众",又辩才无碍,其唱导则能恳切感人,甚至感化飞禽走兽等众生,这也是最上等的度众方式。

三、斋会与悔过

布萨、唱导皆与忏悔有关,而且这些都是通过斋会的形式而完成的。"布萨"的汉译即为"斋",是清净、发露忏悔的意思。因为,布萨的起源与斋日有着密切关系,僧团于斋日的主要活动为说戒、清净忏悔;主要的活动内容为说戒,清净忏悔;另外,在家信徒则于六斋日之际,一日一夜持八关斋戒,其中,过午不食是斋戒的核心所在。唱导则是斋会过程中的活动之一,通过宣唱、转读经典,实现净化身心、忏悔业障的目的。魏晋南北朝时期的斋会,是印度斋戒制度的直接延续,并与中国的传统"礼"文化及道教的斋醮相结合,于是逐渐形成中国独有的斋仪制度。

佛教传入汉地,早期便是以灵异与斋戒为主要形式,如后汉明帝时代的楚王英"学为浮屠,斋戒祭礼",因此明帝下诏:"楚王诵黄老之微言,

---

① 《高僧传》卷十三《昙颖传》,《大正藏》第 50 卷,第 415 页下。

尚浮屠之仁祠,洁斋三月,与神为誓。"①而且,斋戒与烧香礼请相结合,如《高僧传·康僧会传》记载:"乃共洁斋静室,以铜瓶加凡烧香礼请"。赞宁《大宋僧史略》说:

> 自佛法东传,事多草昧,故《高僧传》曰:设复斋忏,同于祠祀。魏晋之世,僧皆布草而食,起坐威仪,唱导开化,略无规矩。②

斋戒制度传入汉地,在流传过程中,日益成为庶民佛教的一种象征,也是大乘佛教积极入世的精神体现。

对于在家佛教徒来说,八关斋是经常举行的佛教修行仪轨。如《广弘明集》卷三十收录了支遁(314—366)的《八关斋诗序》《五月长斋诗》《八关斋诗三首》,叙述了僧人与在家信徒一起修习八关斋的情形。《八关斋诗序》说:

> 间与何骠骑期当为合八关斋,以十月二十二日,集同意者,在吴县土山墓下,三日清晨为斋。始道士白衣凡二十四人,清和肃穆,莫不静畅。至四日朝,众贤各去。③

斋会活动在魏晋南北朝时期形式多样,时间或场所皆未固定或统一。《法苑珠林》记载,元嘉二年(425)九月,道冏于洛阳,集道俗四十余人,作普贤斋,修行一周以上;第二年(426)十二月,在白衣家又作普贤斋。④ 元嘉九年(432),浔阳张须元家设八关斋,道俗数十人参加。⑤ 僧人、在家信徒二十四人,集会共修八关斋。

出家人参与八关斋,因为在家信徒是依僧人而得受八关斋戒;其次,僧人领导、主持斋会的活动。因为,八关斋戒是在家信徒受持出家戒,过

---

① 《后汉书》卷四十二,第1428页。
② 《大宋僧史略》卷上,《大正藏》第54卷,第238页下。
③ 《广弘明集》卷三十,《大正藏》第52卷,第350页上。
④ 《法苑珠林》卷十七,《大正藏》第53卷,第408页下—409页上。
⑤ 《法苑珠林》卷四十,《大正藏》第53卷,第601页下。

出家僧人的清净生活,所以必须有僧人的说法开示、指导,才能如法如仪。但是,八关斋戒的修行逐渐出现形式主义,如沈约(441—513)于天监八年(509)《舍身愿疏》的感慨:

> 开以八支导彼清信,一日一夜同佛出家。本弘外教,事非僧法,而世情乖舛,同迷斯路。招屈名僧,置之虚室,主人高卧,取逸闲堂,呼为八关,去之实远。虽有供施之缘,而非断漏之业。①

贵族邀请名僧到自己家里,然而贵族自己懈怠堕落,所以虽然有布施、供养,但属于有漏之业。

同时,在八关斋戒会中,亦会出现烧身、讲经等其他活动。如《高僧传·慧绍传》记载,慧绍(424—451)在临川郡招提寺欲烧身,雇人在东山石室积薪数丈高;烧身之日,于东山设大众八关斋戒,告别大众;至初夜行道,慧绍在行香后,点燃薪火。②

在斋会中,讲经是经常举行的活动。《出三藏记集》卷八《正法华经后记》记载,西晋永熙元年(290)九月十四日斋日,于洛阳东牛寺,读诵、讲说《正法华经》,法会规模非常壮观。③ 梁武帝《断酒肉文》记载:

> 二十三日旦,光宅寺法云于华林殿前登东向高座为法师,瓦官寺慧明登西向高座为都讲,唱《大涅槃经·四相品》四分之一,陈食肉者断大慈种义。法云解释,舆驾亲御,地铺席位于高座之北,僧尼二众各以次列坐。讲毕,耆阇寺道澄又登西向高座,唱此断肉之文,次唱所传之语,唱竟又礼拜忏悔,普设中食竟出。④

梁武帝亲自出席斋讲,时间为二十三日、二十九日斋日。在斋讲中,有法师、都讲;讲完后,又有人唱导讲经文,最后礼拜、忏悔、斋食。可见,斋会

---

① 《广弘明集》卷二十八,《大正藏》第52卷,第323页下。
② 《高僧传》卷十二《慧绍传》,《大正藏》第50卷,第404页下。
③ 《出三藏记集》卷八,《大正藏》第55卷,第56页下—57页上。
④ 《广弘明集》卷二十六,《大正藏》第52卷,第299页上。

是僧俗集会宣讲经义的常行法会。

所以,斋会与布萨、唱导、礼佛、讲经、转经、忏悔等皆有关系。如《法苑杂缘原始集》目录中,收有南齐竟陵王萧子良曾经参与的关于斋的修行实践的典籍。①

斋与布萨有关:

《华严斋记》一卷、《西州法云、小庄严、普弘寺讲并述羊常弘广斋》共卷、《讲净住记》一卷、《八日禅灵寺斋并颂》一卷、《龙华会并道林斋》一卷、《竟陵文宣王龙华会记》、《布萨并天保讲》一卷、《净住子》十卷上下、《净住子次门》一卷、《文宣王集优婆塞布萨记》;

斋与礼拜、忏悔有关:

《抄普贤观忏悔法》一卷、《礼佛文》二卷;

斋与戒律、受戒有关:

《竟陵文宣王受菩萨戒记》、《天保寺集优婆塞讲记》、《文宣王集优婆塞布萨记》、《开优婆塞经题》一卷、《抄优婆塞受戒品》一卷、《注优婆塞戒》三卷、《抄优婆塞受戒法》一卷、《戒果庄严》一卷、《述放生东宫斋、述受戒》共卷、《教宣约受戒人》一卷、《受戒并弘法戒》一卷;

斋与梵呗、转经有关:

《赞梵呗偈文》一卷、《梵呗序》一卷、《转读法并释滞》一卷、《竟陵文宣撰梵礼赞》、《竟陵文宣制唱菩萨愿赞》、《竟陵文宣王第集转经记》。

斋会与悔过的关联,在于受戒必须忏悔罪障。《大智度论》卷十三提及八关斋戒是"一日戒",在三皈依后,受戒者说:

> 我某甲,若身业不善,若口业不善,若意业不善,贪欲、嗔恚、愚痴故。若今世若过世有如是罪,今日诚心忏悔。身清净、口清净、心清净,受行八戒,是则布萨。②

---

① 参考船山彻:《六朝时代における菩萨戒の受容过程》,《东方学报》第67册,京都,1995年,第66页。
② 《大智度论》卷十三,《大正藏》第25卷,第159页中。

诚心忏悔过去世的身、口、意三业,才能达成三业清净,从而受持八戒。所以,《法苑珠林》记载卫士度作《八关忏文》,"晋末斋者尚用之"①。

四、六朝礼忏仪的形成

随着忏悔法门的流行、忏悔灭罪经典的译出,礼忏仪的制作逐渐成熟与完善。佛教自公元一世纪传入中国,而忏罪的经典在译经初期就陆续译出,如《阿阇世王经》(译于147—186年间)、《舍利弗悔过经》(译于148—170年间);《出三藏记集》记载,魏文帝时,支谦于黄武初年至建兴年间(221—237)曾译出《悔过经》一卷,并有注:"或云序十方礼悔过文"。② 所以,忏罪经典的传入,应当算相当早。东汉至六朝以来的忏悔经典从大藏经中检出,总有61部③,如此丰富的忏悔思想经典的译出,必然会带动礼忏仪的兴起。

中国佛教礼忏仪的制作,最早开始于北魏的玄高(402—444)于太延五年(439)为太子晃而作的"金光明斋",刘宋的僧苞(?—452/453)作"三七普贤斋忏"。《历代三宝纪》卷十记载,梁朝宝唱于天监十六年(517)作《众经忏悔灭罪方法》三卷,并在宝唱所著的八部作品后,加上说明:

> 帝以国土调适住持,无诸灾障,上资三宝,中赖四天……故天监中频年降敕,令庄严寺沙门释宝唱等总撰集录以备要须。或建福禳灾,或礼忏除障,或飨鬼神,或祭龙王,诸所祈求,帝必亲览。指事祠祷,讫多感灵,所以五十年间兆民荷赖,缘斯力也。④

梁武帝对中国佛教忏法的成立与发展,具有重大的贡献,其中影响最大

---

① 《法苑珠林》卷四十二,《大正藏》第53卷,第616页中。
② 《出三藏记集》卷二,《大正藏》第55卷,第7页上。
③ 释大睿:《中国佛教早期忏罪思想之形成与发展》,《中华佛学研究》第2期,1998年,第320—325页。
④ 《历代三宝记》卷十,《大正藏》第49卷,第99页中。

的是《慈悲道场忏法》的制作,这是中国佛教最早成立的忏法。

《出三藏记集·法苑杂缘原始集目录》中,列出一些忏仪的名称①:

《咒用杨枝净水缘记》,出《请观世音经》(难提[419～]译);

《弥勒六时忏悔法缘起》,出《弥勒问本愿经》(竺法护译[266—308]);

《普贤六根悔法》,出《普贤观经》(昙摩蜜多译[356—442]);

《虚空藏忏悔记》,出《虚空藏经》(昙摩蜜多译[356—442]);

《方广陀罗尼七悔法缘记》,出彼经(法众译[402—413]);

《金光明忏悔法》,出《金光明经》(昙无谶译[412])。

由此可见,依据弥勒、观音、普贤、虚空藏、大方等、金光明等菩萨成经典所制定的忏仪,在南朝时期是相当盛行,而且是僧众日用的仪轨。

南北朝以后,王室制作忏仪非常多,《广弘明集》卷二十八《忏悔篇》中收集了南朝帝王、沈约及江总文等所作的忏文:梁简文帝撰《谢敕为建涅槃忏启》《六根忏文》《悔高慢文》,沈约撰《忏悔文》,江总文《群臣陈武帝忏文》,梁高祖撰《摩诃般若忏文》,梁武帝撰《金刚般若忏文》,陈宣帝撰《胜天王般若忏文》,陈文帝撰《妙法莲华经忏文》《金光明忏文》《大通方广忏文》《虚空藏菩萨忏文》《方等陀罗尼斋忏文》《药师斋忏文》《娑罗斋忏文》《无碍会舍身忏文》等。这些礼忏文可以看作是讲经等的开场白,因为这些礼忏文并没有具体地写出仪轨形式,而且从每一忏文皆有"今谨于某处建如(若)干僧、如(若)干日大品忏、金刚般若忏……"等文看来,应是通用于各处所行法会的文疏。从忏文中看,修忏的目的在于除障、去病、祈求护念国土、广增福田等获得现世利益,这是从中国人的要求出发,将现世安稳、远离诸难与忏悔灭罪结合了起来。

《法苑珠林》卷八十六《忏悔篇》,收录了昙迁法师(384—482)所撰

---

① 《出三藏记集》卷十二,《大正藏》第 55 卷,第 91 页上一中。

《十恶忏文》,以及灵裕法师(518—605)所撰《总忏十恶偈文》。南朝末年隋初的三阶教普行《七阶名礼忏仪》,其创教者信行(540—594),曾撰《昼夜六时发愿法》。其中有《礼佛忏悔文》一卷,以称念五十三佛及三十五佛为礼忏仪式。

隋代天台智者大师以忏悔系经典为依据,将大乘佛教的理观与忏悔相结合,制作了许多忏法,成为中国佛教忏法的集大成者。智顗依《观普贤菩萨行法经》制定了《法华忏法》,依《大方等陀罗尼经》制作了《方等忏法》,依《金光明经》而作《金光明忏法》,依《请观世音经》而作《请观世音忏法》。在这些忏法中,结构最完备的要数《法华三昧忏仪》。

礼忏仪的成立与发展,受到了中国儒家"礼"文化的影响。在三教论衡中,佛教受到中国固有思想的批判,即佛教被认为是"胡教",适合于未开化的外国人的需要。而在中国这样的礼仪之邦,佛教为了适应中国"礼"文化的要求,制定了忏法。如刘宋时代慧通反驳道士顾欢的《夷夏论》中说:"若乃烟香夕台,韵法晨宫,礼拜忏悔,祈请无辍,上逮历劫亲属,下至一切苍生。若斯孝慈之弘大,非愚瞽之测也。"①佛教在中国文化的影响下,在无意识对抗中国"礼"文化的过程中,逐渐被融化了,于是产生了忏法等佛教礼仪。

五、陈真观与《梁皇忏》的形成

《慈悲道场忏法》又名《梁皇宝忏》,或称《梁皇忏》(后皆称《梁皇忏》),相传是梁武帝所制。这是中国佛教史上诸多忏法中,最为重要的一种。其忏法仪规一直流传至今,也是现行佛教忏法中较为普遍的一种。《梁皇忏》前面的"慈悲道场忏法传"指出,该忏是梁武帝为超度已故皇后郗氏,延请当时的高僧制作而成。由于该传文提出的说法与正史的

---

① 《弘明集》卷七,《大正藏》第52卷,第46页上。

有关记载不同,故人们对该忏的真实性提出了质疑。

对于《梁皇忏》的作者,现代研究成果只有三种看法:(1)周叔迦先生在《法苑谈丛》中肯定《梁皇忏》为梁武帝亲自纂集;①(2)周叔迦先生在《释典丛录》中却认为《梁皇忏》为宝唱所撰;②(3)印顺法师认为《梁皇忏》为元代所编,是假借梁武帝的名字来推行的。③ 在这三种看法中,周叔迦先生的第二种看法及印顺法师的观点对我们有重大的启发。

周叔迦先生认为,梁武帝所制忏法有二本:一者《六根大忏》,二者《六道慈忏》,同时认为后者即是现存的《梁皇忏》。周先生认为,《大唐内典录》中记载"梁宝唱撰有《众经忏悔灭罪法》三卷",此书便为《梁皇忏》,而三卷与现存十卷只不过是分卷不同而已。《历代三宝纪》卷十一说:

> 《众经忏悔灭罪方法》三卷,或四卷,十六年,并见《宝唱录》。……帝以国土调适,住持无诸灾障,上资三宝,中赖四天,天下藉龙王众神祐助,如是种种,世间苍生始获安乐。虽具有文,散在经论,急要究寻,难得备睹。故天监中,频年降敕,令庄严寺沙门释宝唱等总撰集录,以备要须。或建福攘灾,或礼忏除障,或飨神鬼,或祭龙王,诸所祈求,帝必亲览。指事祠祷,讫多灵感,所以五十年间,兆民荷赖,缘斯力也。④

后来,道宣的《大唐内典录》沿袭了《历代三宝纪》的说法,在《大唐内典录》卷四中说:"《众经忏悔灭罪方法》三卷",宋、元、明本并且有"或四卷,十六年,并见《宝唱录》"这十一个字。⑤ 在道宣的《续高僧传》"宝唱传"中也记载了这件事:

---

① 周叔迦:《周叔迦佛学论著集》,北京:中华书局,1991年,第636页。
② 同上书,第1060页。
③ 印顺:《中国佛教琐谈》,《华雨集》第4册,台北:正闻出版社,1993年,第136—137页。
④ 《历代三宝纪》卷十一,《大正藏》第49卷,第99页中。
⑤ 《大唐内典录》卷四,《大正藏》第55卷,第266页下。

  天监四年，便还都下，乃敕为新安寺主。帝以时会云雷，远近清晏，风雨调畅，百谷年登，岂非上资三宝，中赖四天，下藉神龙。幽灵叶赞，方乃福被黔黎，歆兹厚德，但文散群部，难可备寻。下敕令唱总撰集录，以拟时要。或建福禳灾，或礼忏除障，或飨接神鬼，或祭祀龙王，部类区分近将百卷，八部神名以为三卷，包括幽奥祥略，详备古今。故诸所祈求，帝必亲览，指事祠祷，多感、威灵。所以五十许年，江表无事，兆民荷赖，缘斯力也。①

所以，梁宝唱肯定撰有《众经忏悔灭罪方法》三卷，但是为什么现存大藏经中没有？智昇在《开元释教录》卷六中说："沙门释宝唱，梁都庄严寺僧也。……十五年景申又敕撰《经律异相》一卷，唱又别撰《尼传》四卷，《房录》之中复有《名僧传》等七部，非入藏故缺不论，余并备在《续高僧传》。"②智昇没有把《众经忏悔灭罪方法》三卷收录入藏，所以后来才没有保存下来。

  周叔迦先生认为，《众经忏悔灭罪方法》三卷就是《梁皇忏》十卷，而卷数的不同只是分卷不同而已，并且将三卷本与十卷本互相对照，表格如下：③

《众经忏悔灭罪法》	《梁皇忏》	
	卷数	内　　容
第一卷	第一卷	一归依三宝，二断疑，三忏悔
	第二卷	四发菩提心，五发愿，六发回向心
第二卷	第三卷	显果报
	第四卷	显果报、出地狱
	第五卷	解怨结
	第六卷	解怨结、发愿

---

① 《续高僧传》卷一，《大正藏》第50卷，第426页中—下。
② 《开元释教录》卷六，《大正藏》第55卷，第538页上。
③ 《周叔迦佛学论著集》下集，第1061页。

续表

《众经忏悔灭罪法》	《梁皇忏》	
	卷数	内　　容
第三卷	第七卷	自庆、为六道礼佛（为天道、诸仙、梵王）
	第八卷	为六道礼佛（为阿修罗等善神、龙王、魔王、人）
	第九卷	为六道礼佛（为各种地狱、饿鬼、畜生）、回向
	第十卷	回向、发愿、嘱累

从上面的讨论可以知道，宝唱曾经撰《众经忏悔灭罪方法》三卷，而且梁武帝也亲自依此忏法而礼忏除障。

上面是从目录及"宝唱传"中了解到的梁武帝礼忏的情况，同时我们在《续高僧传》卷二十九"兴福篇第九"发现，道宣对忏法在进行评论时，曾经谈到：

> 梁初方广，源在荆襄。本以厉疾所投祈诚悔过，哀兹往业悲恸酸凉，能使像手摩头，所苦郄然平复，同疾相重遂广其尘。乃依约诸经，抄撮指部。击声以和，动发恒流，谈述罪缘，足使汗垂泪泻；统括福庆，能令藏府俱倾。百司以治一朝，万化惟通一道，被时济世，谅可嘉之。而恨经出非本，事须品藻，<u>六根大忏</u>，其本惟梁武帝亲行，情矜默识。故文云：万方有罪，在予一人。当由根识未调，故使情尘滥染。年别广行，舍大宝而充僮仆。心力所被感，地震而天降祥。是称风靡，郁成恒则。有<u>陈真观，因而广之，但为文涉菁华，心行颇淡</u>。①

道宣在这段话中说明了南朝忏法的形式及其作用，即忏法是抄集诸经而成，然后再随着经义，叙述自己的犯罪因缘，由于内心的忏悔而使外现汗垂泪泻。并且，道宣对梁武帝所行的《六根大忏》进行评论，即《六根大忏》本来只是梁武帝本人亲行，后来由于得到感应，广泛地传播到社会，

---

① 《续高僧传》卷二十九，《大正藏》第50卷，第699页下。

成为一般礼忏通行的忏法。道宣在这段话中还告诉我们最重要的一个信息,那就是陈代真观增广《六根大忏》,但是由于文采华丽,反而使忏悔的本意变得淡薄了许多。

在赞宁的《宋高僧传》中也说到这件事:

> 昔者齐太宰作《净住法》,梁武帝忏《六根门》,澄照(道宣)略成《住法图》,真观广作《慈悲忏》。……自淮以南,民间唯礼《梁武忏》以为佛事,或数僧呗喔歌赞相高,谓之禳忏法也。①

赞宁(919—1001)不但讲到真观增广梁武帝《六根大忏》成《慈悲忏》,而且还说到《梁皇忏》在宋代淮南地区的流行情况。

所以,通过道宣及赞宁的说法可以确定,《梁皇忏》是由陈代真观增广《六根大忏》而成的,但是《六根大忏》到底应该指的是什么?我们在清代德清俞樾所著的《茶香室丛钞》第十三卷中找到了有关《梁皇忏》形成过程的详细说明:

> 宋钱易《南部新书》云:忏之始,本自南齐竟陵王,因夜梦往东方普光王如来所,听彼如来说法后,因述忏悔之言。觉后,即宾席梁武,王融、谢朓、沈约共言其事,王因兹乃述成《竟陵集》二十篇,忏悔一篇。后梁武得位,思忏六根罪业,即将忏悔,召真观法师慧式,广演其文,非是为郗后所作。
>
> 按今《竟陵王集》,有《净住子》三十一篇,内第三篇为涤除三业门。其文云:灭苦之发,莫过忏悔。忏悔之法,先当洁其心,净其意,端其形,整其貌,恭其身,肃其容,云云。岂即所谓忏悔篇乎。②

《茶香室丛钞》是根据宋代钱易的《南部新书》的说法,提到梁武帝曾令真观增广《净住子》中的"忏悔篇"。真观是大业六年(611年)圆寂,是年74

---

① 《宋高僧传》卷二十八,《大正藏》第50卷,第888页中。
② 德清俞樾:《茶香室丛钞》卷13,北京:中华书局,1995年,第318—319页。

岁,所以真观出生于梁武帝大同三年(537)。16岁(553)出家,那时梁武帝(464—549)已经过世。所以,梁武帝不可能令真观增广《六根大忏》。依道宣、赞宁的记载,明确提到是陈代真观增广梁武帝《六根大忏》,所以称为《梁皇忏》。《大宋僧史略》卷中记载,齐竟陵王以及真观都善于"唱导",而且真观还有"道(即'导')文集"。所以,《梁皇忏》的制作年代应该在"陈代",而并非是"梁代"。

虽然道宣、赞宁都讲到真观增广《慈悲忏》之事,但是考察《续高僧传》"真观传"①,却没有记载此事,这也是令人感到费解的。真观在出家时,梁武帝曾敕以衣钵,而且真观具"义、导、书、诗、辩、貌、声、基"八能,著有导文二十余卷,诗、赋、碑集三十余卷,现存在《广弘明集》中有《梦赋》《因缘无性论序》《与徐仆射领军述役僧书》,在"真观传"中还录有他所作的《愁赋》。真观与智者大师关系极深,"真观传"中说:

> 天台智者名行绝伦,先世因缘敦猷莫逆。年腊既齐,为法兄弟,共游秦岭凌云旧房。朝阳澄景,则高谈慧照;夕阴匿采,则深安禅寂。……又梦与智者同舆,夹侍尊像,翼佛还山。……尔日天台送书并致香苏石蜜,观览书叹曰:宿世因缘,最后信矣。命两如意,一东向天台,一留西法。②

从以上文字我们可以看出,真观与智者是莫逆之交。而智者为中国佛教忏法的真正创始者,所以真观在增广当时比较流行的《六根大忏》时,不可能没有受到智者的影响。在陈代时,朝廷准备勒令僧人还俗充军,真观便致书仆射徐陵,上奏皇帝,从而使这件事得到平息。真观在《与徐仆射领军述役僧书》中说:

> 禅诵知解,蔬素清虚;或宣唱有功,梵声可录;或缮修塔庙,建造经书;救济在心,听习为务;乃至羸老之属,贫病之流。幸于编户,无

---

① 《续高僧传》卷三十,《大正藏》第50卷,第701页下—703页下。
② 同上书,第702页中—下。

所堪用,并许停寺,仍上僧籍。①

真观在向朝廷据理力争的同时,肯定也会在僧团采取一些措施,所以增广具有"蔬食、孝道、神不灭"思想的《六根大忏》作为僧人修学的内容,也是非常可能的。由于真观本人文才出众,所以其所增广的《梁皇忏》被道宣评论为"文涉菁华,心行颇淡"。

道宣不仅指出《梁皇忏》的来历,而且对忏法在唐代的流行情况进行分析,尤其从道宣的叙述中,我们还可以了解到《梁皇忏》在唐代的实行状况。他说:

> 原夫忏悔之设,务在专贞,欲使肝胆露于众前,惭愧成于即日,固得罪终福始,言行可依。如文宣之制《净住》,言词可属,引经教如对佛,述欣厌如写面。卷虽二十,览者不觉其繁;文乃重生,读人不嫌其妙。世称笔海,固匪浮言。又有妄读忏文,行于悔法,罪事杂丛不解,位以十条。因构烦挐,未知本于三恼,浪诵尽纸,昏愦通于自他,为师难哉,堕负归于彼此。如斯遣累,未曰清澄。固约前论,薄为准的。《六道慈忏》源亦同前,事在岁终,方行此祀。道别开奠,海陆之味毕陈,随趣请祝,慈悲之意弘矣。②

道宣指出忏法的要点在"专贞",这样才能使礼忏者进行真正的发露忏悔。他特别赞叹《净住子》,卷数虽多,但是不会令人感到繁杂。同时,道宣对唐代礼忏的情况作了批评,即礼忏者不懂忏悔的真正含义,不了解罪业因缘,只是读诵忏文。唐代礼拜《梁皇忏》的时间是在一年的岁终,并且随六道的不同而分别上供祭祀,从"道别开奠,海陆之味毕陈,随趣请祝"我们可以看出,这是《梁皇忏》中为六道礼佛时的情形。

同时,道宣对当时这种为六道礼佛的方法,发表了自己的看法:

---

① 《广弘明集》卷二十四,《大正藏》第52卷,第277页下。
② 《续高僧传》卷二十九,《大正藏》第50卷,第699页下—700页上。

> 六道至果,趣别重轻,人含十等之差,余则举例可悉。阿含所述入处鬼道,有亲供祭,心生随喜,心喜身饱,故曰充饥,非由供福业令自受。以正法义,理有所从,无有自作,他人受果,斯则目连饭母事也。自外五趣,报局所收,随报位隔,无由通给。今则道别陈奠,恐非临飨。然又报得诸通,事含生趣,不妨他心,彻视待会,而从祭酹。①

道宣引用《阿含经》的说法,鬼道众生由于亲属供祭而心生欢喜,之所以得到充饥,并不是由于亲属供养所得的功德由鬼道众生来接受,因为佛法的因果报应是自作自受,并非自作他受。由于六道众生所得的果报不同,互有隔阂,心意难以相通,所以便很难得到"心喜身饱"。有人虽然为六道众生作各种供养,但是他们却难以享受。但是,六道的众生中,如饿鬼、天人、诸仙等,由于果报而有报通,所以有可能有他心通,从而得到祭奠的利益。

通过道宣的叙述,我们可以了解到当时礼忏法会的隆重与庄严。唐代子瑀传中说:"常礼一万五千佛名,兼礼慈悲忏。日夜一匝,或二日三日一匝。"②我们可以看出,《梁皇忏》在唐代有两种流行方式:第一,礼拜《梁皇忏》是个人的礼忏修持行为,显得简单,而且时间可能较短;第二,举行隆重的《梁皇忏》法会,有种种供养祭奠,时间较长。现代佛教也是如此,有些僧人以修持礼拜《梁皇忏》作为自己的修行功课,而寺院则在一些特殊的日子如佛菩萨圣诞日、春节,或应施主的要求,举行法会。

所以,《梁皇忏》的最初形态是竟陵王萧子良所撰《净住子净行法》的"忏悔篇",又称为《六根大忏》;陈代真观增广《六根大忏》成为现在的《梁皇忏》十卷本,在唐宋时期称为《六道慈忏》、《慈悲忏》、《梁武忏》。所以,《梁皇忏》的真正作者是真观,而不是宝唱。

---

① 《续高僧传》卷二十九,《大正藏》第50卷,第700页上。
② 《宋高僧传》卷二十六《子瑀传》,《大正藏》第50卷,第876页下。

第二节 佛教素食传统的形成

素食是中国汉传佛教的传统,汉地僧人的生活皆提倡素食。素食传统的形成,不仅有大乘佛教的经典依据,同时亦有南北朝佛教思潮的影响。

一、素食传统的经典依据

原始佛教时代的戒律,有三种净肉、三种不净肉、十种不净肉等种种说法。但是,原始佛教、部派佛教的僧团,不禁肉食,是有明确规定的,如《四分律》说,"得鱼,佛言:听食种种鱼;得肉,佛言:听食种种肉"①。但是,基于对生命的重视,佛陀提倡三净肉,反对三不净肉。《四分律》又说:

> 是中故为杀者,若故见、故闻、故疑,有如此三事因缘不净肉,我说不应食。若见为我故杀,若从可信人边闻为我故杀,若见家中有头有皮有毛,若见有脚血,又复此人能作十恶业常是杀者,能为我故杀。如是三种因缘不清净肉,不应食。有三种净肉应食,若不故见、不故闻、不故疑,应食。②

这主要是通过见、闻、疑三个条件,确定是否为净肉或不净肉。若亲眼见此肉为自己所杀,或者听到为自己所杀,或者见到动物为自己被杀的痕迹,这种肉不能食用。所以,至市场所买到的肉,应该是净肉。

另外,基于对特定生命的尊重,《四分律》卷五十九禁止食象肉、马肉、人肉、狗肉、毒虫兽肉、狮子肉、虎肉、豹肉、熊肉、龙肉③;《摩诃僧祇律》卷三十二,禁止的肉食有:人肉、龙肉、象肉、马肉、狗肉、鸟肉、鹫肉、

---

① 《四分律》卷四十二,《大正藏》第 22 卷,第 866 页下。
② 同上书,第 872 页中。
③ 《四分律》卷五十九,《大正藏》第 22 卷,第 1006 页上。

猪肉、猕猴肉、狮子肉。① 可见，印度佛教对饮食的规定，各地区或不同的部派各有不同。

但是，随着大乘佛教的发展，菩萨慈悲思想的背景下，禁止肉食的经典逐渐产生。如《梵网经》说："若佛子！故食肉，一切肉不得食，断大慈悲性种子，一切众生见而舍去。是故一切菩萨不得食一切众生肉，食肉得无量罪。若故食者，犯轻垢罪。"②禁止肉食成为菩萨戒的戒条，肉食具有断慈悲种的罪过。菩提流支译《入楞伽经·遮食肉品》说：

> 尔时，圣者大慧菩萨摩诃萨白佛言：世尊！我观世间生死流转，怨结相连，堕诸恶道，皆由食肉更相杀害，增长贪嗔，不得出离，甚为大苦。世尊！食肉之人断大慈种，修圣道者不应得食。③

《楞伽经》明确提出，修道者为成就道业，不应食肉。北凉昙无谶译《大般涅槃经》中，清楚规定："善男子，从今日始，不听声闻弟子食肉。若受檀越信施之时，应观是食，如子肉想"，而且对戒律中的三净肉进行解释："是三种净肉，随事渐制"④，强调是方便渐次断肉食的过程。

二、梁武帝以前僧尼素食的传统

中国汉传佛教的素食传统，一般认为是在梁武帝时确立的。但是，在梁武帝以前，《高僧传》中出现大量的"蔬食"高僧，为素食传统的建立提供了历史依据。

《高僧传》中高僧的蔬食，如智严出家后，"纳衣宴坐，蔬食永岁"⑤，求那跋陀罗（394—466）"自幼以来，蔬食终身"⑥，其背景、原因以及情形各

---

① 《摩诃僧祇律》卷三十二，《大正藏》第22卷，第487页上。
② 《梵网经》卷下，《大正藏》第24卷，第1005页中。
③ 《入楞伽经》卷八，《大正藏》第16卷，第561页上。
④ 《大般涅槃经》卷四，《大正藏》第12卷，第386页上。
⑤ 《高僧传》卷三《智严传》，《大正藏》第50卷，第339页中。
⑥ 《高僧传》卷三《求那跋陀罗传》，《大正藏》第50卷，第345页上。

有不同。

一方面，隐居于山林，唯有蔬食，这是现实生活所迫；另一方面，道家求仙者的形象对中国高僧影响非常大。求仙者大多有蔬食的要求，甚至不服五谷。如道安(314—385)受具足戒后，"栖山木食"①；支遁自称"野逸东山，与世异荣，菜蔬长阜"②，因见鸡蛋中的小鸡而蔬食终身；帛道猷在与道一的信中说，"优游山林之下，纵心孔释之书，触兴为诗，陵峰采药，服饵蠲疴，乐有余也"③；单道开在出家前，"绝谷饵柏实，柏实难得，复服松脂。后服细石子，一吞数枚，数日一服，或时多少啖姜椒。如此七年，后不畏寒暑，冬温夏凉，昼夜不卧，与同学十人共契服食"④。道教重视服气、辟谷、服饵诸术。道教认为元气为生气之源，气在则神随生，得元气则生，失元气则死。"服气"，亦名吐纳、食气，即吸收天地间之生气。"辟谷"亦称断谷、绝谷、休粮、却粒，即是不食五谷的意思；道教认为人体中有彭倨、彭质、彭矫等三尸，分别喜欢宝物、五味、色欲，是欲望产生的根源，是毒害人体的邪魔，而三尸是靠谷气生存；所以，人若不食五谷，断其谷气，那么三尸在人体中就不能生存；要益寿长生，必须辟谷。但是，不食五谷仍然要维持身体，所以食茯苓、巨胜、黄精、大枣等药物。"服饵"就是服食丹药。

这些道术传入初期中国佛教，引起高僧的实践。如法成"不饵五谷，唯食松脂，隐居岩穴，习禅为务"⑤；僧从"不服五谷，唯饵枣栗"，但是"年垂百岁，而气力体强，礼诵无辍"⑥；法光(447—487)出家后，实行头陀苦行，"绝五谷，唯饵松叶"，后来誓志烧身，"乃服松膏及饮油"⑦；法恭出家后，"苦行殊伦，服布衣，饵菽麦"，同传记载乌衣寺僧恭"亦不食粳粮，唯

---

① 《高僧传》卷五《道安传》，《大正藏》第 50 卷，第 352 页上。
② 《高僧传》卷四《支道林传》，《大正藏》第 50 卷，第 349 页中。
③ 《高僧传》卷五《帛道猷传》，《大正藏》第 50 卷，第 357 页中。
④ 《高僧传》卷九《单道开传》，《大正藏》第 50 卷，第 387 页中。
⑤ 《高僧传》卷十一《法成传》，《大正藏》第 50 卷，第 399 页上。
⑥ 《高僧传》卷十一《僧从传》，《大正藏》第 50 卷，第 398 页下。
⑦ 《高僧传》卷十二《法光传》，《大正藏》第 50 卷，第 405 页下。

饵豆麦"①。

二、儒家强调服丧期间,必须断绝肉食。《仪礼·丧服》说:"斩者何？……居倚庐,寝苦枕块,哭昼夜无时。歠粥,朝一溢米,夕一溢米,寝不说绖带。既虞,翦屏柱楣,寝有席。食疏食水饮,朝一哭,夕一哭而已。既练舍外寝,始食菜果,饭素食哭无时。"同时,儒家亦以不杀生为仁的体现之一,如《孟子·梁惠王上》说:"见其生,不忍见其死！闻其声,不忍食其肉。"服丧必须蔬食,成为孝道的表现方式,而且得到中国佛教徒的实践与支持。如竺法旷"及母亡,行丧尽礼,服阕出家"②,道恒亦是"后母又亡,行丧尽礼,服毕出家"③,僧镜"家贫母亡……乃身自负土,种植松柏,庐于墓所,泣血三年,服毕出家"④,这都是严格按照儒家的礼仪服丧。儒家礼仪深入中国古代社会的生活层面,不但是佛教徒,即使是方外隐士亦皆如此。如《晋书·隐逸传》记载郭文"父母终,服毕,不娶,辞家游名山……恒著鹿裘葛巾,不饮酒食肉,区种菽麦,采竹叶木实"⑤,孟陋"丧母,毁瘠殆于灭性,不饮酒食肉十有余年"⑥。而且,梁武帝断肉食的奉佛生活实际上就是父母亡后,如《净业赋》所说:"恨不得以及温清朝夕供养,何心独甘此膳,因尔蔬食,不啖鱼肉"⑦,可见,儒家孝道思想对中国佛教素食传统的建立,具有很大的影响。

三、蔬食有助于持戒,树立了苦行的修道形象,而且是德行的象征。如慧远的弟子昙顺,"蔬食有德行"⑧;如《慧观传》附传有法业,"蔬食节己",所以晋陵公主为他建造南林寺⑨;慧猷"蔬食履操"⑩,法珍"蔬苦弗

---

① 《高僧传》卷十二《法恭传》,《大正藏》第50卷,第407页下。
② 《高僧传》卷五《竺法旷传》,《大正藏》第50卷,第356页下。
③ 《高僧传》卷六《道恒传》,《大正藏》第50卷,第364页中。
④ 《高僧传》卷七《僧镜传》,《大正藏》第50卷,第373页中。
⑤ 《晋书》卷九十四《隐逸传》,第2440页。
⑥ 同上书,第2443页。
⑦ 《广弘明集》卷二,《大正藏》第52卷,第336页上。
⑧ 《高僧传》卷六《昙顺传》,《大正藏》第50卷,第363页上。
⑨ 《高僧传》卷七《慧观传》附传,《大正藏》第50卷,第368页中。
⑩ 《高僧传》卷十一《慧猷传》,《大正藏》第50卷,第400页下。

改,戒节清白"①,慧温"疏苦并有高节"②。蔬食者控制了自己的欲望,断绝了俗世生活的习惯,无疑是道德操行高尚的表现。

四、蔬食有助于坐禅、诵经、持咒,是修道生活的助缘。如道恒(346—417),"蔬食味禅,缅迹人外"③;慧安,"蔬食精苦,学通经义,兼能善说,又以专戒见称"④;普明,"蔬食诵经,苦节通感"⑤;竺僧显,"贞苦善戒节,蔬食诵经,业禅为务"⑥;支昙兰"蔬食乐禅,诵经三十万言"成;法绪"德行清谨,蔬食修禅"⑦;慧通"蔬食持咒"⑧;僧覆"学通诸经,蔬食持咒"⑨。

五、蔬食与忏悔亦紧密相连。如僧远(413—484)在出家前"蔬食忏诵",出家后蔬食五十余年⑩;僧侯(396—485),十八岁时,便"蔬食礼忏",出家后直至临终,"鱼肉荤辛,未尝近齿"⑪。

《高僧传》的各篇,蔬食者的人数及比例,如下表所示⑫:

篇目	译经	义解	神异	习禅	明律	亡身	诵经	兴福	经师	唱导	合计
蔬食僧数	2	16	3	9	5	6	16	5	2	3	67
全体僧数	63	271	30	32	21	14	33	16	11	10	497
比例	3.2%	5.9%	10.3%	28.1%	23.8%	42.9%	48.5%	31.3%	18.2%	30.0%	13.4%

---

① 《高僧传》卷七《法珍传》,《大正藏》第 50 卷,第 374 页下。
② 《高僧传》卷十二,《大正藏》第 50 卷,第 408 页下。
③ 《高僧传》卷六《道恒传》,《大正藏》第 50 卷,第 365 页上。
④ 《高僧传》卷七《慧安传》,《大正藏》第 50 卷,第 370 页上。
⑤ 《高僧传》卷七《道汪传》附传,《大正藏》第 50 卷,第 372 页上。
⑥ 《高僧传》卷十一《竺僧显传》,《大正藏》第 50 卷,第 395 页中。
⑦ 《高僧传》卷十一《支昙兰传》、《法绪传》,《大正藏》第 50 卷,第 396 页下。
⑧ 《高僧传》卷十一《慧通传》,《大正藏》第 50 卷,第 398 页下。
⑨ 《高僧传》卷十二《僧覆传》,《大正藏》第 50 卷,第 407 页下。
⑩ 《高僧传》卷八《僧远传》,《大正藏》第 50 卷,第 377 页下—378 页上。
⑪ 《高僧传》卷十二《僧侯传》,《大正藏》第 50 卷,第 408 页下。
⑫ 诹访义纯:《中国中世佛教史研究》,东京:大东出版社,1985 年,第 53 页。

依上表可以看出,"诵经篇""亡身篇""兴福篇""唱导篇"的僧人蔬食者比例最高,因为这些僧人与民众接触频繁,必须获得信赖与尊敬,而蔬食的行为无疑是路径之一。

另外,《比丘尼传》中,蔬食者亦时有出现,列表如下①:

时代	本传尼数	附传尼数	总尼数	蔬食尼数	比例
晋	13	1	14	4	28
宋	23	11	34	11	39
齐	15	10	25	5	20
梁	14	8	22	10	45
合计	65	30	95	30	32

可见,初期中国佛教,无论是比丘或比丘尼,皆存在大量的蔬食者。僧尼蔬食的出现,当然受传译经律的影响。公元418年开始,《涅槃经》《楞伽经》《央掘魔罗经》《梵网经》等,极力影响着禁绝肉食运动的开展。尤其是《十诵律》的译出,在《十诵律》卷二十六中,佛陀制戒:"听啖生肉饮血,应屏处啖,莫令人见。"②因为得病而食肉,但是不应令人看见,无疑从另一方面说明佛陀不准许非病的比丘食肉饮血。

从《高僧传》《比丘尼传》中,发现当时的南朝僧尼确实多肉食。中国儒家孝道思想、服丧的规定以及道家求仙的修道方式,经义与戒律的规定,现实蔬食者的大量存在,为梁武帝提倡素食奠定了基础。

三、周颙、沈约的素食思想

梁武帝对僧尼断酒肉的推动,不仅有经典、历史的背景,亦有士大夫社会的支持。尤其是周颙、沈约等士大夫相继对素食的提倡,对梁武帝影响很大。道宣《广弘明集·慈济篇》收录了沈约(441—513)《究竟慈悲

---

① [日]谏访义纯:《中国中世佛教史研究》,东京:大东出版社,1985年,第57页。
② 《十诵律》卷二十六,《大正藏》第23卷,第185页上。

论》、周颙《与何胤书论止杀》、梁武帝(464—549)《断酒肉文》《断杀绝宗庙牺牲诏》、颜之推(531—602)《诫杀家训》等。其中,前三篇最重要,对佛教素食思想的提倡,产生了深远影响。

周颙是宋齐时代的文人,著《三宗论》,亦精通《老子》《易经》。《南齐书·周颙传》说:

> 清贫寡欲,终日长蔬食,虽有妻子,独处山舍。卫将军王俭谓颙曰:"卿山中何所食?"颙曰:"赤米白盐,绿葵此蓼。"文惠太子问颙:"菜食何味最胜?"颙曰:"春初早韭,秋末晚菘。"时何胤亦精信佛法,无妻妾。太子问颙:"卿精进何如何胤?"颙曰:"三途八难,共所未免。然各有其累。"太子曰:"所累伊何?"对曰:"周妻何肉。"①

周颙晚年热心于素食,而且力倡素食。周颙的素食思想,主要是受到僧侣的影响。公元464年,周颙得到益州刺史萧惠开的提拔,前往蜀地,当时一起前往的有僧侯(396—484),僧侯"自息慈以来至于舍命,鱼肉荤辛未尝近齿"②。公元473年,任剡县县令,曾就学于慧基(413—496);公元479年,任山阴县县令,曾入法慧门下,而法慧"蔬食布衣,志耽人外"③。这些蔬食的僧侣风格,势必影响了周颙的饮食习惯。沈约(441—513)在给慧约(452—535)的信中,赞叹周颙说:"此生笃信精深,甘此藿食。至于岁时,苞筐每见请求,凡厥菜品,必令以荐。弟子辄靳而后与,用为欢谑。"④可见,周颙对实践素食的热情与信心。

何胤(446—531)、何求、何点三兄弟,先后隐居于山林寺庙中,高蹈远行,时人称为"三高"。何胤好学,从刘献受《易》及《礼记》《毛诗》,又入锺山定林寺听内典,其业皆通;起家齐秘书郎,出为建安太守;后入为太子中庶子,撰《新礼》;阴帝时,入山隐居以终。胤注《百法论》一卷、《十二

---

① 《南齐书》卷四十一《周颙传》,第732页。
② 《高僧传》卷十二《僧侯传》,《大正藏》第50卷,第408页下。
③ 《高僧传》卷十二《法慧传》,《大正藏》第50卷,第408页中—下。
④ 《广弘明集》卷二十八,《大正藏》第52卷,第326页中。

门论》一卷、《周易》一卷,又作《毛诗隐义》十卷、《毛诗总集》六卷、《礼记隐义》二十卷、《礼答问》五十五卷,流行于世。《南史》卷三十记载:

> 初,胤侈于味,食必方丈,后稍欲去其甚者,犹食白鱼、鳝脯、糖蟹,以为非见生物。疑食蚶蛎,使门人议之。……汝南周颙与胤书,劝令食菜。①

何胤信仰佛教,但是讲究食味,于是为吃肉自我辩护,竟陵王萧子良亦责其歪曲佛道。所以,周颙才与何胤写信,劝其改食吃素。到了晚年,何胤"遂绝血味"。

周颙《与何胤书》,现存《广弘明集》卷五十二、《南史》卷三十、《南齐书》卷四十一,以《南齐书》所存最为完整。《南史》只择最重要的部分,而《广弘明集》则删除后面的尾部。依《与何胤书》,可见周颙的佛教素食思想:

一、儒家的仁恕思想强调不杀生、不肉食,《与何胤书》说:

> 观圣人之设膳修,仍复为之品节。盖以茹毛饮血,与生民共始,纵而勿裁,将无崖畔。善为士者,岂不以恕己为怀?是以各静封疆,罔相陵轶。况乃变之大者,莫过死生;生之所重,无踰性命。性命之于彼极切,滋味之在我可赊,而终身朝脯,资之以永岁,彼就怨残,莫能自列,我业长久,吁哉可畏。且区区微卵,脆薄易矜,歔彼弱貌,顾步宜愍。②

儒家的仁恕重视生命,而且节欲自敛,对其他生命具有怜悯之心。

二、佛教的因果业报、三世轮回思想,强调杀生的业力报应,"则一往一来,一生一死,轮回是常事。杂报如家,人天如客"。由儒家的仁恕,至佛教的因果报应,可谓层层推进。周颙说:"丈人于血气之类,虽无身践,

---

① 《南史》卷三十,第793页。
② 《南齐书》卷四十一《何胤传》,第733页。

至于晨凫夜鲤,不能不取备屠门。财贝之一经盗手,犹为廉士所弃;生性之一启鸾刀,宁复慈心所忍。驺虞虽饥,非自死之草不食,闻其风岂不使人多愧。"食素意味着不但本人不能杀生,而且必须拒绝接受他人杀生的结果,因而周颙此说强调的是去杀、食素行为背后的仁爱、慈悲,这样一来,周颙之食蔬,就不仅仅是个人追求成佛的行为,而且是遵奉佛教慈悲即儒家仁爱的道德实践。所以,周颙的佛教素食思想是基于儒家、佛教并存的立场而展开的。

沈约(441—513)对素食的推动,在他的《忏悔文》《舍身愿疏》《究竟慈悲论》中得到体现。沈约怀念周颙蔬食的情形,而且在《究竟慈悲论》中提出不仅要禁止肉食,而且必须禁绝蚕衣。沈约在创作于公元485年①的《忏悔文》中,顺次忏悔了自己的杀生、偷盗、邪淫、妄语等罪过,其中有关杀生、食肉的忏悔文字最多。他说:"爰始成童,有心嗜欲,不识慈悲,莫辨罪报。以为毛群鳞品,事允庖厨,无对之缘,非恻隐所及。……为杀之道,事无不足,迄至于今,犹未顿免。"②可见,戒杀和蔬食在沈约心目中的分量。

入梁以后,沈约对戒杀的态度发生了一个飞跃。《究竟慈悲论》一文以为,不仅要停止肉食,而且必须禁绝蚕衣,所谓"夫肉食蚕衣,为方未异,害命夭生,事均理一"③。沈约将禁欲的范围从断肉发展到禁蚕衣,并指出世人因佛经中并无禁蚕的文字而妄加怀疑,其实质是拘泥于文字:"此盖虑穷于文字,思迷于弘旨。"可见,萧梁时期沈约对蔬食的态度远比南齐激进。他对去杀的要求甚至比梁武帝还要苛刻。

沈约对素食的提倡,并不提及因果报应说,而是以佛教的慈悲为根据。他说:"释氏之教,义本慈悲;慈悲之要,全生为重。"④佛教的主要思

---

① Richard B. Mather, The Bonze's Begging Bowl: "Eating Practices in Buddhist Monasteries of Medieval India and China", *Journal of American Oriental Society*, V. 101:4 (1981), pp. 422.
②《广弘明集》卷二十八,《大正藏》第52卷,第331页中。
③《广弘明集》卷二十六,《大正藏》第52卷,第292页下。
④ 同上书,第292页下。

想是慈悲,而慈悲的核心是保护动物的生命,这正如《大智度论》所说,"慈悲是佛道之根本"①。同时,沈约亦以儒家仁义来提倡戒杀,以孟子69岁菜食、59岁以前布衣为例,以内圣与外圣为共同的榜样,以《涅槃经》和儒家经典为共同的依据,彻底地倡导断肉食和禁绝绢衣。

四、梁武帝《断酒肉文》的思想

中国佛教素食传统的形成,梁武帝是最核心的人物。从梁武帝的生平与经历来说,梁武帝通晓玄、儒、文、史,又精于佛、道二家义理,为典型的儒、释、道三教调和论者。梁武帝一方面在世俗政体中,突破贵族体制,提倡士大夫才学本位的理念,提高帝王地位;另一方面在政教关系方面,提出"真佛子、菩萨行"的理念,以"皇帝菩萨"的理念,创造出"国家佛教"体制的新形势。梁武帝在天监十八年(519)四月八日受菩萨戒,针对当时僧团的芜乱情形,进行以禁断酒肉为中心的佛教教团改革,从而对中国佛教素食传统的形成起着决定性的作用。

1. 齐梁时代佛教的弊病与梁武帝自身的生活态度

梁武帝对禁断酒肉的提倡,不仅有经典的依据、历史的传统,而且还有自身的生活实践,和对齐梁佛教的现实需要的回应。

齐梁时代的佛教,在南齐竟陵王、梁武帝的相继支持下,迅速发展。南齐(479—502)有寺院2015所、僧尼32500余人;梁代(502—557)有寺院2846所、僧尼82700余人。寺院僧团势力的发展,难免与君权产生冲突。北朝先后发生了北魏、北周的灭佛,而南朝重视义理思想,同时没有发生过毁灭性的灾祸。梁武帝积极提倡佛教,一方面导致寺院、僧尼人数急剧增加;另一方面,僧尼的弊病亦不断出现,于是郭祖深等为了佛教等事,不断上书梁武帝。如郭祖深在所上封事中,提到当时佛教的状况与弊病:

----

① 《大智度论》卷二十七,《大正藏》第25卷,第256页下。

> 时帝大弘释典,将以易俗,故祖深尤言其事,条以为:都下佛寺五百余所,穷极宏丽。僧尼十余万,资产丰沃。所在郡县,不可胜言。道人又有白徒,尼则皆畜养女,皆不贯人籍,天下户口几亡其半。而僧尼多非法,养女皆服罗纨,其蠹俗伤法,抑由于此。请精加检括,若无道行,四十已下,皆使还俗附农。罢白徒养女,听畜奴婢,婢唯著青布衣,僧尼皆令蔬食。如此,则法兴俗盛,国富人殷。不然,恐未来处处成寺,家家剃落,尺土一人,非复国有。①

郭祖深指出,梁武帝信仰佛教后,连带使王公大臣、平民百姓也普遍信仰,达到"家家斋戒,人人礼忏"的结果。在建康附近,便有佛寺五百余所,都十分宏伟壮丽。僧尼十余万,拥有丰厚的资产,而且道人又庇护一般平民,尼师收养平民的女子,都未编入政府的户籍内,使天下纳赋税、服劳役的户口几乎损失一半。这样,寺院经济其实已经威胁到国家的安全,而且僧尼不遵行戒律,生活奢侈放逸,反而败坏世俗、伤害正法。郭祖深对佛教提出改革的意见,其中便有"僧尼皆令蔬食",这是以蔬食作为持戒和道行的标准之一,成为改革佛教的关键性办法。

郭祖深上封事的时间,大约在普通三年(522),这与《断酒肉文》的时代相近。② 梁武帝对于郭氏的上书"嘉其正直",擢升官职。所以,面对僧团流弊、僧团势力高涨的情势,梁武帝必须采取积极手段,来处理佛教的问题。

另一方面,从梁武帝自身来说,虽然他出身于贵族,但是信仰佛教后,他的日常生活发生了很大的变化。《南史》卷七"梁本纪中第七"说:

> 晚乃溺信佛道,日止一食,膳无鲜腴,惟豆羹粝饭而已。或遇事拥,日徜移中,便漱口以过,制《涅槃》、《大品》、《净名》、《三慧》诸经

---

① 《南史》卷七十《郭祖深传》,第1721—1722页。
② 颜尚文:《梁武帝的君权思想与菩萨性格初探——以〈断酒肉文〉形成的背景为例》,《台湾师范大学历史学报》第16期,1988年,第21页。

义记载百卷。听览余闲,即于重云殿及同泰寺讲说,名僧硕学,四部听众,常万余人。身衣布衣,未绵皂帐,一冠三载,一被二年。自五十外便断房室。后宫职司贵妃以下,六宫袆褕三翟之外,皆衣不曳地,傍无锦绮,不饮酒,不听音声,非宗庙祭祀,大会餐宴及诸法事,未尝作乐。①

梁武帝有严格真挚的生活态度,自己能够誓行不杀生、不饮酒、不肉食的菩萨戒,所以提倡禁断酒肉,无疑具有巨大的号召力。

梁武帝对蔬食的实践,应该始于他皈依佛教之后。《净业赋》说:

> 朕布衣之时,唯知礼义,不知信向。烹宰众生,以接宾客,随物肉食,不识菜味。及至南面富有天下,远方珍馐,贡献相继;海内异食,莫不必至;方丈满前,百味盈俎。乃方食辍箸,对案流泣,恨不得以及温清朝夕供养,何心独甘此膳。因尔蔬食,不啖鱼肉,虽自内行不使外知。至于礼宴群臣,肴膳按常,菜食未习,体过黄羸,朝中斑斑始有知者。谢朏孔彦颖等,屡劝解素,乃是忠至,未达朕心。朕又自念……谁知我不贪天下,唯当行人所不能行者,令天下有以知我心。②

所以,梁武帝是在即位以后,自己便开始素食。谢朏是在天监五年(506)逝世,所以梁武帝在天监元年(502)至五年之间,便在日常生活中实践素食。随后,在天监十六年(517)四月,梁武帝下诏宗庙祭祀不得血食。于是,素食从梁武帝自身的信仰生活,逐渐成为国家意志,在当时的梁朝开始推行。

但是,梁武帝提倡《断酒肉文》的年代为何时?《佛祖统纪》卷三十七记载,天监十年(511),"上集诸沙门制文,立誓永断酒食"③。志磐或许是

---

① 《南史》卷七,第223页。
② 《广弘明集》卷二十九,《大正藏》第52卷,第336页上。
③ 《佛祖统纪》卷三十七,《大正藏》第52卷,第349页中。

根据道宣《集神州三宝感通录》卷中的记载：

> 天监十年四月五日，骞等达于扬都，帝与百寮徒行四十里，迎还太极殿。建斋度人，大赦断杀，絓是弓刀槊等，并作莲花塔头。帝由此菜蔬断欲。①

郝骞于四月五日到达建康，梁武帝迎接他至太极殿，大赦断杀，梁武帝于是菜蔬断欲，因此，梁武帝开始素食的时间为天监十年（511）四月五日以后。这样，道宣的记载与《净业赋》存在一定的矛盾。

在断酒肉法会中，法宠（451—524）为应答的僧侣之一。法宠住宣武寺，卒于普通五年（524）三月十六日②。而《断酒肉文》的时间为五月二十三日，所以梁武帝提倡《断酒肉文》的下限时间为普通四年（523）五月二十三日。至上限时间为何时？根据有二：一、天监十六年（517）四月，梁武帝下诏宗庙不血食；二、天监十八年（519）四月八日，梁武帝受菩萨戒。所以，日本学者诹访义纯推断，《断酒肉文》的时间为天监十六年（517）至普通四年（523）之间的五月二十三日、二十九日③；因为《断酒肉文》中提到梁武帝誓守菩萨戒断酒肉的愿行等事，所以台湾学者颜尚文认为，《断酒肉文》应该成立于天监十八年（519）四月八日至普通四年（523）之间。④

此外，法国巴黎图书馆所藏敦煌卷子（P.2196）《出家人受菩萨戒法卷第一》，末尾题记："大梁天监十八年岁次己亥夏五月……瓦官寺释慧明慧持"，这是梁武帝从慧约受菩萨戒后，为了普及菩萨戒而亲自撰述。而《断酒肉文》亦撰于五月，所以应该撰于天监十八年五月二十三日。

---

① 《集神州三宝感通录》卷中，《大正藏》第52卷，第419页下。
② 《续高僧传》卷五《法宠传》，《大正藏》第50卷，第461页中—下。
③ ［日］诹访义纯：《中国中世佛教史研究》，东京：大东出版社，1985年，第80页。书中以普通四年为公元525年，误。
④ 颜尚文：《梁武帝》，台北：东大图书股份有限公司，1999年，第230—231页。

2. 断酒肉法会的经过

《广弘明集》卷二十六《慈济篇》收有梁武帝《断酒肉文》,详细记载了断酒肉法会的过程。梁武帝为了推行自己的佛教政策,以法云法师等为代表,针对传统佛教僧伽的流弊,提倡菩萨慈悲、严守戒行的新精神,以"断酒肉"为实践之始,来匡正佛教。所以,梁武帝是利用了一批明经、解义、持律的比丘,以戒律、法义的辩论,来导正僧伽流弊,将"断酒肉"运动转化成为佛教内部的自觉,从而避开王权与僧伽的直接冲突。

断酒肉法会于五月二十三日、二十九日举行。在五月二十二日五更,就按牒点唱僧尼代表1448人在凤庄门集合。这1448人是各类僧尼的领袖,其中僧寺寺官368人、尼寺寺官369人,"三官"是上座、寺主、维那三种僧职,是寺院的领导者;义学僧574人、义学尼68人,这是精通佛教各种经论的学者;宿德25人、导师39人、尼导师5人,这是全国佛教界德高望重的僧尼。《断酒肉文》中出现的称呼,如"弟子萧衍敬白诸大德僧尼、诸义学僧尼、诸寺三官"等,显示了梁武帝希望自己断酒肉的理念能得到这些佛教界领袖人物认同与支持,以此来整治僧伽的流弊。

五月二十三日,1448位僧尼在华林园华林殿前广场,正式举行"断酒肉"法会。光宅寺法云为法师,瓦官寺慧明为都讲,梁武帝亲临,一千余僧尼依次而坐。首先,由都讲慧明唱《大般涅槃经·四相品》的四分之一,并标问"食肉者断大慈种"主旨,在《断酒肉文》中有完整的记录①;其次,由法云解释经文的内涵,但是法云的解释没有记录下来,只能从道澄所宣唱"断肉之文",推断法云对"食肉者断大慈种义"的解释:

> 经言:食肉者断大慈种。何谓断大慈种?凡大慈者,皆令一切众生同得安乐。若食肉者,一切众生皆为怨对,同不安乐。……若食肉者障菩提心,无有菩萨法。……以无菩萨法故,无四无量心。无四无量心故,无有大慈大悲。以是因缘,佛子不续。所以经言:食

---

① 《广弘明集》卷二十六,《大正藏》第52卷,第301页上—下。

肉者断大慈种。①

饮酒食噉众生,不但自己断灭大慈大悲菩提心的成佛种子,而且杀害其他众生藉以成佛的生命,使其他众生受到更大的痛苦,结下更多的怨恨。以饮酒食肉的因缘使"佛子不续",佛法将面临灭绝的命运。

法云解释后,由耆阇寺道澄登西向高座宣唱《断酒肉文》②,并且宣读梁武帝"所传之语"③。梁武帝为了匡正佛法,以"佛法寄嘱人王"的护法国王身份,本着大慈大悲菩萨的愿行,向僧尼下达禁断酒肉的号召:

> 弟子萧衍,敬白诸大德僧尼、诸义学僧尼、诸寺三官:夫匡正佛法是黑衣人事。乃非弟子白衣所急。但经教亦云:佛法寄嘱人王,是以弟子不得无言。今日诸僧尼开意听受,勿生疑闭,内怀忿异。④

梁武帝以"皇帝菩萨"的地位,以菩萨戒的慈悲情怀,以王权与教权结合的形式,极力推进断酒肉的施行。道澄宣唱完毕后,僧尼大众向华林殿佛像礼拜,忏悔罪业。在用过朝廷准备的中餐之后礼成解散。

法云在讲解《涅槃经》中断肉的思想时,当场便有僧正慧超、法宠等僧尼的问难,法云进行即席答辩。梁武帝"恐诸小僧,执以为疑,方成巨蔽"⑤,又,二十三日会后"诸僧尼或犹云:律中无断肉事,及忏悔食肉法"。所以,在五月二十九日,举行第二次断酒肉法会。

第二次法会是以戒律中"三不净肉"为议题中心,敕请义僧141人、义学尼57人,于华林园华光殿内举行。这场法会的僧尼代表,是庄严寺法超(452—526)、奉诚寺僧辩、光宅寺宝度三位律师。法超随智称(429—500)学习《十诵律》,深得梁武帝信任,任都邑僧正;僧辩"性廉直,

---

① 《广弘明集》卷二十六,《大正藏》第52卷,第295页下—296页上。
② 同上书,第294页中—298页上第28行。
③ 同上书,第298页上第29行—298页下。
④ 同上书,第294页中。
⑤ 同上书,第302页下—303页上。

戒品冰严,好仁履信,精进勇励,常讲《十诵》"①;宝度则不知。可见,这三位律师来自《十诵律》系统,是当时的律学权威,主要就律典中"三不净肉"与《涅槃经》中断肉进行辩论。经过梁武帝与三位律师以及道恩、法宠等精密而激烈的论辩之后,大众无复异议,三律师始下高座。武帝又敕始兴寺景猷法师升高座,诵读《楞伽阿跋多罗宝经》卷四、《央掘魔罗经》卷一、卷二有关断肉的经文。② 诵经后,梁武帝再三强调:从今日起,不得再饮酒食肉,而且希望在场的僧尼广为宣扬。最后,僧尼行道、礼拜、忏悔、设会事毕,退出华光殿。

二十九日晚上,梁武帝对白天法会时的论辩心犹未平,意犹未足,故连下五首敕文给留值宫内典掌机要的周舍,强调所有僧尼应绝对奉行"断酒肉"的敕令,乃至一念食肉之心亦不许存在。可见,梁武帝以"皇帝菩萨"的雄心,集王权与教权,对提倡断酒肉不遗余力。

3.《断酒肉文》的内容与思想

梁武帝对"断酒肉"的推动,不仅是个人信仰与意志的表现,同时亦获得当时一些僧尼的支持。尤其是光宅寺法云的襄助,《续高僧传·法云传》记载法云的谶记:

> 夷陵县渔人于网中得经一卷,是《泥洹·四法品》,末题云:宋元徽二年,王宝胜敬造,奉光宅寺法云法师。以事勘校,时云年始十岁。名未远布,寺无光宅。而此品正则,初云弘法,次断鱼肉,验今意行,颇用相符。③

法云是梁武帝的"家僧",被敕为光宅寺主,他针对僧伽问题而创立的僧团制度,为后代所取法。梁武帝在位期间,佛教政策方面则以法云、僧旻为主。所以,梁武帝为了彻底破除传统佛教允许进食"三种净肉"的规

---

① 《续高僧传》卷六,《大正藏》第 50 卷,第 475 页上。
② 《广弘明集》卷二十六,《大正藏》第 52 卷,第 301 页下—302 页下。
③ 《续高僧传》卷五《法云传》,《大正藏》第 52 卷,第 465 页上。

定,肯定会与法云认真策划,包括时间、地点、程序以及人选。所以,谶记所引述的渔人网到《大般涅槃经·四相品》,预记奉送法云以弘法、断鱼肉的故事,呼应《涅槃经》"食肉者断大慈种义"与《断酒肉文》。所以,"断酒肉"法会的成功以及《断酒肉文》的撰写等,一定是在法云的襄助下进行的。

《断酒肉文》全文以"弟子萧衍,敬白诸大德僧尼"发语辞为标准,全文可分为三段,再加上"所传之语",这样共分为四部分。

第一部分的大意,分为五方面:

(1) 肉食出家人,不及外道与在家人。僧尼若不能持戒律,乃至犯了不杀生戒而"噉食鱼肉",犯不饮酒戒而"犹嗜饮酒",则其行为不但与外道邪教没有两样,而且比他们更糟糕,梁武帝指出九种不及外道与在家人之处。

(2) 肉食障累诸因果。梁武帝以《涅槃经》为依据,说明食肉远离菩萨法、佛果、大涅槃,并列举食肉招致诸苦因与堕三途恶果。

(3) 肉食者互相怨对,报相噉食。

(4) 肉食者永与宿亲长为怨对。

(5) 肉食者具有理、事二障难,理障难是以业因缘而生障难,事障难即是六道等障难。

第二部分的大意:

(1) 北山蒋神菜食,行菩萨道。蒋神,原名蒋子文,广陵人,东汉末年曾任秣陵县尉,在战斗中受伤,死于钟山之下。蒋子文死后,逐渐被传为成神。三国以来,蒋神地位一再提升,南朝齐时,东昏侯加蒋子文位为假黄钺、使持节等,甚至尊为皇帝;梁武帝亲自率朝臣到蒋帝庙"修谒"。[①] 梁武帝以蒋神作为号召,希望通过神灵等信仰,为"断酒肉"寻找群众基础。

---

① 梁满仓:《汉唐间政治与文化探索》,贵阳:贵州人民出版社,2000年,第98—1000页。

(2)勒诸庙祀,若有祈报,皆不得荐生类。

第三部分的大意:

(1)梁武帝于三宝前与诸僧尼共申约誓,若僧尼饮酒啖肉,当依王法治问;而且,依佛法的"集僧众、鸣犍槌、舍戒、还俗"等办法处理。所以,这是王法与佛法相互结合的政策。

(2)梁武帝于护法龙天鉴观之下,发誓不饮酒啖食众生,愿行大乘菩萨道。如违誓言,当入阿鼻地狱受苦。

(3)禁断僧尼寺院饮酒啖肉行为,否则"如法治问"。

第四部分,是通过善恶因果报应,劝勉僧尼禁断肉食;同时,从素食的营养、对身体和心理的益处、共为菩提种子等方面进一步劝勉。

在二十九日晚上,给周捨的五首敕文中,内容分别为:驳正法宠,反驳僧辩;食肉灭慈悲心,增长恶毒,非沙门释子所应行;学问僧人食肉,其罪过最大,因为解义而不能如说修行,言行相违又误导他人,必下地狱;菩萨人持心戒,无有食众生之理,乃至一念饮酒食肉之心,亦应绝对禁断。

所以,梁武帝依《大般涅槃经》"食肉者断大慈种"的经教,以及《楞伽阿跋多罗宝经》《央掘魔罗经》等断肉戒杀的思想,在《断酒肉文》中充分表达了大慈大悲的菩萨精神。在思想上,《断酒肉文》具有几方面的特质:

一、以"断酒肉"作为新的戒律标准,来匡正"三种净肉"的传统戒律。戒律是佛教徒修行的根本,也是佛教教团维系发展的前提。在戒律中,五戒是基础,包括不杀生、不偷盗、不邪淫、不妄语、不饮酒等。从五戒出发,断酒肉成为僧尼最基础的戒律标准。所以,《断酒肉文》强调僧尼饮酒啖食鱼肉,则同于外道。《断酒肉文》引用经言:"行十恶者受于恶报,行十善者受于善报"[1],这种戒律与善恶因果报应的结合,无疑具有号召

---

[1]《广弘明集》卷二十六,《大正藏》第52卷,第294页中。

力。同时,十善亦是菩萨戒,如《优婆塞戒经》所阐扬,菩萨行者必须修持十善的根本戒律。所以,十善的第一戒不杀生,五戒的最后一戒不饮酒,都是僧尼最根本的戒律。所以,梁武帝是以断酒肉作为菩萨戒来推行,以身作则,而且将"王法"与"佛法"的结合,以此来匡正"三种净肉"的传统戒律。

二、"三种净肉"作为广律中的戒律,与《大般涅槃经》等经典"断肉"不合,梁武帝通过五时判教来解决二者的矛盾。在南朝的判教思想中,以顿渐五时判教最为流行,如下:

(一)顿教……………………《华严经》
(二)渐教 (1)三乘别教…………《阿含经》
         (2)三乘通教…………《般若经》
         (3)抑扬教……………《维摩诘经》
         (4)同归教……………《法华经》
         (5)常住教……………《涅槃经》

通过探讨律典与《涅槃经》在判教中的位置,解决"三种净肉"与"断酒肉"之间的矛盾。如法超的回答:

> 律教是一,而人取文下之旨不同。法超所解:律虽许啖三种净肉,而意实欲永断。何以知之? 先明断十种不净肉,次令食三种净肉,未令食九种净肉,如此渐制,便是意欲永断。①

法超、僧辩、宝度三位律师皆强调,三种净肉是"渐教",佛陀的本意是永断酒肉。如宝度的解释:"愚短所解只是渐教,所以律文许啖三种净肉。若《涅槃》究竟明于正理,不许食肉。若利根者,于三种净肉教,即得悉不食解。若钝根之人,方待后教。"②宝度将三种净肉纳入渐教,归为钝根之人的教法;而不许食肉为顿教,为利根之人的教法。这种解释虽然表明

---

① 《广弘明集》卷二十六,《大正藏》第52卷,第299页上。
② 同上书,第299页中。

了"断酒肉"为究竟,而食肉为方便,却为食肉找到理由与根据,仍然无法满足梁武帝的要求。

律藏作为五时渐教,属于何时?《断酒肉文》提到:

> 制又问:律教起何时?僧辩奉答:起八年已后,至《涅槃》。
>
> 问:若如此,《涅槃经》有断肉,《楞伽经》有断肉,《央掘摩罗经》亦断肉,《大云经》、《缚象经》并断肉。律若至《涅槃》,云何无断肉事?答:律接续初教,所以如此。
>
> 问:律既云接续初教,至于《涅槃》,既至《涅槃》,则应言断肉。答:若制教边,此是接续初教,通于五时,不言一切皆同。①

僧辩亦提倡五时判教,《涅槃经》为第五时,律藏是贯通佛陀成道八年后一直至《涅槃经》。所以,梁武帝明显主张戒律与《阿含经》同为第一时,但是僧辩的解释是"接续初教,通于五时,不言一切皆同",所以僧辩仍然为不断肉寻找暧昧的答案。梁武帝依五时判教,以《涅槃经》断肉为究竟,依此提倡"断酒肉",从而解决了律藏"三种净肉"与《涅槃经》"断肉"记载的矛盾。

梁武帝推行政教结合的政策,加上大乘菩萨戒的提倡,以"王法"和"佛法"的双重应用,推动"断酒肉"运动的开展。从"断酒肉"的整个运作来说,法会经过策划,《断酒肉文》经过梁武帝与法云等高僧的讨论,具有深厚的历史传统与"食肉者断大慈种"等证据确凿的理论依据。两次法会的举行,通过法义与戒律两方面的讨论,对人们在思想上进行了统一;另外,通过国家行政机构发布诏令,由当时佛教领袖负责传布,从而在实践上保证了"断酒肉"政策的推行。

---

① 《广弘明集》卷二十六,《大正藏》第 52 卷,第 300 页上。

第三节　南北朝佛教的社邑与慈善事业

佛教传入中国之前,中土信仰呈多元化的特点,缺乏共同性的信仰对象。以祭礼为例,一个显著特点就是存在等级秩序,地位不同、祭祀对象有别。即使祖先的祭祀遍行天下,但是仍然千差万别,缺乏一致性。朝野遍行的社祭,亦有帝社、郡社、国社、县社、乡社、里社之别。① 佛教信仰传入中国,在中华多样化的传统信仰之外增加了共同性的成分,使他们在一定程度上具备了共同的信奉对象、共同的信念与追求。基于佛教的共同信仰,信众在僧人的指导下,共同从事佛教活动,如写经、刻经、诵经、开石窟、造佛像和修佛塔等;同时,在佛教福田思想的号召下,从事修桥铺路、济贫赈灾等慈善事业。

一、南北朝佛教的社邑

随着南北朝佛教的盛行,逐渐形成以相同信仰为联系纽带的集合结社;而且,具有道德感化力的僧人,在推行教化之时,亦会产生以僧人为中心的信仰团体。这种信仰共同体、信仰组织或集会,称为"社""法社""邑""邑会",或"邑义""义邑""义会"等。

早在东晋时代,庐山慧远便有结社活动,慧远曾制订《法社节度》,可见他对"法社"已经制定组织的制度。赞宁《大宋僧史略》阐明社邑的源流:

> 晋宋间有庐山慧远法师,化行浔阳,高士逸人辐辏于东林,皆愿结香火。时雷次宗、宗炳、张诠、刘遗民、周续之等,共结白莲华社,立弥陀像,求愿往生安养国,谓之莲社,社之名始于此也。齐竟陵文宣王募僧俗行净住法,亦净住社也。梁僧祐曾撰《法社》,建功德邑

---

① 侯旭东:《五、六世纪北方民众佛教信仰》,北京:中国社会科学出版社,1998年,第270页。

> 会文。历代以来成就僧寺,为法会社也。社之法,以众轻成一重,济事成功,莫近于社。今之结社,共作福因,条约严明,愈于公法。行人互相激励,勤于修证,则社有生善之功大矣。①

赞宁认为庐山慧远的莲社,为最早的社邑;南齐竟陵王萧子良集聚僧俗二众,举行布萨法会,亦即是净住社,可能是因为定期举行布萨。萧子良经常在邸园开设斋会,在《齐太宰竟陵文宣王法集录》中,有《述羊常弘广斋》《华严斋记》《述放生东宫斋》《八日禅灵寺斋并颂》《龙华会并道林斋》等。赞宁对社邑的功能,强调为"以众轻成一重,济事成功",就是汇集众人的力量,举行社会慈善事业;而且在社邑中,"条约严明,愈于公法",说明社邑内部具有严格的制度。

南朝的社邑主要是"法社"一类,着重举行讲经等玄学式的活动,参加者多为上层社会中人,这与南朝贵族门阀制度有关。但是,北朝的佛教注重实践,具有庶民性、世俗化的特点。北朝的社邑等团体组成的过程或是由一位乃至于数位僧人发起,领导俗人信徒组织而成的;或是由在家信徒主动组织信众,再邀请僧人作为其组织之指导者。这些团体成员共同参与造佛像、建寺院、读诵佛经、举行斋会仪式,他们以佛教信仰为精神纽带,有着共同的价值观念、共同的归属感与集体行为。如《邑主孙念堂等残刻》:

> 神龟二年(519)三月十五日建
> 邑师惠感
> 邑主孙念堂吴
> 都维那吴
> 维那张
> 维那□

---

① 《大宋僧史略》卷下,《大正藏》第54卷,第250页下。

僧□①

可见,这个造像团体是僧人惠感的领导下,以孙念堂为"邑主",设有都维那、维那等职责。在《常岳百余人造像碑》中,出现的职务名称有"都邑主""元心劝化主""劝化主""中正""都维那""维那""斋主""邑老""邑子""清信"等②;在《赵阿四题名》中,还出现"典座""呗匿""香火"等。这些是与社邑管理有关的称呼,"邑子"是社邑最基本的成员,常常被称为法仪兄弟等;"邑主"即是社邑或邑义之长。"唯那"的职位来自僧官制度,北魏孝文帝时已成为沙门统的副长官,职责是辅助沙门统管理僧徒名籍、印牒等,并执掌戒律的执行和检查;在邑义中,相关职位常有"大都维那""都维那""维那"等,可见事务管理的职位变化。在社邑组织中,出家人的地位有两种可能:一、亲自担任邑主,组织与领导整个社邑或邑义的活动;二、担任"邑师",发挥指导信徒的地位,主要是在举行法会与佛事活动时进行指导。"典坐"原意是典床坐之意,系掌理众僧礼拜的九件事:床坐、房舍、衣物、香花、瓜果、饮水的序分,以及请会的差次等,也就是管理一切杂事;在隋代以后,上座、维那和典坐成为寺院的三纲。因此,邑义里的典坐可能是借用寺院职事的名称,其职掌殆系管理此一团体中在举行法会时的上述杂事。"化主""劝化主"可能是劝募人们加入义邑团体,或者劝募信徒襄助造像或举办斋会、法会者。③

在社邑或邑义中,亦有借用魏晋南北朝时九品官人法中的"中正"之名,出现"中正""邑中正"或"邑正"的称呼。如《伏虎都督元恺等题名》④:

邑中正伏虎都督乐元恺
维那伏虎都督张永贵

---

① 《八琼室金石补正》卷十三,北京:文物出版社,1985年,第74页。
② 《八琼室金石补正》卷十六,第94页。
③ 刘淑芬:《五至六世纪华北乡村的佛教信仰》,《"中央研究院"历史语言研究所集刊》第63本3分,1993年,第524页。
④ 《八琼室金石补正》卷十七,第100页。

维那伏虎都督开韩仕

右箱菩萨主统军帅升和

右箱菩萨主郭长□

右箱菩萨主王颜怀

右箱菩萨主张子渊

阿难主张悉达

……

邑主介休县功曹军主尤道荣侍佛时

供养主介休县主簿别将上官延□□佛时

邑子王□贵　邑子□显

邑子乐仕渊　邑子张道

邑子翟黑儿

□像主张洪昌

可见,"邑中正"职位非常高,处于一种领袖的地位,亦是由世俗地位高的人担任。另外,这是在造像活动中的社邑活动,有像主、释迦主、菩萨主、金刚主等,这是认捐建造一尊像或一个佛龛的费用。

在举行斋会、仪式时,则会出现光明主、开光明主、行道主、清净主、道场主、斋主、八关斋主。其中,光明主、开光明主系和开光仪式有关,行道主是和行道的仪式有关,斋主、八关斋主、清净主系和斋会有关,道场主则和提供举行斋会、仪式的场所有关。另外,和供养此造像有关者,如香火主、灯明主。

总之,南北朝佛教徒通过"社邑"、"邑义"、"法邑"等组织团体,营造佛像、窟院,或举行斋会、写经、诵经等行事;同时,这些组织团体也是为了修桥补路、造井种树、捐造义冢、施食予贫人等兴福积德之事而组成的。

二、南北朝佛教的福田思想

南北朝佛教徒热衷于社会的慈善事业,这是受到佛教福田思想的影响,六世纪中,两部流行的经典尤其具有重大的影响。福田指人们为将来的福报所做的事,就好像播田撒种可致收获一般。自西晋以降,有一些汉译的佛典中提到了福田这个观念,并出现敬田、悲田等观念,敬田是指佛、法、僧三宝,恩田是指父母师长,悲田是指贫穷者,苦田是指畜生。特别是西晋所译《佛说诸德福田经》提到七种福田,行者得福,即生梵天。此七法是:一者兴立佛图僧房堂阁;二者园果浴池,树木清凉;三者常施医药,疗救众病;四者作牢坚船,济度人民;五者安设桥梁,过渡羸弱;六者近道作井,渴乏得饮;七者造作圊厕,施便利处。① 敦煌莫高窟第296窟建造于北周,建造于隋开皇四年(584)的第302窟人字披下层,都是《福田经》的经变画。这两幅经变画都是依据《佛说诸德福田经》的内容而绘制的。敦煌莫高窟第269窟北周壁画,从此窟北顶中段开始,由西到东共画有六个场景:一、立佛图、画堂阁,二、种植园果以施清凉,三、施给医药,四、旷路作井,五、架设桥梁,六、道旁立小精舍。前五个场景显然是描绘《佛说诸德福田经》中所述七个福田的项目,至于第六个道旁立小精舍的场景,也是《佛说诸德福田经》中所述的福田之一;经中述说有一个名为听聪的比丘,因前世曾在大道旁作小精舍,备有卧具与粮食,供给众僧,兼提供给行旅之人止歇;而他因行此功德,命终之后得以升天,为天帝释,其后又下生为转轮圣王九十一劫,今世又得以值逢释迦牟尼佛等诸多福报。第302窟的人字西披下端,从北到南,绘有伐木、建塔、筑堂阁建造佛图的情景,以及设园池、施医药、置船桥、作井、建小精舍等场景。②

6世纪时,另外一部流行的经典——《像法决疑经》,对福田思想有更进一步的阐释。此经并非译自梵文的经典,而系北朝僧人所撰写的,然而此经在当时不但相当流行,而且是对佛教界有很大影响的一部经典,

---

① 《佛说诸德福田经》,《大正藏》第16卷,第777页中。
② 史苇湘:《敦煌莫高窟中的福田经变壁画》,敦煌研究院编:《敦煌研究文集·敦煌石窟经变篇》,兰州:甘肃民族出版社,2000年,第320—322页。

六世纪时,著名僧人的著作中亦引用了此经。①《像法决疑经》以常施菩萨为听法对象,强调了布施贫穷孤老的重要性,最后说,"此经名为《像法决疑》,亦名《济孤独》,如是受持"。② 经中极力强调布施的功德:

> 善男子,我今成佛,皆因旷劫行檀布施、救济贫穷困厄众生。十方诸佛亦从布施而得成佛。是故,我于处处经中,说六波罗蜜皆从布施以为初首。……善男子,此布施法门,三世诸佛所共敬重。是故四摄法中,财摄最胜。③

经中以布施在六度、四摄中的重要地位,阐明布施为成佛的法门。同时,经中更特别强调布施贫穷孤老的"悲田",远胜于施予佛法僧的"敬田":"善男子,我于处处经中,说布施者,欲令出家人、在家人修慈悲心,布施贫穷孤老乃至饿狗。我诸弟子不解我意,专施敬田,不施悲田。敬田者即是佛法僧宝,悲田者贫穷孤老乃至蚁子。此二种田,此田最胜"④,这些直接推动了南北朝佛教徒从事慈善事业。

三、南北朝佛教的慈善事业

在佛教福田与慈悲思想的鼓励与影响下,通过"邑""义""社"等佛教民间组织,佛教徒汇集资金与人力,致力于赈灾济贫、看病行医、凿井修桥铺路等,于是义井、义桥、义冢等慈善事业得以开展。宋施宿等撰《会稽志》卷十九解释义井等:

> 义井……义者,盖以众所共汲为名。今世俗置产以给族人,曰义庄;置学以教乡曲子弟,曰义学;设浆于道,以饮行旅,曰义浆;辟

---

① 刘淑芬:《北齐标异乡义慈惠石柱——中古佛教社会救济的个案研究》,《新史学》第5卷第4期,1994年,第4—5页。
②《佛说像法决疑经》,《大正藏》第85卷,第1338页下。
③ 同上书,第1336页中—下。
④ 同上书,第1336页上—中。

地为丛冢,以藏暴骨,曰义冢。①

慈善事业的成就,无非是集大众的力量,故称为"义";依此而展开,则有义井、义庄、义学、义浆、义冢等。

如《三国志·吴书·刘繇传》记载,笮融信佛后,"每浴佛,多设酒饭,布席于路,经数十里。人民来观及就食且万人,费以巨亿计"②,可见笮融的布施事业。司州西寺的令宗尼,在东晋孝武帝年间,对于生病、贫困的百姓,"倾资赈给,告乞人间,不避阻远,随宜赡恤"③;刘宋时代的道猛(411—475),"随有所获,皆赈施贫乏,营造寺庙"④;宋孝武、文帝、明帝皆尊崇的法恭,"所获信施,常分给贫病,未尝私蓄"⑤;陈代兴皇寺法朗(507—581),"所获檀嚫,充造经像,修治寺塔,济给穷厄,所以房内畜养鹅鸭鸡犬,其类繁多,所行见者无不收养"⑥。可见,僧尼以及富裕的在家佛教徒在佛教慈悲与福田思想的感召下,实践布施法门,救济贫穷。

在魏晋南北朝数百年间,天灾战乱频仍,从城市至农村,常是一片悽惨景象。如北齐武平六年(575)八月,冀州、定州、赵州、幽州、沧州、瀛州等地区发生水灾,《北齐书·后主纪》记载,"七月(576)春正月壬辰,诏去秋以来,水潦人饥不自立者,所在付大寺及诸富户济其性命"⑦,政府发动寺院及有财力的人共同救济受灾人群。受佛教影响,从事义葬、义食及医疗活动的人在北朝社会上也不罕见。据北齐时的《标异乡义慈惠石柱》记载,北魏末年,今河北定兴一带饱经战乱,以王兴国为首的一些平民佛徒,哀悯无人收埋的枯骨,先是开始收集涞水两岸无主的尸骨,聚在

---

① 施宿等撰《会稽志》卷十九,《四库全书》本。
② 《三国志》卷四十九,第1185页。
③ 《比丘尼传》卷一《令宗尼传》,《大正藏》第50卷,第936页下。
④ 《高僧传》卷七《道猛传》,《大正藏》第50卷,第374页上。
⑤ 《高僧传》卷十二《法恭传》,《大正藏》第50卷,第407页下。
⑥ 《续高僧传》卷七《法朗传》,《大正藏》第50卷,第478页上。
⑦ 《北齐书》卷八,第108—109页。

一处,共做一坟,称为"乡葬"。后又在乡葬墓所提供"义食",接济路经此地的返乡流民,还建立了"义堂",作为供应义食的场所。这时他们的救济活动已经长期化了。此后有昙遵法师及其弟子加入,救济活动影响更大,还增加了新的救济项目,开始提供医疗服务。武定四年(546),因官道西移,义所随之西移,此时又得到严氏家族施舍的土地田园,经济实力更强。齐天保八年(557)曾救助过筑长城的民夫,河清三年(564)接济过遭水灾的饥民。这群人的救济活动前后绵延四十年。①

凿井修桥是佛教徒倡导的一项福业。如四川福缘道场僧渊(519—602),"常给孤独,不逆人意,远近随助,泉布若流",发心培植福业,向孤独者广行布施。《续高僧传·僧渊传》说:

> 又以锦水江波没溺者众,便于南路欲架飞桥,则扣此机,众事咸集。昔诸葛武侯指二江内,造七星桥,造三铁锧,长八九尺,径三尺许,人号铁枪,拟打桥柱,用讫投江。顷便祈祷,方为出水,渊造新桥,将行竖柱。其锧自然浮水,来至桥津,及桥成也。②

僧渊感叹过江溺水者众多,于是发愿建造吊桥。《续高僧传·那连提黎耶舍传》说:"所获供禄,不专自资;好起慈惠,乐兴福业;设供饭僧,施诸贫乏……多造义井,亲自漉水,津给众生……又收养厉疾,男女别坊,四事供承,务令周给。"③可见,那连提黎耶舍的慈善事业种类非常多,有供僧、济贫、造义井、收养病人等。

凿井修桥必须集聚大众的力量,所以通过"邑""义"等组织形式而展开,成为南北朝佛教徒从事慈善事业的主要形式。如北朝兴和四年(542)十月八日《李氏合邑造像碑文》记载:

---

① 刘淑芬:《北齐标异乡义慈惠石柱——中古佛教社会救济的个案研究》,《新史学》第 5 卷第 4 期,1994 年,第 8—23 页。
② 《续高僧传》卷十八《僧渊传》,《大正藏》第 50 卷,第 574 页中—下。
③ 《续高僧传》卷二《那连提黎耶舍传》,《大正藏》第 50 卷,第 432 页下。

> 复于村南二里,大河北岸,万路交过,水陆俱要,沧海之滨,攸攸伊洛之客,亦属径春温之苦渴,涉夏暑之炎,愍兹行流,故于路旁造石井一口,种树两十根,以息渴乏。……斯等邑人,置立方处。方处临河,据村南东。平原显敞,行路过逢。人瞻来仰,府设虔恭。晗吼发心,报福是锺。①

李氏豪族率领村人在村外东南方二里,大河的北岸,水路交通要冲之地打造义井一口,种树二十棵,供应旅客饮水休息之用。这样使村外行路过逢的游子,能蒙受《法华》菩萨行的恩泽,也因而能更进一步踏入村庙中来瞻仰佛菩萨像,并虔诚地发菩提心,得享更大的福报。法华邑义的社会公益活动,其更究竟的目标系导引一切众生,皆能同往极乐世界中。② 佛教慈善事业的动力与归宿,皆来自其佛教信仰,现世能消灾求福,死后则往生净土。

东魏孝静帝武定七年(549),由一群僧人和佛教信徒在武德郡(今河南沁阳东南)修复一座旧桥,并建佛像立碑记其事,碑额便作《武德于府君等义桥石像之石碑》。碑记:

> 大魏武定七季岁次已已,四月丙戌朔八日癸已建。杨膺寺、金城寺、雍城寺、恒安寺、苟冢寺、朱营寺、管令寺诸师等见风烛以生悲,睹泡沫而兴叹,遂乃落发,以□□门,抽簪而□梵彻,嗟往还巨难,愍揭厉多辛,咸施材木,构造桥梁。杨膺寺发善之源,以为桥主。③

碑文之前半部分如同一般造像碑文先叙佛教之要旨,而后形容武德郡之沿革、山川,守令之德政美风、修桥建碑之事,只有在碑文的颂文之后附

---

① 北京图书馆金石组编:《北京图书馆中国历代石刻拓本汇编》第六册,郑州:中州古籍出版社,1989年,第90页。
② 有关这一碑文的详细研究,见颜尚文《北朝佛教小区共同体的法华邑义组织与活动——以东魏〈李氏合邑造像碑〉为例》,《佛学研究中心学报》第1期,1996年,第167—184页。
③ 《金石萃编》卷三十一,北京:中国书店,1985年,第5页。

记的一小段文字,才揭露了修建此桥之主动者其实为寺院之僧人。在碑阴题名的二百六十余人中,前两列全是地方守令和大小职官之名,第三列以下才是地方百姓之名,可能是出力建桥的"营桥人",至于捐施材木建桥的七个寺院的僧人,则都未列名其间。关于此一可怪现象,《金石萃编》的作者有一针见血之论:"文末年月后列七寺,以纪施材木之功,而杨膺寺为桥主,列于首。然则建桥乃各寺之缘,立碑则归美于守令也"。修桥铺路等慈善事业,具有政府公共建设的性质,所以经常有地方政府参与其中。但是,由于寺院拥有众多的信徒,因此寺院僧人出面募集资金人力,则其功易成。这个造桥碑文题为《武德于府君等义桥石像之碑》,表面上看起来似乎是地方官的德政,实则碑文中明白地指出此系寺院僧人之功。① 修桥必须集众人之力,碑文中称"七月六日经始此桥,助福者比肩,献义者联毂",其赞词中说"爰始经谋,义劝竞填,辰不再浃,斯构已宣"。可见,是寺院僧人主导了这次的修桥活动,地方政府参与其中,集百姓之力而成。

治病疗伤是南北朝佛教僧尼从事的慈善事业之一。佛教传入中国之后,印度、西域等地的医学以及咒术皆在中国社会广泛流传。如《四分律》《五分律》《十诵律》等律藏诸书,对疾病的种类与原因,乃至治疗方法或药剂等皆有所涉及。同时,僧人在禅修过程中,因坐禅方法不对,或招致风寒,也容易致病,所以禅经如《治禅病秘要经》等有不少有关医药的记载。另外,如《金光明经·除病品》对医学有详细的记载。在《隋书·经籍志》中,记载有释道洪《寒食散对疗》一卷、释智斌《解寒食散方》二卷、释慧义《解寒食散论》二卷、《杂散方》八卷、释僧深《药方》二十卷、释莫满《单复要验方》二卷、《释道洪方》一卷、释昙鸾《疗百病杂丸方》三卷、《论气治疗方》一卷、于洪开《议论备予方》一卷、释僧匡《针灸经》一卷

---

① 对此碑文的具体分析,见刘淑芬:《慈悲喜舍——中古时期佛教徒的社会福利事业》,《北县文化》第40期,1994年,第17—20页。

等①,这些医书体现了中国佛教医学的水平。

南北朝僧人所掌握的医学知识,不仅包括佛教医学,很大一部分是中国传统的医疗知识,另外宗教性的咒术和忏悔仪式也是僧人用来治病的方法。医方明作为五明之一,成为僧人的必备知识,所以印度、西域东来的出家人,许多皆具有丰富的医学知识。如佛图澄"善诵神咒,能役使鬼物"②,石虎的儿子石斌,暴病而亡,佛图澄取杨枝咒愿,于是得以病复。单道开能够救治眼病,受到石虎的优遇。竺法旷工神咒,巧医术,当时疫病流行,竺法旷游行各村落,为病患百姓持咒愈疾。③于法开、于道邃同为于法兰弟子,均精于医术,特别是于法开"祖述耆婆,妙通医法"④。随着僧人行医的增多,在五世纪时,道恒《释驳论》中引述了当时人对僧人的批评:"或矜恃医道,轻作寒暑"⑤。六世纪中国撰述的经典《像法决疑经》亦描述了僧人以咒术、针灸和传统的医药为人治病:

> 何故未来世中一切俗人轻贱三宝? 正以比丘比丘尼不如法故,……或诵咒术,以治他病;……或行针灸种种汤药,以求衣食。⑥

僧人从事医疗活动,精于医方,俗人亦向僧人学习医术。如北魏太武帝始光三年(426),宋、魏交战,魏南安太守李亮向宋朝投降。李亮在北魏时就对医学稍有涉猎,投宋以后,在彭城向沙门僧坦学习医方,"略尽其术,针灸授药,莫不有效"⑦,后来竟成为声誉远播的名医。

僧尼兼习医术,将医疗救济作为福田,推动了佛教医疗机构的发展。

---

① 《隋书》卷三十四,第1041—1046页。
② 《高僧传》卷九《佛图澄传》,《大正藏》第50卷,第383页中。
③ 《高僧传》卷五《竺法旷传》,《大正藏》第50卷,第356页下—357页上。
④ 《高僧传》卷四《于法开传》,《大正藏》第50卷,第350页上。
⑤ 《弘明集》卷六,《大正藏》第52卷,第35页中。
⑥ 《像法决疑经》,《大正藏》第85卷,第1337页中—下。
⑦ 《魏书》卷九十一,第1966页。

如南齐文惠太子与竟陵王子良"俱好释氏,立六疾馆以养穷民"①,这是救济染患一切疾病穷人的收容所,《竟陵文宣王弗内施药记》的内容应该是关于六疾馆的施药问题②。北齐沙门昙衍,"情及济世,故积散所拯,贫病为初"③;灵裕"自前后行施,悲敬兼之,袈裟为惠,出过千领,疾苦所及,医疗繁多"④;这些僧人的医疗慈善事业,无疑大大地利益了当时的民众。

僧人从事医疗活动,必须在寺院贮藏药材,称为"药藏",以便随时施济前来求医者。"药藏"起源于印度,阿育王在王城的四个城门边作"药藏",其中满藏着药草,每天用钱一万购买药材,以济施病人。⑤ 寺院贮藏药材,同时又有懂得医方的僧人,无疑具有医院的意味。宋末齐初,建康钟山灵根寺法颖(？—482),受宋孝武帝和齐武高帝的尊敬礼遇,赏赐生活物品和费用,同时亦受到许多信徒的供养,法颖用这些供养在长干寺建造经像和设置"大药藏"。⑥《出三藏记集》卷十三收有《灵根寺类(颖)律师始造药藏记》,应该即是记载法颖造药藏的缘起与经过。⑦ 陈朝时流行疾疫,百姓病死者众,当时天台山僧人慧达(？—610)在都城建康大寺建"大药藏","须者便给,拯济弥隆"。⑧ 寺院施药,设立诊所,成为中国佛教的优良传统。

第四节　南北朝的《法华经》信仰

《法华经》的汉译本,根据智昇《开元释教录》的记载:"前后六译,三

---

① 《南齐书》卷二十一,第401页。
② 《出三藏记集》卷十三,《大正藏》第55卷,第93页上。
③ 《续高僧传》卷八《昙衍传》,《大正藏》第50卷,第487页中。
④ 《续高僧传》卷九《灵裕传》,《大正藏》第50卷,第497页中。
⑤ 《善见律毗婆沙》卷二,《大正藏》第24卷,第682页上。
⑥ 《高僧传》卷十一《法颖传》,《大正藏》第50卷,第402页上。
⑦ 《出三藏记集》卷十三,《大正藏》第55卷,第93页上。
⑧ 《续高僧传》卷二十九《慧达传》,《大正藏》第50卷,第694页上。

存三缺。"①现存有如下三种译本：

1. 竺法护译《正法华经》，十卷二十七品，286 年。
2. 鸠摩罗什译《妙法莲华经》，七卷二十八品，406 年。
3. 阇那崛多、达摩笈多译《添品妙法莲华经》，七卷二十七品，601 年。

自从鸠摩罗什的汉译本问世后，《法华经》在汉地盛传开来。在《高僧传》所列举的讲经、诵经者中，讲诵此经的人数最多，敦煌写经里此经所占的比重最大，仅南北朝时期，注疏此经的就达七十余家，陈、隋之际，智𫖮依据此经立说而创天台宗。

一、《法华经》的三昧思想

智𫖮(538—597)为解释《法华经》不遗余力，著成《法华文句》《法华玄义》，其所依版本即为鸠摩罗什所译《妙法莲华经》。②《法华经·妙音菩萨品》中说：

> 尔时一切净光庄严国中，有一菩萨，名曰妙音，久已植众德本，供养亲近无量百千万亿诸佛，而悉成就甚深智慧，得妙幢相三昧、法华三昧……尔时，华德菩萨白佛言：世尊！是妙音菩萨深种善根。世尊！是菩萨住何三昧，而能如是在所变现，度脱众生？佛告华德菩萨：善男子！其三昧名现一切色身，妙音菩萨住是三昧中，能如是饶益无量众生。说是妙音菩萨品时，与妙音菩萨俱来者八万四千

---

① 《开元释教录》卷十四，《大正藏》第 55 卷，第 629 页上。"三缺"为支彊梁接译《法华三昧经》六卷，256 年；竺法护译《萨芸芬陀利经》六卷，265 年；支道根译《方等法华经》五卷，335 年。有关《法华经》的汉译本、藏译本、英译本、日译本等各种情况，见[日]矢崎正见《法华经传译とその形态》，[日]坂本幸男编《法华经の思想と文化》，京都：平乐寺书店，1974 年，第 227—248 页；高振农《〈法华经〉在中国的流传》，《光山净居寺与天台宗研究》，香港：天马图书有限公司 2001 年第 1 版，第 25—40 页。
② 杨惠南：《智𫖮对秦译〈法华经〉的判释》，《佛学研究中心学报》第 2 期，1997 年，第 1—24 页。

人,皆得现一切色身三昧。①

在《妙法莲华经》中,"法华三昧"为一种综合性的修行方法。② 提出"法华三昧"之名,并且称此三昧为"现一切色身",但是具体修行方法并没有加以说明。经中总共提到三处"法华三昧"③,由此可知法华三昧的获得,可依两个条件:一是已经成就了"甚深智慧",二是"受持法华经"。因此,在尚未得甚深智慧的时候,如要得到"法华三昧",主要的修行方法,便是受持读诵《法华经》了。

但是,在《法华经》"普贤菩萨劝发品"提到了修习"法华三昧"的方法:

> 欲修学是法华经,于三七日中,应一心精进。满三七日已,我当乘六牙白象与无量菩萨而自围绕,以一切众生所喜见身,现其人前。④

这里提到应在三七日,一心精进修学,普贤菩萨乘六牙白象与无量菩萨现其人前,这就是"现一切色身",即是"法华三昧"。

在《法华经》中,出现修行法门最多的为"安乐行品",几乎像是《梵网菩萨戒》及《瑜伽菩萨戒本》,对于修行者在身、口、意、誓愿这四个范围的行为规定极其严格。⑤ 后来,慧思依《法华经·安乐行品》撰《安乐行义》,对修习"法华三昧"的方法进一步具体化,成为传授弟子的重要法门。

---

① 《妙法莲华经》卷七,《大正藏》第 7 卷,第 55 页上、56 页中。
② 有关《法华经》的修行方法,见释圣严《中国佛教以〈法华经〉为基础的修行方法》,《中华佛学学报》第 7 期,1994 年,第 2—14 页。圣严法师提出,在《法华经》中最奇特的修行方法,是"药王菩萨本事品"中介绍的烧身、烧指供佛的舍身法门,可为难行能行的大苦行。其次奇特的行方法则为"常不轻菩萨品"的见到四众皆予礼拜,并称"我不敢轻于汝等,如等皆当作佛"。
③ 另外两处为"妙音菩萨品"中说:"华德菩萨,得法华三昧",《妙法莲华经》卷七,《大正藏》第 7 卷,第 556 页中;"妙庄严王本事品"中说:"受持是《法华经》,净眼菩萨,于法华三昧久已通达",《妙法莲华经》卷七,《大正藏》第 7 卷,第 60 页中。
④ 《妙法莲华经》卷七,《大正藏》第 7 卷,第 61 页中。
⑤ 释圣严:《中国佛教以〈法华经〉为基础的修行方法》,《中华佛学学报》第 7 期,1994 年,第 4 页。

平川彰先生认为,《法华经》的主体部分,分为从第一品"序品"到第九品"授学无学人记品"与从第十品"法师品"到第二十二品"嘱累品"两部分,第二十三品"药王菩萨本事品"以下六品是以后增广。再到"嘱累品"中,前半九品重视"佛塔信仰",后半十三品强调"经卷受持"。但是,后半十三品中"见宝塔品"也重视"佛塔信仰",所以佛塔与经卷二者不能分开。①

依《法华经》卷四"见宝塔品"的记载,多宝佛为东方宝净世界的教主,往昔行菩萨道时,立誓在成佛灭度之后,凡十方世界有宣说《法华经》之处,必定涌现于前,以证明此经的真义。所以释尊说《法华经》时,有七宝塔从地中涌出,耸立于空中,塔内即有多宝如来坐师子座,其全身姿态如入禅定状,并分半座与释尊。所以慧观《法华宗要序》指出:"经以真慧为体,妙一为称。是以释迦玄音始发,赞佛智甚深;多宝称善,叹平等大慧。"②过去与现在二佛同时说明《法华经》的真实,表明从过去到未来"正法"的永恒性;同时,二佛分半座而结跏趺坐,表明"正法"的永恒性是基于佛塔信仰。③《法华经》说:

> 于当来世,以诸供具供养奉事八千亿佛,恭敬尊重。诸佛灭后,各起塔庙,高千由旬,纵广正等五百由旬,皆以金、银、琉璃、车𤦲、玛瑙、真珠、玫瑰七宝合成,众花璎珞,涂香、末香、烧香、缯盖幢幡,供养塔庙。过是已后,当复供养二万亿佛,亦复如是。供养是诸佛已,具菩萨道,当得作佛。④

《法华经》将"佛塔供养"的地位提升到成佛之行的高度,这样无疑激发了

---

① [日]平川彰:《初期大乘と法华思想》,《平川彰著作集》第6卷,东京:春秋社,1997年,第327页。
② 《出三藏记集》卷八,《大正藏》第55卷,第57页上。
③ [日]平川彰:《初期大乘佛教の研究II》,《平川彰著作集》第4卷,东京:春秋社,1997年第,第207页。印顺法师认为释尊与多宝佛分半座并坐来源于摩诃迦叶的故事,见《初期大乘佛教之起源与开展》,台北:正闻出版社,1992年,第1185页。
④ 《妙法莲华经》卷三,《大正藏》第46卷,第21页中。

佛弟子对佛塔信仰的热情。同时，《法华经》强调"经卷受持"的功德，将二者密切地结合起来，由此二种行法表现出"一乘"和"佛身常住"的思想。

同时，"见宝塔品"还表现出"多佛"的思想，佛放光召集十方分身的诸佛，多得难以数计，"一一方四百万亿那由他国土，(分身)诸佛如来遍满其中"①，这表明十方世界这么多的佛，都是释尊分化示现出来。僧睿《法华经后序》中说：

> 云佛寿无量，永劫未足以明其久也；分身无数，万形不足以异其体也。然则寿量定其非数，分身明其无实，普贤显其无成，多宝照其不灭。夫迈玄古以期今，则万世同一日；即百化以悟玄，则千涂无异辙。夫如是者，则生生未足以期存，永寂亦未可言其灭矣。②

僧睿对"多佛"与"二佛并坐"思想进行阐发，指出佛寿无量，但是不能称为时间久远，因为寿量非有定数；释迦虽然分身无数，但是无数分身不会与其体有差别，因为分身非实有，这是有而非有；普贤菩萨成就广大行愿，但实无所成；多宝佛虽然已是过去佛，但实际上常住不灭，这是无而非无。

现存《法华经》最早注释，竺道生《法华经疏》在解释"见宝塔品"时，对多宝塔的出现以及二佛并坐像进行义理上的阐发：

> 所以现塔者，证说《法华》，理必明当。一以塔证，二以所出声证。……夫人情昧理，不能不以神奇致信，欲因兹显证，故现宝塔。
>
> 分半坐，所以分半坐共坐者，表亡不必亡，存不必存。存亡之异，出自群品，岂圣然耶？亦示泥洹不久相也，使企法情切矣。③

鸠摩罗什师徒指出，现在与过去之佛在般若"非有"、"非无"之中，自

---

① 《妙法莲华经》卷四，《大正藏》第46卷，第33页中。
② 《出三藏记集》卷八，《大正藏》第55卷，第57页下。
③ 《法华经疏》卷下，《卍续藏经》第150册，第823页下、824页下。

在无碍,故能同坐一宝塔,相互问讯,共同说法,成功地解开了"见宝塔"一品的奥秘,不但令《法华经》的"释迦多宝并坐"成为关河义学重要的一支,而且,十六国以来的《法华经》造像可说弥漫天下,其中最主要的便是"二佛并坐"像。①

二、《思惟略要法》的"法华三昧"观法

鸠摩罗什于弘始八年(406)在长安译出《妙法莲华经》后,同时还传出禅法要诀——《思惟略要法》,其中"法华三昧观法"主要是依《法华经·见宝塔品》而展开的禅观修行方法:②

> 三七日一心精进,如说修行,正忆念《法华经》者,当念释迦牟尼佛于耆阇崛山与多宝佛在七宝塔共坐,十方分身化佛遍满所移众生国土之中,一切诸佛各有一生补处菩萨一人为侍,如释迦牟尼佛以弥勒为侍。一切诸佛现神通力,光明遍照无量国土,欲证实法出其舌相,音声满于十方世界。所说《法华经》者,所谓十方三世众生,若大若小,乃至一称南无佛者,皆当作佛。惟一大乘,无二无三。一切诸法,一相一门,所谓无生无灭,毕竟空相。唯有此大乘,无有二也。习如是观者,五欲自断,五盖自除,五根增长,即得禅定。住此定中,深爱于佛。又当入是甚深微妙一相一门清净之法,当恭敬普贤、药王、大乐说、观世音、得大势、文殊、弥勒等大菩萨众,是名一心精进如说修行正忆念《法华经》也。此谓与禅定和合,令心坚固。如是三

---

① 赖鹏举:《关河的三世学与河西的千佛思想》,《东方宗教研究》第4期,1994年,第236页。
② 赖鹏举先生认为《思惟略要法》乃由什本《妙法莲华经》中抄撰而出,撰者即为罗什,而时间当稍后于本经译出之后秦弘始八年(公元406)。罗什由大乘经典整理出大乘禅法,"法华三昧观法"也不是第一次。罗什曾依所译出的《持世经》第五卷"十二因缘品",增补《坐禅三昧经》中的"菩萨十二因缘观"而另成一部禅经。另罗什亦用其译出的《大智论》内容,增补《坐禅三昧经》中的禅法及神通部分,而形成《禅法要解》之新禅经。见《后秦僧肇的"法华三昧"禅法与陇东南北石窟寺的七佛造像》,《佛学研究中心学报》第2期,第212页。

七日中,则普贤菩萨乘六牙白象,来至其所,如经中说。①

从"法华三昧观法"的内容我们可以看出,其依《法华经》的"宝塔品""涌出品""方便品""普贤劝发品",特别是"普贤劝发品"的三七日行法。"法华三昧观法"已经提出观法的简单方法,恭敬普贤、药王、观世音等诸大菩萨,于三七日一心精进,正忆念《法华经》,观想释迦与多宝佛于七宝塔内共坐,然后与禅定合行,令心坚固。其观法的主要内容是"一切诸法,一相一门,所谓无生无灭,毕竟空相",这是实相观的特点,过去、现在、未来诸法于实相中,平等无差别,不生不灭。通过修观,能够见普贤菩萨乘六牙白象来至其前,如"普贤劝发品"中所说,而且能够断除五欲、五盖,增长五根。"法华三昧观法"基本上已经指出,修行的时间、方便、行法、观法以及修行后的证相与功德。

"法华三昧观法"传出后,《法华经》信仰在中国流行,促进了禅窟、造像的发展,而且成为僧人修行的重要法门。

三、《普贤观经》的忏悔思想

《普贤观经》被称为《法华经》的结经,成为天台宗所依的三部经典之一。此经将《法华经》的末品"普贤菩萨劝发品"三七日行法,进一步作了详细的说明,特别一层又一层地增加了忏悔法门,最特殊的是,为了求得六根清净,而逐条忏悔六根罪业。②

《普贤观经》忏悔思想的特色在于"六根忏悔"、"无生忏悔"。《普贤观经》说:

> 若比丘、比丘尼、优婆塞、优婆夷,天龙八部,一切众生,诵大乘经者,修大乘者,发大乘意者,乐见普贤菩萨色身者,乐见多宝佛塔者,乐见释迦牟尼佛及分身诸佛者,乐得六根清净者,当学是观。此

---

① 《思惟略要法》,《大正藏》第15卷,第300页中—下。
② 释圣严:《中国佛教以〈法华经〉为基础的修行方法》,《中华佛学学报》第7期,1994年,第8页。

> 观功德除诸障碍,见上妙色,不入三昧,但诵持故,专心修习,心心相次,不离大乘,一日至三七日,得见普贤。①

《普贤观经》提出的修观目的与《法华经》"普贤菩萨劝发品"相比,明显着重在"六根清净",而且强调诵持的功德。在《普贤观经》中,叙述了大量有关"六根忏悔"的文句,后来为《法华三昧忏仪》所引用。②

《普贤观经》对后世忏法思想影响最大的地方在于"无生忏悔"及"实相正观",经中说:

> 观心无心,从颠倒想起。如此想心,从妄想起,如空中风,无依止处。如是法相,不生不灭,何者是罪? 何者是福? 我心自空,罪福无主。一切法如是,无住无坏。如是忏悔,观心无心,法不住法中,诸法解脱,灭谛寂静。如是想者,名大忏悔,名庄严忏悔,名无罪相忏悔,名破坏心识。行此忏悔者,身心清净不住法中,犹如流水,念念之中,得见普贤菩萨及十方佛。③

《普贤观经》依"观心无心"、"罪福无主"的思想,体现通过对诸法的理观,观罪性本空,从而达到忏罪清净的目的,这就是经中所说的"若欲忏悔者,端坐念实相,众罪如霜露,慧日能消除"。④

《普贤观经》以观罪性空的实相正观、六根忏悔及强调见普贤菩萨色身的思想,深受天台宗的重视,成为后来忏仪制作的重要思想依据。⑤

---

① 《佛说观普贤菩萨行法经》,《大正藏》第9卷,第389页下。
② 《法华三昧忏仪》说:"……下所说忏悔章句,多用《普贤观经》意,若欲广知忏悔方法,译经自见;若不能广寻,今取意略说以成行法。"《大正藏》第46卷,第952页中。大睿法师曾将二者的文句做成表格进行对照,见《天台忏法之研究》,台北:法鼓文化事业股份有限公司,2000年,第113—116页。
③ 《佛说观普贤菩萨行法经》,《大正藏》第9卷,第392页下—393页上。
④ 同上书,第393页中。
⑤ 见《智顗と普贤观经》,《印度学佛教学研究》第23卷,第1号,1974年,第360—363页。

四、《法华经》信仰的流行情况

鸠摩罗什译出《法华经》并传出"法华三昧观法"后,在《法华经》佛塔信仰及经卷受持功德的促进下,以《法华经》为中心形成了各种信仰形态。

圣严法师综合《法华经》的修行方法,指出用得最多的是受持、读诵,其次是讲解、为他人说。至于禅观的三昧行法,则极少有人修持。他综合唐朝惠详撰《弘赞法华传》以及僧祥撰的《法华传记》中的修行者数字①,列成表格如下:

行门	《弘赞法华传》	《法华传记》
翻译	14	
讲解	45	19
修禅观	3	
舍身、遗身	12	
持诵	108	90
转读	12	16
书写	12	34
听闻		22
供养		17
合计	206	198

综合以上撰于唐朝的两种史料书,合计人数是404人,仅3人是修习禅观的,比率最高的仍是持诵及转读《法华经》者,相加共得226人。此外便是讲解、书写及舍身烧身的法门,历代都有人行持。

---

① 释圣严:《中国佛教以〈法华经〉为基础的修行方法》,《中华佛学学报》第7期,1994年,第9页。坂本幸男先生曾利用僧传的资料,撰成《中国佛教と法华思想の关连》一文,列举出《高僧传》《续高僧传》《宋高僧传》《大明高僧传》中历代《法华经》的钻仰者,见坂本幸男编:《法华经の思想と文化》,第489—548页。

但是，史料文献的记载毕竟有限，石窟、造像、写经及其题记的挖掘，则为研究《法华经》信仰提供了重要的依据。鸠摩罗什译出《法华经》后，在北方迅速传开，对北方佛教的发展产生了重要的影响。① 随着南北朝时期法华信仰的盛行，修习"法华三昧"者增多，而"法华三昧观"以释迦、多宝二佛并坐为观想对象；同时，造像的功德也是不可忽略的，促进释迦、多宝并坐造像增多，而且与弥勒造在一起，组成三世佛，广泛流行于南北朝石窟造像中。②

释迦、多宝二佛造像最早见于北燕太平二年(410)李普造小铜像，高四寸五分，正面造二佛并坐，背面有发愿文："太平二年九月十一日李普为父母造像一躯供养。"③而有释迦、多宝榜题的造像最早见于炳灵寺第169窟，此窟有西秦建弘元年(420)造像发愿文。窟内第11号龛内画一塔形龛，龛内并列画二佛，均倚坐，右侧佛旁墨书榜题"释迦牟尼佛"，左侧佛旁墨书榜题"多宝佛□□"。第13号龛内也画释迦、多宝二佛并坐，并有墨书榜题。④ 另外，第12号龛与第24号龛两铺千佛造像都具有"多宝释迦并坐像"。⑤

在炳灵寺第126窟，西壁(正壁)造释迦、多宝二佛并坐，左右各造

---

① 如贾应逸：《鸠摩罗什译经与北凉时期的高昌佛教》，《敦煌研究》1999年第1期，第146—158页。
② 侯旭东先生曾对400—580年间多方多宝造像进行研究，指出多宝造像及崇拜经历了由无至有(400—479)，由少至多(480—489)及由盛渐衰(489—569)的漫长过程；多宝造像与崇拜在平民中影响时间最长，幅度最大，僧尼次之，官吏最小；造像者明确者多见于今河北、河南及山东、山西地区。见《五、六世纪北方民众佛教信仰》，北京：中国社会科学出版社1998年，第118—120页。
③ [日]大村西崖：《中国美术史·雕塑篇》，国书刊行会，1980年，第174页。转引自贺世哲《敦煌壁画中的法华经变》，敦煌研究院编《敦煌研究文集·敦煌石窟经变篇》，兰州：甘肃民族出版社，2000年，第129页。
④ 张宝玺：《炳灵寺的西秦石窟》，《中国石窟·永靖炳灵寺》，文物出版社、平凡社1989年，第188页。有关炳灵寺第169窟的研究，可以参考赖鹏举《炳灵寺169窟无量寿佛龛所涉之义学与禅学》，《东方宗教研究》第2期，1990年，第82页；杜斗城《西秦佛教述论》，《中华佛学学报》第13期卷上·中文篇，2000年，第207—226页。
⑤ 赖鹏举：《关河的三世学与河西的千佛思想》，《东方宗教研究》第4期，1994年，第250页。

一身胁侍菩萨,该窟外门顶崖面上有延昌二年(513)六月十五日曹子元造窟发愿文。炳灵寺第132窟、第128窟(北魏),窟形都同第126窟,都在西窟造释迦、多宝二佛并坐及二胁侍菩萨。炳灵寺第144窟(北魏),西壁造释迦、多宝二佛并坐及二胁侍菩萨。巩县石窟第1窟东壁下部并列开四龛,南起第一龛造释迦、多宝二佛并坐及二胁侍菩萨。天龙山第10窟(北齐),平面方形,主室三壁开三龛,北壁(正壁)龛内造释迦、多宝二佛并坐。① 另外,在云冈早期石窟中,释迦、多宝二佛并坐像比比皆是,据贺世哲先生统计,仅昙曜五窟就多达120余铺。在龙门石窟中,也出现多宝佛的造像。② 在敦煌莫高窟北朝石窟中,现存释迦、多宝二佛并坐像4铺,其中北魏彩塑一铺,塑于第259窟西壁塔柱龛内;西魏壁画2铺,绘于第285窟南壁、第461窟西壁;北周一铺,绘于第428窟西壁。西千佛洞第8窟北壁也有北周绘释迦、多宝二佛并坐像一铺。③ 从隋代开始,敦煌壁画开始出现法华经变,一直到归义军时期,每个时期都出现。④

这些释迦、多宝二佛并坐像的出现,一方面是修习"法华三昧"禅观的需要,这主要局限僧尼阶层,尤其一些禅窟的开凿,是为了满足修观的需要;但是,石窟、造像很大程度上是出于功德的目的,有来自于现实、世俗的利益祈求。如云冈17洞铭文:

> 大代太和十二年(489年),岁在己巳,九月壬寅朔十九日庚申,比丘尼惠定,身遇重患,发愿造释迦、多宝、弥勒像三区。愿患消除,

---

① 贺世哲:《关于十六国北朝时期的三世佛与三佛造像诸问题(一)》,《敦煌研究》1992年第4期,第12—13页。
② [日]坂轮宣敬:《中国の石窟における法华经の造形表现について》,野村耀昌编:《法华经信仰の诸形态》,京都:平乐寺书店,1976年,第293页。
③ 贺世哲:《敦煌壁画中的法华经变》,敦煌研究院编:《敦煌研究文集·敦煌石窟经变篇》,《敦煌研究》1992年第4期,第129—130页。
④ 有关法华经变,可以参考贺世哲先生前文。另外,[日]野村耀昌:《中国文化と法华钴仰史の连关》,[日]坂本幸男编:《法华经の思想と文化》,京都:平乐寺书店,第97—128页。

愿现世安稳,戒行福利,道心日增,誓不退转。以此造像功德,逮及七世父母,累劫诸师,无边众生,咸同斯庆。①

上面的铭文十分强调造像的功行,这就如"我因造像而积德,请实现我的愿望",这样尊像是什么佛并不重要。② 无论如何,这是通过功德的因果报应,表达了对佛的法力的信仰。

随着法华信仰在古代中国社会的流传,出现了以法华信仰为核心的团体——法华邑义组织。如东魏兴和四年(542)《李氏合邑造像碑》碑额正面佛龛两缘题名为"都唯那大像碑主李显族、开二佛光明主洛州从事李□",碑左侧第四列第五行题名为"法华经主连景嵩",碑正面有记文及铭文近六百字,全篇充满法华思想。尤其第四行有"开三为级小之心,演一为接大之则"文句,突显《法华经》"开三显一"的"开会"思想。碑额正面的"开二佛光明主洛州从事李□"显示李□为"二佛并坐"的佛像开光者,"二佛并坐"是《法华经》流传中所形成的独特造像型式。③

李氏邑义在组织职务上有"寺主"1人、"讲堂主"1人、"天宫主"2人、"供养主"1人、"行道主"1人、"道场主"1人、"清净主"1人、"行道四面像主"1人。颜尚文先生指出,依照职位的内涵,李氏法华邑义组织应当在寺院、讲堂、道场等神圣设施内担任供养、行道、清净等工作。智𫖮《法华三昧忏仪》系从《法华经》中采录订定的实践办法,其中有清净道场,行道、诵经等活动,可见此法华邑义组织与活动,与后世形成的天台宗有渊

---

① [日]水野清一、长广敏雄合著:《云冈金石录》,《云冈石窟》第二卷,京都大学人文科学研究所,第16页。
② [日]佑藤智水:《北朝造像考》,《日本中青年学者论中国史·六朝隋唐卷》,上海古籍出版社,1995年,第86页。
③ 颜尚文:《北朝佛教社区共同体的法华邑义组织与活动——以东魏〈李氏合邑造像碑〉为例》,《佛学研究中心学报》第1期,1996年,第167—184页。另外,同氏:《法华思想与佛教社区共同体——以东魏〈李氏合邑造像碑〉为例》,《中华佛学学报》第10期,1997年,第233—247页。

源关系。①

《法华经》的信仰以"佛塔信仰"与"经卷受持"为中心,所以除了修习"法华三昧"、造像、开窟以外,便是写经、读诵等信仰形式,敦煌遗书保留了大量《法华经》写本,为我们研究法华信仰的"经卷受持"形式提供了实例。敦煌遗书中三种《法华经》均有保存,也以罗什修订本为最多,北图藏有菜17号、新16号等约二千号,英、法、俄、日等国所藏数量亦较多,总数约在五千号以上。②

如此多的写经,留下大量的写经题记,如日本书道博物馆所藏卷4题记谓:

> 元年(552,西魏元年)岁次壬申正月庚午朔二十五日甲午成,弟子辛兴升南无一切三世常住三宝,弟子兴升自惟宿行不纯,等类有识,禀受风末尘秽之形,重昏迷俗,沉溺有流,无明所盖。窃闻经云:大觉玄监,信敬大乘,果报无极。以是弟子兴升,国遣使向突贵,儿女在东,即率单情。咸(减)割身分之余,为七世父母、妻子亲眷,敬写《法华经》一部、《无量寿》一部、《药师》一部、《护身命经》一部,愿持之功,一豪之善,使弟子超缠群俗,形升无碍。托生紫宫,登阶十住。辩才无滞(如)舍利弗,不思议力如维摩诘,行如文殊,得道成佛。又愿弟子,儿女相见,现家眷、兄弟、知识、子侄、中表,普及弟子兴升儿女得还家。庆会值佛闻法,含生等同斯契。

写经既是出于佛教信仰上的要求,成就佛道;更是出于世俗现实的愿望,如儿女相见等。这是希望通过信仰的力量,来达到其世俗的目的。

《法华经》强调受持、读诵、书写、为他人说的功行,这些都是出于相同的目的:在得经之后,应当受持;受持之后,应当经常读诵;读诵的时

---

① 颜尚文:《北朝佛教社区共同体的法华邑义组织与活动——以东魏〈李氏合邑造像碑〉为例》,《佛学研究中心学报》第1期,1996年,第180页。
② 方广锠:《敦煌遗书的〈妙法莲华经〉及有关文献》,《中华佛学学报》第10期,1997年,第211—232页。

候,应当理解其经义;理解明白经义之后,应当广为人说。同时,为了使得经典流布于人间,在印刷技术尚未发明之时,用手抄写是唯一、最佳的传播方式,所以鼓励亲自书写,或者使人书写,两者均有无量功德。

所以,自从鸠摩罗什译出《法华经》后,以佛塔信仰与经卷受持为信仰中心,出现了以《法华经》为基础的信仰形态,如翻译、讲解、修禅观、舍身、持诵、转读、书写、听闻、供养等修行法门;为了满足修习"法华三昧"及积累功德的需要,出现了修窟、造"释迦、多宝二佛并坐像"等现象。同时,形成了以《法华经》为核心的"法华邑义组织",从事有关的佛教活动及社会公益事业。

五、慧思的《法华经安乐行义》

法华信仰可以分为"向上门"的提升与"向下门"的渗透,"向上门"即表现为经典义理的理解及禅法的实践。鸠摩罗什译出《法华经》后,其门下弟子道生即作《法华经疏》,其后注释者络绎不绝。但是,专门阐扬《法华经》禅法的著述,则所见不多,影响最大者当为慧思的《法华经安乐行义》。慧思早年出家时,"诵《法华经》及诸大乘,精进苦行"。[①]《续高僧传·慧思传》记载,慧思受具足戒后,常坐综业,每日"诵《法华》等经三十余卷,数年之间,千遍便满"。后来,因感梦而"勤务更深,克念翘专,无弃昏晓",以坐禅和持诵《法华经》为日常功课。见到慧文之后,因受慧文禅师影响,"性乐苦节,营僧为业,冬夏供养,不惮劳苦,昼夜摄心,理事筹度"。后来,放身倚壁,背未至壁的瞬间,"豁尔开悟,法华三昧,大乘法

[①]《南岳思大禅师立誓愿文》,《大正藏》第46卷,第787页上。《立誓愿文》因《续高僧传》未曾载录,故曾认为属于伪作。但是,经过中外学者研究,大部分观点仍然认为该文是慧思的著作。如潘桂明《智顗评传》,1996年,第85页;[日]佐藤哲英认为《立誓愿文》是慧思在北齐天保九年(558)执笔完成大部分,但第二十七愿中的第九愿以后,形式与誓愿不同,可能是属于后来追加。[日]同氏:《续·天台大师的研究》,京都:百花苑,1981年,第166—183页。有关慧思的研究,参考[日]神达知纯:《日本对南岳慧思研究之现状》,《光山净居寺与天台宗研究》,香港:天马图书有限公司,2001年,第289—294页。

门,一念明达。十六特胜,背舍阴入;便自通彻,不由他悟"。①

慧思在开悟前所修禅法甚多,如四静虑、四空定、十六特胜、八背舍等,但是后来他能够"以大小乘中定慧等法,敷扬引喻,用摄自他"②,成为道宣所敬重的大禅师③,其禅法独盛江南。④ 他在临终前曾经对弟子说:

> 若有十人,不惜身命,常修法华、般舟、念佛三昧、方等忏悔、常坐苦行者,随有所须,吾自供给,必相利益。如无此人,吾当远去。⑤

《续高僧传》列出法华、般舟、念佛、常坐三昧及方等忏悔等,这些是慧思禅法的主要内容,后来成为天台智者《摩诃止观》的四种三昧。⑥

慧思佛教思想的经典依据主要是《大品般若经》和《法华经》,他视《大品般若经》为次第义,而视《法华经》为圆顿义。所以,在修行实践上,《随自意三昧》《诸法无争三昧法门》以般若空观的实践为中心,而《安乐行义》则说《法华经》的实践道。⑦《安乐行义》是慧思通过苦修悟得"法华三昧"后的经验总结,开头便说:

> 《法华经》者,大乘顿觉,无师自悟,疾成佛道,一切世间,难信法门。凡是一切新学菩萨,欲求大乘,超过一切诸菩萨,疾成佛道,须持戒、忍辱、精进,勤修禅定,专心勤学法华三昧。⑧

慧思在《安乐行义》中说明,修行应该如《法华经·常不轻菩萨品》中观一

---

① 《续高僧传》卷十七,《大正藏》第 50 卷,第 562 页下—563 页上。
② 同上书,第 563 页上。
③ 道宣称赞"思远振于清风",《续高僧传》卷二十,《大正藏》第 50 卷,第 597 页中。
④ 冉云华:《中国早期禅法的流传和特点——慧皎、道宣所著"习禅篇"研究》,《华冈佛学学报》第 7 期,1984 年,第 63—99 页。
⑤ 《续高僧传》卷十七,《大正藏》第 50 卷,第 563 页下。
⑥ 村中祐生先生认为,从《慧思传》所见诸种三昧名推测,多种修行形态可能性较多,天台大师仅仅整理为四种。见《北齐の奉佛と菩萨の修行法の形成》,《大正大学研究纪要》第 76 辑,1991 年,42 页。
⑦ [日]佐藤哲英:《续·天台大师の研究》,第 284 页。这三种著作中,其时间先后为《随自意三昧》《诸法无争三昧法门》《法华经安乐行义》,见同书第 267—268 页。
⑧ 《法华经安乐行义》,《大正藏》第 46 卷,第 697 页下。

切众生如佛想,如《安乐行品》中勤修禅定。这实际上是他通过修习《法华经》而获得"无师自悟"的写照,他由《法华经》而悟"法华三昧",所以主张一切修行者应求学大乘,疾成佛道,也应该以《法华经》为中心而修习"法华三昧"。

《安乐行义》对"法华三昧"行法的主要内容概括如下:

> 欲求无上道,修学《法华经》,身心证甘露,清净妙法门。持戒行忍辱,修习诸禅定,得诸佛三昧,六根性清净。菩萨学《法华》,具足二种行,一者无相行,二者有相行。①

慧思认为《法华经》是利根菩萨的修行法门,其特色在于"顿觉""疾成佛道",而修行的基础在于众生本来六根清净,修行只是回归此"本来清净",《安乐行义》不断强调这一点,其理论即是如来藏清净心:"无相四安乐,甚深妙禅定,观察六情根,诸法本来净,众生性无垢。无本亦无净,不修对治行,自然超众圣。无师自然觉,不由次第行,解与诸佛同,妙觉湛然性。"②而且,慧思在解释经题时,将"妙"解释成"众生妙","法"解释成"众生法",而"众生妙"即是"一切人身六种相妙""六自在王性清净",这即是基于如来藏、一乘思想的"本来六根清净",最后达到"人身即是众生身,众生身即是如来身"。

但是,回归此"本来清净"必须修习"四安乐行",即第一,正慧离著安乐行,第二,无轻赞毁安乐行(亦名转诸声闻令得佛智安乐行),第三,无恼平等安乐行(亦名敬善知识安乐行),第四,慈悲接引安乐行(亦名梦中具足成就神通智慧佛道涅槃安乐行)。"四安乐行"在《法华经·安乐行品》中出现,慧思依"安乐行品"而阐释"无相安乐行":

> 无相行者,即是安乐行。一切诸法中,心相寂灭毕竟不生,故名

---

① 《法华经安乐行义》,《大正藏》第 46 卷,第 698 页上。
② 同上。紧接着前文偈子后面,引用了《央掘魔罗经》、《南本涅槃经》的如来藏、一乘思想,见〔日〕菅野博史《中国法华思想の研究》,东京:春秋社,1994 年,第 251 页。

> 为无相行也。常在一切深妙禅定,行住坐卧饮食语言一切威仪,心常定故。……安乐行中,深妙禅定即不如此。何以故?不依止欲界,不住色无色,行如是禅定。是菩萨遍行,毕竟无心想,故名无想(相)行。①

慧思依《安乐行品》的思想②,将"诸法实相"的般若空义理,贯彻于禅观实践中。由于认识到一切法的空性,因此能对三界诸法无诸执著,不为受阴等一切法所动,于一切威仪中,心常住于禅定的境界。慧思用"三忍"来说明无相行的具体内容,即"众生忍""法性忍""法界海神通忍"。

慧思依《法华经·普贤菩萨劝发品》立"有相行","无相行"专明禅定,而"有相行"则不是专明禅定,强调散心读诵《法华经》:

> 复次有相行,此是《普贤劝发品》中,诵《法华经》,散心精进。如是等人,不修禅定,不入三昧,若坐、若立、若行,一心专念《法华》文字,精进不卧,如救头然,是名文字有相行。此行者不顾身命,若行成就,即见普贤金刚色身,乘六牙象王住其人前,以金刚杵拟行者眼,障道罪灭,眼根清净得见释迦,及见七佛。复见十方三世诸佛,至心忏悔,在诸佛前五体投地,起合掌立,得三种陀罗尼门。……若顾身命,贪四事供养,不能勤修,经劫不得,是故名为有相也。③

慧思用"有相行"来普摄钝根众生,由修习"有相行"而入"无相行",是其提倡"有相行"的目的。虽然"有相行"强调散心读诵《法华经》,但是要求不顾身命,精进努力,一心专念《法华经》;如果顾惜身命、贪求四事供养,不能精进修行,则"有相行"亦难以成就。成就"有相行",便能见普贤菩萨乘六牙白象,来到修行者之前,同时见释尊、过去七佛及十方三世

---

① 《法华经安乐行义》,《大正藏》第46卷,第700页上。
② 《法华经·安乐行品》说:"观一切法空如实相,不颠倒、不动、不退、不转如虚空,无所有性,一切语言道断。"卷五,《大正藏》第9卷,第37页中。
③ 《法华经安乐行义》,《大正藏》第46卷,第700页中。

佛,得三种陀罗尼门。而且,慧思提到"至心忏悔,在诸佛前,五体投地",这是《法华经》中所没有的。

三种陀罗尼门分别为:

1. 总持陀罗尼,肉眼天眼菩萨道慧。
2. 百千万亿旋陀罗尼,具足菩萨道种慧,法眼清净。
3. 法音方便陀罗尼,具足菩萨一切种慧佛眼清净。

这三种陀罗尼名称,只有"总持陀罗尼",《法华经》中没有明确说明,但是提到了"旋陀罗尼""百千万亿旋陀罗尼""法音方便陀罗尼"三种陀罗尼。① 慧思将"旋陀罗尼"替换为"总持陀罗尼"②,所以才别立这三种陀罗尼门。

同时,智者大师在慧思门下修学时,诵《法华经》"药王菩萨本事品",心缘菩萨的烧身供佛的苦行,而读至"是真精进,是名真法供养如来"句,便悟见与思禅师处于灵山法华盛会,他将此经验请示思禅师,而慧思感叹说:"非尔弗证,非我莫识,所入定者法华三昧前方便也,所发持者,初旋陀罗尼也。"③这里所谓"初旋陀罗尼",即是慧思《安乐行义》中所说"总持陀罗尼"。

《安乐行义》最后提到禅观的最高行门——诸法实相观:

> 观诸法如实相者,五阴、十八界、十二因缘,皆是真如实性。无本末、无生灭,无烦恼、无解脱;亦不行不分别者,生死涅槃无一无异,凡夫及佛无二法界,故不可分别。亦不见不二,故言不行不分

---

① 《法华经·普贤菩萨劝发品》:"是人若行、若立,读诵此经。我尔时乘六牙白象王,与大菩萨众俱诣其所,而自现身。供养守护,安慰其心。亦为供养《法华经》故,是人若坐思惟此经,尔时我复乘白象王现其人前。其人若于《法华经》,有所忘失一句一偈,我当教之与共读诵,还令通利。尔时,受持读诵《法华经》者,得见我身,甚大欢喜,转复精进。以见我故,即得三昧及陀罗尼,名为旋陀罗尼、百千万亿旋陀罗尼、法音方便陀罗尼,得如是等陀罗尼。"《法华经》卷五,《大正藏》第9卷,第61页上—中。
② 《法华经》卷五,《大正藏》第9卷,第44页中。
③ 《隋天台智者大师别传》,《大正藏》第50卷,第192页上。

别,不分别相不可得。故菩萨住此无名三昧,虽无所住而能发一切神通,不假方便,是名菩萨摩诃萨行处。初入圣位即与等,此是不动真常法身,非是方便缘合法身。亦得名为证如来藏乃至意藏。①

"诸法如实相"是《法华经·安乐行品》的内容,但是慧思用般若空观进行了自己的解释,提出"诸法如实相"是不分别,但又不行不分别,因为不分别相不可得,即是般若空,空亦复空。

所以,慧思在禅法上重视"法华三昧"等三昧,在禅观上重视"诸法实相",成为后来智者大师止观学说的雏型。而且,智者大师吸收"无相行"与"有相行","有相行"即是后来的六根忏悔,"无相行"即是后来的观无生忏悔。智者大师在制作《法华三昧忏仪》时,继承了慧思的禅法思想,同时也吸收了其禅法行仪,主要是《安乐行义》。《法华三昧忏仪》说:"行法相貌,多出《普贤观经》中,及《四安乐行》中。行者若欲精进修三昧,令行无过失,当熟看二处经文。"②而且,最主要的是,《法华三昧忏仪》的"实相正观法"及"修证相"来源于《安乐行义》。

第五节　南北朝的药师佛、观音信仰和舍利信仰

随着各种以佛菩萨为信仰对象的经典相继传入汉地,如阿弥陀佛、药师佛、弥勒、观音等,西方净土、弥勒净土等净土信仰,药师、观音等具有现实救济特点的佛菩萨信仰都逐渐流行于汉地。

一、南北朝的药师佛信仰

药师信仰是以药师佛为信仰对象,以消灾、延寿、治病为信仰目标,通过礼拜、造像、忏悔、写经、法会等信仰形态,表现药师信仰重视"现生

---

① 《法华经安乐行义》,《大正藏》第46卷,第701页中—下。
② 《法华三昧忏仪》,《大正藏》第46卷,第954页中。

安乐"的信仰特征。药师信仰是中国佛教信仰的重要组成部分,随着《药师经》的传译,中国佛教界通过对《药师经》进行注疏而阐发思想,完善药师信仰的仪轨,将信仰直接推向民众的生活。从南北朝至现代,药师信仰一直绵延不绝,成为中国佛教徒的重要信仰之一。

药师信仰传到中国后,在发展过程中为了适应中华文化,信仰形态发生了巨大的变化。药师信仰以种种奇妙功效,重视现世安乐的特点,自南北朝以降,历朝历代都有大量的信徒。如达摩笈多《药师如来本愿功德经序》:"致福消灾之要法也,曼殊以慈悲之力,请说尊号;如来以利物之心,盛陈功业。十二大愿,彰因行之弘远;七宝庄严,显果德之纯净。忆念称名,则众苦咸脱;祈请供养,则诸愿皆满。至于病士求救,应死更生;王者攘灾,转祸为福。信是消百怪之神符,除九横之妙术矣!"①药师佛的造像、图绘,《药师经》的刻造与传抄、讲解及注疏等,为药师信仰的弘传奠定了基础;同时,药师佛灵验故事的产生,亦对其起到了推动的作用。

《灌顶经》译出后,"续命法"成为药师信仰的主要形态,在南北朝时期便广泛流传。敦研009《灌顶经》卷十二题记:"太和十二年(487)五月十五日。《佛说灌顶章句拔除过罪生死得度经》。"敦研343《皇兴二年康那造幡发愿文》说:

皇兴二年(468)四月八日,岁在戊申,清信士康那造成五色幡卅九尺,上十方诸佛,发精诚之愿:夫至道虚凝,幽玄难究,灵觉久潜,真途遂塞,缘使有形轮转昏迷,邪见缚著,利欲住而莫还。那恐沉溺,去真喻远,苌(长)夜翳障,永不自息。慨在聋俗,道世交丧,仰惟妙门虚空□释(?),微无不感,精专毕济。愿眷属所生,值遇诸佛,听闻经法;信解妙旨,朗悟道场;弃恶入善,三宝□天,更无邪念;与

---

① 《药师如来本愿功德经序》,《大正藏》第14卷,第401页上。

> 七世父母,现在眷属,内外诸亲,并无边众生,齐均信向,共成菩提,是那眷属之所至愿也。

依敦煌流传的《灌顶经》题记,康那于北魏皇兴二年(468)造幡,应该是依据《灌顶经》。虽然,刘宋大明元年(457),秣陵鹿野寺比丘慧简依《药师经》抄撰"续命法",流行于世,但无法判断康那是否依慧简"续命法"而造幡发愿①。

"续命法"在南北朝确实开始流传。如《周书》卷四十六《张元传》记载:

> 及元年十六,其祖丧明三年,元恒忧泣,昼夜读佛经,礼拜以祈福祐。后读《药师经》,见盲者得视之言,遂请七僧,燃七灯,七日七夜,转《药师经》行道。每言:"天人师乎!元为孙不孝,使祖丧明。今以灯光普施法界,愿祖目见明,元求代暗"。如此经七日。其夜,梦见一老公,以金鎞治其祖目。谓元曰:"勿忧悲也,三日之后,汝祖目必差。"元于梦中喜跃,遂即惊觉,乃遍告家人。居三日,祖果目明。②

北周时期的张元为其祖求治目盲,于是请七位僧人,燃七盏灯,七日七夜,读《药师经》,这是真正实践"续命法"。

在南朝,僧祐《出三藏记集》卷十三所收《法苑杂缘原始集目录》,其中有《七层灯五色幡放生记》,并且说"出《灌顶经》"③,可惜内容不详。陈文帝设立规模宏大的药师斋忏,大力宣扬药师佛致福消灾的功德,形成了很大的社会影响。陈文帝《药师斋忏文》曰:

---

① 李小荣认为康那是依慧简"续命法"而造幡。见《敦煌密教文献论稿》,北京:人民文学出版社,2003 年,第 191 页。
② 《周书》卷四十六《张元传》,北京:中华书局,1995 年,第 832 页。《北史》卷八十四亦有提及,第 2834 页。《法苑珠林》卷六十二,《大正藏》第 53 卷,第 761 页中。
③ 《出三藏记集》卷十三,《大正藏》第 55 卷,第 90 页下。

窃以,诸行无常,悉为累法,万有颠倒,皆成苦本。热炎镜像,知变易之不停;漂草爨矛,见生灭之奔迅。随业风而入苦海,报障而趣幽途。去来三界,未见可安之所;轮回五道,终无暂息之期。药师如来,有大誓愿,接引万物,救护众生。导诸有之百川,归法流之一味,亦能施与花林,随从世俗,使得安乐,令无怖畏。至如八难九横,五浊三灾,水火盗贼,疾疫饥馑,怨家债主,王法县官,凭陵之势万端,虐杀之法千变,悉能转祸为福,改危成安。复有求富贵,须禄位,延寿命,多子息,生民之大欲,世间之切要,莫不随心应念,自然满足。故知诸佛方便,事绝思量。弟子司牧寡方,庶绩未乂,方凭药师本愿,成就众生。今谨依经教,于某处建如干僧如干日药师斋忏,现前大众,至心敬礼本师释迦如来,礼药师如来!慈悲广覆,不乖本愿,不弃世间,兴四等云,降六度雨,灭生死火,除烦恼箭。十方世界,若轮灯而明朗;七百鬼神,寻结缕而应赴。障逐香然,灾无复有;命随幡续,渐登常住。游甚深之法性,入无等之正觉,行愿圆满,如药师如来。①

南北朝时期流行各种斋会,斋会的内容主要是礼拜、忏悔、经典读诵等各种礼仪行为。《药师斋忏文》并没有具体的仪轨形式,只知有礼敬诸佛及幡灯。当然,修忏的目的在于祈求消灾免难,治愈疾病,延长寿命,得富贵禄位,都是对现世利益的祈求。可见,《药师忏忏文》是举行"药师斋"时的法会文疏,或许是通行文疏,因为提到"今谨依经教,于某处建如干僧如干日药师斋忏"。

通过礼拜药师佛、诵《药师经》,或者结合"续命法"的坛场布置,举行放生、布施等活动,从而形成隆重的药师信仰法会。这些药师法会的实践,无疑推动了药师忏仪的制定。

---

① 《广弘明集》卷二十八,《大正藏》第 52 卷,第 334 页中—下。

二、南北朝的观世音信仰

随着对《法华经》讲解、读诵的盛行,体现《法华经》救济思想的代表作品——《观世音菩萨普门品》单独流行,《普门品》叙述了观世音菩萨的志愿,救度各种苦难的"威神功德",以及随众生类别而显现不同身相的"善权方便";同时,《普门品》亦阐明了众生获得观世音菩萨救度的方法,如称名、闻名、归心、礼敬等。《普门品》揭示了观音的救难信仰,激起中国民众的信仰高潮。

1. 观世音译名与观世音经典的传入

观世音的梵文,一般认为是 Avalokiteśvara,音译为"阿缚卢枳低湿伐罗""阿那波娄去低输"等,在隋唐以前,多译为光世音、观世音及观音;玄奘译为观自在。确切可知的最早翻译,竺法护于太康七年(286)译出《正法华经》,译为"光世音";元康元年(291),无罗叉译出《放光般若经》,译为"观音声"。太康初年至永嘉末年(280—321),聂道真译有缺本《观世音受记经》,而且在其所译《文殊般若涅槃经》《无垢施菩萨应辩经》已经用了"观世音"的译名;后魏菩提流支于正始五年(508)所译《法华经论》,则出现"观世自在"的译法。《大唐西域记》卷三说:

> 唐言观自在,合字连声,梵语如上。分文散音,即阿缚卢枳多,译曰观;伊湿伐罗,译曰自在。旧译为光世音,或云观世音,或观世自在,皆讹谬也。①

可见,新译与旧译有明显的差别。

译为"观世音",可以从《普门品》中找到经典的依据:"若有无量百千万亿众生受诸苦恼,闻是观世音菩萨,一心称名,观世音菩萨即时观其音声皆得解脱。"②所以,从菩萨的功德义译为"观世音",这也是一种解释。

---

① 《大唐西域记》卷三,《大正藏》第 51 卷,第 883 页中。
② 《妙法莲华经》卷七,《大正藏》第 9 卷,第 56 页下。

但是,"观世音"或"观音"是否为"误译"? 唐代华严宗法藏解释:

> 观世音者,有名"光世音",有名"观自在"。梵名"逋卢羯底摄伐罗","逋卢羯底"此云"观","毗卢"此云"光",以声字相近,是以有翻为"光";"摄伐罗"此云"自在","摄多"此云"音"。勘梵本诸经中有作"摄多",有"摄伐罗",是以翻译不同也。①

法藏提出梵文原典本身就有两种不同的名称。1927 年,在新疆出土的 5 世纪末的三个《法华经》断片中五次出现 Avalokitaśvara,从而证明了法藏的说法。②

但是,法藏的解释仍然没有解释清楚"误译"的问题。日本平安时代的悉昙学者明觉在《悉昙要诀》卷三解释说:

> 翻有四种:敌对翻、会意翻、增事翻、异事翻也。今 Avalokita 观,Iśvara 自在者,是敌对翻意也。Avabhāsa 此云光,故 ava 亦云光;avaloka 云观,故 ava 亦云观,此增字翻意也。新译中 loka-(i)śvara 云观自在,岂非增字翻耶。Lokita 正言世,但 śvara 云音者,ś s 二字梵文多滥,此字作不同,不知何形为正,故随形而翻歟。玄应《一切经音义》意云:龟兹本云讽婆罗,故翻云音;天竺本云湿婆罗,故翻为自在。可见正文,此意依 śvara,本云自在;依 svara,本云音也,此为异事翻也。有二义,故合而言之,名为音自在。例如 simha 言下有师子义、无畏义,故合云师子无畏;jina 言下有二义:仁者义、胜者义,故合云仁胜者。此亦如是,有何过耶!③

明觉强调梵文的不同译法,译为"观世音"是正确的;另外,玄应指出龟兹本与天竺本的不同,而且旧译多数是从西域传来的。但是,玄奘亲自前往印度,而且往返于西域,他不可能不知道这种差别。《大唐西域记》说

---

① 《华严经探玄记》卷十九,《大正藏》第 35 卷,第 471 页下。
② 郑僧一:《观音——半个亚洲的信仰》,郑振煌译,台北:华宇出版社,1987 年,第 241 页。
③ 《悉昙要诀》卷三,《大正藏》第 84 卷,第 540 页下—541 页上。

"皆讹谬也",《大唐大慈恩寺三藏法师传》卷二在引用与《大唐西域记》相同的文句后,评价说"皆讹也"①,并没有出现"谬"字。可见,"谬"字是后人在抄写时加入的。② 根据"讹"的评价,西域语是梵语的方言、俗语,而旧译是依此"讹"而翻译的,并非是"误译"。

2. 南北朝的观音信仰

中国汉传佛教的观音信仰,主要是源于《普门品》的功德救难,所以是随着《法华经》的流传而逐渐盛行,于是各种宣扬观世音灵验的故事集亦应运而生。

就目前所知,最早将观世音灵验故事编纂成书的,是东晋谢敷的《光世音灵验记》,后来,他把自己所录的十多则应验故事赠给好友傅瑗。由于东晋末年的"孙恩之乱",藏在会稽傅家的此书散失殆尽。刘宋时期,傅瑗之子傅亮根据记忆追写其中 7 则,即是流传至今的《光世音应验记》;后来,张演又撰集自己所闻 10 则,续于傅书之后,是为《续光世音应验记》。萧齐时代,张演的堂外孙陆杲又根据当时的书籍、传闻,辑录观世音应验故事 69 则,系于傅、张二书之后,即是《系观世音应验记》。这三种书,共计辑录观世音应验故事 86 则,总称为《观世音应验记三种》。这三种应验记的古抄本,20 世纪在日本发现,引起学界的注意。③

这些灵验故事的产生与传播,无疑说明了六朝时期观世音信仰的广泛流传。在北朝,《普门品》亦是人人皆诵,如功迥六岁想出家,父母"亲口授《观音经》"④;慧琳"常念《观音经》三年",法通"诵《观音经》昼夜不舍"⑤,读诵《普门品》是观音信仰的重要表现。另外,抄写《观音经》,在北

---

① 《大唐大慈恩寺三藏法师传》卷二,《大正藏》第 50 卷,第 230 页下。
② [日]松本文三郎:《観音の语义と古代印度、支那におけるその信仰について》,[日]速水侑编《観音信仰》,东京:雄山阁,1991 年,第 5—6 页。
③ 见[日]牧田谛亮:《六朝古逸観世音応验记の研究》,京都:平乐寺书店,1970 年;孙昌武点校《观世音应验记三种》,北京:中华书局,1994 年;董志翘:《观世音应验记三种译注》,南京:江苏古籍出版社,2002 年。
④ 《续高僧传》卷十三《功迥传》,《大正藏》第 50 卷,第 528 页下。
⑤ 《续高僧传》卷二十五《慧琳传》《法通传》,《大正藏》第 50 卷,第 663 页上、中。

朝亦十分盛行。如妆魏孝昌三年（530）四月八日，敦煌在家佛弟子尹波写《观音经》四十卷，"施诸寺读诵"，题记中发愿文如下：

> 愿使二圣慈明，永延福祚；九域早清，兵车息甲。戎马散于茂苑，干戈辍为农用。文德盈朝，哲士溢阙。锵锵济济，隆于上日，君道钦明，忠臣累叶。八表宇宙，终齐一轨。愿东阳王殿下，体质康休，洞略云表；年寿无穷，永齐竹柏。保境安蕃，更无虞处；皇途寻开，早还京国。①

在题记中，尹波表达了国家兴盛、和平的愿望，而且提到"东阳王"元荣。元荣为王朝宗室，任瓜州刺史长达 20 年（525—545），他信仰佛教，于是将中原的佛教信仰带到敦煌。尹波祝愿元荣能够"早还京国"，充分体现了观音信仰的现实性、功利性。

同时，观世音菩萨的造像以及《普门品》的刻经时有出现，如龙门石窟有《尹伯成妻题记》：

> 永平四年（511）十二月十二日，清信女尹伯成妻□，为亡夫伯成，造观音像一躯，愿使侍佛闻法，永离三途，一切众生，普同斯愿。②

另外，武定六年（548）九月九日志朗造像（今山西平定）提到刻有《观音经》，天保十年（559）二月十日李荣贵兄弟等造像碑亦云刻有《妙法莲华经观世音普门品第廿四》。③ 这些造像、刻经，都反映了观音信仰在南北朝的流行。

在北朝的造像中，释迦、弥勒、观世音是当时影响最广的尊像，但是观音信仰较为稳定，而北朝后期随着阿弥陀佛信仰的流行，释迦、弥勒的

---

① 黄征、吴伟校注：《敦煌愿文集》，长沙：岳麓书社，1995 年，第 812 页。
② 陆增祥：《八琼室金石补正》卷十三，北京：文物出版社，1985 年，第 73 页。
③ 侯旭东：《五、六世纪北方民众佛教信仰》，北京：中国社会科学出版社，1998 年，第 138 页。

崇拜渐衰。观音信仰在南北朝流行后,隋唐以后更是风靡各地,妇孺皆知。

三、南北朝的舍利信仰

舍利是梵文 Sarira 的音译,意译为体、身、身骨、遗身。通常是指佛陀之遗骨,称为佛骨、佛舍利;后来,亦指高僧死后焚烧所遗留下之坚固骨头。安置佛舍利的宝塔,称为舍利塔;安置佛舍利之瓶,称为舍利瓶;供养佛舍利之法会,则称为舍利会。在早期佛教的无像时代,崇拜舍利和佛塔是佛教徒信仰的主要形式之一;而且,随着绕塔、礼拜、供养舍利等功德思想的流行,舍利信仰迅速发展。

佛陀舍利的传播,与佛陀入涅槃后,八国分配佛舍利有关。依据《长阿含经》卷四《游行经》记载:佛陀荼毗后,波婆国的末罗民众想分得舍利,在本土起塔供养,于是准备四种兵到拘尸城,派遣使者请求分舍利。但是,拘尸王谓认为世尊在他的国家灭度,国内之士民应当自己供养,于是拒绝分舍利。同时,遮罗颇国的诸跋离人、罗摩伽国的拘利人、毗留提国的婆罗门、迦毗罗卫国的释种人、毗舍离国的离车人及摩揭陀国阿阇世王也各自准备四种兵进渡恒水。大家商议后,准备由香姓婆罗门来分配舍利,拘尸王也以同理由拒分舍利。诸王听后,想执干戈以尽力争取,香姓婆罗门告诉诸王不可以这样做,于是八分舍利与八国,八国皆得舍利而归,各自起塔供养。

八分舍利后,到了阿育王时代,开启罗摩伽国以外的七个塔,取其舍利盛于八万四千宝箧中,建立八万四千宝塔。根据巴利文《大史》记载,阿育王的儿子摩哂陀到锡兰弘扬佛教,天爱帝须王就向阿育王请求舍利,并且以极庄严的仪式迎请。另外,根据《高僧法显传》"师子国(锡兰)条"记载,该国王城中有佛齿精舍。①《大唐西域记》卷十一也有相同的记

---

① 《高僧法显传》,《大正藏》第 51 卷,第 865 页上。

载,僧伽婆罗国(锡兰)王宫之侧有佛牙精舍。①

印度西域地方也盛行供养佛舍利,如《法显传》记载,那竭国界醯罗城中有佛顶骨精舍。《大唐西域记》卷一"迦毕试国条"记载,该国有龙王所建的窣堵波,其中供奉如来的骨肉舍利;在王城西北之大河南岸有旧王伽蓝,其中供奉如来顶骨一片。② 又根据《大唐西域记》卷十二记载,玄奘归国时携回如来舍利 150 粒。③《宋高僧传》卷一则记载,唐代义净归国时携回舍利 300 粒。④

魏晋南北朝隋唐时期,舍利信仰曾经是构成中古的政治、社会图像的重要成分之一。佛教传入中国之初,僧人便开始用舍利的奇迹示现,来说服帝王信服。《高僧传》记载,康僧会来到建业,孙权认为汉明帝当时梦见神为佛,并不可信,便召见康僧会。康僧会说:"如来迁迹忽逾千载,遗骨舍利神曜无方。昔阿育王起塔乃八万四千,夫塔寺之兴,以表遗化也。"于是,孙权便要求,康僧会若能得到舍利而有灵验,便为他造塔立寺;若不能的话,就要依法加以处罚。康僧会在一间静室里,洁斋祈祷,经过 21 天,竟然因他的至诚,而有舍利出现在他准备好的铜瓶内。这种奇迹说服了孙权,因此孙权建塔立寺,称为"建初寺"。⑤

中国佛教的舍利信仰,来源于阿育王舍利塔的建造。在刘宋宗炳(375—443)《明佛论》中,提到山东临淄、山西蒲阪有阿育王寺的遗址。⑥《高僧传·慧达传》记载,慧达,俗名刘萨诃,遵师父教诲,前往南方觅阿育王塔像。慧达至建康长干寺,见寺院塔刹放出奇异光芒,挖掘塔下,发现了铁函、银函、金函相套,金函中有三个舍利、爪甲和头发,当时人认为这是阿育王所起八万四千宝塔之一。于是,在原来塔侧,再建一个新塔

---

① 《大唐西域记》卷十一,《大正藏》第 51 卷,第 934 页上。
② 《大唐西域记》卷一,《大正藏》第 51 卷,第 875 页上。
③ 《大唐西域记》卷十二,《大正藏》第 51 卷,第 946 页下。
④ 《宋高僧传》卷一《义净传》,《大正藏》第 50 卷,第 710 页中。
⑤ 《高僧传》卷一《康僧会传》,《大正藏》第 50 卷,第 325 页中—下。
⑥ 《弘明集》卷二,《大正藏》第 52 卷,第 12 页下。

瘗藏舍利。①《魏书·释老志》记载：

> 于后百年，有王阿育，以神力分佛舍利，役诸鬼神，造八万四千塔，布于世界，皆同日而就。今洛阳、彭城、姑藏、临淄皆有阿育王寺，盖承其遗迹焉。②

后来，阿育王佛舍利塔逐渐增多，《广弘明集》卷十五列举 17 塔，《集神州感通录》列有 19 塔。《法苑珠林》增加到 21 所。但是，这些阿育王佛舍利塔于今唯存会稽鄮县塔(在今浙江宁波阿育王寺)。

依目前文献来看，最早的舍利崇拜是北魏孝文帝时代。1964 年，河北省定县出土瘗埋舍利的石函，石函盖的盝顶上刻铭记 12 行，叙述了造塔的缘起。舍利贮于葫芦形小玻璃瓶内。石函内置有专用来拣取舍利的铜匙、铜镊；还有由玻璃、玛瑙、水晶、珍珠、珊瑚、红宝石组成的串饰和铜钱、波斯银币，这些是被当作所谓"七宝"和舍利一块瘗埋的；其他如金银耳坠、镯子、戒指、钗环等物是作为财宝施入的。至于印章、铜镞、残铜镜片等，则是人们按照当时墓葬的随葬习俗舍入的。可知这是在北魏孝文帝太和五年(481)所修建的一座五层佛塔的舍利塔下的埋藏物。

中国佛教舍利信仰的兴盛，始于梁武帝。梁武帝的政教结合与阿育王一生的思想、行为十分相似。梁武帝于天监十一年(512)敕令扶南国人僧伽婆罗重译《阿育王经》，于是在梁武帝晚年出现崇拜阿育王佛舍利塔的行为。《梁书·扶南国传》记载："(大同)二年(536)，改造会稽鄮县塔，开旧塔出舍利，遣光宅寺释敬脱等四僧及舍人孙照暂迎还台，高祖礼拜竟，即送还县，入新塔下，此县塔亦是刘萨河所得也。"③大同三年(537)八月，梁武帝下令改造建康阿育王寺塔，从塔基发掘出佛舍利和爪发，举办了无碍大会，并且赦免天下所有罪犯。梁武帝《出古育王塔下佛舍

---

① 《高僧传》卷十三《慧达传》，《大正藏》第 52 卷，第 409 页中。
② 《魏书》卷一百一十四《释老志》，第 3028 页。
③ 《梁书》卷五十四《扶南国传》，第 792 页。

利诏》：

> 大同四年八月，月犯五车，老人星见。改造长干寺阿育王塔，出舍利佛发爪。阿育铁轮王也，王阎浮一天下，一日夜役鬼神造八万四千塔，此其一焉。乘舆幸长干寺，设无碍法喜食。诏曰：天地盈虚，与时消息。万物不得齐其蠢生，二仪不得恒其覆载。故劳逸异年，欢惨殊日。去岁失稔，斗粟贵腾，民有困穷，遂臻斯滥。原情察咎，或有可矜，下车问罪，闻诸往诰。责归元首，寔在朕躬。若皆以法绳，则自新无路。书不云乎，与杀不辜，宁失不经。易曰：随时之义，大矣哉！今真形舍利复现于世，逢希有之事，起难遭之想。今出阿育王寺说无碍会，耆年童齿，莫不欣悦，如积饥得食，如久别见亲。幽显归心，远近驰仰，士女霞布，冠盖云集。因时布德，允协人灵，凡天下罪无轻重，皆赦除之。①

《广弘明集》的"大同四年"应为三年，是大同三年(537)八月二十一日至二十八日。梁武帝还将一粒舍利请入皇宫中供养，于九月五日，命令太子王侯百官一起恭迎舍利，共有数十万人参观了迎舍利的活动。

大同四年(538)九月十五日，梁武帝设无碍大会，建造两座佛塔，在金瓶和玉瓶中装入舍利和佛发爪。舍利供养的法会非常盛大，王侯百姓所施舍的财富堆积如山。② 皇太子萧纲捐钱一百万，共襄胜举，并呈上《奉阿育王寺钱启》：

> 臣纲言：臣闻八国同祈，事高于法本；七区皆蕴，理备于涌泉。故牙床白伞，无因不睹；金瓶宝函，有缘斯出。伏惟陛下，悬天镜于域中，运大权于宇内。三有均梦，则临之以慧日；百药同枯，则润之以慈雨。动寂非己，行住因物，无能名矣，臣何得而称焉。故以昭光赤书，贱前史之为瑞；珥芝景玉，嗤往代之为珍。难遇者乃如来真形

---

① 《广弘明集》卷十五，《大正藏》第 52 卷，第 203 页下。
② 《梁书》卷五十四《扶南国传》，第 790—792 页。

舍利,昭景宝瓶,浮光德水,如观钩锁,似见龙珠。自非圣德威神,无以值斯希有。天人顶戴,退迩归心。伏闻阿育王寺方须庄严,施巨万金,檀丰十藏。宝陈河府,泉出水衡。比丘持土,大厦方构;罗汉引绳,高塔将表。不胜喜抃,谨上钱一百万。虽诚等散花,心符不尽,而微均渧沥,陋甚邻空,轻以尘闻,伏启悚汗。谨启。①

大同五年(539),梁武帝又遣云宝至扶南国迎请佛发。② 大同十一年(545)十一月二日,寺僧又请梁武帝于寺发《般若经》题,当晚二塔俱放光明,敕镇东将军邵陵王纶制寺大功德碑文。

梁武帝在大同二年、三年、四年乃至十一年,耗费大量的金钱改造阿育王寺,举行无碍大法会,表扬阿育王的事迹,以及佛舍利的殊胜奇迹,并大赦天下。所以,梁武帝的舍利信仰是在强调自己的"金轮王"统治"佛教国家"的理想。

在朝代更替之际,佛舍利亦作为一种政权合理化的手段;同时,政权的推动,亦促进舍利信仰的流行。在梁陈的朝代更替中,陈武帝陈霸先(503—559)便利用佛牙作为瑞兆,把自己受禅让革命正当化。

陈武帝所供养的佛牙,是法献在于阗(今新疆于田县)获得的。佛陀入灭荼毗后,遗留在人间总共有四颗牙齿。《高僧传·法献传》记载:法献受到东晋高僧法显、智猛西游印度礼佛求法的影响,从小就立志要舍身西行观圣迹。刘宋元徽三年(475),法献从建康出发,一路上风餐露宿,忍饥挨冻,越过荒原,横穿沙漠,走到了于阗,由于道路受阻,不得不停止西行。在返回途经芮芮(古国名,即柔然,在今鄂尔浑河和土拉河流域一带)时,竟意外地得到了一颗舍利。据说这颗牙原在乌缠国(古国名,今印度奥里萨邦北部一带),后传到芮芮。法献手捧舍利,如获至宝,心想这次西行虽未能到达圣地,但能得佛牙,也算不虚此行了。他将佛

---

① 《广弘明集》卷十六,《大正藏》第 52 卷,第 209 页上。
② 《梁书》卷五十四《扶南国传》,第 790 页。

牙带回建康,秘不示人,达 15 年之久。法献临死前,才将舍利献出,置于上定林寺舍利阁,广受四方佛徒朝拜。梁武帝普通三年(522年)正月的一个夜晚,忽有一伙穷凶极恶的强人,明火执仗,以搜寻家奴为借口,强行敲开上定林寺门,闯入舍利阁,将舍利抢掠而去,舍利一时下落不明。①清代陈作霖在《南朝佛寺志》中说:"今读《陈书·高祖本纪》,乃知取佛牙者即陈武帝。其曰,庆云寺慧兴者托辞也。"②无论如何,佛牙最后落在陈霸先的手里。

永定元年(557)十月,陈武帝宣布找到这颗舍利。《陈书》卷二记载:"庚辰,诏出佛牙于杜姥宅,集四部设无遮大会,高祖亲出阙前礼拜。"③陈霸先继承着崇事佛教最盛的梁朝,必须藉着佛教的瑞兆,以此收服民心,以及宣示他的天命。这颗佛牙经过辗转流传,最后供养于北京灵光寺。

---

① 《高僧传》卷十三《法献传》,《大正藏》第 52 卷,第 411 页中—412 页上。
② 陈作霖《南朝佛寺志》卷上,台北:明文书局,1980 年,第 158 页。
③ 《陈书》卷二《本纪第二》,第 34 页。

第二章　隋唐五代佛教徒的信仰与生活

第一节　隋唐佛教的信仰与仪式

中国佛教忏法体系的真正建立,是从天台智颢开始的。智颢依天台教观,将大乘佛教的理观与忏悔相结合,制作了《法华三昧忏仪》《方等三昧忏法》《请观音忏法》《金光明忏法》四部忏法。尤其是《法华三昧忏仪》,影响天台宗学人的实践行门,以及后代忏法制作的模式。从当今佛教所流行的忏法仪轨来说,如《水陆仪轨》《净土忏》《药师忏》《地藏忏》《大悲忏》等,几乎都是天台宗诸师所制的仪轨。同时,华严、禅宗、净土宗、三阶教等忏法亦十分兴盛。

一、智颢与忏法的集大成

隋代全国政治局势的统一,也为南北佛教的统一奠定了社会基础。所以,天台智者(538—597)大师统摄北地偏重实践和南方偏重义理的风气,提倡教观并行、止观并运,树立了中国独创的天台教学。综观智颢的一生,经历梁、陈、隋三代,因此当时佛教风气的影响是不可限量的;同时,师承背景则又直接影响其思想。智颢忏法体系的形成,与这些都是息息相关的。

智𫖮(538—597)18岁礼长沙果愿寺法绪大师出家,20岁受具足戒,依慧旷律师学习戒律,在大贤山读诵《法华经》《无量义经》《普贤观经》等三部经典,修习方等忏法,获得"胜相"现前。①《隋天台智𫖮别传》中说:

> 年十有八,投湘州果愿寺沙门法绪而出家焉。绪授以十戒,导以律仪。仍摄以北度,诣慧旷律师。兼通方等,故北面事焉。后诣大贤山,诵《法华经》《无量义经》《普贤观经》,历涉二旬,三部究竟。进修方等忏,心净行勤,胜相现前,见道场广博,妙饰庄严;而诸经像,纵横纷杂;身在高座,足蹑绳床;口诵《法华》,手正经像。是后心神融净爽利,常日逮受具足律藏;精通先世萌动,而常乐禅悦怏怏,江东无足可问。②

智𫖮通过自学及受慧旷的教导,在佛学方面有了长足进步,而具有一定的禅定基础。同时,智者依止慧旷律师期间,曾经"进修方等忏",这说明智者在制作《方等三昧行法》时已经有自己的实践体验。同时,在《出三藏记集》的《法苑杂缘原始集目录序》中记载有"《方广陀罗尼七悔法缘记》(出彼经)"③,这应该看作《方等陀罗尼经》的忏悔法,因为在当时经录中并未发现类似的其他经典。而且,慧皎所撰《梁高僧传》中记载法达曾经修此忏法。④ 而在《续高僧传》及《隋天台智𫖮》记载中,修方等忏法者

---

① 《续高僧传》卷十七,《大正藏》第 50 卷,第 564 页中。
② 《隋天台智者大师别传》,《大正藏》第 50 卷,第 191 页下。有关智者大师的生平及其著作,中文方面最详细者首推潘桂明《智𫖮评传》,南京大学出版社 1996 年第 1 版;日文方面应该是佐藤哲英《天台大师の研究》,百华苑,1961 年第 1 版,1979 年第 2 次印刷,京都;同氏:《续·天台大师の研究》,百华苑,京都,1981 年。
③ 《出三藏记集》卷五,《大正藏》第 55 卷,第 91 页上—下。
④ 《高僧传》卷十一"玄高传"说:"沙门法达,为伪国僧正。钦高日久,未获受业。……达顶礼求哀,愿见救护,高曰:君业重难救,当可如何? 自今以后,依方等苦悔,当得轻受。"《大正藏》第 50 卷,第 398 页中—下。

更多。① 所以,智𫖮应该是根据天台教观及自己的实践体验,重新修订而成《方等忏法》。

智𫖮因江东无人可求法学习,于是冒生命危险,到光州大苏山请求慧思的教导,在其门下八年,后来才到金陵弘扬佛法,所以智𫖮受慧思的影响最大。慧思十分重视忏悔的思想与实践,《续高僧传》"慧思传"记载,慧思早年出家时,因患疠疾,"求诚乞忏";晚年临终前曾问大众:"若有十人不惜身命,常修法华、般舟、念佛三昧、方等忏悔,常坐苦行者,随有所须,吾自供给,必相利益。如无此人,吾当远去。"②在慧思传记中,便可发现慧思十分重视并且实践法华三昧、般舟三昧、念佛三昧、方等忏法。根据《隋天台智𫖮别传》的记载,慧思七年修习方等忏法。③ 智𫖮的四种三昧,常坐三昧即是"念佛三昧",常行三昧即"般舟三昧",半行半坐三昧即"方等三昧"和"法华三昧",而非行非坐三昧即是慧思所说的"随自意三昧"。④ 而且,智𫖮将《请观音忏法》纳入"非行非坐三昧"的具体忏法,而《金光明忏法》与《请观音忏法》在仪轨程序上则十分相似。所以,从慧思的身上找到了智𫖮四种三昧的源流。

慧思重视禅定,同时也重视神通,而禅定与神通的获得,首先必须忏悔。《诸法无诤三昧法门》卷上说:

> 欲自求度及众生,普遍十方行六度,先发无上菩提心,修习忍辱坚持戒,昼夜六时勤忏悔,发大慈悲平等心,不惜身命大精进。欲求佛道持净戒,专修禅智获神通,能降天魔破外道……持清净戒修禅

---

① 大野荣人先生曾经将这些实修者列成表,见《天台止观成立史の研究》,京都:法藏馆,1994年,第91—95页。
②《续高僧传》卷十七,《大正藏》第50卷,第562页下、563页下。
③《隋天台智者大师别传》中说:"时有慧思禅师,武津人也。名高嵩岭,行深伊洛。十年常诵,七载方等,九旬常坐,一时圆证。"《大正藏》第50卷,第191页下。
④ 关于非行非坐三昧与随自意、觉意三昧的关系,请参考[日]坂本广博:《四种三昧——特に非行非坐三昧と随自意、觉意三昧について》,[日]多田厚隆先生颂寿纪念《天台教学の研究》,东京:山喜房佛书林,1990年,第159—177页。

定,舍诸名闻及利养,远离愦闹痴眷属,念十方佛常忏悔。①

无论是自度还是化他,佛道的成就,禅定与神通的获得,只有常修忏悔,常行六度,才能成就。

同时,智颛吸收慧思的"有相行"与"无相行",他在《摩诃止观》中说:

> 南岳师云:有相安乐行、无相安乐行,岂非就事理得如是名。持是行人,涉事修六根忏,为悟入弄引,故名有相;若直观一切法空为方便者,故言无相。妙证之时,悉皆两舍。②

智颛根据慧思"有相安乐行、无相安乐行"的说法,提出分别依《法华经》"普贤菩萨劝发品"和"安乐行品"的"有相行"和"无相行"。其有相行,指以散心念诵《法华经》,不入禅定,无论行、立、坐,皆一心念诵《法华经》,并于六时中忏悔六根罪障;其无相行,则指入于甚深禅定,以智慧观照六根,悟入实相三谛的正空。③ 慧思在光州大苏山传授给智颛的便是法华三昧,后来智颛也因此而开悟,可见师徒二人对此三昧的重视。

所以,天台忏法的形成,是智颛在南北朝佛教界忏悔法门及礼忏仪流行的背景下,在其师承——慧旷、慧思的直接影响下,制作出四部忏法,从而将中国佛教忏法的发展推向一个新的高峰。

1. "忏悔"一词的解释

随着佛经的翻译,"忏悔"逐渐成为佛教典籍中经常出现的词语。④ 自从"忏悔"一词译出后,中国的祖师大德便开始解释这个词,而且异说纷纭。最早对"忏悔"进行解释,是智颛(538—597)的《释禅波罗蜜次第法门》(又称《次第禅门》)⑤,智颛作出如下的解释:

---

① 《诸法无诤三昧法门》卷上,《大正藏》第46卷,第629页下。
② 《摩诃止观》卷二上,《大正藏》第46卷,第14页上。
③ 潘桂明:《智颛评传》,南京大学出版社1996年第1版,第326页。
④ 有关忏悔的研究,以及语言学及文献学上的考察,见圣凯《论忏悔原语的含义》,《觉群·学术论文集》第一辑,商务印书馆,2001年,第355—365页。
⑤ [日]盐入良道:《天台智颛禅师における忏悔の展开》,《大正大学大学院研究论集》第9号,1985年,第4页。

> 夫忏悔者，忏名忏谢三宝及一切众生，悔名惭愧改过求哀。我今此罪，若得灭者，于将来时，宁失身命，终不更造如斯苦业。如比丘白佛：我宁抱是炽然大火，终不敢毁犯如来净戒。生如是心，唯愿三宝证明摄受，是名忏悔。复次，忏名外不覆藏，悔则内心克责；忏名知罪为恶，悔则恐受其报。如是众多，今不广说。举要言之，若能知法虚妄，永息恶业，修行善道，是名忏悔。①

按照智顗对忏悔的解释，忏是愿三宝及一切众生能证明与摄受，悔是由于惭愧而表现出的求哀改过；忏是对外不覆藏，知道罪恶的过犯，悔是在内心中克责，恐怕受其果报。总而言之，能够知道诸法的虚妄，永息恶业，修行诸善，这是智顗对忏悔的根本立场。

上面的解释，很显然不是忏悔原语的意义，但是智顗在《金光明文句》卷三"释忏悔品"中，对"忏悔"的解释又增加了许多含义：

> (1) 忏者，首也；悔者，伏也。如世人得罪于王，伏款顺从不敢违逆，不逆为伏，顺从为首。行人亦尔，伏三宝足下，正顺道理，不敢作非，故名忏悔。(2) 又忏名白法，悔名黑法，黑法须悔而勿作，白法须企而尚之，取舍合论，故言忏悔。(3) 又忏名修来，悔名改往。往日所作恶、不善法鄙而恶之，故名为悔；往日所弃一切善法，今日已去，誓愿勤修，故名为忏。弃往求来，故名忏悔。(4) 又忏名披陈众失，发露过咎，不敢隐讳；悔名断相续心，厌悔舍离。能作所作合弃，故言忏悔。(5) 又忏者名惭，悔者名愧；惭则惭天，愧则愧人；人见其显，天见其冥；冥细显粗，粗细皆恶，故言忏悔。(6) 又人是贤人，天是圣人，不逮贤圣之流，是故忏悔。又贤圣俱是人天，是第一义天，第一义天是理，贤圣是事，不逮事理，俱皆忏悔。(7) 又惭三乘之圣天，愧三乘之贤人，不逮此天人，故名惭愧，惭愧名忏悔。(8) 又三乘贤圣皆是人，第一义为天，约此人天惭愧，故名忏悔。(9) 又三乘贤

---

① 《释禅波罗蜜次第法门》卷二，《大正藏》第 46 卷，第 485 页中。

圣尚非菩萨之贤,况菩萨之圣,今惭愧三十心之贤,十地之圣,故名惭愧忏悔。总此贤圣皆是人,第一义理名为天,约此人天论惭愧,故名忏悔。(10) 又三十心去自判圣人,十信是贤人,约此贤圣论惭愧忏悔。总此贤圣皆名人,第一义理名为天,约此人天论惭愧忏悔,合十番释名也。①

以上是智颛对忏悔的十种解释,(1) 顺从不逆,不敢作非;(2) 以白法、黑法配对;(3) 修未来,改过去;(4) 发露过咎,厌悔舍离;(5) 从第五种以后,用惭愧来理解忏悔,这是智颛的特色。同时,智颛用天、人、圣、贤配对,盐入良道先生猜测这是用天台判教藏、通、别、圆来解释。②

智颛对忏悔的扩大解释,显示了他非凡的理论创造能力,但笔者以为,这与智颛不熟悉梵文的原义有极大的关系。③

所以,智颛对"忏悔"一词的理解,不为语言的原义所拘,从而作出了创造性的理解,为其忏法的制作及实践提供了语境上的基础。

2. 忏悔的原理

在智颛的修证体系中,是以止观并重为特色。为了获得止观,首先必须持戒,但是凡夫众生无法清净持戒,犯戒造罪,于是必须忏悔罪业。这是一种逻辑与实证上的需要,也是最简单、最原始的忏悔原理。

在天台止观的正修方法中,智颛在《次第禅门》及后来阐释圆顿止观的《摩诃止观》中都提出要具足前方便二十五法。其中,第一具五缘之首,便是"持戒清净"。在《次第禅门》中,开"持戒清净"为三:一、明有戒无戒,二、明持犯,三、明忏悔。第三"明忏悔"又分为运忏悔心、正明忏悔方法。智颛说明了忏悔的目的和意义:

---

① 《金光明经文句》卷三,《大正藏》第39卷,第59页上—下。
② [日]盐入良道前揭论文,第6页。
③ 从智颛的生平,我们可以看出他根本没有学习梵文的经历,见潘桂明:《智颛评传》,南京大学出版社,1996年。

> 云何名运忏悔之心？若人性自不作恶，则无罪可悔。行人既不能决定持戒，或于中间值遇恶缘，即便破毁。若轻若重，以戒破故，则尸罗不净，三昧不生。譬如衣有垢腻，不受染色，是故宜须忏悔，以忏悔故，则戒品清净，三昧可生。①

若人的本性中，没有犯罪作恶的意识，那么也就没有什么罪可以忏悔了。但是，修行人在修行过程中，难免遇见恶缘，于是毁犯戒律。由于破戒的缘故，所以三昧不生。这样，因为忏悔而得到戒品清净，从而生起三昧。

智𫖮从戒、定、慧三学的关系中探讨忏悔的意义，这与仅仅以戒律为基础的忏悔、悔过当然有很大的不同。他在《次第禅门》卷二举出《大智度论》所说的十种戒，将一切戒统合于十种戒之中。② 为了方便，图示如下：

一、持不缺戒：四重不犯。

二、持不破戒：僧残不犯。

三、持不穿戒：下三篇不犯。

四、持无瑕戒：不起谄心及诸恼，觉诸杂志。（不杂戒、定共戒）

五、持随道戒：心行十六行观，发苦忍智慧。（道共戒）

六、持无著戒：阿那含人，若断欲界九品思惟尽，乃至色爱无色爱等诸结使尽。（断律仪戒）

七、持智所赞戒：发菩提心，为令一切众生得涅槃故持戒，如是持戒，亦可言持菩萨十重四十八轻。此戒能至佛果故。

八、持自在戒：菩萨持戒，于种种破戒缘中，而得自在。亦可言菩萨知罪不罪不可得故。

九、持具足戒：菩萨能具一切众生戒法及上地戒。

十、持随定戒：不起灭定，现种种威仪戒法。

---

① 《释禅波罗蜜次第法门》卷二，《大正藏》第46卷，第485页中。
② 同上书，第484页下—485页中。

智顗继承《梵网经》"众生受佛戒,即入诸佛位,位同大觉已"①的思想,所以在第七"持智所赞戒"中,提出依持戒而成佛的思想。② 同时,他在《法华玄义》卷三下③,将十种戒分类为藏、通、别、圆的四教判而作说明。后来,智顗在《摩诃止观》中更将这十戒中的随道戒到具足戒演变为真谛、俗谛、中道第一义谛持戒,并以三观三谛的理论来持戒。由此可知,智顗给予持戒清净极高的地位,以之为修习止观、开发定慧的关键。

但是,得戒后,如果破戒、失戒,必然造罪,忏悔正是为了灭罪。在智顗的思想中,是如何看待罪业呢?他在《次第禅门》中说:

> 罪有三品:一者违无作起障道罪,二者体性罪,三者无明烦恼根本罪。通称罪者,摧也。现则摧损行人功德智慧,未来之世三途受报,则能摧折行者色心,故名为罪。④

智顗所说的三种罪,第一、违无作起障道罪,是指修行者违犯戒律,属于依戒相而定罪业的声闻戒法;第二、体性罪,这是罪业缘起感果的体性,如比丘犯杀生戒,虽经作法忏,除去障道罪,但却不能除去杀报业缘的体性罪;第三、无明烦恼根本罪,是指罪源的根本来自无明烦恼。⑤

修行者犯戒造罪,为什么依忏悔能得除灭?智顗在《摩诃止观》中说:

> 四明忏净者,事理二犯,俱障止观,定慧不发。云何忏悔令罪消灭,不障止观耶?若犯事中轻过,律文皆有忏法,忏法若成,悉名清净。戒净障转,止观易明。若犯重者佛法死人,小乘无忏法;若依大

---

① 《梵网经》卷下,《大正藏》第 24 卷,第 1004 页上。
② 有关这十戒的变化,请参考[日]佐藤达玄:《戒律在中国佛教的发展》(下册),释见憨等译,台北:香光书乡出版社,1997 年,第 585—589 页。
③ 《法华玄义》卷三下,《大正藏》第 33 卷,第 717 页中—下。
④ 《释禅波罗蜜次第法门》卷二,《大正藏》第 46 卷,第 486 页下。
⑤ 释大睿:《天台忏法之研究》,第 59 页。

> 乘,许其忏悔。如上四种三昧中说,下当更明。次理观小僻不当谛者,此人执心若薄,不苟封滞,但用正观心破其见著,惭愧有羞低头自责,策心正辙罪障可消,能发止观也。见若重者,还于观心中修忏,下当说也。若犯事中重罪,依四种三昧则有忏法。①

智颛认为,违犯事与理两方面,都能障碍止观,使定慧不能生起。盐入良道先生认为,事是从经论的明文等表现出来的态度,而理则是以经论明文为主体性的认识而表现出来的态度与理解。② 其实,事应该是指事相上,如戒相等可以用表相体现出来;而理则指在思想见解上。在事相上犯过比较轻,依戒律的忏悔法便能得到清净。而在理上犯过,以正观心破其执著,使其生起惭愧心,能够低头自责;如果理观的障碍比较重的,而在观心中忏悔,这在小乘法中是无法得救的,只有依大乘四种三昧的忏法才能悔罪得清净。

所以,智颛不仅融摄声闻戒罪及忏悔法,而且从大乘经典中发现悔罪的方法,广摄体性罪及根本无明烦恼。同时,他将这些忏悔法最后集中到四种三昧中,从而真正建构了中国佛教的忏法。

3. 三种忏悔

智颛依三种罪提出三种忏悔法,他说:

> 一明作法忏悔者,破违无作障道罪。二明观相忏者,破除体性恶业罪。故《摩诃衍论》云:若比丘犯杀生戒,虽复忏悔得戒清净,障道罪灭而杀报不灭,此可以证前释后,当知观相忏悔用功既大,能除体性之罪。三观无生忏悔罪灭者,破除无明一切烦恼习因之罪,此则究竟除罪本源。③

---

① 《摩诃止观》卷四上,《大正藏》第46卷,第39页下。
② [日]盐入良道:《天台智颛禅师における忏悔の展开》,《大正大学大学院研究论集》第9号,1985年,第10页。
③ 《释禅波罗蜜次第法门》卷二,《大正藏》第46卷,第486页下。

智顗三种忏悔法,第一,作法忏悔,是破违犯戒律的声闻罪;第二,观相忏悔,是破业缘的体性罪;第三,观无生忏悔,是破无明烦恼,究竟除去众罪的本源。

智顗在《次第禅门》中,详细地解释了三种忏悔法。作法忏悔是通过僧团举行羯磨法,依据戒律如法忏悔罪业,不需要见种种相,也不需要智慧观空。但是在戒律中,四重罪是不可悔的。《次第禅门》说:

> 一、作法忏悔,此扶戒律,前一法多是小乘忏悔法。……初明作法忏悔者,以作善事反恶事故,故名忏悔。如毗尼中,一向用此法灭罪,何以故?如忏第二篇二十众作别住下意出罪等羯磨作法成就,即名为灭。此不论见种种相貌,亦不论智慧观空。故知但是作法忏悔,羯磨此翻作法,如是乃至下三篇,并是作法,此事易知。义如律中广明,但未明忏悔四重法。①

作法忏悔,是依作法而获得罪障的清净。律藏中的作法忏悔,并没有说明忏悔四重罪,但是智顗在《次第禅门》中举出《最妙初教经》(即是《小止观》中所说的《妙胜定经》),依经中所说,作法忏悔能够除四重罪。②

观相忏悔,是专注心念,在静心中见各种种相,这是依修定法,而且大多属于大乘的忏悔法门。在印度佛教初传中国时即有观相忏悔,如《大方等陀罗尼经》所说的忏悔法,或《阿含经》中作地狱、毒蛇、白毫等观相,如果成就了这些相,就表明罪已灭。《次第禅门》说:

> 二明观相忏悔者,行人依诸经中忏悔方法,专心用意,于静心中,见种种诸相。如菩萨戒中所说,若忏十重,要须见好相,乃灭相者。佛来摩顶,见光华种种瑞相已,罪即得灭。若不见相,虽忏无

---

① 《释禅波罗蜜次第法门》,《大正藏》第 46 卷,第 485 页下。
② 《次第禅门》中说:"别有《最妙初教经》,出忏悔四重法。彼经云:当请三十清净比丘僧,于大众中,犯罪比丘当自发露,僧为作羯磨成就。又于三宝前,作诸行法,及诵戒千遍,即得清净。亦云令取得相为证,而说罪灭清净。当知律中虽不出,经中有此羯磨明文。作法相貌,如彼经中广说。"同上,《大正藏》第 46 卷,第 485 页下。

益。诸大乘方等陀罗尼行法中，多有此观相忏法。三藏及《杂阿含》中，亦说观相忏悔方法，谓作地狱、毒蛇、白毫、等观相，成就即说罪灭。此悉就定心中作故，观相忏悔多依修定法说。①

观相忏悔在大乘经典中，如《梵网经》中受菩萨戒忏悔，《大方等陀罗尼经》为灭重罪而忏悔，都是通过修定的方法，在定心中见相。

至于观相忏悔的因缘，《摩诃止观》中说：

> 因缘者，有内有外。内者，止观研心，心渐明净，照诸善恶。或可以止止恶，恶方欲灭；以观观善，善方欲生。或可以止止恶，恶因静生；以观观善，善因观灭，无量业相出止观中。如镜被磨，万像自现。外者，诸佛慈悲，常应一切众生，无机不能得睹，以止观力，能感诸佛示善恶禅，诸业则现。如持花鬘，示于大众，是名内外因缘。②

从修行者自身来说，修习止观，在定中可能出现善相或恶相，但都是因缘所现，如镜子中万像自然显现。另外，诸佛慈悲，常常应化众生，由于内心的止观力，因缘合会，所以能感诸佛示现善、恶等禅定境界。

最后，观无生忏悔，其思想依据是《普贤观经》。智𫖮认为，观无生忏悔是从智慧方面来说明忏悔。《次第禅门》说：

> 三、明观无生忏悔者，如《普贤观经》中偈说……夫行人欲行大忏悔者，应当起大悲心怜愍一切，深达罪源。所以者何？一切诸法本来空寂，尚无有福，况复罪耶？但众生不善思惟，妄执有为而起无明及与爱恚，从此三毒，广作无量无边一切重罪，皆从一念不了心生。若欲除灭，但当反观如此心者从何处。……如是观之，不见相貌，不在方所，当知此心毕竟空寂。既不见心，不见非心，尚无所观，况有能观。无能无所，颠倒想断。既颠倒断，则无无明及以爱恚。

---

① 《释禅波罗蜜次第法门》卷二，《大正藏》第46卷，第485页下。
② 《摩诃止观》卷八下，《大正藏》第46卷，第112页上。

无此三毒,罪从何生。复次一切万法,悉属于心。心性尚空,何况万法。若无万法,谁是罪业。若不得罪,不得不罪。观罪无生,破一切罪,以一切诸罪根本性空,常清净故。……作是忏悔,名大忏悔。……行此悔者,心如流水,念念之中,见普贤菩萨及十方佛,故知深观无生,名大忏悔。于忏悔中,最尊最妙,一切大乘经中明忏悔法,悉以此观为主。①

观无生忏悔主要是从观罪性本空的究竟义为中心,智颛主要从三个方面论证罪性本空:一、一切诸法本来空寂,但是众生虚妄执著为有,从而生起无明贪爱烦恼,广作无边重罪;二、心毕竟空寂,一切诸法都属于心,心不在内、不在外,无有能所,因此心性本空;三、罪性本空,因为诸法与心都是本来性空,所以执著诸法而在心中所生起的罪,也是本来性空。这样,究竟罪缘,才会得到尸罗清净,才有修定的可能。

所以,智颛以持戒清净为基础,将作法忏悔、观相忏悔、观无性忏悔与戒、定、慧三学相配,表示一切佛法都不在忏悔之外。

4. 五悔法门

历来通行的忏法有两类:一类是集诸经所说,忏悔罪过的仪则;另一类是依五悔法门,修习止观的行法。智颛的忏悔思想及其所立的忏仪制度,包含了以上两类忏法。② 五悔即五忏悔,智颛称忏悔、劝请、随喜、回向、发愿五法为五悔。五悔思想起源于五悔系经典的传出,即《菩萨五法忏悔文》《离垢慧菩萨所问礼佛法经》《占察善恶业报经》《观佛三昧海经》。

智颛在《摩诃止观》《法华三昧忏仪》《国清百录》等著作中,分别阐明了五悔思想。智颛在《摩诃止观》天台十乘观法"第八明次位"圆教位次中强调,行者知道自己修证的位次,不能直接观不思议境,这是下根者所

---

① 《释禅波罗蜜次第法门》卷二,《大正藏》第46卷,第486页上—中。
② 潘桂明、吴忠伟:《中国天台宗通史》,南京:江苏古籍出版社,2001年,第217页。

修的观法。① 按照湛然《止观辅行》的说法，《摩诃止观》的五悔是引用《十住毗婆沙论》及《占察经》。②《国清百录》卷一"敬礼法"也说："此法正依龙树《毗婆沙》，傍润诸经意。"③

智顗的五悔思想，前期著作有《法华三昧忏仪》，后期著作有《摩诃止观》。《摩诃止观》卷七下说：

> 若四种三昧修习方便，通如上说。唯法华别约六时五悔，重作方便，今就五悔明其位相，先知逆顺十心而系缘实相，是第一忏。常忏悔无不忏时，但心理微密，观用轻疏，黑恶覆障卒难开晓，重运身口助发意业，使疾相应，更加五悔耳。今于道场日夜六时行此忏悔，破大恶业罪，劝请破谤法罪，随喜破嫉妒罪，回向破为诸有罪，顺空无相愿，所得功德不可限量，譬算校计亦不能说。若能勤行五悔方便助开观门，一心三谛豁尔开明。④

智顗认为由于凡夫障重，修观难以相应，所以必须六时实行五悔以作为方便，使诸罪消灭，助开观门，使一心三谛能够豁然开朗，从而获得五品弟子位的最初随喜品。然后，五悔再加上读诵、说法、精进、六度等，从而品品升进。⑤

所以《天台四教仪》说："内以三观观三谛境，外以五悔勤加精进"，"下去诸位，直至等觉，总用五悔"⑥，可见五悔在天台止观的重要地位。

5. 十心忏悔

天台忏法是以忏法为外在的仪轨，但是修忏本身需要内在的运心，在内心中观察罪障业缘，从而真正生起忏悔心。众生对于现世的罪业能

---

① 《摩诃止观》卷七下，《大正藏》第46卷，第98页上—99页上。
② 《止观辅行传弘决》卷下之四，"今僧常仪，前四出《十住婆沙》，愿文在《大涅槃》，若《占察经》亦但列四"，《大正藏》第46卷，第382页中。
③ 《国清百录》卷一，《大正藏》第46卷，第792页上。
④ 《摩诃止观》卷七下，《大正藏》第46卷，第98页上、下。
⑤ 同上书，第98页上—99页上。
⑥ 《天台四教仪》，《大正藏》第46卷，第779页上、中。

够比较容易认识到；而对过去世的罪业，如果没有很深的善根，则很难观察到。所以，《摩诃止观》中说：

> 若欲忏悔二世重障行四种三昧者，当识顺流十心，明知过失。当运逆流十心，以为对治。此二十心通为诸忏之本。①

忏悔过去世的重障，修行四种三昧时，应该认识到众生生死轮回之苦，即观察到违涅槃、顺生死之心，这就是顺流十心，如佛陀顺观十二因缘。反过来应该逆运十种心以为对治，如逆观十二因缘。同时，智𫖮还从深观三谛理，配合逆十种心，以切心忏悔。

天台忏法重视事理两方面，忏法的仪轨是外在的事相，只有内在的逆十心及深观三谛理，才是真正的心要，只有内在的理才能使事相产生真实的意义。智𫖮说：

> 十种忏悔，顺涅槃道，逆生死流，能灭四重、五逆之过。若不解此十心，全不识是非，云何忏悔。设入道场，徒为苦行，终无大益。运此十忏时，深观三谛，又加事法，以殷重心不惜身命，名第二健儿。是名事理两忏，障道罪灭，尸罗清净，三昧现前，止观开发。②

智𫖮指出，只有逆十心的忏悔才是真正的忏悔，如果不能理解此逆十心，只遵行外在的忏法程序，只是徒劳的苦行，对于修行毫无利益。所以，应该事理并重，事忏与理忏并行，这样才能使障碍佛道的罪得到消灭，持戒清净，最终促使三昧禅定现前，成就止观。

所以，智𫖮的忏悔法，其最终目的在于成就止观，但是能够照顾到不同根机修行者的要求。天台忏法的首要对象是上等根机者，即为上根者提供迅速证悟的方法，所以非常重视从理上悟入，即从般若智慧、中道实相的角度，强调观无生忏悔的意义。这也是他把忏法置于止观修行中讨

---

① 《摩诃止观》卷四上，《大正藏》第46卷，第39页下。
② 同上书，第40页下、41页中。

论的根本原因。

6. 忏悔与止观——忏法在天台修证体系的地位

魏晋南北朝以来,忏法及其礼忏事例中流行的经典多以治病除灾等现世利益为内容,采取的方法有咒诵、礼赞、忏悔等。从这些所依经典的特点可以类推出来,现世安稳、诸难远离与忏悔灭罪相结合是符合中国人的要求的。①

智颢的伟大之处在于,用适应中国人的礼仪,然后加入自己的观法,欲使中国佛教的行仪实践化。② 所以,天台忏法的第一个特点是,应该除去其世俗祈愿的成分,从而将忏法摄入坐禅实相正观的前阶段。《摩诃止观》说:"故知持戒清净,恳恻忏悔,俱为止观初缘。"③天台修证体系是以三种止观与四种三昧为中心,智颢将忏悔放在"二十五方便"的"持戒清净"中,说明忏悔只是一种方便,是一种助道。

智颢以戒、定、慧三学与作法忏悔、观相忏悔、观无生忏悔相配,将忏悔纳入整个佛法的修学体系中;在《摩诃止观》中,智颢提出用顺流十心、逆流十心、深观三谛理来修习忏法。可见,真正的忏悔是事理兼备的,这样无形地提升了忏悔在天台修证体系中的地位。《摩诃止观》说:"依四种三昧则有忏法"④,则是把忏法摄入三昧中,即《法华忏》与《方等忏》摄入"半行半坐三昧"中,《请观音忏》摄入"非行非坐三昧"中。在四种三昧中,"常坐三昧"与"常行三昧"是没有具体的忏悔行法的。所以,四种三昧与忏法是有一定的区别,但是四种三昧的修行是以直接观照实相之理观为目的,是专就事相方法来阐述天台止观的行相。

智颢在《摩诃止观》中说:

---

① [日]盐入良道:《中国佛教仪礼における忏悔の受容过程》,《印度学佛教学研究》第11卷,第2号,1963年,第732—733页。
② [日]盐入良道:《忏法の成立と智颢の立场》,《印度学佛教学研究》第7卷,第2号,1959年,第448页。
③ 《摩诃止观》卷四上,《大正藏》第46卷,第41页下。
④ 同上书,第39页下。

> 欲登妙位，非行不阶，善解钻摇，醍醐可获。法华云：又见佛子修种种行以求佛道，行法众多，略言其四：一、常坐，二、常行，三、半行半坐，四、非行非坐。通称三昧者，调直定也。《大论》云：善心一处住不动，是名三昧。法界是一处，正观能住不动，四行为缘，观心藉缘调直，故称三昧也。①

其中，"四行"是指四种三昧，"观心"是指《摩诃止观》中所说的以十种观为观法、十境为所缘的"十境十乘观"。二者的关系是"四行为缘，观心藉缘调直"，也就是说，四种三昧是修习法华圆教"十境十乘观"的外缘，前者为事，后者为理，理事兼备，才能成就圆顿止观。因为，四种三昧既然称为三昧，且一则为禅，一则为定故，只可谓属于开发解脱智之缘；而"十境十乘"之正修观法，始可谓开发解脱智之正因。二者只是内容宽狭有别而已。②

这样，从"四种忏法"到"四种三昧"，然后到"十境十乘观"，可以看出天台忏法的地位在其整个修证体系中不断地得到提升。在天台"一心三观"的思想中，三谛、三观、三智均于一心中得，不前不后，无次第之分，而且一心三谛、一心三观、一心三智也不前不后，无次第之分。那么，观察罪业本性，也是如此。《金光明经文句》"释忏悔品"中说："大忏悔者，约中道为处也。若三种差别者，此是历别论处尔。即一而三，即三而一者，此圆妙忏悔也。"③因此，从圆教来说，三种忏悔也可以是即一而三，即三而一，这才是究竟灭罪。所以，忏悔不仅能清净罪业，而且通达法性，体证无生忍慧，圆满具足戒、定、慧三学。在圆教中，无一法不是中道实相，罪福性也是中道实相，这样才是究竟忏悔。

所以，智𫖮将世俗祈愿的忏法置于成就止观的首要条件"持戒清净"中，而且他通过制定四种忏法，用具体的忏法仪轨，实现灭罪、得定、发慧

---

① 《摩诃止观》卷二上，《大正藏》第 46 卷，第 11 页上。
② ［日］安藤俊雄：《天台学——根本思想及其展开》，苏荣焜译，台北：慧炬出版社，1998 年，第 223 页。
③ 《金光明经文句》卷三，《大正藏》第 39 卷，第 59 页中。

的目的。另外,他又将四种忏法纳入"四种三昧"中,而"四种三昧"又是"十境十乘观"的外缘。这样,忏法在其修证体系中,从事相提升到理法,最后入中道实相,这是智𫖮忏法思想的特质所在。

二、宗密与《圆觉经道场修证仪》

华严宗的忏法体系,以圭峰宗密(780—841)《圆觉经道场修证仪》(简称《修证仪》)十八卷与慧觉《华严经海印道场忏仪》四十卷最具代表性,是现存各种忏法中篇幅较大的两部。后来,宋代的净源将《修证仪》简化为《圆觉经道场略本修证仪》一卷。

宗密一生对《圆觉经》的注释作出许多努力,现存有《圆觉经大疏》十二卷、《圆觉经大疏释义钞》十三卷、《圆觉经略疏》四卷、《圆觉经略疏之钞》十二卷;同时根据《圆觉经》的修行方法、东晋道安至天台智𫖮的实修体系,尤其是智者大师的《天台小止观》及《法华三昧忏仪》,阐明佛教修行者在实际上的修行及宗教行事方面所应行的坐禅观法与忏悔灭罪的方法,并规定赞仰讽诵加行礼拜的行法,制作成《修证仪》十八卷。

宗密以顿渐合一、禅教合一思想为基础,将天台宗的忏法及禅法纳入其修行体系中。《修证仪》卷一"简器",要求修行者先要访问"天台宗,精通三观三谛者",请教心法,令自己明了通达心性,才可以听受《圆觉经疏》。① 而且,其止观部分皆引自天台止观,可见宗密对天台忏法及止观非常重视。

《修证仪》中并没有很清楚表明其忏法来自天台忏法,但是《修证仪》卷二"启请"提到:"问:诸家礼忏,皆先胡跪,严持香花供养"②,这里"诸家"应该是指天台忏法。净源在《略本修证仪》"总叙缘起"中说:

> 西晋弥天法师,尝著四时礼文,观其严供、五悔之辞,尊经尚义,

---

① 《圆觉经修证仪》卷一,《卍续藏经》第128册,第723页下。
② 同上书,第730页下。

> 多撮其要,故天下学者悦而习焉。陈隋之际,天台智者撰《法华忏法》、《光明》、《百录》,具彰逆顺十心,规式颇详,而盛行乎江左矣。有唐中吾祖圭峰禅师,追弥天之余烈,贯智者之遗韵,备述《圆觉礼忏禅观》。凡一十八卷……①

净源指出,宗密制作《修证仪》是对道安、智顗的继承与发展。《修证仪》不仅整个忏法结构模仿了《法华三昧忏仪》,而且其分类中的许多文句都直接引用,其受《法华三昧忏仪》的影响是显而易见的。但是,《修证仪》以《圆觉经》为主体,以华严宗的思想为内在理念,所以其忏法体系仍然表现出自己的特色。

在《修证仪》卷二,宗密提到忏悔的三类:作法忏、事忏、理忏,并且指出作法忏忏遮罪,事忏与理忏忏性罪。② 宗密在《修证仪》卷四,对事忏与理忏作出自己的解释:

> 夫忏悔有事忏,有理忏。忏无明者,唯是理忏。无明者,迷于实理,今但悟理,则无无明,故当理忏。然无明是本,义达其中,则枝末三障亦展转除灭。故《维摩经》中,优婆离为二犯律比丘忏悔,维摩诘呵云:无得增此二比丘罪,当直除灭,勿损其心。所以者何?罪性不在内,不在外,不在中间,如佛所说,心垢故众生垢,心净故众生净。心亦不在内,不在外,不在中间,如其心然,罪垢亦然,不出于如如。……又《普贤观经》及《华严·随好品》亦云二种忏,《观经》明昼夜精勤形(应为"礼")佛等,即是事忏;观心无心,从颠倒起,若欲忏悔者,端坐念实相,即是理忏。《随好品》中,等众生界,善身语意业,忏除诸障,即是事忏;观诸业性,非十方末(应为"来")心住于心,从颠倒生,无有住处等,即是理忏。事忏除末,理忏拔根。又事忏除

---

① 《圆觉经道场略本修证仪》,《卍续藏经》第129册,第1页上—下。
② 《圆觉经修证仪》卷二,《卍续藏经》第128册,第739页上—下。

罪，理忏除疑。忏除三障，则兼事理。今当理忏，理忏者，观其性空。①

宗密认为忏悔无明，必须用理忏，因为无明迷理，只要悟理，则灭无明。在《修证仪》中，宗密引用《维摩诘经》中优婆离为二犯律比丘忏悔之事，说明大乘忏悔不同于作法忏，因为理忏的原理在于观罪性空，观罪性不在内、外、中间，而且心也不在内、外、中间，心空故罪亦空，从而达到灭罪的目的。宗密还引用《普贤观经》、《华严经·随好品》，阐明事忏与理忏的意义。

宗密在《修证仪》卷十五对自己的忏悔思想作出总结：

> 恶事违真须永断，善门顺理倍须营。就恶之中复二种，性遮二罪似根茎，遮罪先当作法忏，性愆起行互亏盈。起行之中复有二，事理顺逆各依经，事依方等通诸行，理忏观空入觉城。顺逆二门各有十，以起十逆后翻破，十种顺生罪荣茂，十门逆破罪枯零。②

宗密总结自己的忏悔思想为作法忏、事忏、理忏、顺逆十心，这些忏悔思想都是来自天台忏法。而且，宗密在叙述这些思想时，所用的文句全同于天台智顗的用语，可见宗密是如何"贯智者之遗韵"。但是，宗密始终都是将"忏悔"作为成就观法的助道，并没有真正将忏法纳入其观法体系中。所以，忏法在宗密的修证体系中，并没有像天台忏法那样能够进入观法修证中，这是宗密与天台忏法所不同之处。

宗密将庞大的华严思想，以《圆觉经》为主体，继承澄观等华严思想及实践方法，吸收天台的礼忏、禅观方法，制作成十八卷《修证仪》。他强调事相的重要性，又注意提升理，理事无碍；他强调理论领悟，又重视修行实践，理论与实践并重。这些特征突出了他的圆融特色。

---

① 《圆觉经修证仪》卷四，《卍续藏经》第128册，第764页上—下。
② 《圆觉经修证仪》卷十五，《卍续藏经》第128册，第940页下—941页上。

三、唐代禅宗的忏法

初期禅宗以《楞伽经》作为经典依据,如《续高僧传》卷十六说:"初,达摩禅师以四卷《楞伽》授可曰:我观汉地,惟有此经,仁者依行,自得度世。"①当时,有四卷《楞伽经》的传授,是不容怀疑的事实。《楞伽经》认为世界万有皆由心造,虚妄不实;众生都有如来藏,都有可能达到解脱;同时,《楞伽经》重视内心自悟,反对执著文字。因此,达摩门下曾有"楞伽师"的系统,胡适先生称为"楞伽宗",并且主张渐修是楞伽宗的本义,这一宗本来"法门是渐"。②后来,将达摩禅推向新境界的,是四祖道信,他将《楞伽经》的"诸佛心第一"与《文殊说般若经》的"一行三昧"融合起来,制为《入道安心要方便门》,而成为《楞伽》与《般若》统一了的禅门。所以,在初期禅宗的著作中,在强调般若空的同时,归入不可思议的真性,悟解般若为即空的妙有。

正是在这种思想的指引下,初期禅宗对忏悔的阐释也充分体现了自性清净与般若空的统一。同时,将忏悔归入禅法的方便,便必须处理好忏悔与坐禅观心的关系,以及如何进行忏悔,这些都是初期禅宗必须解决的问题。

达摩禅法的基本要求是"二入四行",这是达摩及其弟子依据般若中观和佛性理论建立起来的大乘禅法,这一禅法大体反映在现存的《二入四行论》之中。初期禅宗忏悔思想便体现在《二入四行论》杂录第二部分,即:

> 又言:与弟子忏悔。答:将你罪来,与汝忏悔。又言:罪无形相可得,知将何物来?答:我与汝忏悔竟,向舍去。意谓有罪须忏悔,既不见罪,不须忏悔。③

---

① 《续高僧传》卷十六,《大正藏》第 50 卷,第 552 页中。
② 胡适:《楞伽宗考》,《胡适文存》第 4 集,合肥:黄山书社,1996 年,第 168 页。
③ [日]铃木大拙将《二入四行论》分为三个部分,共 101 段,此段便是第 83 段,见《禅思想史研究第二》,东京:岩波书店,1987 年,第 158 页;[日]柳田圣山将此文分为 74 段,此段便为第 59 段,见《禅の语录 2·达摩の语录·二入四行论》,东京:筑摩书房,1969 年。

这是运用般若空的理论,既然罪体为空,无形相可得,也就无须要人为自己忏悔。罪障本来无相,本心是本来自性清净,所以自觉罪性空,这是灭罪的真正方法。忏悔本来是强调宗教的反省,归入自己的本心也是理所当然,但是强调罪性空,这是对大乘佛教忏悔观的继承与发展。后来,《宝林传》《祖堂集》中记载慧可与僧璨的问答,与上面的叙述十分相似。

同时,在初唐时期出现的禅宗系伪经《金刚三昧经》中①,将忏悔摄入坐禅觉观中,经中说:

> 善男子! 令诸众生持是经者,心常在定不失本心。若失本心,当即忏悔,忏悔之法是为清凉。阿难言:忏悔先罪不入于过去也? 佛言:如是,犹如暗室,若遇明灯,暗即灭矣。善男子! 无说悔先所有诸罪,而以为说入于过去。阿难言:云何名为忏悔? 佛言:依此经教入真实观,一入观时,诸罪悉灭。②

忏悔过去所有诸罪,但是心不能执著,而是于当下心中依《金刚三昧经》生起真实的观照智慧力量,那么过去诸罪自然消灭。所以,将忏悔摄入觉观中,觉观的当下便是忏悔,而不是有另外的忏悔方法。

1. 北宗的忏悔思想

达摩禅进入南方,而将其推向新境界的,乃是道信。他的忏悔思想在《楞伽师资记》中记载:

> 《普贤观经》云:一切业障海,皆从妄想生;若欲忏悔者,端坐念实相。是名第一忏悔,併除三毒心、攀缘心、觉观心。念佛心心相续,忽然澄寂,更无所缘念。③

---

① 见[日]水野弘元:《菩提达摩の二入四行说と金刚三昧经》,《驹泽大学研究纪要》第13号;[日]柳田圣山:《初期禅宗史书の研究》,禅文化研究所,1967年,第27页。[日]冈部和雄:《禅僧の注抄と疑伪经典》,《讲座敦煌8·敦煌佛典と禅》,第360—362页。
② 《金刚三昧经》,《大正藏》第9卷,第374页中。
③ 《楞伽师资记》,《大正藏》第85卷,第1287页上。

道信把心、佛、实相三者等同起来,认为念心也就是念佛、念实相。既然一切烦恼都是由妄想而生,所以修习禅定应该从断除妄想、杂念上入手。如何断除它们呢?应该反其道而行之,"端坐念实相",去掉一切三毒心、攀缘心、觉观心,对一切事物不分别、不思念,这种无所思念的境界与诸法实相、佛的境界是相应的,这是最好、第一的忏悔。道信主张看心坐禅观法便是彻底、真正的忏悔,这是对智𫖮思想的继承与发展。

所以,从达摩禅传到中国以来,中国禅宗继承了大乘佛教的忏悔观,从般若空的角度来解释忏悔,同时将忏悔摄入禅法方便中来,认为坐禅观心便是真正的忏悔,而不是有别的忏悔方法,这是对天台忏悔思想的继承与发展。

道信与弘忍在长江中流黄梅县的双峰与东山,努力发扬达摩禅,禅门隆盛。但是,禅宗出现慧能与神秀在南北两地分头弘化,于是便有南宗与北宗的名称。北宗以神秀、普寂为代表,继承从达摩以来的强调通过坐禅达到心识转变的禅法,特别直接继承和发展道信的"守一""看心"禅法以及弘忍的"守心"禅法,提出比较系统的以"观心""看净"为主旨的禅法,曾在北方地区盛行一时。

神秀、普寂继承了达摩以来的禅法,同时在忏悔思想上也是一脉相承。P.4646《观心论》中说:

> 又问:三界六趣,广大无边,若唯观心,云何免彼之苦?答曰:三界业报,唯心所生,本若无心,则无三界。三毒者,贪为欲界,嗔为色界,痴为无色界。由此三心,结集诸恶,业报成就,轮回不息,故名三界。又三毒造业轻重,受报不同,分归六处,故名六趣。①

神秀在《观心论》中指出,修禅的根本原理,就是收摄六根,消灭六贼,去除执著,破除烦恼,摆脱无明染心,让众生清净佛性显现出来,从而证得解脱。但是,为什么观心修禅能解脱生死?因为三界六道,生死痛

---

① [日]西口芳男:《敦煌写本七种对照观心论》,《花园大学禅学研究》第74号,1996年,第137页。

苦,都是由于众生不能认识自己内心本具的真如佛性而迷修十善,才会堕落三界六趣。如果能观心修禅,觉知自心本具的真如佛性,使其不受染污而恒常清净,则一切生死痛苦自然远离,三界六道便随之消灭。因此,修行的根本就在于去除有漏染心而保持无漏清净真如佛性。

神秀认为三大阿僧祇劫的修行、三聚净戒、六波罗蜜、烧香、燃灯供佛、六时行道、绕塔、持斋、礼拜等都是有为功德,都是不究竟的,只有反观自心,通过有为事相的修习而悟入无为真如的理性,才是真正的修行。所以,神秀将忏悔归入观心,因为观心便能消灭业障,也是最好的忏悔方法。因此可知,神秀继承了达摩以来关于忏悔的思想,将忏悔摄入禅法的方便中。

在北宗另一部著作《大乘无生方便门》中,先授菩萨戒,后传禅法。授戒的内容为:

> 各各胡跪合掌,当教令发四弘誓愿。
>
> 次请十方诸佛为和尚等。
>
> 次教受三归。
>
> 次问五能。
>
> 次各称己名,忏悔罪言:过去、未来及现在,身口意业十恶罪;我今至心尽忏悔,愿罪除灭永不起。五逆罪障、重罪准前。譬如明珠没浊水中,以珠力故,水即澄清;佛性威德亦复如是,烦恼浊水皆得清净。
>
> 汝等忏悔竟,三业清净,如净瑠璃,内外明彻,堪受净戒。菩萨戒是持心戒,以佛性为戒性,心瞥起即违佛性,是破菩萨戒;护持心不起,即顺佛性。是持菩萨戒三说。
>
> 次各结跏趺坐。①

---

① 《大乘无生方便门》,《大正藏》第85卷,第1273页中。另外,亦可以参考[日]铃木大拙《禅思想史研究第三》,东京:岩波书店,1987年,第167—168页。

北宗主持坐禅的和尚在引导禅僧举行三自归依、忏悔之后,向众僧说他们已经"三业清净",可以受"净戒"了。净戒即菩萨戒,又被称为"佛性戒",即"以佛性为戒性"。戒性即相当于道宣所说的"戒体"。和尚告诉禅僧,要明白大乘戒是以佛性为戒体的,如果不能控制自己的心念,则与佛性相违,就是违犯菩萨戒;相反,如果心不起,即持菩萨戒。同时,在忏悔中,主张佛性威德如明珠能澄清烦恼浊水,所以北宗不但将观心看净与持戒结合起来,而且将观心与忏悔相结合,通过观心显现佛性便是最好的忏悔。

《宗镜录》卷九十八记载,牛头宗的佛窟遗则对忏悔的阐释如下:

> 问:作何观行忏悔,临终免被业牵?
>
> 答:汝须深信诸佛所行所说处,与我今日所行所说处无别,乃至成佛尚不得涅槃相,何况中间罪福妄业可得。此是真实正知正见,真实修行,真实忏悔,但于行住坐卧不失此观,临终自然不失正念。①

遗则继承牛头法融的空无相、无心、无所得的禅法,从般若、三论的空义,论证了离众生与成佛、罪与福等差别相,达到平等无二的境界。般若空观是真实的正知见,在行住坐卧时修般若空观便是真实修行、真实忏悔。

所以,这是将北宗修观即忏悔的思想进一步加以扩展,使忏悔不但归入本心,而且落实到四威仪中实行,所以便没有必要实行另外的礼忏,这是初期禅宗没有形成独立忏法的缘故。

2. 南宗的忏悔思想

达摩禅从般若空来解释忏悔,并且将忏悔摄入禅法方便。到了慧

---

① 《宗镜录》卷九十八,《大正藏》第48卷,第946页上。遗则,《宋高僧传》卷十有传(《大正藏》卷50,768b—c)。遗则从"牛头山慧忠"出家,慧忠死时,遗则只有十七岁。所以,遗则虽然是慧忠的弟子,但是自有领悟。在当时的"南宗学""北宗学""牛头学"以外,被称为"佛窟学",这表示佛窟遗则有自己的新内容。见印顺《中国禅宗史》,南昌:江西人民出版社,1990年,第337—343页。

能,则将这种思想进一步提升,提出了"无相忏悔"或"自性忏"。虽然这一思想与东山法门及受三论宗影响颇深的牛头系统的禅法有着密切关系,但是无相忏悔有它的独特性。无相忏悔是慧能所主张的无相戒的重要内容之一。无相戒又可以称为佛性戒、持心戒,因为佛性是实相无相,心是无相,所以称为无相戒。无相戒有四项内容:归依自三身佛、发四弘誓愿、无相忏悔、三性三归依戒。在《坛经》中,慧能说:

> 善知识,前念后念及今念,念念不被愚迷染,从前恶行,一时自性若除,即是忏悔。前念后念及今念,念念不被愚痴染,除却从前矫诳,杂心永断,名为自性忏。前念后念及今念,念念不被疽疫染,除却从前嫉妒心,自性若除,即是忏。已上三唱。善知识,何名忏悔?忏者,终身不作;悔者,知于前非恶业,恒不离心。诸佛前口说无益,我此法门中永断不作,名为忏悔。①

无相忏悔不必在佛像前"发露忏悔",或念忏悔文,只是"前念后念及今念,念念不被愚迷染",断除一切导致恶行的各种矫诳、嫉妒等"杂心"。

但是,无相忏悔为什么又可以名为"自性忏"?"性"在《坛经》中是重要的术语,如法性、本性、自性;另外一个重要术语便是"心",如本心、自心等,这是具有相同意义的术语。自性本来清净,本来空寂,是超越于现象界的。所以善与恶、净土与地狱、"前非恶业"都是因为"思量"而从自性中化现,一切法的现起都不离自性,一切本来清净,没有什么可取可舍、可以忏悔的。但是,众生迷于自性,所以自性成为生死中的自我(小我);如果从转迷成悟来说,自性就是法身,自性具足三身佛,所以自性中具足忏悔,只要除却矫诳、嫉妒等"杂心"便可以了,所以称为"自性忏悔",这是如来藏思想的充分发挥。因为众生取相著相,障自本性,如云雾障碍明净的虚空,若离相,就顿见性体的本来清净,如云散而虚空明净一样。所以无相不只是离一切相,更是因离相而显性体的清净,"自性"

---

① 杨曾文校写:《敦煌新本六祖坛经》,上海:上海古籍出版社,1993年,第24—25页。

是以无相为体的。所以,自性忏悔又可以称为无相忏悔。

在《敦煌新本六祖坛经》中,慧能将无相忏悔的思想发挥得淋漓尽致,在《无相颂》中进一步阐发这一主旨:

> 大师言:善知识,听吾说《无相颂》,令汝迷者罪灭,亦名《灭罪颂》,颂曰:愚人修福不修道,谓言修福便是道;布施供养福无边,心中三恶元来造。若将修福欲灭罪,后世得福罪元在;若解向心除罪缘,各自性中真忏悔。若悟大乘真忏悔,除邪行正即无罪;学道之人能自观,即与悟人同一类。大师今传此顿教,愿学之人同一体;若欲当来觅本身,三毒恶缘心里洗。努力修道莫悠悠,忽然虚度一世休;若遇大乘顿教法,虔诚合掌至心求。①

罪与福,都是自性中所显现,所以不能以修福来灭罪,而是"向心除罪缘,各自性中真忏悔",自性忏悔的主张充分体现出来。自性忏悔是在佛性与般若学说相结合的基础上而进一步提出的大乘忏悔法,这是《楞伽经》与《金刚经》相结合的产物,而且更偏重于《楞伽经》的如来藏佛性思想。

3. 唐代禅宗忏法实践的形态

南宗与北宗的对立,不仅是师承傍正的争执;"南顿北渐",才是法门对立的实质。南宗强调无念,单刀直入,不假方便,不重视宗教仪式;而北宗则经过种种方便,观察次第方便,才能悟入。所以,南宗的自性忏悔,同样不须方便,因此在南宗的禅者一直没有实践忏悔的记载;而北宗则不同,将忏悔摄入禅法方便,因此便有礼忏的实践。这是由于禅法的不同,而导致两者形态上的差异。

如《全唐文》卷二百六十三《嵩岳寺碑》记载,北宗普寂(651—739)在驻锡嵩山的时候,"后有无量寿殿者,诸师礼忏诵念之场也"。② 神会在批评北宗神秀、普寂的禅法要领时说:"凝心入定,住心看净,起心外照,摄

---

① 杨曾文校写:《敦煌新本六祖坛经》,上海:上海古籍出版社,1993年,第35—36页。
② 董浩、阮元、徐松等:《全唐文》卷二百六十三,第2册,上海:上海古籍出版社,1990年,第1181页。

心内证"①,北宗重视坐禅,在禅定中"观心""摄心""住心看净",同时强调礼忏诵念,也是继承道信"念佛净心"的一般禅门下手方便。

剑南智诜系统的净众寺无相在开法传禅时,必须先礼忏,然后再坐禅,如《圆觉经大疏钞》卷三之下说:

> 虽开宗演说,方便多端,而宗旨所归,在此三句。其传授仪式,略如此国今时官坛授具足戒方便。谓一两月前,先克日牒示,召集僧尼士女,置方等道场礼忏,或三七、五七,然后授法了,皆在夜间,意在绝外屏喧乱也。授法了,便令言下息念坐禅。②

无相禅法的心要,是"无忆无念莫忘"三句。在传授禅法时,先"置方等道场礼忏",时间为三七日或五七日,修方等忏法。

无相的传授仪式,如"官坛授具足戒方便",官坛即方等道场,郝春文先生对敦煌的方等道场进行研究,认为方等道场授戒的过程有:首净入道场、请令公祈愿、请禅律诸寺大德策发、发露、问想、祈光、甄别、过状兼判、受戒。③ 发露即忏悔诸罪,问想即修禅定观想,但是在发露时有发露仪文,如 P.2849《受八戒法》中保存了俗弟子受八戒时的发露仪文,但并没特别指出礼拜哪种忏法。因为方等道场强调周遍包容,根据大乘佛教诸法平等的精神,只要发菩提心,就可纳受戒品,排除了受戒者的根基差别。但是为了保证戒品的清净,发露忏悔则变得十分重要。无相传授禅法时,礼忏是一件事实。

在东山门下的"宣什"宗,宣什在传授禅法时,也是集众传授,而作短期的修习,"其初集众,礼忏等仪式,如金和上门下"。④ 可见,礼忏在净众宗、宣什宗是一种不可缺少的方便。

---

① 杨曾文编校:《神会和尚禅语录》,中华书局,1996年,第29页。
② 《圆觉经大疏钞》卷三之下,《续藏经》第14册,第278页。
③ 郝春文:《唐后期五代宋初敦煌僧尼的社会生活》,中国社会科学出版社,1998年,第25—61页。
④ 《圆觉经大疏钞》卷三之下,《续藏经》第14册,第279页。

普寂、净众宗、宣什宗等的忏法实践,只有简单的记载,但是在敦煌文献中保存了两件北宗的礼忏文——《金刚五礼》《大通和尚七礼文》(或名《秀禅师七礼》),为了解唐代禅宗礼忏的形态提供了第一手的资料。①

四、道宣与律宗的忏法

唐代戒律的发展,是以小乘《四分律》与大乘菩萨戒并轨发展为核心的。从戒律的持犯来说,无论是小乘戒,还是大乘戒,都有其自身的忏悔方法,使其持戒清净。从隋唐时代的律藏流行情况来看,"今诸师盛行多依于《十诵》"②,而且在犯戒者忏悔、服罪、治罪的仪礼本身也不统一。道宣说:"遂古之师,并施悔法,增减隐显,臆课者多,照教无文,捡行违律。"③元照认为"遂古之师"是指"诸家集羯磨者"④,而诸家的羯磨本反映了初期各种仪礼知识的不足,或更改事仪,或立法有出入,或忏法无根据,或行为也与律法相违背。所以,制定适合于罪状的治罚与服罪规则,而且能够合乎弘扬大乘佛教的中国人的心理,则是当务之急。

在《行事钞》中,道宣将忏悔分为理忏、事忏、律忏三种。他说:"今忏悔之法,大略有二:初则理忏,二则事忏。此之二忏通道含俗,若论律忏唯局道众。"⑤理忏与事忏不限出家与在家,而律忏则只局限于出家众。道宣对于三种忏法的对象与意义,都有具体的说明。

关于理忏,道宣在《行事钞》中说:

> 理据智利观彼罪性,由妄覆心便结业,还须识妄本性无生,念念

---

① [日]柳田圣山在研究禅宗文献《传法宝纪》的同时,特别针对抄有《传法宝纪》的 P.3559 号敦煌写本做了详细的札记,认为整件写本带有北宗禅的特色。并且认为抄写在卷末的《姚和上金刚五礼》,则是和神秀《大通和尚七礼文》异曲同工的礼文。见《传法宝纪とその作者——ペリオ三五五九文书をめぐる北宗禅研究资料の札记,その一》,《禅学研究》第 53 号,第 50 页。
② 《四分律删繁补缺行事钞》卷中一,《大正藏》第 40 卷,第 59 页下。
③ 《四分律删繁补缺行事钞》卷中四,《大正藏》第 40 卷,第 96 页上。
④ 《四分律行事钞资持记》卷中四下,《大正藏》第 40 卷,第 349 页中。
⑤ 《四分律删繁补缺行事钞》卷中四,《大正藏》第 40 卷,第 96 页上。

分心业随迷遣。……言理忏者,既在智人,则多方便随所施为,恒观无性,以无性故,妄我无托。事非我生,罪福无生,分见分思,分除分灭,如人醒觉则不眠醉。然理大要不出三种:一者诸法性空无我,此理照心名为小乘;二者诸法本相是空,唯情妄见,此理照用属小菩萨;三者诸法外尘本无,实唯有识,此理深妙,唯意缘知,是大菩萨,佛果证行。故《摄论》云:唯识通四位等。以此三理,任智彊弱,随事观缘,无罪不遣。故《华严》云:一切业障海,皆从妄想生,若欲忏悔者,当求真实相。如此大忏,众罪云消。①

理忏是利根者所修的法,其行仪是基于空观,由诸法是无我,而认为诸法也是空的。这种空理的体悟,道宣从三个方面加以阐述:一、诸法性空无我,二、诸法相空唯情妄见,三、诸法唯识无境。虽然,道宣也吸收当时隋唐佛教界通行的理忏思想,即《普贤观经》的般若罪性空的理论,但是他更从唯识无境的理论来加以阐释,与他跟从慧頵所学的唯识有关,这也是他的理忏思想的特色。

关于事忏,他说:

若论事忏,属彼愚钝。由未见理,我倒常行,妄业翳心,随境缠附,动必起行,行缠三有。为说真观心昏智迷,止得严净道场,称叹虔仰。或因礼拜,或假诵持旋绕,竭诚心缘胜境。则业有轻重,定不定别,或有转报,或有轻受,并如《佛名》、《方等》诸经所明。②

事忏也通出家、在家,但这是"心昏智迷"钝根者所修的法。事忏的行仪正是当时佛教界通行的各种忏法,如佛名忏法、方等忏法等行仪③,只是以"严净道场而称叹、虔仰,或以礼拜,或以诵持,旋绕而竭诚",来修身、

---

① 《四分律删繁补缺行事钞》卷中四,《大正藏》第40卷,第96页中。
② 同上。
③ 关于佛名忏法,见盐入良道《中国佛教に於ける礼忏と佛名经典》,结城教授颂寿纪念《佛教思想史论集》,东京:大藏出版社,1964年,第569—589页。

口、意三业的忏法。

道宣不仅认为理忏与事忏所适应的根机、行仪有区别,而且作用也不同。他说:

> 自心若乐罪时,须修事忏;若乐福时,须修理观。理通深浅,如上所明。若是五众犯罪,则理事两缘。事则顺教,无违唯识;理则达妄,外尘本无。故论云:唯识义不失,亦不无能取所取也。①

道宣认为众生如果造罪,必须修事忏;如果执著福报,必须修理忏。出家五众犯罪,应该理事双修。但是,事忏与理忏都能成就唯识义。当然二者的作用是不同的,理忏能灭罪;而事忏只能伏罪,或者转报,或者轻受。

我们从上面对理忏与事忏的分析,可以看出道宣用唯识来统摄这二种忏法。在理忏中,用唯识无境义来阐明罪性本空;在事忏中,认为事忏顺从圣教,不违唯识。但是,他在著《四分律行事钞》时,所引用的唯识典籍也只有《摄大乘论》五次。② 道宣是于武德九年(626),在崇义寺著《行事钞》的。③ 虽然各种有关道宣的传记记载时间有所不同,但均认为是武德末年、贞观初年。④ 道宣在晚年才参加玄奘的译场,所以他所引用的《摄大乘论》应该是真谛所译的。因此,道宣早年有关的唯识理论应该也是属于真谛的唯识系统。

关于律忏,道宣在《行事钞》中说:"若论律忏,唯局道众,由犯托受生,污本须净,还依初受,次第治之,篇聚立仪,悔法准此。"⑤律忏只限于出家众,是只针对违反戒律的条文而实施的忏悔法,终极目标则是僧伽的久住与遵守戒律的出家道。道宣对律忏的基本立场如下:

---

① 《四分律删繁补缺行事钞》卷中四,《大正藏》第40卷,第96页中。
② [日]川口高风:《四分律行事钞にあらわれた引用典籍の研究——经论部》,《曹洞宗研究员研究生研究纪经》第6号,1976年,第120页。
③ [日]佐藤达玄:《戒律在中国佛教的发展》(上册),嘉义:香光书乡,19997年,第130页。
④ [日]诹访义纯:《〈四分律含注戒本疏行宗记〉にみる道宣の自叙と三种の道宣传——道宣传の再检讨》,《爱知学院大学文学部纪要》第20号,1990年,第57页。
⑤ 《四分律删繁补缺行事钞》卷中四,《大正藏》第40卷,第96页上一下。

>钞者云：佛法东流，行此法者亦少。纵有行悔，则弃小取大，依《佛名》《方等》而忏者，余意所未安，由心怀厌欣，未合大道。①

道宣认为，唐代佛教界施行律忏的人甚少，即使有施行律忏，也以律忏是小乘法为理由将它放弃，而改行佛名忏法、方等忏法；同时，他也认为怀有厌小乘法、欣大乘法的欣厌之心，并不适合于佛道。

律忏施行的具体办法，如《行事钞》中说：

>律中犯忏，必须识知不疑，善宜名种，依聚历别，同篇合忏，异聚别悔。又牒罪入法，随数称之，若忘不知，乃云不忆。……故须照达罪忏明逾水镜，使彼此无私隐，情事有相应，则可为顺教佛子矣。何者以律宗约相，违相心事俱非，不类大乘三报同皆一忏。②

施行律忏时，要确认罪名与罪种，如果是同类则合并忏悔，异类则分别忏悔。将罪名写下来，随罪数称之，如果忘而不知，则说"不记得"。所以，律忏是依具体发生的罪相而实行忏悔，所以与大乘将现报、生报、后报所有罪障一起忏悔的方法，属于不同的类型。

道宣在《行事钞》中所主张的律忏，不依古来所传"五篇七聚"说，而是建立了"六聚"说。他说："忏法乃多，要唯六位。"③这六聚是：

>五篇七聚约义差分，正结罪科止树六法。今依六聚，且释其名：一、波罗夷，二、僧伽婆尸沙，三、偷兰遮，四、波逸提，五、波罗提提舍尼，六、突吉罗。④

道宣的"六聚"说继承释尊律藏的传统，从具体化的护法立场出发，依据四大广律与各部经论，建立"六聚"说的形态。

所以，道宣的三种忏法，在根机、理论、作用等方面都有一定的差异，

---

① 《四分律删繁补缺行事钞》卷中四，《大正藏》第40卷，第99页中。
② 同上书，第101页上。
③ 同上书，第96页中—下。
④ 《四分律删繁补缺行事钞》卷中一，《大正藏》第40卷，第46页下。

土桥秀高先生曾经作出如下的比较①：

　　理忏—利根（道俗）—空观————般若—无境—灭罪—招福
　　事忏—钝根（道俗）—行仪（忏法）——方等—唯识—伏罪—除罪
　　律忏—道众————行忏（羯磨）—律典—现相—伏罪—僧宝久住

应该说，三种忏法的分类并不是道宣的独创，而道宣的特异处在于从唯识无境的角度来统摄理忏与事忏。同时，针对当时佛教界的潮流，极力主张律忏，在忏悔上倾向于部派佛教以来的传统解释。虽然他也吸收唐代佛教界通行的理忏与事忏思想，一方面想适应时代的潮流而作出呼应，努力融合大小乘戒律，实现大小乘一体化；同时，另一方面他又认为大乘忏法有违于律制，具有一种排斥的倾向。这是因为他基于末法的强烈意识，以及护教、正法久住的理念，具有回归印度戒律的愿望。这是道宣作为一名律师，面对戒律中国化以及大小乘戒律的差别所表现出来的矛盾。

五、善导与净土礼赞仪

善导是唐代净土宗的大师，在他的师父道绰死后，在长安进行活跃的教化活动。《续高僧传》中说：

　　近有山僧善导者，周游寰寓，求访道津。行至西河，遇道绰部。惟行念佛弥陀净业。既入京师，广行此化。写《弥陀经》数万卷，士女奉者，其数无量，时在光明寺说法。②

长安是唐代佛教的中心，佛教界在王室及贵族的支持下，建立了许多大寺院，而各种宗派如三论宗、天台宗、华严宗、唯识宗等都在大力弘扬。

---

① [日]土桥秀高：《毗尼と忏悔》，《印度学佛教学研究》第26卷第1号，1979年，第83页。
② 《续高僧传》卷二十七，《大正藏》第50卷，第684页上。

所以，善导在弘扬净土法门过程中，肯定受到长安佛教的强烈影响，同时他也必须树立自己的旗帜与特色。

善导在当时中国佛教界通行的各种法会礼仪的影响与刺激下，将自己的净土信仰通过各种具体方法表现出来，形成完备、庄严的礼赞仪，详细地记载在《法事赞》《往生礼赞》《观念法门》《般舟赞》四部五卷"行仪分"著作中。这些宗教仪式的整备与实践，是当时世界都市长安佛教的体现。但是，善导又根据自己的宗教体验和净土信仰的特色，通过制作庄严隆重的礼赞仪，吸引更多的民众归依净土，将净土法门弘扬光大。

1.《法事赞》的礼赞仪

《法事赞》二卷，是善导的礼赞仪中最完备与最隆重的仪式，上卷是《转经行道愿往生净土法事赞》，下卷是《安乐行道转经愿往生净土法事赞》。"转经"即是诵经或念经，如《入唐求法巡礼行记》中说："若有人到请转经时，亦令人道'上堂念经'。"①"行道"就是指排列成行以绕行礼拜的仪式，这是古代印度的礼法，凡遇尊敬礼拜的情形，则行右绕佛像或塔之礼法。通常右绕一周、三周、七周，乃至百千周。关于《法事赞》的宗旨或性质，日本证空《修业要诀》说：

> 释曰：转经行道者，转赞《阿弥陀经》，即行出离道也。愿往生净土者，净土无二，唯究极乐一土，往生限西方，偏在弥陀本愿。法事赞者，有佛事、法事、僧事，今讲经故云法事矣。赞者，称扬也，以伽陀赞叹佛法僧。法事赞一夜行法，礼赞长日行法，般舟赞一夏九十日行法也。②

证空对《法事赞》的解释，可以归纳四点：一、此行仪为往生弥陀净土的目的而设，二、此行仪的形式主要是转赞《阿弥陀经》，三、此行仪是施用于

---

① [日]圆仁：《入唐求法巡礼行记》卷一，上海：上海古籍出版社，1986年，第21页。
②《修业要诀》，《大正藏》第83卷，第371页上。

一个夜间的行仪,四、此行仪属于"讲经"范围的法事行仪。但是,我们可以明显看出《法事赞》并不是"讲经",是以往生净土为目的而举行的自利、利他法会。在开头就说:"凡欲为自、欲为他立道场者",而且在文中屡屡出现"为今施主某甲等",所以《法事赞》是一种由僧俗共同参加,有时可能专为某一施主,祈求往生净土的法会。

(1) 法事大纲　　法事大纲即是严饰道场,在法会开始时,肯定需要庄严道场。《法事赞》开头说:

> 凡欲为自、欲为他立道场者,先须严饰堂舍,安置尊像、幡、花竟。众等无问多少,尽令洗浴著净衣,入道场听法。若欲召请人及和赞者尽立,大众令坐,使一人先须烧香、散花周匝一遍竟,然后依法作声召请。①

所以,首先必须庄严道场,安置佛像,如阿弥陀佛像、观世音菩萨像或释迦牟尼佛像等,然后以幡、花等供养佛像。《法事赞》是说明修行的法会仪规,所以善导要求参加者必须洗浴,著净衣,入道场。

首先,由维那打钟,下座、大众等进入道场,各自进入自己的位置。如前所说,"使一人先须烧香、散花周匝一遍竟",可见召请仍有一些仪轨,如烧香、散花。由下座带头,跪在佛像前,唱如上的偈赞,并且由散花师散花一周,这样法会才真正开始。

(2) 请护法众　　举行法会时,必须奉请护法神,护持道场。由维那打磬,唱:"奉请四天王,直入道场中;奉请师子王,师子亦难逢;奋迅身毛衣,众魔退散去;回头请法师,直取涅槃城。"②大众在唱偈赞时,高座在中间礼佛三拜,登上座位。

(3) 略请三宝　　高座登上座位后,开始读"序曰",到"寿尽乘台齐临彼国"。因为在《法事赞》中有"众等齐心请高座""大众同心请高座",所

---

① 《转经行道愿往生净土法事赞》卷上,《大正藏》第47卷,第424页下。
② 同上书,第424页上一中。

以召请的赞偈由维那带头唱"般舟三昧乐",左右和赞的大众接着唱"愿往生",如此两边对唱,一直到下座唱"难思议",大众和"乐往生"。在这里奉请了弥陀、观音、势至、西方净土的诸圣众。

(4) 广请三宝　高座读完"敬白"后,便开始和赞。"下座接高赞云",下座指左右的和赞者及大众,继续接着高座所唱的赞。"高接下赞云"则相反,高座接下座的赞而唱。有些段落前面只有"高接下赞云"或"下接高赞云",笔者以为是指这一整段由高座或下座唱;如果在一段之前,有"高接下赞云,下接高赞云",则是指高座唱一句,下座同音也唱这一句。其实,高座唱一段,下座唱一段,然后高座与下座又同时唱一段,声音起伏,并且不会使人觉得劳累。广请三宝,奉请了释迦牟尼佛及十方诸佛、八万四千经藏、诸佛舍利、罗汉、辟支佛、诸菩萨、香花宝树等,其目的"受今施主某甲及众生请,入此道场证明功德"。

(5) 前行道　奉请以后,接着便是行道,行道的方法如下:

> 使一人将花在西南角立,待行道人至,即尽行花与行道众等。即受花竟,不得即散,且待各自标心供养。待行道至佛前,即随意散之。散竟,即过至行花人所,更受花亦如前法,乃至七遍亦如是。若行道讫,即各依本坐处立,待唱梵声尽即坐。①

由散花师立在西南角,将花给行道者,行道者至佛前随意散花,发愿供养总共七遍。

首先,由高座唱"奉请一切香花供养已讫,一切恭敬,道场众等各执香花,如法行道"。其次,高座唱"奉请弥陀世尊入道场"三句,下座和赞"散花乐"。然后,由维那与呗师唱:"道场庄严极清净……即证不退入三宝",高座也下来,高座与大众在赞声中,默默地依照前面方法行道。如果人数众多,偈赞唱一遍,大众行道还没有结束,维那与呗师则必须重唱,一直至行道完毕。若有行道者已经结束,先依自己的位置站立,等唱

---

① 《转经行道愿往生净土法事赞》卷上,《大正藏》第47卷,第427页下。

梵声尽后,才坐下。一起坐下后,"下接梵人声立赞云",高座与下座又开始和赞。

(6) 前忏悔　和赞后,"高座待下座声尽即忏云",由高座转读忏悔文。读完一大段后,下座接高座赞云:"忏悔已,至心归命礼阿弥陀佛。"高座又马上开始读忏悔文。这样,前行法便算结束。

(7) 转读《阿弥陀经》　高座分十七次转读《阿弥陀经》,每一次转读一段经文后,即"高座入文",下座与高座又开始和赞,或是"下接高赞云",或"高接下赞云",或"高接下赞云,下接高赞云",或"下接高赞云,高接下赞云",总共有四种形式。

(8) 忏悔　转读《阿弥陀经》完后,"高座待下座声尽,即为大众,总忏悔云",主要是对十恶进行忏悔。在"忏悔"过程中,下座只是在忏悔每一种罪后和:"忏悔已,至心归命阿弥陀佛",而大部分是由高座口白忏悔文。

(9) 行道　忏悔后,又有一次行道,《法事赞》中说:

> 又诵经唱赞已,高座即令一人行香,与大众行花,次当赞人等向行道处立,又令小者唱礼供养及如法行道。唱已,其散花法用一如上,或三匝或七匝竟,即当佛前立,次唱后赞。[①]

由维那出来行香,同时又开始如前面的散花行道。行道后,由高座与下座,唱和"般舟三昧乐"的赞偈。

(10) 叹佛咒愿　行道唱赞后,维那打磬,大众跪下,唱"敬礼常住三宝"。然后,由高座转读"叹佛咒愿文",为大众及施主祈福发愿,这相当于法会的文疏,如愿文中说:

> 然今清信弟子某甲等尔许多人……故人人同愿共结往生之业,各诵《弥陀经》尔许万遍,念弥陀名尔许万遍。又造某功德等,普皆

[①]《安乐行道转经愿生净土法事赞》卷下,《大正藏》第47卷,第437页上。

周备。故于某月日,庄严院宇,莹饰道场,奉请僧尼,宿宵行道。又以厨皇百味种种甘香,奉佛及以僧徒,同心庆喜。①

从上面的愿文,我们可以看出《法事赞》不一定在寺院举行,如果有施主邀请,可能在施主的家中举行,而法会极其隆重、庄严。

(11) 唱七礼　高座转读愿文后,便下座。由维那独唱七礼文,大众随维那声音礼佛七拜。

(12) 随意　七礼后,大众闭上赞本,由维那独唱"随意文",即是"送经文"。香火收赞本,法会全部结束。

《法事赞》是以转读《阿弥陀经》为主的祈生净土法会,在法会中除转经以外,另有召请、忏悔、行道散花、发愿等行仪。在法会中,高座与维那是最主要的主持人,由高座与大众的轮番交替唱赞,从而使法会显得隆重而又庄严。

《阿弥陀经》是净土三经之一,是净土信仰的重要依据,善导十分重视该经,曾写"数万卷"。1909 年,大谷探险队在吐鲁番发现了善导书写的《阿弥陀经》残卷,可见其写经之多。在敦煌写本中,《阿弥陀经》则有 183 种,其中不乏为七八世纪的写本。所以,《阿弥陀经》在唐代是十分流行的,转读《阿弥陀经》也是理所当然的。

2.《往生礼赞》的礼赞仪

《往生礼赞》全称《往生礼赞偈》,又名《愿往生六时礼赞偈》《劝一切众生愿生西方极乐世界阿弥陀佛国六时礼赞偈》《六时礼赞偈》。

本书由前序、六时礼赞、后序组成。前序分为三部分:第一,安心论,即为至诚心、深心、回向发愿心三心的解释;第二,起行论,即善导依据世亲《往生论》而独自展开的五念起行论;第三,作业论,即恭敬、无余、无间、长时四修法。依安心、起行、作业体系,来说明净土修行人的实践方法,这是关于实践的指导理论。同时,前序对念佛作了进一步的说明,详

---

① 《安乐行道转经愿生净土法事赞》卷下,《大正藏》第 47 卷,第 437 页下。

细阐明了《文殊般若经》所说的专称名号、一行三昧、念佛三昧的意义,解释了称名易行、本愿念佛、专杂二修得失等问题。后序,则是结劝胜益,列举了相当于《观念法门》所说的见佛、灭罪、护念、摄生、证生的五种增上缘,并且明确解释了第十八愿。所以,前序首先从理论上对修行作出一定的指导,并且说明了修行的有关重要问题;而后序则说明了修行的利益。

《往生礼赞》最重要的部分应该是六时礼赞,即在日没、初夜、中夜、后夜、晨朝、日中六时进行礼拜、赞叹。《往生礼赞》是一种日常性行仪,在每天的六时施行。善导制作《往生礼赞》的意图在于:"谨依《大经》及龙树、天亲、此土沙门等所造往生礼赞,集在一处,分作六时。唯欲相续系心,助成往益,亦愿晓悟未闻,远沾遐代耳。"①

善导为了能教化一切众生往生净土,所以把印度、中国有关往生礼赞的行仪编在一起,而成为现行《往生礼赞》。

六时礼赞突出了礼拜与赞叹,同时将忏悔贯穿于其中,于六时中唱忏悔、发愿、赞叹等文,而且每一时中各有一定的礼拜数目。六时与偈赞、礼拜配置情况,列成表格如下:

时间	依 据	礼拜数目
日没	《无量寿经》十二光名	十九
初夜	《无量寿经》要文	二十四
中夜	龙树菩萨《愿往生礼赞偈》	十六
后夜	天亲菩萨《愿往生礼赞偈》	二十
晨朝	彦琮法师《愿往生礼赞偈》	二十一
午时	善导《愿往生礼赞偈》	二十

《往生礼赞》体现了理论与实践的完美结合,前序说明了修行的基本原理,六时礼赞叙述了实践的具体仪轨,后序则阐述修行的利益,所以

---

① 《往生礼赞偈》,《大正藏》第47卷,第438页上。

《往生礼赞》是一本很好的修行指导书。

《往生礼赞》又名《六时礼赞》,在昼夜六时实行礼拜、赞叹、忏悔的实践。同时,六时礼赞的仪轨次第都一样,只是礼拜的次数与偈赞的内容有所不同,所以其仪轨在《日没礼赞》已经有详细说明,因此在后五时礼赞中只是说"忏悔同前后"。

3.《观念法门》的礼赞仪

《观念法门》全称《观念阿弥陀佛相海三昧功德法门》,其中有《依经明五种增上缘义》一卷,因为其内容与《观念法门》不相关联,依历来研究者的意见,应该独立成书。《观念法门》虽然在文首提示有四部分,即"依《观经》明观佛三昧法一、依《般舟经》明念佛三昧法二、依经明入道场念佛三昧法三、依经明道场内忏悔发愿法四",但是"依《般舟经》明念佛三昧法"与"依经明入道场忏悔发愿法",善导只是引用《般舟经》与《观佛三昧海经》的经文,并没有加以阐释。所以,《观念法门》实际上只涉及两种行仪——观佛三昧行仪与念佛三昧行仪,另外,在文末附带说明了"看病人法"。

观佛三昧行仪在一切时间与地点都可以修行,所以是一种日常性的行仪。观佛三昧行仪的具体修行方法是:

> 行者若欲坐,先须结跏趺坐,左足安右髀,上与外齐;右足安左髀,上与外齐;右手安左手掌中,二大指面相合。次端身正坐,合口闭眼,似开不开,似合不合,即以心眼先从佛顶上螺髻观之。①

行者必须结跏趺坐,端坐观想,按照《观佛三昧海经》与《观经》中的前十三观,观想佛的三十二相、八十随形好及花座等。并且,善导强调观想某种相好时,便具有一定的灭罪功德。

善导在观佛三昧行仪的最后,强调诵经、称名、礼赞等:

---

① 《观念阿弥陀佛相海三昧功德法门》,《大正藏》第47卷,第22页下。

> 又白行者,欲生净土,唯须持戒、念佛、诵《弥陀经》,日别十五遍,二年得一万;日别三十遍,一年一万。日别念一万遍佛,亦须依时礼赞净土庄严事,大须精进或得三万、六万、十万者,皆是上品上生人,自余功德尽回往生,应知。①

因为观佛不易,所以善导认为称名、诵经达到一定的数量,便可以往生净土,达到与观佛三昧异曲同工之妙,从而回归到他的凡夫本位。

念佛三昧行仪所依经典为《般舟三昧经》,虽然善导的念佛三昧是从《般舟三昧经》中演变出来的,但是特别强调称名念佛,这与《般舟三昧经》有着根本的不同。《观念法门》对念佛三昧行仪的阐述十分详细,如下:

> 欲入三昧道场时,一依佛教方法,先须料理道场,安置尊像,香汤扫洒。若无佛堂,有净房亦得,扫洒如法,取一佛像西壁安置。行者等从月一日至八日,或从八日至十五日,或从十五日至二十三日,或从二十三日至三十日,月别四时佳,行者等自量家业轻重,于此时中入净行道。②

念佛三昧行仪是非日常性的行仪,要求于三昧道场或清净房间中举行,并且必须庄严道场;而且在时间上要求于一个月的某七日中举行。所以,在修行上突出于某一特定时空下,集中精神,一心精进修行。

在道场内的具体修行方法,则十分简单,唯专心持名念佛:

> 若一日乃至七日,尽须净衣,鞋袜亦须新净。七日之中,皆须一食长斋,软饼粗饭,随时酱菜,俭素节量。于道场中,昼夜束心相续,专心念阿弥陀佛,心与声相续,唯坐唯立,七日之间不得睡眠,亦不须依时礼佛、诵经,数珠亦不须捉,但知合掌念佛,念念作见佛想。

---

① 《观念阿弥陀佛相海三昧功德法门》,《大正藏》第47卷,第23页中。
② 同上书,第24页上、中。

> 佛言：想念阿弥陀佛真金色身，光明彻照，端正无比，在心眼前。正念佛时，若立即立念一万、二万，若坐即坐念一万、二万，于道场内不得交头窃语。①

在道场内，着新净衣，表示修行的虔诚与恭敬。同时，饮食方面尽量减少，日中一食，并且十分清淡，清心寡欲，以便能集中心力修行。在道场内，不必礼佛、诵经，只要专心合掌持名念佛；但是在念佛时，应当与观佛相结合，令心与声音能够相续。

《法事赞》《往生礼赞》《观念法门》《般舟赞》是善导"行仪分"的著作，善导受到当时各种法会仪轨的影响，为了实践自己的净土信仰而制作的礼赞仪。

六、隋唐的药师道场与药师礼忏仪

随着药师信仰的兴盛，唐代以来形成专门修习药师法门的法会，称为"药师道场"。在"药师道场"中，自然就有专门的行仪。

"药师道场"是"续命法"实践的具体化与固定化，尤其是义净《药师琉璃光七佛本愿功德经》的翻译，无疑大大地促进了药师信仰的密教化，同时唐代密教的兴盛无疑推动了"药师道场"的产生。传为一行所撰的《药师琉璃光如来消灾除难念诵仪轨》说：

> 须请七僧，建置道场，造本尊像，写《药师经》，六时行道，燃七层灯，造五色幡四十九尺，日转经四十九遍，放水陆生命四十九头。时花果子殷勤供养，咒五色线发愿。又以印挂于线上，更咒四十九遍，结四十九结。②

这与《药师经》"续命法"相比，增加了在五色线上打结、咒印等。

"药师道场"的修建，可能是在唐中期以后，《宋高僧传·元皎传》记

---

① 《观念阿弥陀佛相海三昧功德法门》，《大正藏》第47卷，第24页中。
② 《药师琉璃光如来消灾除难念诵仪轨》，《大正藏》第19卷，第22页中。

载,至德二年(757),唐肃宗敕元皎于凤翔开元寺置"御药师道场","择三七僧,六时行道,燃灯歌呗,赞念持经",而且感得李树有四十九茎的瑞应,受到唐肃宗的表贺。① 可见,唐代的"药师道场"分为民间与皇室两种。皇室的"药师道场"由皇帝出资,邀请高僧诵经,则称为"御药师道场"。民间的"药师道场"则由寺院聚集善男信女共同修习,因为"药师道场"的坛场布置,如四十九灯、五色幡、放生、供果等,需要大量的资金,所以必须先筹集资金。宋代吴自牧所撰《梦粱录》记载:

> 太平兴国传法寺向者建净业会,每月十七日集善男信人,十八日集善女信人,入寺诵经,设斋听法,年终以所收赀金,建药师道场七昼夜,以终其会。今废之久矣。②

宋代太平兴国年间(976—984),杭州传法寺修建"净业会",吸收善男信女到寺院诵经、听法、设斋,年终将所收的供养金,修建"药师道场",共七天七夜,作为"净业会"一年以来最后的法会。

"药师道场"的修建,不仅在江南地区,而且远及云南③、敦煌地区,都有记载。在敦煌遗书中,收藏有《药师道场坛法》《药师道场文》等文献,对我们了解唐宋时期的"药师道场",提供了弥足珍贵的资料。

敦煌遗书北大D180分为两部分,一、《寅朝礼忏文》,二、《药师道场坛法》。《药师道场坛法》则具体描述了"药师道场"的布置以及修习的方法:

> 药师道场坛法
> 坛与寻常观音道场坛一般,坛上莲花留(?)七只,香炉五枚;圣僧座五,铺子、幡子五口。中心置药师像,领座衣一件,钱四百九十,米四十九升,当坛像前置七层灯轮,燃四十九盏无明昼夜灯,须不

---

① 《宋高僧传》卷二十四《元皎传》,《大正藏》第50卷,第864页中。
② 《梦粱录》卷十九,四库全书本。
③ 《御定渊鉴类函》卷三十四:"滇南大理府,有放光谷,云是药师道场,四面放佛光"。四库全书本。

绝。其灯葵油,于□点。用五色幡一口,长四十九尺,结线放生。逐日转《药师经》一七遍,每时行道四十九匝,念药师琉璃光佛,每人各四口,余者和声礼偈子,十二拜。若能依法,无引不从。黄昏寅朝礼三宝,余四时礼七佛。①

可以看出,敦煌地区"药师道场"的坛场布置,与"观音道场"相同,坛场中心最高位置是药师佛像,佛像前放置七层灯轮,点燃四十九盏灯,昼夜不停息,而且灯油必须是葵花油;然后放领座衣一件,四百九十片钱,大米四十九升。坛场的第二阶五个圣僧座,五口铺子、幡子。四十九尺的五色幡,可能悬挂在坛场的庭院中。第二,在坛场内,修建"药师道场"七日,每日转读《药师经》七遍,依六时行道,但是无法确定转经是否与行道结合起来。六时即晨朝、日中、日没(以上为昼三时)、初夜、中夜、后夜,其中晨朝即寅朝,日没即黄昏。第三,六时行道,方法:每时行道四十九匝,念药师琉璃光如来圣号,圣僧每人各四声,其余人和声,然后礼拜三宝或七佛。

《药师道场坛法》叙述了"药师道场"的坛场布置,但是对修习的行仪只提及转经、行道、礼拜等,缺乏具体的行仪内容。B.8719V《药师道场文》则详细论述了修习"药师道场"的行仪,后部残缺的部分可依北大D180补齐。在李小荣的校本基础上,校录如下:

《药师道场(文)》

身光照耀苦众生,三十二相证佛身;速疾成就如斯愿,斯愿救众生。敬礼药师琉璃光佛!

出牢困厄苦众生,净除罗②网证佛身,速疾成就如斯愿。云云

邪心颠倒苦众生,皆成正觉证佛身。云云

---

① 北京大学图书馆、上海古籍出版社编:《北京大学藏敦煌文献》第2册,上海:上海古籍出版社,1995年,第194页下—195页上。
② "罗",李小荣校为"罥"。李小荣:《敦煌密教文献论稿》,北京:人民文学出版社,2003年,第193页。

盲聋喑哑苦众生,皆成具生证佛身。云云

困毒热恼①苦众生,咸蒙甘露证佛身。云云

已成男相苦众生,皆成相好证佛身。云云

诸魔外道苦众生,舍邪归正证佛身。云云

系闭枷锁苦众生,兹令离苦证佛身。云云

饥渴忧恼苦众生,饮食充满证佛身。云云

寒风裸露苦众生,珍宝具足证佛身。(云云)

戒律□犯苦众生,还令清净证佛身。(云云)

生淫妄语苦众生,皆令智慧②证佛身。(云云)

一行一愿正其道,弟子常将不退心,十二行愿救众生,一一遥登无畏岸。

头顶礼足七七满,行道四十九亦圆,愿回圆满救群生,遍沾六道尘沙界。

唯愿蠢动诸含识,闻此立刻悟(无)生。是故众等各虔心礼敬琉璃光佛!

一齐道:

至心忭念!

我等自从无量劫,久处轮回五浊中,尘沙业障被系缠,有幸得逢微妙法。

过去无明宿冤对,六时行道灭灾殃,七层灯焰照如来,结线放生求解脱。

神幡五色随风转,徘徊刹上已③高悬,唯引药师降道场,圣④

(黄昏礼忏⑤)

---

① "恼",原为"脑",今改。
② "智慧",原二字不易辨识,今依《药师琉璃光如来本愿功德经》校改。
③ "已",原为"以",今改,下同。
④ "圣"以下缺六字。
⑤ 以下内容与敦煌礼忏文《黄昏礼忏》相同。

南无清净法身毗卢遮那佛!

南无圆满报①身卢舍那佛!

南无千百亿化身同名释迦牟尼佛!

南无东方阿閦佛!

南无东南方那罗延佛!

南无南方普满佛!

南无西南方持地佛!

南无西方无量寿佛!

南无西北方月光面②佛!

南无北方难胜佛!

南无东北方寂诸根佛!

南无上方虚空藏佛!

南无下方实行佛!

南无东方十二上愿药师琉璃光佛!

南无西方四十八愿阿弥陀佛!

南无当来下生弥勒尊佛!

南无东方解脱主③世界,彼世界有佛号虚空功德,清净微尘,等目端正,功德相光明,华波头摩、琉璃光、宝体香、最上香供养讫,种种庄严,顶髻无量无边日月光明,愿力庄严,变④化庄严,法界出生,无障碍王如来!

南无毫相日月光明⑤焰宝莲华,固如金刚身,毗卢遮那,无障碍眼圆满,十方放光普照一切佛刹相王如来!

---

① "报",原为"宝",今改。
② "面",原为"明",依《佛说佛名经》卷一"南无西北方月光面佛"(《大正藏》第14卷,第185页中)改。
③ "主",原为"诸",今依《五千五百佛名神咒除障灭罪经》卷一(《大正藏》第14卷,第318页上)改。
④ "变",原为"遍",上同。
⑤ "光明"后原有"华",今依《五千五百佛名神咒除障灭罪经》卷一(《大正藏》第14卷,第318页中)改。

南无过现未来尽十方(虚)空界一切诸佛！

普为上界诸天龙梵八部、帝主民生、累劫师僧、所生父母、道场施主及法界众生，并愿断除诸障，归命礼忏念！

至心忏念：一切业障海，皆从妄想①生，若欲忏念者，端坐观实相。众罪如霜露，慧日能消除。是故应至心勤忏六根罪。忏念已，归命礼三宝。

至心发愿：愿众等生生值诸佛，世世恒闻解脱因，弘誓平等度众生，毕竟速成无上道。发愿已，归命礼三宝。

众罪皆忏念，诸佛尽随喜，礼佛及功德，愿成无上道。去来现在佛，于诸众生最胜，无量功德海，归依合掌礼。

寅朝礼忏：

敬礼②毗卢遮那佛！

敬礼卢舍那佛！

敬礼释迦牟尼佛！

敬礼当来下生③弥勒尊佛！

敬礼东方一切诸佛！

敬礼南方一切诸佛！

敬礼西方一切诸佛！

敬礼北方一切诸佛！

敬礼上方一切诸佛！

敬礼下方一切诸佛！

敬礼过现未来一切诸佛！

敬礼舍利形像无量宝塔！

敬礼十二部尊经甚深法藏！

---

① "想"，原为"相"，今改。
② "敬礼"，原为"礼敬"，今改。
③ "下生"，原被涂去，依 P.3038、P.2692《寅朝礼忏》补。

敬礼诸尊菩萨摩诃萨众！

敬礼声闻缘觉一切贤圣僧！

为二十八天释梵王等，敬礼常住三宝！

为诸龙神等，风雨顺时，敬礼常住三宝！

为皇帝圣化无穷，敬礼常住三宝！

为太子诸王，福延万叶，敬礼常住三宝！

为道场施主，六度圆满，敬礼常住三宝！①

（下依北大 D180 补）

为师僧父母 及 善知识②，敬礼常住三宝！

为边方无事，永息干戈，敬礼 常住三宝！（后残）

为四威仪中误伤含识，敬礼常住三宝！

为三途八难，受苦众生，愿皆解脱，归命礼忏念。

至心忏念：普忏六根三业罪，愿令除灭不复生。劝请十方诸如来，留身久住济含识。

随喜称赞诸善根，回向菩提证常乐。愿诸众生入佛慧，生灭永寂证无余。

忏念、劝请、随喜、回向、发愿已，至心归命礼三宝！

白众等听说，寅朝清净偈：欲求寂灭乐，当学沙门法，衣食支身命，精粗随众等。③

诸众等，今日寅朝清净，各记六念。四礼

奉报四恩，散周法界。和南一切贤圣！

南无舍利形像此界他方无量宝塔！

南无十二尊经大藏十轮！

---

① 《敦煌宝藏》第 111 册，台北：新文丰出版公司，1981 年，第 289 页下—291 页上。
② 依 P. 3038 补。
③ "随众等"，依 P. 3038 补。

南无诸尊菩萨摩诃萨！

南无声闻缘觉一切贤圣僧！

普为四恩三有道场施主及法界众生（后残）

该文书分为两部分，第一部分为《药师道场文》，另一部分为《寅朝礼忏》。但是，《寅朝礼忏》部分残缺，可依北大 D180 和 P.3038 补出。从文书的抄写来说，李小荣认为，第 48 行中的"民"字缺末笔，当是避唐太宗李世民之讳，可第 55 行中的两个"世"字又未避讳，所以抄出的年代在唐太宗时或稍后。① 《药师道场文》出现两个很长的佛名，"南无东方解脱主世界……无障碍王如来""南无毫相……相王如来"，出自隋阇那崛多译《佛说十二佛名神呪校量功德除障灭罪经》《五千五百佛名神呪除障灭罪经》卷一②，智昇《集诸经礼忏仪》卷上③亦有此两佛名，这是敦煌礼忏文《七阶礼》出现最多的两佛名。可见，B.8719V《药师道场文》受到《七阶礼》的影响。

依北大 D180《药师道场坛法》的要求，B.8719V《药师道场文》的内容结构分为三个部分：

（1）药师道场启请文　首先，依《药师经》的十二大愿以及后面的赞叹功德写成，总共十二拜。依每一拜的结构来说，主法者唱"身光照耀苦众生，三十二相证佛身，速疾成就如斯愿，敬礼药师琉璃光佛"等四句，其余人和声"敬礼药师琉璃光佛"，所以第二句开始以"云云"代表省略"速疾成就如斯愿，敬礼药师琉璃光佛"。这样，每一拜都是四句，由主法者引唱，其余人再和声"敬礼药师琉璃光佛"，最后一起拜下去。每首偈颂结构相同，声韵铿锵，便于引唱。"药师道场启请文"的运用，依北大 D180《药师道场坛法》："逐日转《药师经》一七遍，每时行道四十九匝，念

---

① 李小荣：《敦煌密教文献论稿》，人民文学出版社，2003 年，第 195 页。
② 《佛说十二佛名神呪校量功德除障灭罪经》，《大正藏》第 21 卷，第 860 页下—861 页上；《五千五百佛名神呪除障灭罪经》卷一，《大正藏》第 14 卷，第 318 页上—中。
③ 《集诸经礼忏仪》卷上，《大正藏》第 47 卷，第 456 页下—457 页上。

药师琉璃光佛,每人各四口,余者和声礼偈子,十二拜",所以可能是在诵经、行道后,归位礼拜之用。

其次,最后第十三拜,"一行一愿正其道"至"是故众等各虔心礼敬琉璃光佛",具有回向发愿的作用,赞叹药师如来十二大愿的功德,将礼拜四十九拜、行道四十九周的功德回向给所有众生,愿所有众生悟入无生。

最后,"我等自从无量劫"至"唯引药师降道场,圣",具有忏悔启请的作用。忏悔自己业障深重,只能依六时行道忏悔,以燃灯、结线、放生、悬幡等"续命法",启请药师佛降临道场,才能得到最后的解脱。

北大 D180《药师道场坛法》规定:"黄昏寅朝礼 三宝,余四时礼七佛",所以 B.8719V《药师道场文》在"药师道场启请文"后面,又附有《黄昏礼忏文》与《寅朝礼忏文》,用于黄昏、寅朝时。其余四时只需要礼拜七佛,即可。

(2)《黄昏礼忏文》 从"南无清净法身毗卢遮那佛"至"无量功德海,归依合掌礼",属于《黄昏礼忏文》,即是黄昏时,在"药师道场启请文"后面,接着礼拜三宝。依我国台湾学者汪娟的研究,《黄昏礼忏文》分为三类:甲乙两类皆以礼拜七阶佛为主,但依五悔等不同,别为两类;丙类则以礼拜十方佛为主。甲类抄卷有 S.5490、S.4293、S.5620、P.2991;乙类有 B.8313;丙类有 P.2692、B.8332。① B.8719V、P.3038 中都含有《黄昏礼忏文》,属于丙类抄本,以礼拜十方佛为主。

B.8719V 的《黄昏礼忏文》结构如下:礼拜诸佛、普礼、五悔法,后面或许有"说黄昏无常偈"②、三皈依等,但是敦煌也有许多礼忏文只至"五悔法"为止,所以是正常情况。

---

① 汪娟:《敦煌礼忏文研究》,台北:法鼓文化事业股份有限公司,1998年,第 164 页。
② 如中村不折氏藏敦煌本《礼忏文》:"白众等所说黄昏无常偈:西方日已暮,尘劳有微尘,老病死时至,相看不久居。念念催年足,犹如少水鱼,劝诸行道众,勤学至无畏。"《大正藏》第 85 卷,第 1303 页下。

（3）《寅朝礼忏文》 在 B.8719V《药师道场文》的第 59 行末尾有"寅朝礼忏"四个小字，表明自此以下的文字属于《寅朝礼忏文》。而且，依北大 D180 与 P.3038 中《寅朝礼忏文》可以补足残缺文字。这样，B.8719V《寅朝礼忏文》的内容结构：敬礼三宝、普礼、五悔、说寅朝清净偈、六念、回向。

所以，敦煌地区的"药师道场"礼忏仪，在继承《药师经》"续命法"的基础上，重视坛场的布置，吸收当时流行的《七阶礼》等礼忏仪，从而形成了富有特色的药师礼忏仪。综合北大 D180《药师道场坛法》与 B.8719V《药师道场文》，除了常见的五悔外，还有礼拜、皈依、供养、观实相、称念佛名等忏仪，由此可见唐宋时期"药师道场"的原貌。

从思想上说，《药师经》重视现世安乐、消灾延寿；而 B.8719V《药师道场文》不但体现《药师经》的精神，更体现了时代、社会的特点，如为"皇帝圣化无穷""太子诸王，福延万叶""边方无事，永息干戈"祈福。其次，《药师经》重视信仰的层面，而《药师道场文》则体现中国大乘佛教忏仪的特点，体证罪性本空，观诸法实相，以"无生忏悔"、罪性本空、事忏与理忏并重为核心①。所以，《药师道场文》体现了药师信仰的中国化，同时表现了药师信仰深入中国社会的形态变化。

七、弥勒信仰与弥勒礼忏仪

唐贞观年间，由于玄奘（602—664）弘扬弥勒信仰，使弥勒信仰在唐初兴盛一时。② 如《大唐故三藏玄奘法师行状》说：

> 法师从少以来，常愿生弥勒佛所，及游西方。又闻无著菩萨兄弟，亦愿生睹史多天宫，奉事弥勒，并得如愿，俱有证验，益增克励。

---

① 中国佛教忏法的理念，见拙著《中国佛教忏法研究》，北京：宗教文化出版社，2004 年，第 395—403 页。
② 有关玄奘法师的弥勒信仰，请参考汪娟：《唐代弥勒信仰与佛教诸宗派的关系》，《中华佛学学报》第 5 期，1992 年，第 192—231 页。

> 自至玉花,每因翻译,及礼忏之际,恒发愿上生睹史多天,见弥勒佛。除翻经以外,若昼若夜,心心相续,无暂休废。从翻《大般若》讫后,即不复翻译,唯行道礼忏。①

玄奘的弥勒信仰主要基于自身的信仰与学统,而且他在西行求法过程中得到多次的感应,更加坚固了他的信仰。

《大慈恩寺三藏法师传》卷十对他临终的情形进行了详细的描述:

> 因从寺众及翻经大德并门徒等,乞欢喜辞别云:玄奘此毒身,深可厌患,所作事毕,无宜久住。愿以所修福慧回施有情,共诸有情同生睹史多天弥勒内眷属中,奉事慈尊;佛下生时,亦愿随下广作佛事,乃至无上菩提……复口说偈教傍人云:南无弥勒如来应正等觉,愿与含识速奉慈颜;南无弥勒如来所居内众,愿舍命已,必生其中。②

玄奘的信仰不仅以上升兜率内院为终极目的,而且还要随同弥勒下生广作佛事,这正是大乘菩萨积极入世的精神。因此,玄奘"法师一生已来常作弥勒业"③,根据文献的记载,玄奘的"弥勒业"有译经、礼忏、发愿、造塔、造像、洗浴众僧、给施贫人、功德回向等。④

最引人注意的是,他除了说偈教人念诵外,并译有《赞弥勒四礼文》,保存在《法苑珠林》卷十六中,全文如下:

> 赞弥勒四礼文,玄奘法师依经翻出
> 至心归命当来弥勒佛
> 诸佛同证无为体,真如理实本无缘,为诱诸天现兜率,其犹幻士出众形。
> 元无人马迷将有,达者知幻未曾然,佛身本净皆如是,愚夫不了

---

① 《大唐故三藏玄奘法师行状》,《大正藏》第50卷,第219页上。
② 《大慈恩寺三藏法师传》卷十,《大正藏》第50卷,第277页上。
③ 《诸经要集》卷一,《大正藏》第54卷,第7页上。
④ 汪娟:《唐代弥勒信仰与佛教诸宗派的关系》,《中华佛学学报》第5期,1992年,第196页。

谓同凡。

知佛无来见真佛,于兹必得永长欢,故我顶礼弥勒佛,唯愿慈尊度有情。

愿共诸众生上生兜率天奉见弥勒佛

至心归命礼当来弥勒佛

佛有难思自在力,能以多刹内尘中,况今现处兜率殿,师子床上结跏坐。

身如檀金更无比,相好宝色曜光晖,神通菩萨皆无量,助佛扬化救含灵。

众生但能至心礼,无始罪业定不生,故我顶礼弥勒佛,唯愿慈尊度有情。

愿共诸众生上生兜率天奉见弥勒佛

至心归命当来弥勒佛

慈尊宝冠多化佛,其量超过数百千,此土他方菩萨会,广现神变宝窗中。

佛身白毫光八万,常说不退法轮因,众生但能修福业,屈伸臂顷值慈尊。

河沙诸佛由斯现,况我本师释迦文,故我顶礼弥勒佛,唯愿慈尊度有情。

愿共诸众生上生兜率天奉见弥勒佛

至心归命礼当来弥勒佛

诸佛常居清净刹,受用报体量无穷,凡夫肉眼未曾识,为现千尺一金躯。

众生视之无厌足,令知业果现阎浮,但能听经勤诵法,逍遥定往兜率宫。

三途于兹必永绝,将来同证一法身,故我顶礼弥勒佛,唯愿慈尊度有情。

愿共诸众生上生兜率天奉见弥勒佛①

根据以上的内容,我们推测玄奘依《佛说观弥勒菩萨上生兜率天经》而译成偈文,如第一礼的内容,其实应该是经中所说:"世尊往昔于毗尼中及诸经藏说阿逸多次当作佛,此阿逸多具凡夫身未断诸漏,此人命终当生何处?其人今者虽复出家,不修禅定,不断烦恼,佛记此人成佛无疑。"②

《赞弥勒四礼文》将礼拜与赞叹结合起来,而且每一礼的前面都是"至心归命礼当来弥勒佛",最后是"愿共诸众生上生兜率天奉见弥勒佛",总共四礼。《赞弥勒四礼文》的形式,使我们想起了善导《往生礼赞偈》的形式,每一礼的前面是"南无至心归命西方阿弥陀佛",最后是"愿共诸众生,往生安乐国",根据敦煌《往生礼赞偈》的写本,广川尧敏先生认为善导撰述时,各偈头没有"南无"是没有,这是在智昇以后付加的,智昇《集诸经礼忏仪》所收的《往生礼赞偈》各偈头便没有"南无"。③ 所以,我们想,善导在长安撰写《往生礼赞》时模仿了《赞弥勒四礼文》的形式,从而为《往生礼赞偈》的成立提供了新的证据。

唐、五代时期的弥勒礼忏仪制作由于资料的限制,一直难以有真正的了解。但是,由于敦煌遗书的发现,在敦煌写本中,保存有三件《上生礼》的写本:S. 5433、S. 4451、P. 3840。④《上生礼》的仪轨次序大致可以分为:请佛、叹佛、礼慈氏、志心忏悔、志心发愿、念慈氏、处世界梵、回向、三归依、慈氏上生偈、诸行无常偈、如来涅槃偈等项,其中并插入七个禁咒。《上生礼》与《七阶礼忏文》的组织、结构完全一致,只是按照弥勒教法而改写忏文,如把敬礼七阶诸佛改为"礼弥勒","六时无常偈"改为"慈

---

① 《法苑珠林》卷十六,《大正藏》第53卷,第403页下—404页上。
② 《佛说观弥勒菩萨上生兜率天经》,《大正藏》第14卷,第418页下。
③ [日]广川尧敏:《礼赞》,[日]牧田谛亮、福井文雅编《讲座敦煌·7·敦煌と中国佛教》,东京:大东出版社,1984年,第445页。
④ 汪娟:《敦煌礼忏文研究》,台北:法鼓文化事业股份有限公司,1998年,第235—288页。

氏上生偈"。① 所以,《上生礼》的制作是按照当时佛教界通行的忏仪而形成的。而且在《上生礼》中,"礼慈氏"中有和声"愿共诸众生,往生弥勒国",念慈氏菩萨也是四会,所以整个形式与《赞弥勒四礼文》有很大的相似之处。

《上生礼》主要是根据《上生经》中揭示的修持方法,构成了一套求生兜率内院的礼忏仪式,但是偈文歌赞中也包括了信众对《下生经》中所说的龙华三会、弥勒授记的愿望。因此,《上生礼》和《上生经》《下生经》②都有着密切的关系。

《上生礼》的成立在第八世纪中叶之后,大约流行于九十世纪。《上生礼》应该是民间结上生会时所用的一种忏仪,和宋、齐的龙华会有无关联,目前仍不得而知。据《佛祖统纪》所说,白居易曾"劝一百四十八人结上生会,行念慈氏名,愿当来世必生兜率"。③ 另外,白居易曾经作《画弥勒上生帧赞并序》与《画弥勒上生帧记》④,在《画弥勒上生帧赞并序》中说:

> 南赡部州,大唐国东都长寿寺大苾刍道嵩、存一、惠恭等六十人,与优婆塞士良、惟俭等八十一人,以太和八年(834)夏受八戒、修十善、设法供、舍净财,画兜率陀天宫弥勒菩萨上生内众一铺,眷属

---

① [日]广川尧敏:《敦煌出土七阶佛名经について——三阶教と净土教との交涉》,《宗教研究》第251号,1982年,第95页。
② 《下生经》一般指竺法护译《佛说弥勒下生经》、失名译《佛说弥勒来时经》、鸠摩罗什译《佛说弥勒下生成佛经》、《佛说弥勒大成佛经》、义净译《佛说弥勒下生成佛经》等五部经典。
③ 《佛祖统纪》第28卷,《大正藏》第49卷,第282页中。
④ 《画弥勒上生帧记》说:"南赡部州,大唐国东都香山寺居士,太原人白乐天。年老病风。因身有苦,遍念一切恶趣众生,愿同我身,离苦得乐。由是命绘事按经文,仰兜率天宫,想弥勒内众,以丹素金碧形容之,以香火花果供养之。一礼一赞,所生功德,若我老病苦者,皆得如本愿焉。本愿云何? 先是乐天,归三宝、持十斋、受八戒者,有年岁矣! 常日日焚香佛前,稽首发愿,愿当来世,与一切众生,同弥勒上生,随慈氏下降,生生劫劫,与慈氏俱永离生死,终成无上道。今因老病,重此证明,所以表不忘初心,而必果本愿也。慈氏在上,实闻斯言。言讫作礼,自为此记,时开成五年(840)三月日记。"《全唐文》卷676,上海古籍出版社,1995年,第3059页。

围绕,相好庄严。于是嵩等曲躬合掌,焚香作礼,发大誓愿,愿生内宫,劫劫生生亲近供养。……有弥勒弟子乐天,同是愿,遇是缘,尔时稽首当来下生慈氏世尊足下,致敬无量,而说赞曰:百四十心,合为一诚;百四十口,发同一声。仰慈氏形,称慈氏名,愿我来世,一时上生。①

白居易于太和八年(834)上生会发愿往生兜率内院,画弥勒上生像一铺;后来于开成五年(840),于弥勒上生像前重新发愿证明。这说明在9世纪时,洛阳长寿寺曾举办过上生会的活动,在其他地区恐怕也不乏有结上生会的情形,而《上生礼》当即民间结上生会时所使用的一种礼忏仪。

第二节　隋唐的内道场与舍利信仰

佛教传入中国,最早是在上层社会流传;而且,作为外来宗教,受到最高统治者的保护。皇帝作为国家的统治者,当然懂得佛教特殊的劝善化民、资助王化的政治功用;同样,佛教的兴盛也离不开封建帝王的支持,历代都有不少高僧主动向皇权靠拢,政教互动,共助王化。皇帝作为中央集权的权力者,他的信仰行为是国家与佛教的最好结合点,主要表现便是内道场与舍利崇拜。

一、内道场的起源

内道场的建立,是基于皇帝和王室私人祈愿求福的需要,因为皇族无法亲临参与禁外寺观和其他场所举行的佛教信仰仪式,所以通过内道场的制度,直接于宫中执行。关于内道场的起源,宋代赞宁在《大宋僧史

---

① 《全唐文》卷677,第3064—3065页。《四部丛刊初编》第41册,第340页,内容有所不同,如《丛刊初编》中为"八十人""内外众一铺""同生愿"等。

略》说：

> 内道场起于后魏，而得名在乎隋朝何邪。炀帝以我为古，变革事多，改僧寺为道场，改道观为方坛。若内中僧事，则谓之内道场也。①

内道场即是宫廷内的道场，在皇宫的殿堂设立经像，举行佛事修行。赞宁认为，内道场是源于北魏始光二年(425)的"至神道场"以及神䴥四年(431)的"生日道场"，这是帝王生日所举办的庆祝法会。赞宁在列举"内道场"后，又附有"生日道场"，可见二者并不是一回事。

《佛祖统纪》记载，天监十六年(517)，梁武帝敕慧超为寿光殿学士，召众僧讲解注释经论，并且居住在皇宫内，"此内道场之始"②。赞宁对此事的记载："南朝或以尼在内中持课。又寿光殿中群僧法集，或充学士，或号讲员，或注解经文，或敷扬禅要。凡存禁中，并内道场也。"③北周大成元年(579)，北周宣帝复兴佛教，敕德行清高的七位僧人，在政武殿西，安置行道，赞宁强调"此内道场之始也"④，《广弘明集》卷十收有《周高祖巡邺除殄佛法有前僧任道林上表请开法事》即是此事。⑤

但是，在宫廷内设立内道场，宗教与王权的结合，来源于中国宗法性宗教的传统。在汉代，黄老道在宫中流行，随着佛教的传入，人们视佛教为黄老的同类。⑥ 如楚王刘英喜好黄老，学习佛教，斋戒祭祀。汉桓帝在宫中并祀黄老与浮屠，于是襄楷上奏：

> 又闻宫中立黄老、浮屠之祠。此道清虚，好生恶杀，省欲去奢。今陛下嗜欲不云，杀罚过理，既乖其道，岂获其祚哉！或言老子入夷

---
① 《大宋僧史略》卷中，《大正藏》第 54 卷，第 247 页中。
② 《佛祖统纪》卷三十七，《大正藏》第 49 卷，第 350 页上。
③ 《大宋僧史略》卷中，《大正藏》第 54 卷，第 247 页中。
④ 同上。
⑤ 《广弘明集》卷十，《大正藏》第 52 卷，第 156 页下。
⑥ ［日］横井克信：《中国における内道场の起源について》，《大正大学综合佛教研究所年报》，2006 年，第 196 页。

狄为浮屠。①

佛教传入初期,皇帝在宫中祭礼浮屠、黄老,这是内道场的原始形态。

至东晋时代,晋哀帝爱好黄老、佛教,曾因服丹而中毒。《高僧传·竺道潜传》说:

> 至哀帝好重佛法,频遣两使殷勤征请,潜以诏旨之重,暂游宫阙,即于御筵开讲《大品》,上及朝士并称善焉。②

晋哀帝邀请竺道潜于宫禁中开讲《般若经》,但是竺道潜是否居于宫中,则难确定。另外,简文帝曾在宫内建"道舍"③,可见当时在宫中设立宗教场所,是十分普遍的现象。

现知最早在宫廷内设立精舍,是在东晋孝武帝的太元六年(381),《晋书》说:"六年春正月,帝初奉佛法,立精舍于殿内,引诸沙门以居之。"④梁武帝在皇宫内经常开讲经论,敕慧超住在宫内。

所以,内道场的起源,与皇帝的佛教信仰是紧密联系的,而且与汉代宫内祭祀黄老的信仰形态有关。内道场是佛教与国家关系的结合点,不仅体现了统治者的个人信仰,而且表现了僧人的社会与政治地位。

二、杨广的慧日道场、日严寺

杨广一生的佛教信仰,在扬州、长安、洛阳,建有江都慧日道场、日严寺、东都慧日道场,作为广招名僧、崇佛弘法的中心,这三个道场都是属于他的内道场。

1. 江都的慧日道场、法云道场

开皇十年(590)十一月,杨广出镇扬州,为了加强对江南宗教思想界

---

① 《后汉书》卷三十下,第1082页。
② 《高僧传》卷四,《大正藏》第50卷,第347页下—348页上。
③ 《比丘尼传》卷一《道容传》,《大正藏》第50卷,第936页中。
④ 《晋书》卷九,第231页。

的控制,即在江都建立了四道场,即佛教的慧日、法云二道场,道教的玉清、金洞二道观(玄坛),广泛招集江南高僧、道士,齐集于江都,以便就近控制利用。道宣说:"自爰初晋邸即位,道场慧日、法云,广陈释侣;玉清、金洞,备引李宗。"①四道场建立后,其开支由国库供给,选拔最优秀的高僧、高道进入道场。《续高僧传·吉藏传》说:"炀帝晋蕃,置四道场,国司供给,释李两部,各尽搜扬。"②隋炀帝即位后,将佛寺改称为"道场",改道观为"玄坛",是始于四道场的设立,《集古今佛道论衡》说:

> 大业嗣历,弥隆前政。昔居晋府,盛集英髦;慧日、法云道场兴号,玉清、金洞玄坛著名;四海搜扬,总归晋邸;四事供给,三业依凭;礼以家僧,不属州省;迄于终历,征访莫穷。③

杨广尊崇慧日、法云的高僧们为"家僧",即是由其供养的僧人,不属于州省的编制。

关于慧日、法云道场的真正建造时间,历来不明。《国清百录》卷二收有《王重遣匡山参书》,当时智𫖮在庐山,杨广派人送给他的信。信中说:

> 弟子渡江还,去月初移新住。多有造次,未善安立来旨,勖以法事。实用惭悚,始于所居外援,建立慧日道场,安置照禅师以下,江陵论法师亦已远至;于内援,建立法云道场,安置潭州觉禅师已下。④

书翰的日期是开皇十二年(592)十月十日,杨广于九月回扬州,搬迁至新的总管府。但是,如何理解"内援"与"外援"?有一种解释,"外援"是总管府的外部支援,主要是安置比丘僧;"内援"是为府内、王妃而建,所以

---

① 《续高僧传》卷十五,《大正藏》第50卷,第549页中。
② 《续高僧传》卷十一《吉藏传》,《大正藏》第50卷,第514页上。
③ 《集古今佛道论衡》卷乙,《大正藏》第52卷,第379页中。
④ 《国清百录》卷二,《大正藏》第46卷,第806页上。

"法云道场"或许是尼寺。① 在现传资料中,法云道场的住众除了不知何许人的"潭州觉禅师"以外,则不见任何记载。另外,"照禅师"即是慧思门下的信照;"论法师"即是法论,《续高僧传》卷九有传。② 所以,慧日、法云道场的建造时间是在开皇十年(590)十一月至十二年(592)十月之间。

慧日道场招致的名僧,都是经过"盛集异艺,海岳搜扬""采拔英尽""搜选英异",属于当时的一流名僧。其中,"义解篇"有智脱、洪哲、法澄、道庄、法论、智炬、吉藏、慧觉,"习禅篇"有慧越,"护法篇"有慧乘,"感通篇"有法安,"杂科声德篇"有立身、法称。③ 依慧日道场名僧的种类,未见译经、明律的名僧,可见慧日道场是以义解为主流。另外,亦体现了杨广的个人爱好,如法安"形质尪陋,言笑轻举",住慧日道场后,"王所游履,必赍随从"④;法称"通诸经声,清响动众",杨广对他"弥崇敬爱",召入慧日后,"把臂朋从,欣其词令"⑤。立身、智果、智骞皆在声唱、写字、文字学等方面有造诣。会稽永欣寺僧智果,工书铭石,与书法家智永齐名,其书法传王羲之行草书体,风格瘦劲,造次难类,杨广闻其名,召入四道场。⑥ 而且,这些名僧大多原住于江都、吴郡、建业、丹阳及江淮地方,可见杨广主要是对江南佛教界进行控制与管理。

同时,杨广还在江都组织僧人整理佛经,在灭陈时,杨广便令远征各军随访收聚佛教的尊像灵经。江都内道场建立后,杨广即在慧日内道场设立《宝台经藏》,将收集到的经卷命慧觉等高僧整理,"五时妙典,大备于斯",共得四藏,"将十万轴",杨广亲撰《宝台经藏愿文》。⑦ 唐代法琳记载:"平陈之后,于扬州装补故经,并写新本,合六百一十二藏,二万九千

---

① [日]山崎宏:《隋唐佛教史の研究》,京都:法藏馆,1967年,第94—95页。
② [日]池田鲁参:《国清百录の研究》,东京:大藏出版,1982年,第309页。
③ [日]山崎宏:《隋唐佛教史の研究》,京都:法藏馆,1967年,第90—93页。
④《续高僧传》卷二十五《法安传》,《大正藏》第50卷,第651页下—652页上。
⑤《续高僧传》卷三十《法称传》,《大正藏》第50卷,第701页上—中。
⑥《太平广记》卷二百七,上海:上海古籍出版社,1990年,第370页。
⑦《广弘明集》卷二十二,《大正藏》第52卷,第257页中—下。

一百七十三部,九十万三千五百八十卷。"①

然而,也有一些高僧坚决拒绝杨广的延揽,不愿住在慧日道场。《续高僧传·靖嵩传》说:

> 隋炀昔镇杨越,立四道场,教旨载驰,嵩终谢遣。及登紫极,又有敕征,固辞乃止。门人问其故,答曰:王城有限,动止严难,虽内道场,不如物外。②

苏州虎丘山名僧智琰因"道盛名高",被杨广招进慧日道场,后亦"以辞疾,得返旧山"。③ 智𫖮虽已被杨广延屈至江都,也坚决拒绝进入慧日道场。

隋文帝崇信佛教,皇子周围各有一群名僧群体,"隋太子勇,召集名德,总会帝城"④。秦孝王杨俊受戒于慧旷,于太原延请彦琮入居王府,对真观、智𫖮等江南名僧也颇为礼遇。蜀王杨秀营造空慧寺、法聚寺、大建昌寺,亦曾供养孝敬寺,他也四处招延名僧,如智铣"即于长安敷扬律藏,益州总管蜀王秀,奏请还蜀,王自出迎,住法聚寺"⑤;杨秀亦邀请善冑一起前往成都,招延道仙住于静众寺⑥;隋文帝为杨秀在长安造胜光寺,敕请昙迁住此寺。汉王杨谅在长安造禅定寺,对志念、法楞、静端等名僧颇为尊礼,在太原时,《续高僧传·志念传》记载:"念与门学四百余人,奉礼西并,将承王供。谅乃于宫城之内,更筑子城,安置灵塔,别造精舍,名为内城寺,引念居之,开义寺是也。"⑦杨谅于宫城内建寺,所以开义寺应该是属于内道场。

皇子信仰佛教,招请名僧,不仅是来自隋室宗族的遗传,而且亦是皇

---

① 《辩正论》卷三,《大正藏》第52卷,第509页下。
② 《续高僧传》卷十《靖嵩传》,《大正藏》第50卷,第502页上。
③ 《续高僧传》卷十四《智琰传》,《大正藏》第50卷,第532页上。
④ 《续高僧传》卷二十八《慧超传》,《大正藏》第50卷,第687页中。
⑤ 《续高僧传》卷二十一《智诜传》,《大正藏》第50卷,第613页中。
⑥ 《续高僧传》卷二十五《道仙传》,《大正藏》第50卷,第651页中。
⑦ 《续高僧传》卷十一《志念传》,《大正藏》第50卷,第509页上。

子之间政治较量的工具。《续高僧传·慧乘传》云：

> 暨高祖东巡岱宗，銮驾伊洛，敕遣江南吴僧与关东大德升殿竖义，乘应旨首登……高祖目属称扬，群英叹异。①

隋文帝于开皇十四年(594)十二月，东巡祭祀泰山。在洛阳，会集江南吴僧与河北、山东的大德，举行法义方面的辩论。当时，慧乘作为江南吴僧的代表人物，即是代表来自慧日道场的群体。仁寿二年(602)，文献皇后去世，诸王入长安追悼，汉王杨谅带志念一起前往长安，其意图是"今须法师一人神解高第者，可共寡人入朝，拟抗论京华，传风道俗"②，名僧的德望与水平，能够为自己的政治势力增添光彩。所以，杨广建造慧日道场，亦有与诸王子争夺势力的想法。

2. 长安日严寺

长安日严寺作为江都慧日道场转向东都慧日道场的重要中介，并非完全属于内道场性质，是杨广在长安的"檀越寺院"，与胜光寺、禅定寺等一样，都是以王子为檀越。

日严寺是晋王杨广所建，位于长安城东南隅的青龙坊，是隋代极负盛名的佛寺。《长安志》卷八："青龙坊……西南隅废日严寺。隋炀帝为晋王，仁寿元年，施营第材木所造，因广召名僧以居之。贞观六年废。"③依此记载，日严寺建于仁寿元年(601)，贞观六年(632)废弃。《续高僧传·智炬传》记载："开皇十九年，更移关壤，敕住京都之日严寺。供由晋国，教问隆繁，置以华房，朋以明德。一期俊杰，并是四海搜扬。"④《续高僧传·慧赜传》记载，慧赜于开皇末年至日严寺。⑤ 道宣从慧赜出家，本住日严寺；日严寺废弃后，移住长寿坊桂阳公主为驸马所造的崇义寺。

---

① 《续高僧传》卷二十四《慧乘传》，《大正藏》第50卷，第633页下。
② 《续高僧传》卷十一《志念传》，《大正藏》第50卷，第509页上—中。
③ 《长安志》卷八，《四库全书》本。
④ 《续高僧传》卷十一《智炬传》，《大正藏》第50卷，第509页下。
⑤ 《续高僧传》卷十四《慧赜传》，《大正藏》第50卷，第534页上。

《集神州三宝感通录》记载:"余本住京师曲池日严寺,寺即隋炀所造。……至武德七年,日严寺废,僧徒散配,房宇官收。"①道宣明确记载日严寺废弃的时间是武德七年(624),并不是贞观六年(632)。原因为,日严寺作为隋朝皇室宗族财产被李唐没收。② 另外,彦琮亦曾住日严寺,《续高僧传·彦琮传》云:

> 至十二年,敕召入京,复掌翻译,住大兴善,厚供频仍。……炀帝时为晋王,于京师曲池营第林,造日严寺,降礼延请,永使住之。③

所以,日严寺建造的上限时间是开皇十二年(592)。而隋费长房《历代三宝记》列举彦琮的著作《达摩笈多传》四卷、《通极论》一卷、《辩教论》一卷、《通学论》一卷、《善财童子诸知识录》一卷、《新译经序》合一卷等时,署名:"若六部,合九卷,日严寺沙门释彦琮撰"④,《历代三宝记》成书于开皇十七年(597),可见日严寺建造的下限时间是开皇十七年(597)。⑤《隋书》卷二记载,开皇十九年(599)二月,"晋王广来朝"。⑥ 开皇二十年(600)十一月,杨广为皇太子。日本学者依此时间,为日严寺建造的时间。⑦ 但是,开皇十二年(592)至十七年(597)的证据更为充分。

从目前的材料来看,征居日严寺的人数在50人以上。仁寿二年(602),文献皇后去世,"召日严英达五十许人,承明内殿连时行道"⑧;《续高僧传·志念传》记载:"召日严大德四十余人,皆四海宗师,一时翘楚",

---

① 《集神州三宝感通录》卷上,《大正藏》第52卷,第405页下—406页上。
② 王亚荣:《长安佛教史论》,北京:宗教文化出版社,2005年,第173—174页。
③ 《续高僧传》卷二《彦琮传》,《大正藏》第50卷,第437页上。
④ 《历代三宝记》卷十二,《大正藏》第49卷,第106页中。
⑤ 王亚荣:《长安佛教史论》,北京:宗教文化出版社,2005年,第173页。
⑥ 《隋书》卷二,第44页。
⑦ [日]花塚义久:《日严寺の建造について》,《印度学佛教学研究》第30卷第2号,1982年,第673—674页。
⑧ 《续高僧传》卷九《智脱传》,《大正藏》第50卷,第499页上。

"时有沙门智矩、吉藏、慧乘等三十余人,并炀帝所钦,日严同止"。① 而且,隋文帝征请大德入京时,敕令可各带弟子同行,这样日严寺住僧的数量应该在二百人以上,其中大部分是江南北上的僧人。

现存《续高僧传》中,日严寺的住僧有十七人左右,从江都慧日道场至日严寺的,有智脱、法澄、道庄、法论、吉藏、智炬六人,彦琮、法显、慧常等三人为华北名僧,辩义、法侃、慧頵、善权、法琰、智颛、昙瑎等人皆来自扬州、金陵附近的江淮地区。日严寺是在江都慧日道场后建造的,以江南名僧为主,亦有少部分的华北名僧。所以,日严寺保持了江南佛教义学的传统,对南朝佛教义学北上,提供了重要的传播途径。在日严寺中,属于成实学派的有智脱、法论、慧頵、昙瑎、善权等,三论学派的代表人物有吉藏、法澄、道庄、智炬等;此外,辩义的毗昙学、明舜的智论学、法侃的摄论学,皆是各擅胜场,独树一帜。

同时,一些南陈的佛教文物亦被运送至长安,藏在日严寺的,有金陵长干塔下的佛舍利,传为梁武帝的头发、指甲,以及庐山西林寺的天竺石影像。

3. 东都洛阳的慧日道场

依赞宁的记载,内道场源于北魏;但是,名称与制度的制定,则是始于隋炀帝,《隋书·经籍志》记载:"大业时,又令沙门智果,于东都内道场,撰诸经目,分别条贯,以佛所说经为三部:一曰大乘,二曰小乘,三曰杂经。"②"东都内道场"是最早出现的内道场名称。

仁寿四年(604)十一月癸丑(二十一日),隋炀帝发布营造东京洛阳诏;大业元年(605)三月丁未(十七日),诏杨素、宇文恺正式营造东都,中间4个月隋炀帝亲驻洛阳,亲临指导,参与规划。新都寄托着隋炀帝的理想和抱负,于是在东都洛阳新建了四道场,唐代杜宝撰《大业杂记》记

---

① 《续高僧传》卷十一《志念传》,《大正藏》第50卷,第510页中—下。
② 《隋书》卷三十五,第1099页。

载:"入景运门,入道左有内史内省、秘书内省……道右命妇朝堂,慧日、法云二道场,通真、玉清二玄坛。"①据此,则四内道场在宫禁中与中书内省和秘书内省左右平列,东都内道场是江都四道场的延续,佛教有东都内慧日、法云道场,道教则有通真、玉清玄坛。

在东都四道场中,现存资料则以内慧日道场为多,许多僧侣直接来自江都慧日道场,也有来自长安日严寺。总体上东都慧日道场的僧侣则来自全国各地。下面,将这三个道场的僧侣列表比较如下:

僧名	籍贯	江都慧日道场	日严寺	洛阳慧日道场	去处	类型
彦琮	赵郡		大兴善寺→√		洛阳翻译馆	译经
智脱	江都	√	√	√		义解
洪哲	襄阳	√				义解
法澄	吴郡	√	√	√		义解
道庄	建业	√	√	√		义解
法论	南郡	√	√	√		义解
智炬	吴郡	建初寺→√	√			义解
吉藏	金陵	√	√		长安延兴寺	义解
辩义	清河		√			义解
明舜	建业		√			义解
法侃	荥阳		江都安乐寺→√		长安大兴善寺	义解
慧颢	建业		江都华林寺→√		长安崇义寺	义解
慧觉	丹阳	栖霞→√				义解
智闰	吴郡			√	长安禅定寺	义解
道宗	莱州			√	长安胜光寺	义解
智骞				√		义解

---

① 转引自袁刚:《隋炀帝传》,北京:人民出版社,2001年,第383页。

续表

僧名	籍贯	江都慧日道场	日严寺	洛阳慧日道场	去处	类型
敬脱	汲郡			√		义解
辩相	瀛州			√	长安胜光寺	义解
法护	赵郡			√	洛阳天宫寺	义解
道基	河南			√	益州福成寺	义解
三慧	楼烦			√	灵化寺	义解
智徽	泽州			泽州青化寺→√		义解
志宽	蒲州			√	蒲州仁寿寺	义解
慧越	岭南	√				习禅
慧乘	徐州	√			长安胜光寺	护法
法安	安定	√		√	洛阳宝扬寺	感通
法显	雍州		京兆王寺→√		沙门寺	感通
立身	金陵	√		√		杂科声德
法称	江南	√			长安定水寺	杂科声德
善权	扬都		扬都宝田寺→√			杂科声德
法琰	金陵		√		玄法寺	杂科声德
慧常	京兆		√			杂科声德
智颛	扬都		√			杂科声德
智果	会稽			√		杂科声德

上表中34位僧人，都与杨广所建的内道场有关系。从僧人的类型来说，义解僧有23位，这说明隋炀帝重视佛教义学，喜欢佛学玄谈，与其性格受南方风气影响有关。隋文帝一生奉佛，则偏重建造寺塔像等福田事业，体现了北朝佛教重视功德的特点，所以父子二人奉佛的特点不同。

另外，属于杂科声德的僧人有7位，显示了杨广对僧人的蒐访，除了重视义学与玄谈才能之外，对于具有其他艺能者，也在访求之列。在东都内慧日道场的18名高僧中，从江都慧日道场而移过来的有6名，而且智脱、法澄、道庄、法论是住过日严寺的。洛阳慧日道场与江都相比，约一半的高僧来自华北,因为江都慧日道场是杨广任晋王时所建,其势力限于江南;而洛阳慧日道场是在杨广登基后,其影响力遍及南北。

从佛教义学来说,江都慧日道场、日严寺主要是成实学派、三论学派。而《续高僧传·玄奘传》记载:"时东都慧日,盛弘法席,《涅槃》、《摄论》,轮驰相系。"①东都慧日道场的佛教义学主要是涅槃学派、摄论学派,因为道基、法护、道宗等是有名的摄论师,而辩相、智徽、志宽、三慧等皆擅长《涅槃经》。

所以,江都慧日道场、日严寺、洛阳慧日道场的变化,不仅与杨广的政治生涯紧密相连,而且与他的个人爱好密切相关。同时,随着杨广从扬州、长安至洛阳的转移,三个内道场的建立,无疑大大地促进了南北佛教的交流,直接影响了隋唐佛教宗派的产生。

三、唐代的内道场

唐朝继周隋之后,继续在宫中设立内道场,而且趋于兴盛。赞宁在《大宋僧史略》中,简述唐代的内道场情形,可见唐代诸帝在长安或洛阳的大内,相继设置了各种功能的内道场。②

贞观十八年(644),玄奘从印度归国,唐太宗敕玄奘居住在弘法院,从事佛经的翻译。《大慈恩寺三藏法师传》说:"敕所司于北阙紫微殿西别营一所,号弘法院。既到居之,昼则帝留谈说,夜乃还院翻经。"③弘法院位于玄武门内北阙紫微殿西,当时正在造大慈恩寺的翻经院,弘法院是临时的译经院,是属于内道场。

显庆元年(658),唐高宗为尼宝乘在禁苑内设置内道场,名鹤林寺。《大慈恩寺三藏法师传》④记载,高宗幼时,受学于隋襄州总管临河公薛道

---

① 《续高僧传》卷四《玄奘传》,《大正藏》第50卷,第446页下。
② 参见张弓:《唐代的内道场与内道场僧团》,《世界宗教研究》1993年第3期。
③ 《大唐大慈恩寺三藏法师传》卷七,《大正藏》第50卷,第259页上—中。
④ 《大唐大慈恩寺三藏法师传》卷八,《大正藏》第50卷,第266页中—下。

衡之女,即位后报师父旧恩,封她为"河东郡夫人";夫人出家后,高宗于是在禁苑中别造鹤林寺,日常生活由国库支出;而且,敕玄奘与大德进鹤林寺为宝乘尼受具足戒,于是首开"内临坛"先例。① 鹤林寺在禁苑内,临近禁苑南门——景曜门;同时,鹤林寺旁有德业寺,为数百尼受戒道场。可见,在唐朝的宫廷内,确实存在着尼寺。

1. 武则天的内道场

武则天时期,在东都洛阳设置内道场,即大遍空寺,证圣元年(695),武则天邀请菩提流支、义净等翻译《华严经》。②《大宋僧史略》记载:

> 唐则天令大德僧法、处一、慧俨、行感、宣政等在内道场念诵,以薛怀义参杂其间。则天又于洛京大内,置内道场。③

武则天不仅在内道场译经,而且令僧人在内道场念诵。这种内道场的僧团,完全为武则天个人服务,而且参与《大云经》的制作,成为"武周革命"的重要因素。

光宅垂拱之际(684—685),千金公主荐薛怀义于武则天。依《旧唐书·薛怀义传》的记载:"自是与洛阳大德法明、处一、惠俨、稜行、德感、感知、静轨、宣政等在内道场念诵。"④法明等八人加上薛怀义,是内道场僧团的主要成员。天授初年(690),《大云经》事件标志着这个内道场僧团的形成。

当时,被武则天诏入内道场的,除了薛怀义之外,其他还有一些高僧。如万回,常诏入内道场,赐其锦绣衣服,遣宫人服侍。⑤ 久视元年(700)时,武则天诏神秀自当阳山赴都,"内道场丰其供施,时时问道"⑥。

---

① 《大宋僧史略》卷下,《大正藏》第54卷,第252页下。
② 《宋高僧传》卷二《实叉难陀传》,《大正藏》第50卷,第718页下。
③ 《大宋僧史略》卷中,《大正藏》第54卷,第247页中。
④ 《旧唐书》卷一百三十三,第4741页。《旧唐书》中记德感为"感德",误。
⑤ 《宋高僧传》卷十八《万回传》,《大正藏》第50卷,第824页上。
⑥ 《宋高僧传》卷八《神秀传》,《大正藏》第50卷,第756页上。

2. 唐中宗的内道场

武则天之后,唐中宗、唐睿宗、唐玄宗继承内道场的制度。

唐中宗仍以大遍空寺为翻经内道场,神龙元年(705),义净于"于东洛内道场译《孔雀王经》"①,即是在大遍空寺。唐中宗的另一所内道场是在东都大内林光殿。神龙二年(706,或作元年),南印度沙门菩提流志(译云觉爱),在大内林光殿翻译《大宝积经》,法藏奉诏为证义。② 神龙三年(707),诏律师道岸入宫,为妃主授归戒,命图画于林光宫。③ 神龙四年(708),菩提流志进新译经,唐中宗于林光殿赐斋,观沙门议论。④ 文纲(636—727)号称四朝帝师,景龙二年(708),唐中宗延请入内道场行道,于干陵宫为内尼授戒,又于宫中结夏安居,为内尼讲《四分律》一遍;先天初年(712),为睿宗于别殿授菩萨戒。⑤ 景龙三年(709),恒景(634—712)奏请归山,唐中宗于林光宫观内道场为其设斋,李峤、道俊、玄奘等均列席。⑥ 可见,林光殿或林光宫一方面是译经的场所,另一方面则是举行斋戒与会见的内道场。在内道场设斋,称为"内斋",起源于北魏宫殿内的赐食,《大宋僧史略》说:"皇帝诞日,诏选高德僧,入内殿赐食加厚嚫,寻文起于后魏之间,多延上达,用徼福寿。"⑦赞宁强调唐代宗于内道场设斋,为唐朝"内斋"之始;但是,唐中宗于林光宫设斋,应该即是"内斋"。

唐睿宗景云初年(710),东都内道场的译事移回长安北苑。《宋高僧传·菩提流志传》记载:"属孝和厌代,睿宗登极,敕于北苑白莲池、甘露亭续其译事。"⑧北苑即是长安西内苑,设于北苑白莲池、甘露亭的新译

---

① 《宋高僧传》卷一《义净传》,《大正藏》第50卷,第710页下。
② 《唐大荐福寺故寺主翻经大德法藏和尚传》,《大正藏》第50卷,第282页中。
③ 《宋高僧传》卷十四《道岸传》,《大正藏》第50卷,第793页中。
④ 《佛祖统纪》卷十四,《大正藏》第49卷,第372页中。
⑤ 《宋高僧传》卷十四《文纲传》,《大正藏》第50卷,第792页上—中。
⑥ 《宋高僧传》卷五《恒景传》,《大正藏》第50卷,第732页中。
⑦ 《大宋僧史略》卷下,《大正藏》第54卷,第248页中。
⑧ 《宋高僧传》卷三《菩提流传》,《大正藏》第50卷,第720页中。

场,成为弘法院之后长安的又一处翻经内道场。开元初年(713),唐玄宗"饬内道场,尊(善无畏)为教主"①,此处长安内道场的功能,相当于东都的林光宫。玄宗重道,佛事不多,内道场行事较沉寂。

3. 唐代宗的内道场

"安史之乱"后,随着战乱的频仍,内道场更加兴盛,尤其是唐代宗时代,内道场达到历史的巅峰。至德二载(757)二月,唐肃宗在凤翔置内道场,"时供奉僧在内道场昼夜念佛,动数百人,声闻禁外"②;收复长安后,当年十二月,"诏迎凤翔法门寺佛骨入禁中立道场,命沙门朝夕赞礼"③。

唐代宗时期,不空的密教僧团十分活跃。当时,宫廷内部许多殿堂皆修有内道场。永泰元年(765),不空再译《仁王护国般若经》,《续开元释教录》卷中记载:"于南桃园翻译,起自月朔,终乎月望,于承明殿灌顶道场,御执旧经,对读新本。"④而且于承明殿讲《密严经对御记》一卷。南桃园亦是内道场,见《大圣文殊师利菩萨赞佛法身礼序》说:"令集上都义学沙门良贲等一十六人,于内道场,翻《仁王护国般若》及《大乘蜜严》等经毕。"⑤同年,不空于含晖院承明殿道场翻译、讲说《金刚顶瑜伽略述三十七尊心要》⑥。代宗大历十二年(777),不空的弟子惠晓在《往五台山修功德辞谢圣恩表一首》中说:"承顺大广智三藏和尚颜色三十余年,五部真言亲被指授,不离左右。得对天颜,每于含晖、延英、长生等殿常修功德。"⑦所以,宫中的内道场有含晖殿、延英殿、长生殿、南桃园、承明殿等。这些殿堂主要是长安城中的太极宫、兴庆宫、大明宫,而延英殿、长生殿、

---

① 《玄宗朝翻经三藏善无畏赠鸿胪卿行状》,《大正藏》第 50 卷,第 291 页中。
② 《旧唐书》卷一百一十一,第 3327 页。
③ 《佛祖统纪》卷四十,《大正藏》第 49 卷,第 376 页上。
④ 《开元释教录》卷中,《大正藏》第 55 卷,第 758 页中。
⑤ 《大圣文殊师利菩萨赞佛法身礼序》,《大正藏》第 20 卷,第 936 页下。
⑥ 《金刚顶瑜伽略述三十七尊心要》,《大正藏》第 19 卷,第 291 页下。
⑦ 《代宗朝赠司空大辨正广智三藏和上表制集》卷六,《大正藏》第 52 卷,第 858 页中—下。

含晖殿、承明殿等可能是在大明宫中。① 大明宫是唐高宗龙朔三年(663)以来,历代诸帝的政治、居住的宫殿,所以内道场亦多设置在大明宫中。

不空的弟子很多,在他赴师子国以前已有弟子含光、惠辩等人。诸弟子中,不空认为能尽传五部之法的除早亡二人外,仅余六人,时称"六哲",即金阁寺含光、新罗惠超、青龙寺惠果、崇福寺惠朗、保寿寺元皎和觉超。以不空为首的密教僧团,也是以"六哲"的活动为中心:

(1) 在含晖殿、延英殿、长生殿,惠晓修功德;南桃园是经典的译场,良贲、子邻、潜真等参列翻经。

(2) 大历十二年(777)上表《请辞内道场陈情表一首》,开头:"长生殿道场念诵沙门觉超、惠海等言"②;《贺祈雨表一首》,落款为"长生殿道场沙门觉超等上表"。所以,除觉超、惠海外,长生殿内道场还有其他僧人。

(3) 大历十三年(778),上表《沙门元皎请度僧表一首》,落款为"前长生殿道场念诵僧保寿寺主沙门元皎"③,可见元皎亦为长生殿念诵僧人。

(4)《大唐青龙寺三朝供奉大德行状》记载惠果的行状,大历五年(770),惠果年二十五,特奉恩旨诏命入内,于长生殿,受到唐代宗的敕唤;大历十三年(778),"敕长生殿内道场三朝传法灌顶殁故三藏和上";"贞元六年(790)四月□日,奉敕令惠果入内,于长生殿,为国持念,在内七十余日"。④ 可见,惠果亦为长生殿念诵僧人。

另外,宫殿名称不明的内道场,亦有不空密教僧团的活动:

(5) 至德二年(757),制敕《肃宗恩命三藏弟子惠肝入内道场念诵制一首》:"奉敕语有银台门家唤不空三藏弟子惠肝、瞿那、惠晓、惠月等四

---

① [日]岩崎日出男:《不空の时代の内道场について——特に代宗の时代の内道场に充てられた宫中诸殿の考察を中心として》,《高野山大学密教文化研究所纪要》第13号,2000年,第67页。
②《代宗朝赠司空大辨正广智三藏和上表制集》卷五,《大正藏》第52卷,第854页下。
③《代宗朝赠司空大辨正广智三藏和上表制集》卷六,《大正藏》第52卷,第856页下。
④《大唐青龙寺三朝供奉大德行状》,《大正藏》第50卷,第295页上—下。

人入内。"①

（6）大历七年（772），上表《谢赐赠亡师惠坚物表一首》，落款为："内道场故念诵僧惠坚弟子常清等上表"。②

（7）大历九年（774），"道场沙门惠超"上表《贺玉女潭祈雨表一首》。③

（8）大历十二年（777），"内道场保寿寺沙门觉超等"上表《贺破吐蕃表一首》。④

（9）大历十三年（778），惠晓上表《恩命令与惠朗同修功德谢表一首》："今月十日蒙天恩，令每与惠朗同修功德，殊私曲照，再入金门宝殿修持"⑤。

不空的弟子"六哲"，除含光外，觉超、惠超、元皎、惠朗、惠果等皆为内道场的主要核心人物。同时，不空、觉超、元皎、惠果、惠晓、惠海等人，为长生殿内道场修功德行的高僧。所以，赵迁说："二七僧人，常入天宫之会。"⑥可见不空的密教僧团在内道场的活跃。不空提倡密教护国，促进皇权与教权的合作，促成唐代宗时代内道场的兴盛。

唐代宗之后，内道场仍然行事不断。但是，随着"武宗禁佛"的来临，唐代宫中内道场亦从此结束。

四、隋文帝的舍利信仰

舍利信仰在隋唐时代，由于历代皇帝的提倡、民间的参与，成为全社会的共同宗教活动。隋文帝杨坚的佛教信仰与治国理念紧密结合，在仁寿年间的四年内，动员全国的人力、物力，先后三次下敕兴建舍利塔于天下诸州。

依王邵《舍利感应记》记载，隋文帝未即位前，曾有沙门赠以舍利子

---

① 《代宗朝赠司空大辨正广智三藏和上表制集》卷六，《大正藏》第52卷，第858页中。
② 同上书，第856页下。
③ 《代宗朝赠司空大辨正广智三藏和上表制集》卷五，《大正藏》第52卷，第855页上。
④ 同上书，第855页上。
⑤ 《代宗朝赠司空大辨正广智三藏和上表制集》卷六，《大正藏》第52卷，第858页下。
⑥ 《大唐故大德赠司空大辨正广智不空三藏行状》，《大正藏》第50卷，第294页中。

一裹。文帝与昙迁共数,数来数去,总是数不清,所以文帝对此特别珍视,将舍利与智仙尼的预言以及隋室受命联系起来,得出"我兴由佛"的结论。① 此事在《续高僧传·昙迁传》亦有记载。仁寿元年(601)六月十三日,内史令晋王诏宣读诏书道:

> 朕归依三宝,重兴圣教,思与四海之内一切人民俱发菩提,共修福业,使当今现在爰及来世,永作善因,同登妙果。宜请沙门三十人谙解法相兼堪宣导者,各将侍者二人,并散官各一人,薰陆香一百二十斤,马五匹,分道送舍利,往前件诸州起塔;其未注寺者,就有山水寺所起塔依前山;旧无寺者,于当州内清静寺处建立其塔,所司造样送往当州。僧多者三百六十人,其次二百四十人,其次一百二十人,若僧少者,尽见僧,为朕、皇后、太子广、诸王子孙等及内外官、一切民庶、幽显生灵,各七日行道并忏悔。起行道日打刹,莫问同州异州,任人布施,钱限止十文已下,不得过十文。所施之钱以供营塔,若少不充,役正丁及用库物。率土诸州僧尼,普为舍利设斋,限十月十五日午时,同下入石函。总管刺史已下、县尉已上,息军机,停常务七日,专检校行道及打刹等事,务尽诚敬副朕意焉,主者施行。②

隋文帝仿照阿育王分送舍利、造塔的故事,命三十名高僧偕同朝廷官员往三十州佛寺颁赐舍利,至于未有寺的各州,亦须在当地各起舍利塔,限十月十五日造毕,全国于当日安放舍利入石函,各寺僧尼作七日道场,为文帝及皇室宗亲等忏悔,为舍利设斋会。而且,隋文帝下敕百姓布施,令地方官停办公务七日。这种遍及全国甚至远达交州等边远地区的分送舍利行为,在全国掀起一阵崇佛热潮。而且,颁赐舍利的范围并不限于中国,"高丽、百济、新罗三国使者将还,各请一舍利于本国起塔供养,诏

---

① 《广弘明集》卷十七,《大正藏》第 52 卷,第 213 页中。
② 同上。

并许之"①。

随着舍利信仰的轰动效应,地方呈报的灵验、传说长篇累牍,于是隋文帝再次颁赐舍利。《广弘明集》卷十七记载,仁寿二年(602)正月二十三日,隋文帝再颁舍利于五十一州②,而且"令总管刺史已下、县尉已上,废常务七日","一如前式,期用四月八日午时"。③ 仁寿四年(604),又分建舍利塔于三十余州。《续高僧传·洪遵传》记载:"仁寿四年,下诏曰……朕已分布远近,皆起灵塔,其间诸州,犹有未遍。今更请大德,奉送舍利,各往诸州,依前造塔。……三十余州,一时同送。"④

下面,依《广弘明集》卷十七所记载仁寿元年十月起塔(简称"广一")、仁寿二年四月起塔(简称"广二")、《集神州三宝感通录》卷上所记载仁寿元年十月起塔(简称"集一")、仁寿二年四月起塔(简称"集二")的资料,同时引用《续高僧传》,将送舍利的高僧列表如下("1"代表仁寿元年十月起塔,"2"代表仁寿二年四月起塔,"4"代表仁寿四年四月起塔,"续"代表《续高僧传》)⑤:

省份	州郡	寺院	资料出处	送舍利高僧
甘肃省	1 瓜州	崇教寺	广一、集一	智凝 续26
	2 凉州		广二、集二	
	1 廓州	法讲寺	广一、集一	
	2 兰州		广二、集二	
	1 秦州	静念寺	广一、集一	
	2 秦州	永宁寺	广二、集二	智教 续26

---

① 《广弘明集》卷十七,《大正藏》第52卷,第217页上。
② 颁建舍利塔的州数,各书记载略有不同。《广弘明集》卷十七记为"五十一州",但列出五十二州之名。《集神州三宝感通录》卷上记载:"分布舍利五十三州",多出一州(沈州),却将时间误记为仁寿三年。《法苑珠林》卷四十亦载为五十三州,或是。
③ 《广弘明集》卷十七,《大正藏》第52卷,第217页上。
④ 《续高僧传》卷二十一《洪遵传》,《大正藏》第50卷,第611页下。
⑤ 参考[日]山崎宏:《支那中世佛教の展开》,京都:清水书店,1932年,第333—336页。

续表

省份	州郡	寺院	资料出处	送舍利高僧	
	1 泾州	大兴国寺	广一、集一		
陕西省	4 陇州	药王寺		法显	续26
	1 岐州	凤泉寺	广一、集一	昙迁	续18
	1 雍州	仙游寺	广一、集一	童真	续12
	1 长安	大兴善寺	广一、集一		
	1 华州	思觉寺	广一、集一	宝积	续26
	1 同州	大兴国寺	广一、集一	道密	续26
	2 梁州		广二、集二		
山西省	1 蒲州	栖岩寺	广一、集一	僧昙	续10
	4 绛州	觉成寺		觉朗	续21
	2 晋州	法吼寺	广二、集二	昙遂	续26
	2 慈州	石窟寺	广二、集二	明芬	续26
	1 并州	无量寿寺	广一、集一	彦琮	续2
	4 泽州	景净寺		灵璨	续10
	2 潞州	梵境寺	广二、集二	道端	续26
	4 韩州	修寂寺		法周	续26
	4 辽州	下生寺		法总	续10
河北省	2 洺州		广二、集二		
	4 邢州	泛爱寺		宝袭	续12
	2 赵州	无际寺	广二、集二	玄镜	续26
	4 廉州	化城寺		圆超	续26
	2 恒州	能藏寺	广二、集二	灵达	续26
	1 定州	恒岳寺	广一、集一	慧海	续10
	2 幽州	弘业寺	广二、集二	宝岩	续26
	2 贝州	宝融寺	广二、集二	辩义	续26
	2 魏州	开觉寺	广二、集二	智揆	续26

续表

省份	州郡	寺院	资料出处	送舍利高僧
河北省	2冀州	觉观寺	广二、集二	僧范 续26
	2瀛州	弘博寺	广二、集二	慧迁 续12
	2观州	塔寺	广二、集二	慧藏 续26
	2沧州		广二、集二	僧盖 续26
河南省	2陕州	大兴国寺	广二、集二	法朗 续26
	2怀州	长寿寺	广二、集二	灵璨 续10、灵润 续15
	4熊州	十善寺		慧海 续11
	2洛州	汉王寺	广二、集二	灵干 续12
	1嵩州	嵩岳寺(闲居寺)	广一、集一	宝袭 续12
	1汝州	兴世寺	广一、集一	法彦 续10、
	4殷州	智度寺		僧昙 续10
	2卫州	福聚寺	广二、集二	洪遵 续21
	4滑州	修德寺		僧粲 续9
	2黎州		广二、集二	法侃 续11
	1相州	大慈寺	广一、集一	
	1郑州	定觉寺	广一、集一	
	2郑州		广二、集二	
	4郑州	晋安寺		道密 续26
	2许州	辨行寺	广二、集二	道璨 续26
	2汴州		广二、集二	静凝 续26
	2宋州	津梁寺	广二、集二	僧顺 续26
	2沈州		集二	
	2豫州		广二、集二	静端 续18
	2邓州	大兴国寺	广二、集二	宝儒 续10
	2显州		广二、集二	
山东省	2曹州	法元寺	广二、集二	法揩 续26

续表

省份	州郡	寺院	资料出处	送舍利高僧
山东省	2毛州	护法寺	广二、集二	僧听 续26
	4博州	隆圣寺		法遵 续21
	2德州	会通寺	广二、集二	道贵 续26
	2济州	崇梵寺	广二、集二	明驭 续26
	4莘州			智隐 续26
	1泰州	岱岳寺	广一、集一	慧重 续26、僧昙 续10
	2齐州	泰山神通寺（朗公寺）	广二、集二	法瓒 续10
	2牟州	巨神山寺	广一、集一	慧畅 续10
	2衮州	普乐寺	广二、集二	法性 续26
	4沂州	善应寺		法彦 续10
	2莒州	定林寺	广二、集二	昙观 续10
	4密州	茂胜寺		僧世 续26
	2莱州	弘藏寺	广二、集二	僧世 续26
	1青州	胜福寺	广一、集一	智能 续26
湖北省	1襄州	上凤林寺	广一、集一	明诞 续26
	4鄀州	宝香寺		智梵 续11
	1随州	智门寺	广一、集一	法总 续10
	2安州	景藏寺	广二、集二	净业 续12
	4復州	方乐寺		彦琮 续2
	4蕲州	福田寺		明舜 续11
	2荆州	开义寺	广二、集二	彦琮 续2
	2荆州	大兴国寺	广二、集二	慧最 续10
安徽省	2寿州		广二、集二	
	4熙州	环谷寺		昙瑎 续26
	1亳州	开寂寺	广一、集一	昙良 续26

177

续表

省份	州郡	寺院	资料出处	送舍利高僧
安徽省	4庐州	梁静寺		辩义 续11
	4宜州	永安寺		法侃 续11
湖南省	1衡州	衡岳寺	广一、集一	净辩 续26
	2营州	梵幢寺	广二、集二	宝安 续26
	2潭州	麓山寺	广二、集二	净愿 续10
江西省	2江州	庐山东林寺	广二、集二	慧藏、法顺 续26
	2洪州		广二、集二	宝宪 续26
	4吉州	发蒙寺		慧最 续10
江苏省	1蒋州	栖霞寺	广一、集一	明璨 续26
	2徐州	流讲寺	广二、集二	辩寂 续26
	2楚州		广二、集二	道生 续26
	4海州	安和寺		慧迁 续12
	1苏州	虎丘山寺	广一、集一	道嵩 续26
	1扬州	西寺	广一、集一	
浙江省	2杭州	天竺寺	广二、集二	慧诞 续26
	1越州	大禹寺	广一、集一	辩相 续12
江西省	1桂州	缘化寺	广一、集一	道颜 续26
广东省	1广州	果实寺	广一、集一	僧朗 续10
	2循州	道场塔寺	广二、集二	道光 续26
福建省	2泉州		广二、集二	
安南	2交州	禅众寺	广一、集一	
四川省	2利州		广二、集二	
	4隆州	禅寂寺		慧重 续26
	1益州	法聚寺	广一、集一	智隐 续26
	4浙州	法相寺		僧盖 续26
	1梓州	华林寺	集一	善胄 续12
	2信州		广二、集二	

隋文帝三度营建舍利塔,依《金石萃编》卷四十、《八琼室金石补正》卷二十六所载,当时所建舍利塔铭文现存有同州、青州、邓州、信州、京兆、信州诸处所建者。全国三度掀起建寺起塔的热潮,迎送使者,报告灵验,可见其崇佛的热忱与佛教事业的伟绩。

五、唐代诸帝的舍利信仰

隋朝的舍利信仰由于隋文帝的下诏,传遍全国各地。唐朝的舍利信仰是以皇室为主,特别是以法门寺为信仰中心。法门寺塔中舍利系释迦牟尼的一节中指骨,唐人及后代文献有不同称谓,如"佛骨""佛指节""佛指骨""真身""金骨"等。佛指舍利的形制,《集神州三宝感通录》卷一记载:"其舍利,形状如小指初骨,长寸二分,内孔正方,外楞亦尔,下平上圆,内外光净。余内小指于孔中恰受,便得胜戴,以示大众。至于光相变现,不可常准。"①1987年,法门寺塔唐代地宫发现《大唐咸通启送岐阳真身志文》记载:"以咸通十二年八月十九日得舍利于旧隧道之西北角。按旧记云:长一寸二分,上齐下折,高下不等,三面俱平,一面稍高,中有隐迹。色白如玉少青,细密而泽,髓穴方大,上下俱通,二角有文,文并不彻。征诸古典,验以灵姿,贞规既叶于前闻,妙相克谐于端彩。"②1987年,考古专家在塔下唐代地宫中重新发现了4枚真身指骨舍利,经测定,佛指骨长40.3毫米,宽17.55—20.11毫米,腔径13.75—16.5毫米,重16.2克,与道宣《集神州三宝感通录》及同出《大唐咸通启送岐阳真身志文》所记完全吻合。

法门寺佛骨舍利来源于太白二三沙门,为阿育王所颁送于全国的舍利。唐代大历十三年(778)的《大唐圣朝无忧王寺大圣真身宝塔碑铭》记载:

---

① 《集神州三宝感通录》卷上,《大正藏》第52卷,第409页中。
② 李发良:《法门寺志》,西安:陕西人民出版社,2000年,第248—249页。

> 厥有太白二三沙门，摄心住持，得□清净。其始远也，望而□之。其少近也，□而信之。周流一方，磅礴□里□□□色□□瑞光通宵，更雄达曙，不散者久之矣。咸请奉以身命，碎于微尘，精诚克孚，指掌斯获。验其铭曰：育王所建。因以名焉。①

法门寺佛指舍利便是阿育王的分送舍利之一。

依史料的记载，西魏恭帝二年(555)，曾任岐州太守的拓跋育重修阿育王寺，首次开启地宫供养佛骨。仁寿四年(604)，右内史扶风郡牧李敏曾奏请启开地宫，修复"成实道场"。李渊为讨伐陇西薛家反军到扶风一带视察，僧普贤上表请求重建，李渊改名为"法门寺"。唐武德二年，李世民平定薛家反军，李世民至法门寺，奉诏为八十名僧人主持剃度。贞观五年(631)，岐州刺史张德亮表奏，汇报法门寺坍塌毁坏，申请重新修葺。道宣《集神州三宝感通录》记载：

> 贞观五年，岐州刺史张亮素有信向，来寺礼拜，但见古基曾无上覆。奏敕望云宫殿以盖塔基，下诏许之。因构塔上尊严相显。古老传云：此塔一闭经三十年，一示人，令生善。亮闻之，以贞观年中请开剖出舍利以示人，恐因聚众，不敢开塔。有敕并许，遂依开发，深一丈余获二古碑，并周魏之所树也。文不足观，故不载录。光相照烛，同诸舍利。既出舍利，通现道俗，无数千人，一时同观。②

自此，法门寺地宫形成三十年一开的规矩，而且开启了唐朝先后八位皇帝迎请舍利供养的历史。

显庆四年(659)，唐高宗请智琮等人至法门寺迎请舍利，而且提出必须见"瑞相"才能开塔迎请。显庆五年(660)三月，迎佛骨入东都洛阳内道场供养。《大唐圣朝无忧王寺大圣真身宝塔碑铭》说："(贞观)至显庆五年盖三十霜矣，八部瞻仰，再□开发，即以其年二月八日□□□□□□□奉迎

---

① 王昶编《金石萃编》卷一百一，第1页。
②《集神州三宝感通录》卷上，《大正藏》第52卷，第406页下。

护舍利。二圣亲造九重宝函。"龙朔二年(662),唐高宗才将舍利送归法门寺。

武则天久视元年(700)七月,有胡僧奏请开启地宫瞻仰佛指舍利,因狄仁杰力谏而暂且停止。长安(704)四年,武则天派遣凤阁侍郎崔玄暐、沙门法藏、文纲等前往法门寺迎奉佛骨。《唐大荐福寺故寺主翻经大德法藏和尚传》:

> 长安四年冬杪于内道场,因对扬言及岐州舍利是阿育王灵迹,即魏册所载扶风塔是。则天特命凤阁侍郎博陵崔玄暐,与藏偕往法门寺迎之。时藏为大崇福寺主,遂与应大德纲律师等十人俱至塔所,行道七昼夜,然后启之,神辉煜爠。藏以昔尝炼指,今更镌肝,乃手擎兴愿,显示道俗。舍利于掌上腾光,洞照遐迩。……岁除日,至西京崇福寺。是日也,留守会稽王率官属及五部众投身道左,竞施异供,香华鼓乐之妙,蒙瞆亦可睹闻。洎新年端月孟旬,有一日入神都,敕令王公已降,洛城近事之众,精事幡华幢盖,仍命太常具乐奏迎,置于明堂。观灯日,则天身心护净,头面尽虔,请藏捧持,普为善祷。①

佛指舍利先在西京崇福寺停留,后起程奉送东都洛阳,供养在东都宫中明堂。神龙元年(705),武则天病重,宰相张柬之乘机发动宫廷政变,武则天亦于当年死去。中宗李显即位,在宫中供养佛骨三年,景龙二年(708),才派沙门文纲送奉佛骨归还法门寺。景龙四年,李显旌表法门寺为"圣朝无忧王寺",题舍利塔为"大圣真身宝塔",增度僧49人。后来,考古学家在法门寺地宫前室,发现大批绣金织锦和武则天献佛的绣裙与金袈裟。而中室发现高一六四公分的白玉灵帐,其上即有铭文:"大唐景龙二年戊申二月己卯朔十五,沙门法藏等造白石灵帐一铺,以其舍利入塔,故书记之。"此次迎奉佛指舍利的活动,前后达四年,为时最长。以后

---

① 《唐大荐福寺故寺主翻经大德法藏和尚传》,《大正藏》第50卷,第283页下—284页上。

迎请佛骨，一般以两三个月为主。

唐肃宗上元元年(760)，肃宗派遣法灯、中史宋合礼、京兆府尹崔光远到法门寺开启地宫，迎请佛骨舍利，供养于京师禁中道场。于七月一日展供，献赠甚奢，沉檀香三百两，王公大臣前来礼拜献施。此次迎佛骨为时两个月，因为战火混乱、规模不大，供养亦不丰厚。

至唐德宗时代，《资治通鉴》卷二百三十三记载："(贞元)六年(790)，春，诏出岐山无忧王寺佛指骨迎置禁中，又送诸寺以示众。倾都瞻礼，施财巨万。二月，乙亥，遣中使复葬故处。"①《旧唐书·德宗纪下》载，贞元六年春二月，"岐州无忧王寺有佛骨寸余，先是取来禁中供养。乙亥，诏送还本寺。"②

在唐代历史上，迎奉佛骨与谏拒佛骨一直同时存在。韩愈的《谏佛骨表》是上书唐宪宗，极陈迎请佛骨的弊端。《资治通鉴》卷二百四十记载：元和十三年(818)十一月，"功德使上言：'凤翔法门寺塔有佛指骨，相传三十年一开，开则岁丰人安，来年应开，请迎之。'十二月，上遣中使帅僧众迎之。"十四年(819)春正月，"中使迎佛骨至京师，上留禁中三日，乃历送诸寺，王公士民瞻奉舍施，惟恐弗及，有竭产充施者，有然香臂顶供养者"③。佛指供奉于皇宫内院期间，宪宗更是事佛至诚，日日素衣斋戒，写《七律·无题》诗一首，对佛舍利至高无上的推崇。

"会昌法难"期间，唐武宗下令不许供养法门寺地宫佛骨。唐懿宗咸通十二年(871)八月，整修法门寺地宫，寻找抛撤的佛指骨，安置敬供在地宫内。咸通十四年(873)，懿宗派遣使臣与京都左右街大德僧数十人到法门寺迎佛骨。入禁中三日后，奉送京中安国寺、崇化寺瞻仰供养。《大唐咸通启送岐阳真身志文》记载：

十四年三月廿二日，诏供奉官李奉建功、高品彭延鲁、库家齐询

---

① 《资治通鉴》卷二百三十三，北京：中华书局，2007年，第2884页。
② 《旧唐书》卷十三，第368页。
③ 《资治通鉴》卷二百四十，北京：中华书局，2007年，第2977—2978页。

敬、承旨万鲁文与左右街僧录清澜、彦楚，首座僧澈、惟应，大师重谦、云颢、慧晖等同严香火，虔请真身。时凤翔监军使王景珣，观察判官元充咸来护送。以十二月十九日自京都护送真身来本寺。……以十五年正月初四日归安于塔下之石室。玉棺金箧，穷天上之庄严；蝉翼龙纹，极人间之焕丽。叠六铢而斥映，积秘宝以相鲜，皇家之厚福无涯，旷劫之良因不朽，仍令高品彭延鲁、内养冯全璋颁赐金银绢等。①

懿宗对这次迎请佛骨非常重视，供奉活动前后将近一年。《新唐书》卷一百八十一记载：

> 咸通十四春，诏迎佛骨凤翔，或言："昔宪宗尝为此，俄晏驾"。帝曰："使朕生见之，死无恨！"肠管以金银为刹，珠玉为帐，孔翠周饰之，小者寻丈，高至倍，刻檀为檐注，陛城涂黄金，每一刹，数百人举之。香与前后系道，缀珠瑟瑟幡盖，残彩以为幢节，费无赀限。夏四月，至长安，彩观夹路，其徒导卫。天子御安福楼迎拜，至泣下。诏赐两街僧金币，京师耆老及见元和事者，悉厚赐之。不逞小人至断臂指，流血满道。所近乡聚，皆衰土为刹，相望于途，争以金翠扶饰。传言刹悉震摇，若有光景云。京师高赀相与集大卫，作缯台缦阙，注水银为池，金玉为树木，聚桑门罗像，考鼓鸣螺继日夜，锦车绣舆，载歌舞从之。②

地宫内刻置《大唐咸通启送岐阳真身志文》和《监送真身使随真身供养道具及金银宝器衣物帐》便是记载这次舍利迎奉的经过以及供养的金银珠宝等账目，从中可见当时的盛况。

当时，法门寺佛指舍利因皇室的供奉而名扬天下。同时，唐代长安城内有四颗佛牙，分别收藏在大庄严寺、崇圣寺、荐福寺和兴福寺，这些

---

① 李发良：《法门寺志》，西安：陕西人民出版社，1995年，第249—250页。
② 《新唐书》卷一百八十一，第5354页。

寺院分别举办"佛牙供养会"。圆仁《入唐求法巡礼行记》对佛牙会的盛况,与信众的真诚与虔敬,进行了详细的描述:

> 蓝田县从八日至十五日,设无碍茶饭,十方僧俗尽来吃。左街僧录体虚法师为会主。诸寺赴集,各设珍供,百种药食,珍妙果花,众香备严,供养佛牙,及供养楼廊下敷设,不可胜计。佛牙在楼中庭,城中大德尽在楼上随喜赞叹。举城赴来礼拜供养。有人施百石粳米、廿石粟米;有人施无碍供馔头足;有人施无碍供杂用钱足;有人供无碍薄饼足;有人施诸寺大德老宿供足。如是各各发愿布施庄严佛牙会,向佛牙楼散钱如雨。①

同时,圆仁亦记载唐代五台山有辟支佛牙和顶骨。

所以,舍利供养法会不仅佛教界的盛会,而且全社会参与,促进社会民众对佛教的认同。

第三节 隋唐佛教的社会慈善事业

隋唐佛教的社会慈善事业,包括在佛教福田、慈悲等思想的影响下,设置悲田养病坊、宿坊等慈善机构,开展救贫赈灾、土木建设等。

一、隋代佛教的慈善事业

隋代佛教在隋文帝、隋炀帝等的支持下,大力进行各种慈善事业。名僧举行法会或为帝王授戒说法之后,信徒与帝王都会给予相当多的供养金,这些僧人往往会将这些钱用来做一些救济事业。如《续高僧传·吉藏传》说:"藏法化不穷,财施填积,随散建诸福田。用既有余,乃充十无尽藏,委付昙献,资于悲敬。"②《续高僧传·德美传》云:"故自开皇之

---

① [日]圆仁:《入唐求法巡礼行记》卷三,上海:上海人民出版社,1986年,第148页。
② 《续高僧传》卷十一《吉藏传》,《大正藏》第50卷,第514页上。

末,终于大业十年,年别大施,其例咸尔。……悲敬两田,年常一施,或给衣服,或济糇粮。"①对贫苦百姓的救济,除了金钱之外,则以衣服或粮食最为常见。在隋末战乱的时候,寺院往往成为社会救济事业的中心,《续高僧传·道宗传》说:"大业季历,荐馁相寻,丘壑填骸,人民相食。惟宗偏广四恩,开化氓隶。施物所及,并充其供。故蒲州道悊、同州道宗……情同拯济,腾实广焉。"②而且,寺院收留难民,《集神州三宝感通录》卷上:"大业末岁,群盗互阵。寺在三爵台西葛屦山上,四乡来投,筑城固守。人物拥聚,尺地不空,塔之上下,重复皆满。"③寺院的慈善功能由此可见一斑。

同时,僧人在政府释放囚犯的时机,说法开示,进行心灵的改造。如《国清百录》卷三《智𫖮答放徒流书》:

> 开府学士柳顾言宣教:金光明行法究竟,如十五月清净圆满,恩放徒流,矜免鞭罚……爰开狱门,杻械解脱,徒流原宥,莫不蹈舞。殿庭称恩,感戴加复。送以胜幡,仍悬宝塔,登高散华,烧香朗烛,并留供设,说法开示,咸令向善。④

隋文帝、隋炀帝受佛教影响而敕释囚犯,释放徒流之后,能"说法开示,咸令向善"。而且,僧人向囚犯布施衣物或劝化说法,助成社会的教化。

同时,隋代僧人亦利用自身的号召力,以社邑等组织为依托,募集款项,促成社会公益事业。如《八琼室金石补正》卷二十四中,开皇六年(586)立《仲思那等造桥碑》记载:

> 盖形同石火,忽有便无,命似浮泡,倏存还灭。若不倾心舍命,如萨埵之投骸,尅己精诚……今大邑主仲思那等卅人,谨见村南分

---

① 《续高僧传》卷二十九《德美传》,《大正藏》第 50 卷,第 697 页上。
② 《续高僧传》卷十四《道宗传》,《大正藏》第 50 卷,第 534 页中。
③ 《集神州三宝感通录》卷上,《大正藏》第 52 卷,第 410 页上。
④ 《国清百录》卷三,《大正藏》第 46 卷,第 808 页下。

派成地……阻隔长衢,遂使阳朱泣分岐之泪……谨于此处敬造石桥。①

隋代继承北齐、北周的社邑特点,不严格限制寺院和僧人的数量,以僧官统治僧人,僧俗往来颇为自由,所以僧俗共组的义邑、法义遍及城市与农村。

二、唐代的悲田养病坊

悲田养病坊是设置在寺院之内的一种半官半民的疗养所,后来逐渐演变为寺院的慈善事业,包含了救济贫困、疗养疾病、施药、抚慰孤独等功能。中国古代很早就有与其性质相类的孤独院与养济院。《事物原会》记载:"凡国都有掌孤,举凡孤幼不能自生者属之,其亲戚故人养一孤者,一子无征;二孤者,二子无征。本古制也。至梁武帝普通二年(521)辛丑,诏置孤独院。"还载有"疾官(馆)",类同后世之养济院,"南齐文惠太子立六疾馆;后魏宣武帝诏太常立馆,使京畿内外疾病者咸令居处,使医治之"。② 所以,唐代的悲田养病坊是以前孤独院和疾馆的余绪,二者不同之处在于唐代悲田养病坊的经办权是唐政府和佛教寺院间频繁更迭。

唐代武则天长安年间(701—704),开始创办悲田养病坊。《唐会要》卷四十九记载:

> 开元五年(717),宋璟奏:悲田养病,从长安以来,置使专知。国家矜孤恤穷,敬老养病,至于安庇,各有司存。今骤聚无名之人,著收利之便,实恐逋逃为薮,隐没成奸。……会昌五年(845)十一月,李德裕奏云:恤贫宽疾,著于周典,无告常馁,存于王制。国朝立悲田养病,置使专知。开元五年(717),宋璟奏悲田乃关释教,此是僧

---

① 《八琼金石补正》卷二十四,北京:文物出版社,1985年,第150页。
② 汪汲:《事物原会》卷六,扬州:广陵古籍刻经社,1989年,第248—250页。

尼职掌,不合定使专知。玄宗不许,至二十二年(734),断京城乞儿,悉令病坊收管,官以本钱收利给之。①

悲田养病坊在长安、洛阳开办,后来渐及诸道诸州乃至全国。宋璟觉得政府不应该监督这些可能"聚无名之人"的宗教机构,而应干脆废止这种机构。他的建议并未为唐玄宗所接受。为了加强控制,开元二十二年(734年),唐玄宗下令"京城乞儿,悉令病坊收养,官以本钱收利给之",养病坊成为官办孤儿院,虽仍由寺僧操理,但经费由国家官本放贷之利息提供。唐代悲田养病坊最初的设立,依宋璟的说法"悲田乃关释教,此是僧尼职掌",可见是佛教界主办,但是也得到政府的支持。《资治通鉴》卷二百一十四《唐纪三十》玄宗开元二十二年十二月亦有"禁京城丐者,置病坊以廪之"②,证明玄宗设置病坊,改由官府经办。但是,《资治通鉴》胡三省注云:"时病坊又分署于诸寺,以悲田养病,本于释教也。"可见后来分署于诸寺。

唐肃宗至德二年(757),又于两京市各置普救病坊,由官府经办。"会昌法难"后,全国寺院几乎全废,僧尼被迫还俗,导致"悲田坊无人主领",使贫病无告者之救济大成问题。李德裕即上奏筹建病坊,《论两京及诸道悲田坊状》说:

> 今缘诸道僧尼尽已还俗,悲田坊无人主管,必恐病贫,转致困穷。臣等商量,缘悲田出于释教,并望更为养病坊。其两京及诸州,合于子录事,耆年拣一人,有名行谨信为乡闾所称者,专令勾当。其两京望给寺田十顷,大州镇望给寺田七顷,其他诸州望委观察使量贫病多少给田五顷、三二顷,以充粥饭。如州镇有羡余官钱,量与置本,收利最为稳便。③

---

① 王溥:《唐会要》卷四十九,上海:上海古籍出版社,2006年,第1010页。
② 司马光:《资治通鉴》卷二百一十四,北京:中华书局,2007年,第2629页。
③ 《全唐文》卷七百三,上海:上海古籍出版社,1990年,第3201页。

李德裕奏请改"悲田养病坊"为"养病坊",去掉佛教"悲田"原名。为了让养病坊有稳定的资金粮食来源,李德裕又奏请每坊给田五至十顷,其他诸州由观察使视贫病者多少而定,以田产充被收济者之粥食。李德裕的奏状获准后,养病坊的经营由僧尼转移到地方上的德高望重者手里,仍照原样继续存在,而费用由国家支付。《全唐文》卷七十七收录武宗的《选耆寿勾当悲田养病坊勅》说:"悲田养病坊,僧尼还俗无人主持,恐残疾无以取给,两京量给寺田赈济,诸州府七顷至十顷,各于本营,选耆寿一人勾当,以充粥料。"①

这样,悲田养病坊又交由官府经办。如段成式(约 803—863 年)《酉阳杂俎》说:"成都乞儿严七师,幽陋凡贱,涂垢臭秽不可近,言语无度,往往应于未兆。居西市悲田坊。"②至唐懿宗时代,养病坊又由僧人经办,唐懿宗《疾愈推恩敕》说:

> 朕比寒暑致疾,绵滞经时。今旬朔之间,寝膳已复。蒙天地保祐,宗社宠灵,既疾痛之有瘳,念疲羸之无告,为之父母,得不悯伤。虑赦令之或频,则奸人之得计,倘恩惠之远布,冀穷氓之稍苏。应天下百姓僧尼道士女冠等,有年七十以上,疾病症痼,委顿床榻者,宜各赐绢两匹。在军旅行阵,经敌伤害手足眼目,不能营生,亦各赐绢两匹。应州县病坊贫儿多处,赐米十石,或数少处,即七石、五石、三石。其病坊据元敕各有本利钱,委所在刺史录事参军县令纠勘,兼差有道行僧人专勾当,三年一替。如遇风雪之时,病者不能求丐,即取本坊利钱,市米为粥,均给饥乏。如疾病可救,即与市药理疗。其所用绢米等,且以户部属省钱物充。速具申奏,候知定数,即以藩镇所进贺疾愈物支还所司。此敕到,仰所在州县写录敕,榜於州县门,并坊市村间要路。其州县所给恤绢米,恐下吏之所隐欺,仍委刺史

---

① 《全唐文》卷七十七,第 351 页。
② 段成式:《酉阳杂俎》前集卷三,北京:中华书局,1981 年,第 225 页。

县令设法颁布,不得令不到本身。所在给恤之后,一一分析闻奏,俾令速济疾病,称朕意焉。①

全国收容贫儿多的养病坊由政府给米十石,少者按比例给七石、五石、三石。管理仍照原样,在有道行的僧人中挑选,每三年轮换一次。如遇风雪日,病人不能出外行乞求食,则取养病坊基金的利息买米煮粥,以供饥饿病人。对患疾病者,买药治疗,其费用从官署户部省领取。

但是,仍然有僧人自置病坊,收容贫病。《太平广记》卷九十五引唐牛肃《纪闻·洪昉禅师》云:"昉于陕城中,选空旷地造龙光寺,又建病坊,常养病者数百人。"②但是,唐末佛教寺院所经办的悲田养病坊已经形微势衰,无法重现以前的宏观局面。

三、唐代寺院的宿房

寺院本为佛教四众弟子的家园,游方僧可至任一佛寺挂单。但是,随着佛教深入民间,寺院亦逐渐接纳俗人至寺院食宿,为官民文人寓宿提供方便,于是逐渐具了宿坊的社会功能。

在南北朝时期,寺院便开始接纳外客。刘宋永初(420—422)间,庐山隐士周续之入京,"馆于安乐寺"③;梁朝时,齐高帝孙萧子范无居宅,寄居建康招提寺僧房;另一孙萧子云,侯景之乱时,寄居晋陵显云寺饿毙。④北齐李概出使陈朝,见"江南多以僧寺停客"⑤,可知在南朝末年,官民停宿佛寺的现象非常普遍。北朝魏孝武帝时,仆射魏兰根害怕犯罪,"去宅避于寺"⑥。北齐文宣帝纵酒,侍中高德正屡进忠言,文宣帝不悦,高德正

---

① 《全唐文》卷八十四,第 386 页。
② 《太平广记》卷九十五,上海:上海古籍出版社,1990 年,第 508 页。
③ 《宋书》卷九十三,第 2280 页。
④ 《南史》卷四十二,第 1071、1076 页。
⑤ 《北史》卷三十三,第 1212 页。
⑥ 《北齐书》卷二十三,第 331 页。

"甚忧惧,乃移疾,屏居佛寺,兼学坐禅,为退身之计"①。北朝佛寺寓居者多为高官与高门,寺院具有避难的作用,这与南朝佛寺停客的功能略有不同。

唐代佛教的蓬勃发展,寺院作为整个社会的中心之一,承担了许多社会功能。寺院作为寓馆,最大的客人来源是文人学子。随着科举制度的盛行,学子参加科举考试,路途之上大都投宿各地的寺院中。《唐会要》卷七十六说:

> 元和三年三月敕:制举人试讫,有逼夜纳策,计不得归者,并于光宅寺止宿。应巡检勾当官吏,并随从人等,待举人纳策毕,并赴保寿寺止宿。仍各仰金吾卫使差人监引,送至宿所,如勾当,勿令喧杂。②

因为科举考试经常进行到夜里,无法返回寓所的考生,则以光宅寺为宿舍;监考和执事人员以及考生带来的随从等人,要等到考试完毕后,安排到保寿寺住宿。一切人等均不得喧哗。

大历以后直唐末,文坛盛行流寓佛寺、诗文酬唱的风气。《全唐诗》中的数百篇"宿寺诗",表明文人士子"寄兴江湖"的云游,行迹倥偬,步履交叠,大抵以佛寺为逆旅。③"山寺每游多寄宿,都城暂出即经旬"④,是当时寓寺风习的写照。而且,文友数人共寓一寺,称为"宿会"。"宿会"之时,文友们对月把盏,诗文酬唱,交流情感。唐代"佛寺宿会"作为一种社会文化现象,引起宋人注意,《文苑英华》中特集"宿会诗"⑤,集中展示着特别氛围中的文人情怀。如刘得仁《冬夜与蔡校书宿无可上人院》:

> 儒释偶同宿,夜窗寒更清。忘机于世久,晤谈恐天明。

---

① 《北史》卷三十一,第1139页。
② 《唐会要》卷七十六,第1649页。
③ 张弓:《汉唐佛寺文化史》(下),北京:中国社会科学出版社,1997年,第1020页。
④ 白居易:《游丰乐、招提、佛光三寺》,见《全唐诗》卷四百五十九。
⑤ 《文苑英华》卷二百一十七《宿会诗》。

> 月倒高松影,风旋一磬声。真门犹是幻,不用觉浮生。

刘得仁"出入举场三十年"不得登第。在京师天仙寺的冬夜,彼此诉说着人生际遇的坎坷。

官员、考生、文人乃至一般民众,经常借宿寺院,时间上长短不一。如《续高僧传·彦琮传》记载,彦琮回赵郡讲《无量寿经》,当时太原王邵任赵郡佐,"寓居寺宇,听而仰之,友敬弥至"。①《资治通鉴》记载:开元四年(716),"姚崇无居第,寓居罔极寺,以病痁谒告,上遣使问饮食起居状,日数十辈。"②罔极寺是神龙元年(705),武则天为太平公主在大宁坊所建的寺院,以牡丹花著称。

遍布全国各地的佛寺,自然成为朝圣的僧人和信徒的驿站,同时也是寄客的传舍。《续高僧传·慧序传》记载,慧序住在梁(今陕西汉中)益(今四川成都),见百牢关位居冲要,"四方所归",却没有寺院,"道俗栖投,往还莫寄"。慧序于是在关口建菩提寺,"用接远宾,故行侣赖之"③。圆仁《入唐求法巡礼行记》记载了晚唐时代由冀晋"普通院"的传舍布局。所谓"普通院",就是"常有饭粥,不论僧俗来集,便僧房宿。有饭即与,无饭不与,不妨僧俗赴宿"④,这是一种免费、开放的休息站。东道是上山的路线,从恒州行唐县(今河北行唐)起,依次经历普通院有(二十五里至)黄山八会寺、(二十里至)刘使普通院等,最后到达停点普通院,进入五台山境内。南道的起点是大贤岭普通院,依次经过五台县建安寺、定襄县七岩寺,一直至古城普通院,自古城"行十五里,到太原府",这是下山的路线。所以,在名山古刹,佛寺的传舍有序分布着,显示了佛寺寄寓利人规模之宏大。普通院在宋代仍然存在,《大宋僧史略》记载:"普通,今五

---

① 《续高僧传》卷二《彦琮传》,《大正藏》第50卷,第436页中。
② 《资治通鉴》卷二百一十一,第2595—2596页。
③ 《续高僧传》卷二十四《慧序传》,《大正藏》第50卷,第638页下。
④ [日]圆仁:《入唐求法巡礼行记》卷二,上海:上海古籍出版社,1986年,第102页。

台山有多所也。"①

佛寺寄居蔚然成风,僧俗同住,容易滋生弊端。道宣说:"僧房堂诸俗受用,毁坏损辱,情无所愧。"②而且,随着寄居者的增多,外来挂单的僧人亦无处安置。圆仁《入唐求法巡礼行记》记载山东省登州开元寺:"尽安置官客,无闲房,有僧人来,无处安置。"③宝应元年(762)八月,唐代宗下《禁断公私借寺观居止诏》:

> 道释二教,用存善诱,至于像设,必在尊崇。如闻州县公私,多借寺观居止,因兹亵黩。切宜禁断,务令清肃。其寺观除三纲并老病不能支持者,余并仰每日二时行道礼拜。如有弛慢,并量加科罚。④

贞元五年(789)三月,唐德宗下《修葺寺观诏》:"释道二教,福利群生,馆宇经行,必资严洁。自今州府寺观,不得宿客居住。屋宇破坏,各随事修葺。"⑤《佛祖统纪》卷四十二记载,唐宣宗大中三年(849),宣州刺史裴休言:"天下寺观,多为官僚寄客蹂践,今后不得在寺居止,违者重罚,制可。"⑥常衮代朝廷所拟《禁天下寺观停客制》详细地叙述当时的情形:

> 敕:释教本以助化,道家先于理国,惩恶劝善,以齐死生,薰然慈仁,美利天下,所庇者大,所益者深,故历代崇尚而弗易也。朕以元元烈祖,庆我昌运;西方圣人,福兹下土;常所尽敬,敢忘致诚。且至真之体,尚于精洁,流俗所尊,不宜亵慢。如闻天下寺观,多被军士及官吏诸客居止,狎而黩之,曾不畏忌。缁黄屏窜,堂居毁撤,寝处

---

① 《大宋僧史略》卷上,《大正藏》第54卷,第237页上。
② 《四分律删繁补缺行事钞》卷下之三,《大正藏》第40卷,第135页上。
③ [日]圆仁:《入唐求法巡礼行记》卷二,上海:上海古籍出版社,1986年,第86页。
④ 《全唐文》卷四十六,第219页。
⑤ 《全唐文》卷五十二,第244页。
⑥ 《佛祖统纪》卷四十二,《大正藏》第49卷,第387页上。

于众设之门,庖厨于廊庑之下。缅然遐想,慨叹良深,自今已后,切宜禁断。其军士委州县长吏与本将商量,移于稳便处安置。其官吏诸客等,频有处分,自合遵承,仰敕到当时发遣。应尊像有损坏处,俾随事修补;其有诸神所居,载在祀典,灵迹昭著,福及生人者,如有毁废,亦宜增葺。且王者以清净统法,圣人以神道设教,精意所在,感而遂通。非徼福于朕躬,斯降祥于黎庶,申明诏旨,用悉劳怀。①

佛教界的呼声与政府的政策,都反映了当时官民寄居佛寺非常盛行,已经严重影响了佛教的庄严与清净的形象。

第四节 唐五代的俗讲与变文

一、唐五代的讲经仪轨

唐代的讲经仪轨,来源于自晋宋以来形成的梵呗、转读、唱导、唱读。② 晋代道安在制定僧制时,"所制僧尼轨范,佛法宪章,条为三例:一曰行香上座,上经上讲之法"③,其中便有讲经制度。但是,由于资料的限制,我们一直很难清楚地了解历代的讲经仪轨。在敦煌文献中,发现了大量讲经文及俗讲的仪式,使我们能够还原当时讲经法会的仪式程序,从而恢复当时法会的真实场景。

唐代的讲经,由于对象及作用等的不同,可以分为僧讲与俗讲,圆珍《观普贤菩萨行法经记》中说:

> 言讲者,唐土两讲:一俗讲,即年三月就缘修之,只会男女,劝之输物,充造寺资,故言俗讲(僧不集也)云云;三僧讲,安居月传讲是

---

① 《全唐文》卷四百十,第1861页。
② 张弓先生认为经、导两科的文部和声部,共汇为俗讲的初源;唐代俗讲的源头,在于中古释门的声业。见《汉唐佛寺文化史》(上),北京:中国社会科学出版社,1997年,第459页。
③ 《高僧传》卷五,《大正藏》第50卷,第353页中。

（不集俗人类，若集之，僧被官责）。上来两寺，皆申所司（就经奏，外申州也。一日为期），蒙判行之。若不然者，寺被官责云云。①

所以，俗讲专为世俗在家信徒讲经，僧讲则严禁俗人介入。二者相对而名，本就听众分之，但是肯定没有那么绝对化。两者虽然对象不同，但其讲经仪轨一定相差不多，所以我们可以利用敦煌文献及其他记载，来考察讲经仪轨的次第。

随着敦煌文献的发现，对于唐代俗讲制度的研究，国际学界已取得丰硕的成就，大谷光照、那波利贞、福井文雅、道端良秀、向达、孙楷第、王文才、姜伯勤、张弓诸位先生都作过研究。② 但是，相对于俗讲，僧讲的研究则十分薄弱，所以我们有意于恢复僧讲的讲经制度。圆仁《入唐求法巡礼行记》中记载了开成四年（839年）十一月廿二日"赤山院讲经仪式""新罗一日讲仪式""新罗诵经仪式"三种讲经仪式，详细描写了当时的盛况。③ 随着P.3849《俗讲仪式》（S.4417略同）及敦煌各种讲经文的发现④，补充了圆仁记录的不足。下面，我们将这四种仪式列成表格如下：

---

① 《佛说观普贤菩萨行法经记》卷上，《大正藏》第56卷，第227页下。
② ［日］大谷光照：《唐代の佛教仪礼》，东京：有光社，1937年。
　［日］那波利贞：《唐代社会文化史研究》，东京：创文社，1988年，第3版。
　［日］福井文雅：《讲经仪式の组织内容》，［日］福井文雅、牧田谛亮编：《讲座敦煌·7·敦煌と中国佛教》，东京：大东出版社，1984年。
　［日］道端良秀：《唐代佛教史の研究》，京都：法藏馆，1983年。
　向达：《唐代俗讲考》，《唐代长安与西域文明》，北京：三联书店，1987年。
　孙楷第：《唐代俗讲轨范及其本之体裁》，周绍良、白化文编：《敦煌变文论文录》，上海：古籍出版社，1982年。
　王文才：《俗讲仪式考》，《敦煌学论集》，兰州：甘肃人民出版社，1985年。
　姜伯勤：《敦煌艺术宗教与礼乐文明》，北京：中国社会科学院出版社，1996年。
　张弓：《汉唐佛寺文化史》（上、下），北京：中国社会科学院出版社，1997年。
③ ［日］圆仁：《入唐求法巡礼行记》卷二，上海：上海古籍出版社，1986年，第73—74页。
④ 黄征、张涌泉：《敦煌变文校注》中收集有《长兴四年中兴殿应圣节讲经文》、《金刚般若波罗蜜讲经文》、《佛说阿弥陀经讲经文》（一、二、三）、《妙法莲华经讲经文》（一、二、三、四）《维摩诘经讲经文》（一、二、三、四、五、六、七）、《双恩记》、《佛说观弥勒菩萨上生兜率天经讲经文》、《父母恩重讲经文》（一、二）、《盂兰盆经讲经文》。北京：中华书局，1997年。

赤山院讲经仪式	新罗一日讲仪式	新罗诵经仪式	P.3849《俗讲仪式》
辰时,打讲经钟,打惊众钟讫,良久之会,大众上堂,方定众钟。讲师上堂,登高座间,大众同音称叹佛名,音曲一依新罗,不似唐音。讲师登座讫,称佛名便停。时有下座一僧作梵,一据唐音,即"云何于此经"等一行偈矣。至"愿佛开微密"句,大众同音唱云"戒香、定香、解脱香"等。颂梵呗讫,讲师唱经题目,便开题分别三门。释题目讫,维那师出来,于高座前读申会兴之由,及施主别名,所施物色申讫,便以其状转与讲师。讲师把麈尾,一一申举施主名,独自誓愿,誓愿讫,论义者论端举问。举问之间,讲师举麈尾,闻问者语。举问了,便倾麈尾,即还举之,谢问便答。贴问贴答,与本国同,但难仪式稍别。侧手三下后,申解白前,卒尔指难,声如大嗔人,尽音呼诤。讲师蒙难,但答不返难。论义了,入文读经。讲讫,大众同音长音赞叹,赞叹语中有回向词。讲师下座,一僧唱"处世界如虚空"偈,音势颇似本国。讲师升礼盘,一僧唱三礼了,讲师大众同音,出堂归房。更有覆(同"复")讲师一人,在高座南下座,便谈讲师昨所讲文,至"如含义"句。讲师牒文释义了,覆讲亦读。读尽昨所讲文了,读师即读次文,每日如斯。	辰时打钟,长打拟了,讲师、都讲二人入堂。大众先人列坐,讲师、读经入堂之会,大众同音称叹佛名长引。其讲师登北座,都讲登南座了,赞佛便止。时有下座一僧作梵,"云何于此经"等一行偈也。作梵了,南座唱经题目,所谓唱经长引,音多有屈曲。唱经之会,大众三遍散花;每散花时,各有所颂。唱经了,更短音唱题目。讲师开经目,三门分别,述经大意。释经题目竟,有维那师披读申事兴所由。其状中具载无常道理、亡者功能、亡逝日数。	大唐唤作"念经":打钟定众了,下座一僧起打搥,唱"一切恭敬礼常住三宝"。次一僧作梵,"如来妙色身"等两行偈,音韵共唐一般。作梵之会,一人擎香盆,历行众座之前,急行行便休,大众同音诵摩诃般若题数十遍也。有一师,陈申诵经来由了,大众同音诵经,或时行经本,或时不行经本。念经了,导师独唱"归依佛、归依法、归依僧",次称佛菩萨号。导师唱云:"南无十二大愿",大众云"药师瑠璃光佛"。导师云:"南无药师也",大众同音云:"瑠璃光佛"。导师云:"南无大慈悲也",大众同音云:"观世音菩萨"。余皆如是。礼佛了,导师独结愿回向,回向稍长。回向之后,导师云:"发心",大众同音亦云:"发心"。次导师唱发愿已竟,顶礼三宝。次施主擎施物坐,导师与咒愿,便散去。	夫为俗讲,先作梵了;次念菩萨两声,说押座了;素旧(唱)《温室经》,法师唱释经题了,念佛一声,便一一说其经题字了,便说经本文了;便说十波罗密等了,便念念佛赞了;便发愿了,便又念佛一会;便回[向]发愿取散云云。 已后便开《维摩经》。讲维摩,先作梵,次念观世音菩萨两三声;便说押座了,便素唱经文了;唱曰法师自说经题了,便说开赞了,便庄严了,便念佛一两声了,法师科三分经文了,念佛一两声,便一一说其经题名字了,便入经说缘喻了,便说念佛赞了,便施主发愿了,便回向发愿取散。

另外,元照在《四分律行事钞资持记·释导俗篇》中阐述了讲经的"十法":

> 初礼三宝;二升高座;三打磬静众(今多打木);四赞呗(文是自作,今并他作,声绝秉炉,说偈祈请等);五正说;六观机进止,问听如法,乐闻应说(文中不明,下座今加续之);七说竟回向;八复作赞呗;九下座礼辞。僧传云:周僧妙每讲下座,必合掌忏悔云:佛意难知,岂凡夫所测,今所说者,传受先师,未敢专辄。乞大众,于斯法义,若是若非,布施欢喜。最初鸣钟集众,总为十法,今时讲导宜依此式。①

由于元照只是提出一些仪轨的纲目,所以很难了解其仪轨的详细次第。但是,综合所有文献,便能对唐代的讲经仪轨有所了解。

1. 讲经法会的主要成员

从圆仁的记载,可以看出讲经法会除了讲经法师以外,肯定还有其他僧人如都讲、维那、呗师等共同来主持法会。《续高僧传》卷一《勒那摩提传》中说:"虽然法事所资,独不能建,都讲、香火、维那、梵呗咸亦须之。"②卷二十五《僧意传》中说到僧意死时,"其都讲住在光州,自余香火、呗匿散在他邑"。③ 所以,在讲经法会中,主要成员有讲师、都讲、维那、呗师、香火、散花师等。

在讲经法会中,最主要的人物当然是讲师,但是,讲师在各种文献中的称呼不是很统一。圆仁《入唐求法巡礼行记》卷一中说:

> 又有化俗法师,与本国道"飞教化师"同也。说世间无常、苦、空、之理,化导男弟子、女弟子,呼道化俗法师也。讲经、论、律、记、疏等,名为座主、和尚、大德。若纳衣收心,呼为禅师,亦为道者。持

---

① 《四分律行事钞资持记》卷下三,《大正藏》第40卷,第404页中。
② 《续高僧传》卷一,《大正藏》第50卷,第429页上。
③ 《续高僧传》卷二十五,《大正藏》第50卷,第647页上。

律偏多,名律大德,讲为律座主,余亦准尔也。①

所以,讲经法师可以称为化俗法师、座主、和尚、大德,但称"化俗法师"并非其位次低于专擅经律的大德。②

都讲是讲经法会中特有的角色,其职责是转读经典。王文才先生以为都讲读经,是依照儒家旧制。③ 汉代经师的门下,有都讲辅佐经师讲授,《后汉书·侯霸传》中说:"师事九江太守房元,治《谷梁春秋》,为元都讲。"④《三国志》〈孙权传〉中说:"(黄龙)二年春正月,魏作合肥新城,诏立都讲、祭酒,以教学诸子。"⑤都讲是祭酒的助手。六朝以来,都讲常在讲席诵经,《魏书》〈祖莹传〉中说:

> 博士张天龙讲《尚书》,选为都讲。生徒悉集,莹夜读书劳倦,不觉天晓。催讲既切,遂误持同房生赵郡李孝怡《曲礼》卷上座。博士严毅,不敢还取,乃置《礼》于前,诵《尚书》三篇,不遗一字。⑥

可以看出,祖莹身为都讲,其职责即在经师开讲前,诵所讲的《尚书》。后来,佛教、道教也采用了儒家的都讲制度。

但是,另有学者从语言学的角度来追溯"都讲"的起源,也给予我们重要的启示。⑦ 在《大明度经》卷一中看到"都讲"的译语,"秋露子曰:如善业为法都讲,最不可及"⑧。与此相当,异译本罗什所译的《小品般若波罗蜜经》卷一中说:"舍利弗言:善哉! 善哉! 须菩提,汝于说法人中,最

---

① [日]圆仁:《入唐求法巡礼行记》卷一,第21页。
② 王文才先生认为化俗法师与其他称号同受美称,不得强为别次。亦难想象,寺院之中,有但为俗讲之主僧,别有专为僧讲之座主。化俗而称法师,并示崇敬。见《俗讲仪式考》,《敦煌学论集》,第102页。
③ 同上。
④ 《后汉书》卷五十六,《二十五史》第2册,上海:古籍出版社、上海书店,1986年,第884页。
⑤ 《后汉书》卷四十七,《二十五史》第2册,第1203页。
⑥ 《魏书》卷八十二,《二十五史》第3册,第2376页。
⑦ [日]福井文雅:《都讲の职能と起源——中国・インド交涉の一接点》,櫛田良洪先生颂寿纪念论文集《高僧传の研究》,东京:山喜房佛书林,1973年。
⑧ 《大明度无极经》卷一,《大正藏》第8卷,第481页下。

为第一。"①所以"法都讲"是"说法人"的异译。《大明度经》是八千颂般若系统,在梵文原典中可以发现,原语是 dharma-kathika。②

"法都讲"的用语,在西晋竺法护译《正法华经》中能看到③,而罗什相应的译语是"说法人",梵文原语是 dharma-kathika。④"说法人",就是讲说佛法的人,汉译通常使用"法师"。事实上,作为说法人,法师与都讲有一定的区别。"法师"的原语是 dharma-bhāṇaka,是诵出佛法的意思。"都讲"的说,与汉语的"唱"相当。所以,在《翻译名义大集》中,dharma-kathikaḥ 的汉译是"宣法者",dharma-bhāṇakaḥ 的汉译则是"说法"。⑤

由于儒家中"都讲"也是经典的讲义者,作为宣法者的汉译语十分适当,所以将 dharma-kathikaḥ 译为"都讲",但只是在翻译时借用这个名词,并非将儒家的都讲制度引入佛教。⑥

都讲在讲经法会中,是为讲师转读诵经,即用一定的声法啭经,《续高僧传》卷五中说:"昔弥天释道安,每讲于定坐后,常使都讲等为含灵转经三契。"⑦由于转读需要用一定的声调,所以经常用"唱经",如上面"新罗一日讲仪式"中说:"南座唱经题目,所谓唱经长引,音多有屈曲同。"在《续高僧传》中看到"然都讲唱文,诸天神等皆敛容倾耳"⑧,"常为裕之都讲,辨唱明衷,允惬望情"⑨。都讲有时在讲经法会中,充当"论义者",即向讲师发难质问,在《高僧传·支遁传》中说:

---

① 《小品般若波罗蜜经》卷一,《大正藏》第 8 卷,第 539 页下。
② P. L. Vaidya(ed.), *Aṣṭasāhasrikā-Prajñāpāramitā* (Buddhist Sanskrit Text-No. 4)
③ 《正法华经》卷八,《大正藏》第 9 卷,第 95 页下。
④ [日]辛嶋静志:《正法华经词典》,东京:创价大学国际佛学高等研究所,1998 年,第 120 页。
⑤ [日]榊亮三郎:《梵藏汉和四译对校翻译名义大集》(上)(《世界佛学名著译丛》第 12 册),台北:华宇出版社,1984 年,第 199 页。
⑥ [日]福井文雅:《讲经仪式の组织内容》,[日]福井文雅、牧田谛亮编:《讲座敦煌·7·敦煌と中国佛教》,东京:大东出版社,1984 年,第 378 页。
⑦ 《续高僧传》卷五,《大正藏》第 50 卷,第 463 页中。
⑧ 《续高僧传》卷十五,《大正藏》第 50 卷,第 542 页中。
⑨ 《续高僧传》卷二十,《大正藏》第 50 卷,第 588 页下。

> 晚出山阴讲《维摩经》，遁为法师，许询为都讲，遁通一义，众人咸谓询无以厝难；询设一难，亦谓遁不复能通。如此至竟，两家不竭。①

许询为都讲，向支遁发难，而支遁必须回答，如此往返，将讲经法会推向高潮。

维那是寺院的重要执事，在寺中统理僧众杂事，《四分律行事钞》中说：

> 十诵中，时僧坊中无人知时限、唱时至及打犍稚。又无人洒扫涂治讲堂食处，无人相续铺床及教人净果菜食中虫，饮食时无人行水，众乱语时无人弹指等，佛令立维那。声论翻为次第也，谓知事之次第，相传云悦众也。②

维那源于佛制，中国古代寺院设立三纲，即上座、寺主、维那，由维那统御住僧。维那知唱时，打钟是其重要职责，"维那鸣钟而杵自折"③，"维那此日打钟"④。

所以，在讲经法会中，打讲经钟是维那的事情，但是《入唐求法巡礼行记》"赤山院讲经仪式"中说："维那师出来，于高座前读申会兴之由，及施主别名，所施物色申讫，便以其状转与讲师。"⑤维那师所读的状，即讲经的文疏，说明讲经法会的缘起及施主名等。所以，维那在法会中，同时也必须宣读文疏。

呗师，主要是赞呗作梵，如"赤山院讲经仪式"中说"时有下座一僧作梵，一据唐音"，"一僧唱'处世界如虚空'偈"，"一僧唱三礼了"，王文才先

---

① 《高僧传》卷四，《大正藏》第50卷，第348页下。
② 《四分律删繁补阙行事钞》卷上一，《大正藏》第40卷，第6页中。
③ 《续高僧传》卷十八，《大正藏》第50卷，第577页中。
④ 《续高僧传》卷二十五，《大正藏》第50卷，第646页中。
⑤ ［日］圆仁：《入唐求法巡礼行记》卷二，第73页。

生认为作梵僧即是维那①,此不太合乎情理。因为在仪式中已出现维那的名称,如果是维那作梵,应直言维那,不应言"一僧"。所以,我们认为此处的"一僧"即呗师。至于 S.2073《庐山远公话》中所说"维那作梵",维那为赞呗之首,知赞呗次第,也就可以理解了。

香火,即在法会中掌管香与火,相当于现在寺院的"香灯"。由于在法会中,还有散花,所以另有散花师。

所以,在讲经法会中,主要成员有讲师、都讲、维那、呗师、香火、散花师,大家各司其职,才使讲经法会圆满成功。

2. 唐代讲经仪轨的次第

圆仁的记载与敦煌文书的发现,使还原唐代讲经的仪轨成为可能,我们将综合这些文献的记载,以圆仁的记载为基本资料,对照敦煌文书,重新构建唐代讲经仪轨的次第。

(1) 打钟、入堂、礼佛、登座　维那打讲经钟,大众上堂,由呗师领唱,同音称叹佛名。讲师与都讲在佛号声中同时登座,登座完毕后,呗师打磬静众,称佛名便停。关于讲师与都讲的座位,"新罗一日讲仪式"中说:"其讲师登北座,都讲登南座。"可见法会中设座,分列南北。《高僧传》卷十二〈昙邃传〉中说到昙邃与一弟子被坞神请去讲经时,"有两高座,邃在北,弟子在南"。②若讲堂供佛像,则座分东南或东西,如圆珍《观普贤菩萨行法经记》卷上说:"讲堂时正北置佛像,讲师座高,阁在佛东向于;读座短狭,在西南角,或推在佛前。故檀越设开题时,北座言:大众处心合掌听南座唱经题。"③由于受到中国儒家文化的影响,殿堂佛像一般坐北朝南,所以分东西座较多,如梁武帝与诸僧尼共申约禁,作《断酒肉文》,《广弘明集》中说:

> 二十三日旦,光宅寺法云于华林殿前登东向高座为法师,瓦官

---

① 王文才:《俗讲仪式考》,《敦煌学论集》,第106页。
②《高僧传》卷十二,《大正藏》第50卷,第406页下。
③《佛说观普贤菩萨行法经记》卷上,《大正藏》第56卷,第227页下—228页上。

寺慧明登西向高座为都讲,唱《大涅槃经》四相品四分之一,陈食肉者断大慈种义,法云解释。舆驾亲御,地铺席位于高座之北,僧尼二众各以次列坐。①

所以,讲师与都讲登高座,分南北或东西两边而坐,座次大小略有差别。

(2) 作梵　讲师与都讲升高座后,呗师开始作梵。维那与呗师皆在下座,所以称"下座一僧作梵"。道宣《四分律行事钞》中说:"楗稚声绝,先赞偈呗。"②在唐代法照《净土五会念佛略法事仪赞》中有作梵的赞偈:

云何梵?云何得长寿,金刚不坏身,复以何因缘,得大坚固力。云何于此经,究竟到彼岸,愿佛开微密,广为众生说。③

根据唐代道世《法苑珠林》卷三十六《呗赞篇赞叹部》的解释,这首偈出自《涅槃经》④,在北凉昙无谶译的北本、刘宋慧严的南本中看到这首偈,而东晋法显的译本只看见开始的两句。⑤

根据圆仁的记载,呗师作梵的偈子是上述赞偈的后部分:"云何于此经,究竟到彼岸,愿佛开微密,广为众生说。"这是呗师独自唱的。呗师唱完后,大众同音唱"戒香、定香、解脱香"等偈子。在唐代智昇《集诸经礼忏仪》中,我们看到作梵的偈子:

云何梵?云何得长寿,金刚不坏身,复以何因缘,得大坚固力。云何于此经,究竟到彼岸。戒香、定香、慧香、解脱香,解脱知见香,光明云台遍法界,供养十方无量佛,见闻普熏证寂灭。愿佛开微密,

---

① 《广弘明集》卷二十六,《大正藏》第 52 卷,第 299 页上。
② 《四分律删繁补阙行事钞》卷下 3,《大正藏》第 40 卷,第 138 页中。
③ 《净土五会念佛略法事仪赞》,《大正藏》第 47 卷,第 475 页中—下.
④ 《法苑珠林》卷三十六,《大正藏》第 53 卷,第 575 页下。
⑤ 《大般涅槃经》卷三,《大正藏》第 12 卷,第 379 页下;
　《大般涅槃经》卷三,《大正藏》第 12 卷,第 619 页中;
　《大般泥洹经》卷二,"何因得长寿,金刚不坏身,云何受持此,契经甚深义",《大正藏》第 12 卷,第 863 页下。

广为众生说。①

但是，宋、元、明三本是将"愿佛开微密，广为众生说"，放在"究竟到彼岸"后面。同样，在敦煌文书 S.2580 看到"行香说偈文"："戒香、定香、解脱香，光明云台遍法界，供养十方无量佛，见闻普熏证寂灭。"②刚好与《集诸经礼忏仪》相同。那么大众应该同音唱："戒香、定香、解脱香，光明云台遍法界，供养十方无量佛，见闻普熏证寂灭。"这证明圆仁的记载是正确的，而《集诸经礼忏仪》可能是因为印刷的时候出现了误差。

在作梵的时候，如果有施主，应该配合施主拈香，大众同音唱"如来妙色身两行偈"，而不是"戒香、定香、解脱香"。S.6551《佛说阿弥陀讲经文》中说："升坐已了，先念偈，焚香，称诸佛菩萨名。"③行香偈是出自《胜鬘经·如来真实义功德章第一》："如来妙色身，世间无与等，无比不思议，是故今敬礼。如来色无尽，智慧亦复然，一切法常住，是故我归依。"④

（3）唱经题、散花　一般俗讲在都讲唱经题前，都有押座文，但是圆仁的记载都没有涉及。在寺院的僧讲中，由于仪式十分隆重，不需要押座文来镇座静众。⑤作梵后，由都讲唱经题目，"新罗一日讲仪式"中说："南座唱经题目，所谓唱经长引，音多有屈曲。唱经之会，大众三遍散花；每散花时，各有所颂。唱经了，更短音唱题目。"都讲唱经有一定的韵律长短，在唱经的时候，同时由散花师散花三遍。但是，唱经题有时由讲师自己兼任，如"赤山院讲经仪式"中说"讲师唱经题目"，P.3849 中"唱日法师自说经题了"，《续高僧传·法韵传》说："每有宿斋，经导两务，并委

---

① 《集诸经礼忏仪》卷上，《大正藏》第 47 卷，第 464 页上。
② 《入布萨堂说偈文等》，《大正藏》第 85 卷，第 1301 页上。
③ 黄征、张涌泉：《敦煌变文校注》，中华书局，1997 年，第 679 页。
④ 《胜鬘师子吼一乘大方便广经》，《大正藏》第 12 卷，第 217 页上。同样，见《集诸经礼忏仪》卷上，《大正藏》第 12 卷，第 465 页上。
⑤ 姜伯勤先生指出，俗讲讲经与非俗讲讲经的最明显的区别，是俗讲中有不见于正式三藏的押座文与用通俗文体讲唱的说缘喻。见《敦煌艺术宗教与礼乐文明》，第 409 页。

于韵。"①

（4）开题讲经　经过前面隆重庄严的准备，正式的讲经才开始。首先，由讲师开题，科判经文为三分。三分经文常见于讲经文写卷中，如P.2133《金刚般若波罗蜜讲经文》逐句解释本经后，最后说："上来有三：一序分，二正宗，三流通。"②以"序分、正宗分、流通分"科判经典始自东晋道安，如《续高僧传·僧旻传》中说：

> 昔弥天释道安每讲，于定坐后，常使都讲等为含灵转经三契，此事久废。既是前修胜业，欲屈大众各诵《观世音经》一遍。于是合坐欣然，远近相习。尔后道俗舍物，乞讲前诵经，由此始也。③

同样的记载，在《南海寄归内法传》卷四《赞咏之礼》中可以看见：

> 所诵之经，多诵三启，乃是尊者马鸣之所集置。初可十颂许，取经意而赞叹三尊。次述正经，是佛亲说。读诵既了，更陈十余颂，论回向发愿。节段三开，故云三启。④

道安所制定的方法，是来自印度。但是现存讲经文，在开题处并未见三契经文。

"三门分别"既然来自印度，除了平常所说道安的"三分法"，仍然存在着别的"三分法"。P.2064《四分戒本疏卷一》中说：

> 凡欲开发经题，先作三门分别，后乃随文解释。言三门者，第一举宗摄教旨归，第二知教旨归，第三正释戒经题目。⑤

第一举宗摄教旨归，指判摄该经在经、律、论三藏中属于哪一种；第二知教旨归，指判断属于哪部律；第三正释戒经题目，即是解释戒经的题目。

---

① 《续高僧传》卷三十，《大正藏》第50卷，第703页下。
② 黄征、张涌泉：《敦煌变文校注》，第646页。
③ 《续高僧传》卷五，《大正藏》第50卷，第463页中.
④ 《南海寄归内法传》卷四，《大正藏》第54卷，第227页上。
⑤ 《四分戒本疏》卷一，《大正藏》第85卷，第567页上。

这种"三门分别"的起源,有待于日后深入研究。但是在唐代,至少有两种"三门分别"的方法。

（5）誓愿　讲师解释经题后,维那出来宣读文疏。文疏随着施主的不同动机而内容有所不同,如"新罗一日讲仪式"是为亡者举行讲经法会,所以"其状中具载无常道理、亡者功能、亡逝日数";或者为寺院布施作功德,维那读完施主名字及所施物后,转交给讲师,讲师手持麈尾,举施主名,施主在讲师前独自发愿。在讲经法会中,广劝布施,如《续高僧传·宝岩传》中说:

> 及岩之登座也,案几顾望,未及吐言,掷物云崩,须臾坐没,方乃命人徙物,谈叙福门。先张善道可欣,中述幽途可厌,后以无常逼夺,终归长逝。提耳抵掌,达晤时心,莫不解发撤衣,书名记数。①

由于讲师的善巧说法,教化听众布施,是法会中常有的事情。

（6）论义　如"赤山院讲经仪式"中说:

> 誓愿讫,论义者论端举问。举问之间,讲师举麈尾,闻问者语。举问了,便倾麈尾,即还举之,谢问便答。贴问贴答,与本国同,但难仪式稍别。侧手三下后,申解白前,卒尔指申难,声如大嗔人,尽音呼诤。讲师蒙难,但答不返难。②

论义由都讲发质问,讲师一直举着麈尾听;质问完后,讲师放下麈尾,回答问题。③ 论义的目的在于通过发问与回答,使经义得到进一步的明确。

《大宋僧史略·都讲条》说:

> 敷宣之士,击发之由,非旁人而启端,难在座而孤起。故梁武讲

---

① 《续高僧传》卷三十,《大正藏》第50卷,第705页上—中。
② [日]圆仁:《入唐求法巡礼行记》,第73页。
③ 至于讲经法会中所用的麈尾及如意等,见[日]福井文雅:《麈尾新考·仪礼的象征的一考察》,《大正大学研究纪要》第56辑,1971年,第79—101页。另外,见[日]同氏:《讲经仪式における服具の仪礼の意味》,日本佛教学会编《佛教仪礼——その理念と实践》,京都:平乐寺书店,1978年。

经,以枳园寺法彪为都讲,彪公先一问,梁祖方鼓舌端,载索载征,随问随答,此都讲之大体也。……今之都讲不闻击问,举唱经文,盖似像古之都讲耳。①

所以,都讲的职责不仅在于举唱经文,而且设难辨疑、助扬讲义的作用更为重要。

(7) 正式讲经　前面的论义仍然属于开题,"赤山院讲经仪式"中说:"论义了,入文读经,讲讫。"这样才正式进入讲解经文。元照的"十法"说:"五正说,六观机进止,问听如法,乐闻应说(文中不明,下座应加续之)。"这里包含了论义与讲说本经,并为"正说"。

讲解经文,先由都讲唱经文一段,然后讲师解释经义,最后形成讲经文,所以讲经文应为法师讲经的讲义记录。② 如 S.4571、S.3872《维摩诘经讲经文》中,在每段讲经文后面都有"唱将来",下面马上紧接着就是"经云"的经文本身,这就是都讲的唱经。P.2955《佛说阿弥陀经讲经文》残卷中唱词:"都讲阇梨道德高,音律清泠能宛转,好韵宫商申雅调,高著声音唱将来。"③这是讲师嘱咐唱经文的词,下接"经云",是都讲所唱的经文。P.3849《俗讲仪式》中称讲《温室经》为"说经本文",讲《维摩诘经》则是"说缘喻"。因为在讲经法会中,由于所讲的经典义理深奥,讲师必须引用一些譬喻与故事,这就是倡导。这在现在的讲经法会中,也是很常见的。

(8) 回向梵呗　"赤山院讲经仪式"中说:"讲讫,大众同音长音赞叹,赞叹语中有回向词。"元照的"十法"也说:"七说竟回向,八复作梵呗。"这是指讲师讲完经后,讲师与大众一起唱回向词。回向是指将讲经、听经

---

① 《大宋僧史略》卷上,《大正藏》第 54 卷,第 239 页下—240 页上。
② 至于讲经文的详细内容,如讲经文与经疏的关系,讲经文的作者等问题,请见[日]平野显照:《讲经文の组织内容》,[日]福井文雅、牧田谛亮编:《讲座敦煌·7·敦煌と中国佛教》,东京:大东出版社,1984 年,第 321—358 页。
③ 黄征、张涌泉校注:《敦煌变文校注》,北京:中华书局,1997 年,第 704 页。

的功德回向给施主及法界众生,为这些众生祈福发愿。如 S.1164《回向文》中为大唐圣主、六和尚、都僧统和尚、尚书贵礼、安姚二侍御、尚书孩子、释门教授、释门法律、都督公、都部落使、尊宿大德、诸法将大德、诸尼大德、卿官父杖、李和尚、某乙过□父母所生魂路等发愿回向。①

(9) 解座 "赤山院讲经仪式"中说:"讲师下座,一僧唱'处世界如虚空'偈,音势颇似本国。讲师升礼盘,一僧唱三礼了,讲师大众同音,出堂归房。"元照的"十法"中也说:

> 九下座礼辞。僧传云:周僧妙每讲下座,必合掌忏悔云:佛意难知,岂凡夫所测,今所说者,传受先师,未敢专辄。乞大众,于斯法义,若是若非,布施欢喜。②

讲师在法会完毕后,便同都讲等下座,这时呗师一人唱:"处世界如虚空"偈,即《集诸经礼忏仪》卷上所说:"处世界,如虚空;如莲花,不著水;心清净,超于彼;稽首礼,无上尊。"③唱完这个偈子后,呗师又举腔唱"三礼",即三归依:

> 自归依佛,当愿众生,体解众生,发无上心。自归依法,当愿众生,深入经藏,智慧如海。自归依僧,当愿众生,统理大众,一切无碍。④

三归依后,讲师有可能会说解座辞,如前僧妙所说,表示自己的谦虚。

在讲经法会完毕后,有时为了培养讲经法师,实行复讲制度,即由年轻法师复述当日讲师讲过的内容。如《高僧传·道安传》:

> 澄讲,安每覆述,众未之惬,咸言:须待后次,当难杀昆仑子。即

---

① 《回向文》,《大正藏》第 85 卷,第 1299 页上—中。
② 《四分律行事钞资持记》卷下 3,《大正藏》第 40 卷,第 404 页中。
③ 《集诸经礼忏仪》卷上,《大正藏》第 47 卷,第 465 页上。
④ 同上书,第 465 页上—中。现在寺院早晚课诵中的三归依,在归依僧"一切无碍"后面,加上"和南圣众"。在敦煌文书中,在"一切无碍"后面,加上"愿诸众生,诸恶莫作,诸善奉行,自净其意,是诸佛教,和南一切圣众"。

安后更覆讲,疑难纷起,安挫锐解纷,行有余力。①

复讲制度很早便在中国实行,儒家也有复讲,这是古代中国教育的优良方法。近代以来,由于实行大学式教育,此法早不行了。②

二、唐五代的俗讲

俗讲是由正规讲经发展而来,盛行于唐五代。相对于"僧讲","俗讲"即是通俗化的讲经,其宣讲内容故事化成分较多。俗讲的演出者尽为僧侣,当时称他们为"俗讲僧"。俗讲僧一方面要有高深的佛学修养,精通佛教教义,具备"声、辩、才、博"之学,还要根据听讲者的具体情况随机应变;另一方面又需掌握娴熟的演出技巧。③ 从这一点上说,他们已经与一般讲经法师不同,有点像普通艺人了。文溆是非常有名的俗讲僧,讲唱技艺非常高,唐敬宗于宝历二年(826)"幸兴福寺,观沙门文溆俗讲"④,而且普通百姓亦喜欢他的俗讲,"愚夫冶妇,乐闻其说。听者填咽寺舍,瞻仰礼拜,呼为和尚教坊"⑤。

俗讲的仪式,应该与正规讲经相差不多。但是,由于俗讲要适应听众的文化水平与欣赏口味,重视内容的通俗化、趣味性,所以讲经法师常用通俗化的散韵相间的词句讲唱、解释经文,并且就经文进行发挥。在现存敦煌的讲经文中,在开题正式讲经之前,有"说押座",现存有单卷押座文,如《八相押座文》《三身押座文》《维摩经押座文》《温室经讲唱押座文》《二十四孝押座文》《左街僧录大师压座文》等。"押座"是效仿民间讲唱,汉魏乐府有前趋之曲,唐时伎乐习称"定场",弹唱人以引词先定场屋,与说经者以唱词压座之意正同。如 S.2440《八相押座》末云:"我拟请

---

① 《高僧传》卷五,《大正藏》第 50 卷,第 351 页下。
② 日本称复讲为"复演",也很早便在日本实行,见[日]道端良秀:《唐代佛教史の研究》,京都:法藏馆,1983 年,第 216—217 页。
③ 张弓主编:《敦煌典籍与唐五代历史文化》,北京:中国社会科学出版社,2006 年,第 643 页。
④ 司马光:《资治通鉴》卷二百四十三,北京:中华书局,2007 年,第 3013 页。
⑤ 赵璘:《因话录》卷四《角部》。

佛,恐人坐多时,便拟说经。愿不愿？愿者检心(合)掌待。"①S. 2440《三身押座文》末云:"既能来至道场中,定是愿闻微妙法。乐者一心合掌着,经题名字唱(将)来。"②可知押座在开题唱经之前。

在中晚唐时期,俗讲经常在寺院中进行。圆仁《入唐求法巡礼行记》记载了俗讲的情况：

> （开成六年正月）九日……改年号,改开成六年为会昌元年（841）。又敕于左、右街七寺开俗讲。左街四处：此资圣寺,令云花寺赐紫大德海岸法师讲《华严经》;保寿寺,令左街僧录、三教讲论、赐紫、引驾大德体虚法师讲《法华经》;菩提寺,令招福寺内供奉、三教讲论大德齐高法师讲《涅槃经》;景公寺令光影法师讲。右街三处：会昌寺令内供奉、三教讲论、赐紫、引驾起居大德文溆法师讲《法华经》。城中俗讲,此法师为第一。惠日寺、崇福寺讲法师未得其名。……从大和九年以来废讲,今上新开。正月十五日起首至二月十五日罢。③

大和九年（835）,废俗讲。会昌元年（841）敕令开讲,前后为期一个月,长安城内七大寺院同时进行俗讲,可谓盛况空前。后来,会昌元年九月一日,两街诸寺开俗讲;会昌二年（842）正月一日,诸寺又开俗讲。

俗讲是对俗人的教化活动,而且在寺院中说说唱唱,容易被人讥笑。所以,官方对俗讲亦是屡加禁断,随着敦煌文书中讲经文的发现,我们才有机会窥其大概。

三、唐五代时期的转变与变文

唐五代时期,与俗讲同时流行于民间的说唱伎艺尚有"转变"。转

---

① 黄征、张涌泉校注：《敦煌变文校注》,北京：中华书局,1997年,第1140页。
② 同上书,第1144页。
③ ［日］圆仁：《入唐求法巡礼行记》,上海：上海古籍出版社,1986年,第147页。

变,即说唱变文,当时极为盛行,上自宫廷,下至闹市,均有演出,且出现专门演出场所"变场"。

变文简称"变",是转变之底本。"转(啭)"指婉转发声,引申为歌唱或讲唱。变文最先出现于佛寺,由俗讲僧向听众衍述佛经中富于文学意味之神变故事。其后又有职业民间艺人,讲唱以民间传说、历史故事与现实生活为题材之变文,地点自亦不限于佛寺。转变最迟出现在唐玄宗时期,现存 S.5511、S.4398《降魔变文》开篇"我大唐汉圣主开元天宝圣文神武应道皇帝陛下"①即为其证。《太平广记》卷二百六十九"宋昱韦儇"条引《谭宾录》载玄宗天宝十年(751)事:

> 杨中忠为剑南,召募使远赴泸南,粮少路险,常无回者。其剑南行人,每岁令宋昱、韦儇为御史,迫促郡县征之。人知必死,郡县无以应命。乃设诡计,诈令僧设斋,或于要路转变,其众中有单贫者,即缚之;置密室中,授以絮衣,连枷作队,急递赴之。②

僧人于道路中转变,能够吸引人潮,从而实现捉人的目的,可见转变的魅力。

转变的表演者一般是一个人,僧俗均可,男女皆宜。如 S.3491、P.2187《频婆娑罗王后宫綵女功德意供养塔生天因缘变》最后说:

> 佛法宽广,济度无涯,至心求道,无不获果。但保宣空门薄艺,梵宇荒才,经教不便于根源,论典罔知于底漠。辄陈短见,缀秘密之因由;不惧羞惭,缉甚深之缘喻。③

可见,保宣是位出家的转变艺人,他既是变文的作者,也是转变的表演者。

转变与俗讲都是讲唱结合,但是俗讲需要二位僧人,而转变则只需

---

① 黄征、张涌泉校注:《敦煌变文校注》,北京:中华书局,1997 年,第 552 页。
②《太平广记》卷二百六十九,《四库全书》本。
③ 黄征、张涌泉校注:《敦煌变文校注》,北京:中华书局,1997 年,第 1083 页。

一人,僧俗皆可;其次,俗讲只在寺院中进行,转变则可在闹市街头表演;最后,在内容上,俗讲的内容全部来源于佛教,而转变还可讲唱世俗故事。所以,转变比俗讲更为宽松。由于转变内容娱乐性太强,变文于是由宗教宣传素材变为通俗民间文学。变文的体制是韵散合体,采用诗文相间、有说有唱之形式,或者配合图画,如《降魔变文》《破魔变文》,可谓是综合性的艺术。如《维摩诘经变文》《降魔变文》是以散文讲述,以韵文歌唱;《大目乾连冥间救母变文》是以散文作引子,以韵文详细叙述;《伍子胥变文》是散文韵文交杂并用。

现存的敦煌变文,以题材分大体有四类:一、讲唱佛经故事之宗教变文,如《八相变》《破魔变》《降魔变》《大目乾连冥间救母变文》;二、讲唱历史故事之历史变文,如《伍子胥变文》《捉季布传文》;三、以民间传说为题材之传说变文,如《舜子变》《孟姜女变文》《王昭君变文》;四、取材于当时当地重大事件与人物之变文,如《张义潮变文》《张淮深变文》等。

变文对后世中国文学之影响,主要体现在文学体裁之发展史上:一、讲述部分,影响宋人话本之说书形式;二、演唱部分,演化为宝卷、弹词、鼓词一类民间通俗文学;三、文辞部分,长篇小说时杂诗词歌赋或骈文叙述乃变文之遗留。

第三章 宋元佛教徒的信仰与生活

经过唐末五代的酝酿和融合,宋元时代的佛教以一种新的面貌和型态出现,尤其是禅宗在江南的兴起与发展,促进了佛教本身的庶民化和社会化,佛教的忏法、净土信仰以及慈善事业等蓬勃发展,宋元佛教与社会建立了更密切的关系。

第一节 宋元佛教徒的信仰与仪轨

宋代佛教以禅、净二宗最为流行,重视实践修持。同时,随着从高丽求得重要典籍,以及一批精研教理、行持高远的法将如知礼、遵式、智圆、仁岳出现,宋代天台宗得以复兴。由于受到净土教法的兴盛和修行忏法祈求往生净土之思想的影响,由于知礼大师中兴天台,除教义的阐扬外,更重视观行之实践,尤其依循智者大师所创的藉着忏仪修持以达灭罪、得证三昧的思想,故宋代天台宗人之礼忏风气盛行,并且制作了不同于隋唐时期之忏悔仪轨。① 宋代天台宗重视礼忏的风气,对后来的明清佛教,乃至民国以来经忏流行的现象,都产生了重要影响。

---

① 释大睿:《天台忏法之研究》,台北:法鼓文化事业股份有限公司 2000 年,第 284—285 页。

有宋一代,僧人多半讲、忏并重,知礼撰有《修忏要旨》,遵式被称为"慈云忏主""天竺忏主",宋代是忏法的全盛时代。就现存的宋代佛教忏仪来看,知礼撰有《大悲忏》《金光明最胜忏仪》《礼法华经仪式》等,遵式撰有《金光明忏补助仪》《请观音忏》《炽盛光道场念诵仪》《往生净土忏愿仪》《小净土忏》《智者大师斋忌礼赞文》等,智圆、仁岳、允堪皆撰有《南山祖师礼赞文》,仁岳另撰有《释迦降生礼赞文》《释迦涅槃礼赞文》等,志磐撰有《水陆仪轨》,智肱撰有《华严清凉国师礼赞文》,净源撰有《华严普贤行愿仪》二种、《圆觉经道场修证仪略本》《首楞严坛场修证仪》等,材料丰富,种类繁多,遍及天台、华严、净土和律宗。

一、宋代天台宗的忏法制作与实践

慈云遵式作为宋代天台忏法的实践者,虽然在义学上的成就不如知礼,但是在忏法的实践上具有重大的贡献。自从智𫖮制订四部忏法以来,经过会昌法难及唐末五代的动乱,天台忏法的文献多有散失,即使遗存下来,也有文字错讹、文义篡改之处。而且,不同的时代在实践法门上有新的需求,制订新忏法也是势在必行。另外,以忏法作为自行化他的重要行门,需要天台学人去推广、弘扬。

1. 整理与制订忏法

遵式对天台忏法的完善,一方面表现在对原来的天台忏法文献予以整理、校订,这是对天台忏法传统的继承与再诠释。北宋时代,随着天台典籍的回归,也有一批忏法文献得以重新面世,于是整理、校勘忏法文献成为重要的工作,我们现在看到的许多忏法典籍基本上都是经过遵式等人整理的。

宋初天台教典回归中土的史实,虽然有高丽说、日本说两种。[①] 但是

---

① 沈海波:《北宋初年天台教籍重归中土的史实》,《中华佛学研究》2000 年第 4 期,第 187—205 页。

《方等三昧行法》是日僧寂照入宋所携,遵式记其始末于序。① 《方等三昧行法序》说:

> 山门教卷,自唐季多流外国,或尚存目录,而莫见其文。学者思之,渺隔沧海。《方等三昧行法》者,皇宋咸平六祀,日本僧寂照等赍至。……今时或坛场延衰,形像巍峨,行法则半任臆裁,律范则全由心匠。纵谓七众阶节,宁逾上首之科。虽曰像多无妙,要符表法之便,将恐未除故业,更贻新戚,染衣增垢,良用悲夫。然此行法六篇,后二不载者,修行备《百录》、《止观》。受戒具出本经,存篇目者,令知法有始终也。②

《方等三昧忏》有三种版本:一、《摩诃止观》半行半坐三昧中之"方等三昧",二、《国清百录》所收之"方等忏法",三、别行本之《方等三昧行法》。其中,前二部在仪轨形式及思想方面比较一致。③ 而《方等三昧行法》虽未能确定为智者大师作品,且流传史不明,但其行法中对忏悔的解释及"见善恶相""具六缘""调适"等皆与《释禅波罗蜜次第法门》类似,故仍认为是智者大师作品。④

此行法是遵式在咸平六年(1003)请寂照付梓而流传于世的。遵式看见当时方等忏法的不合理处:行法任意裁减,不按照仪轨而布置坛场,实有失忏法的本意。《方等三昧行法》本有六门,后二门"修行""具戒"仅存篇目,无有内容。其实,从忏法的设立来说,其根本在于"修行""具戒",当时的忏法反而舍本取末,难怪遵式感慨忏法的末流。

在智者大师四大忏法中,对中国佛教忏法影响最大的是《法华三昧忏仪》,宋、明各种忏仪大多依《法华三昧忏仪》的"十科"组织、修忏理则

---

① 日本文献记载遵式曾撰"后序",今《大正藏》无存。[日]木宫泰彦《中日佛教交通史》,陈捷译,《世界佛学名著译丛》第49册,台北:华宇出版社,1995年,第164页。
② 《方等三昧行法序》,《大正藏》第46卷,943页下。
③ [日]大野荣人:《天台止观成立史の研究》,京都:法藏馆,1994年,第392页。
④ [日]佐藤哲英:《天台大师の研究》,京都:百花苑,1979年,第190—220页。

而制定。① 现行《法华三昧忏仪》为宋代遵式勘定本，遵式所见流行本颇多，或"引经文系乎卷末"，或"滥回粗注，错其篇内"，才勘定众本，刻板印行。如遵式《法华三昧忏仪勘定元本序》说：

> 有于坐禅观法加成五句者，今列示之。文云：为因心故心，为不因心故心，为亦因心亦不因心故心，为非因心非不因心故心（元文），为非非因心非非不因心故心（近加）。且山家凡约句法、用观，只但至四，未知五句出自何文。又当推检之际，第五句下准何为境？如何用观？《辅行》自云，彼别行文但推四句，故今文中广修象观，以广于彼（辅行正文）。况彼象观犹是历事，而正观一门全今四句。②

当时流行本中出现"五句观心"，而天台历来传承只有四句观心，遵式引用了湛然《止观辅行传弘决》作为证明。③

《金泽文库》本中便出现"五句观心"④，可见"五句观心"在当时流行本中确实存在。我们将《大正藏》本与《金泽文库》本对照如下：

《大正藏》本　T46/954a	《金泽文库》本
云何名观一切法空？行者当谛观现在一念妄心随所缘境，如此之心，为因心故心，为不因心故心，为亦因心亦不因心故心，为非因心非不因心故心。	云何名观一切法空？行者当谛观现在一念妄心随所缘境，如此之心，为因心故心，不因心故心，亦因心亦不因心故心，非因心非不因心故心，非非因心非非不因心故心。

因此可以看出遵式时代，《法华三昧忏仪》存在多种流行本。另外，令人不解的是，作为隋代天台宗文集的《国清百录》收录的智者大师所制定的行法中，竟然没有《法华三昧忏仪》。但是，我们在《佛祖统纪》卷三

---

① 释大睿：《天台忏法之研究》，台北：法鼓文化事业股份有限公司，2000年，第130—133页。
② 《法华三昧忏仪勘定元本序》，《大正藏》第46卷，第949页上—中。
③ 《止观辅行传弘决》卷第二之二，《大正藏》第46卷，第192页中。
④ 一本题记为"弘安九年（丙戌）（1286）八月十四日于常乐寺一校了，静慧"；另外一本为"文保元年（丁巳）（1317）十月十三日于金泽寺书写毕，剑海"。见佐藤哲英《天台大师の研究》，第142页。

十三中发现一段记载:"智者制《法华三昧仪》(《国清百录》载),荆溪述《补助仪》以资观想。"①志磐认为《国清百录》记载有《法华三昧仪》,可能他所见《国清百录》与现行本有所不同。经过池田鲁参先生的研究,《国清百录》除了现行本以外,确实还存在《广百录》。②

遵式在勘定忏法文献过程中,不但校订文字的错讹,同时对当时忏法活动中忽视"理观"的现象进行批评。他说:"患其稍易旧章,或亡精要。且十科行轨,理观为主,傥一以误,九法徒施。"③忏法的实践,不但需要事相方面的仪轨,更需要"理观",失去"理观",忏法只是一种形式。遵式的忏法文献整理,不但为后世奠定了可依的文本基础,同时希望能够回归到忏法实践的本怀,回到智颢对忏法的定位——忏罪清净、成就三昧、发慧解脱。

遵式不但整理、勘定已有的忏法,而且自己还根据需要而制定新的忏法。遵式的忏法著作,记载不一,列表如下:

《佛祖统纪·山家教典志》④	《佛祖统纪·法门光显志》⑤	《大正藏》现存
《金光明护国仪》(依百录本)	《金光明护国仪》(依《百录》述补助)	《金光明忏法补助仪》(简称《补助仪》)
《请观音忏仪》	《请观音忏仪》	《请观世音菩萨消伏毒害陀罗尼三昧仪》(简称《请观音忏仪》)
《往生净土忏仪》	《净土忏仪》	《往生净土忏愿仪》(简称《大净土忏》)
《小弥陀忏仪》	《弥陀忏仪》	《小净土忏》(原为《往生净土决疑行愿门·礼忏门》)
《炽盛光忏仪》	《炽盛光忏仪》	《炽盛光道场念诵仪》(简称《炽盛光忏仪》)
《法华三昧忏仪》		《智者大师斋忌礼赞文》

① 《佛祖统纪》卷三十三,《大正藏》第49卷,第319页上。
② [日]池田鲁参《国清百录の研究》,东京:大藏出版社,1982年,第15—16页。
③ 《法华三昧忏仪勘定元本序》,《大正藏》第46卷,第949页上。
④ 《佛祖统纪》卷二十五,《大正藏》第49卷,第259页下。
⑤ 《佛祖统纪》卷三十三,《大正藏》第49卷,第319页上。

《法华三昧忏仪》为遵式所勘定的忏法,并非其所著;《智者大师斋忌礼赞文》,各种资料皆未见记载,从《智者大师斋忌礼赞由序》来看,遵式有感于当时弘传天台教观的学人,在纪念智者大师远忌时缺乏礼拜之法,故作此礼赞文,以表伸诚。

《补助仪》是遵式增补《国清百录》"金光明忏法"而成,因"金光明忏法"乃依北凉昙无谶译本《金光明经》,仪轨简略不详。① 义净所译《金光明最胜王经》,能够补旧仪轨之不足。除仪轨方面问题以外,还有现实行事的问题:

> 今时行事,多将此法,准同《法华》、《方等》。初日已后,废请三宝,直尔诵咒,甚缺次第。又《百录》不出五悔,后人滥用,今并补助,非徒然也。②

行者在举行"金光明忏法"时,都以《法华三昧忏仪》《方等忏法》的仪轨为准,失去"金光明忏法"的特色。而依《法华三昧忏仪》,除第一天"奉请三宝",以后可以省略;但"金光明忏法"奉请后是诵咒,因此每天都不能省略。旧轨没有"五悔",遵式将"五悔"加入《补助仪》。

知礼也曾制作《金光明最胜忏仪》,其中主要内容与《补助仪》相同。知礼自咸平二年(999)后,即专务讲忏、常坐不卧、足不外出。在此时期,修"金光明忏"七日期二十遍。咸平三年(1000),知礼与遵式二师,同修"金光明忏"祈雨。③ 因此,《金光明最胜忏仪》依《金光明最胜王经》制成的,制作时间应该在999年以前。

乾兴元年(1022),章懿太后请遵式为国行忏,遵式著《金光明护国道场仪》。④《释门正统》记载此事后,又说:"师凡遇安居之初,则励其徒行

---

① 《金光明忏法补助仪》说明旧"金光明忏法"缺四:"一、缺别明奉饮食供施天女,二、缺分洒散别施诸神,三、缺明散食处所,四、诵咒时节似未次第。"《大正藏》第46卷,第957页中。
② 《金光明忏法补助仪》,《大正藏》第46卷,第957页中—下。
③ 《佛祖统纪》卷八,《大正藏》第49卷,第193页下、192页上。
④ 《佛祖统纪》卷十,《大正藏》第49卷,第208页上。

光明忏法,以七昼夜为程。又补《百录》光明三昧行法之说,以正学者。"①遵式于天圣二年(1024),奏请天台教典入藏所作之《天台教随函目录》,其中只有《金光明护国道场仪》一卷,并且释题:

> 《护国道场仪》者,即遵式篆集本经,并《国清百录》、义净新译行用之法,以备人王祈福之仪也。事出圣教,文非臆说,故编付之。②

大睿法师视《金光明护国道场仪》与《补助仪》为两种忏法,并且认为《补助仪》的制作时间在1024年之后。③ 但是,仔细分析两种文献,尤其是《天台教随函目录》对《道场仪》的解释,《护国道场仪》是遵式篆集旧译《金光明经》《国清百录》、新译《金光明最胜王经》而成,这与遵式在《补助仪》"缘起"所说一致。另外,从"金光明忏法"本身来说,不仅是个人灭罪、灭业的实践仪礼,同时在"国家佛教"的背景下,变成护国的灭业仪礼。④ 其实,二者是并行不悖的,尤其在中国这样"率土之滨,莫非王土"的国情下,遵式既然为国行忏,当然鼓励安居期间继续行"金光明忏法";同时,一种忏法的制作,需要不断完善,所以遵式在著《金光明护国道场仪》后,后来又有所补充,这是正常的。所以,我们认为《补助仪》即是《金光明护国道场仪》,遵式在1022年完成此忏法后,后来又有所补充,最后成为《补助仪》。

《炽盛光忏仪》是遵式依唐不空所译《炽盛光大威德消灾吉祥陀罗尼经》而制成。根据灵鉴《炽盛光道场念诵仪拾遗序》的记载,灵鉴在整理遵式著作时,发现《炽盛光忏仪》未曾流布,所以采集诸文加以补充,使始末完整;并且,增加"示方法""释疑"二科,将五章增补成为七科。⑤ 可见,

---

① 《释门正统》卷五,《卍续藏》第130册,第836页上。
② 《天竺别集》,《卍续藏》第101册,第265页下。
③ 释大睿:《天台忏法之研究》,第299页。
④ [日]藤谷厚生:《金光明经にもとづく忏悔灭业の仪礼について》,《印度学佛教学研究》第41卷第2号,1993年,第25—27页。
⑤ 《炽盛光道场念诵仪拾遗序》,《大正藏》第46卷,第978页中。

《炽盛光忏仪》是遵式生前还没有最后完成的忏法。

《大净土忏》是遵式于大中祥符八年(1015)治定完成,但在"后序"提到:

> 此法自撰集,于今凡二改治。前本越僧契凝已刊刻广行。其后序首云:予自滥沾祖教等是也。圣位既广,比见行拜起易劳,忏悔禅法皆事攻削,余悉存旧。今之广略,既允似可传行,后贤无惑其二三焉。刊详删补,何嫌精措,时大中祥符八年,太岁乙卯二月日序。①

此忏仪经过两次改治,而且前本已经刊刻流通,前本与今本相比,削减"忏悔""禅法"二科,今本十科完整。因此,《大净土忏》的完成应在1015年以前,但并非为马亮所撰。

《小净土忏》是遵式在天禧元年(1017),为侍郎马亮所撰《往生净土决疑行愿二门》一书中,行愿门之第一"礼忏门"。

《请观音忏仪》是遵式于端拱元年(988),在天台山国清寺初集;咸平四年(1001),于慈溪大雷山再治。② 其缘起是宝云入寂后,遵式回到天台,因苦学而得病呕血。于是,入大慈佛室,行"消伏咒法",即《请观音忏法》,满七七四十九日,并且颇有感应。遵式在行《请观音忏法》过程中,发现《国清百录》中仪轨太简单,甚至有许多不明之处,而且今人随意添削仪轨,或者私安注字,如增添《法华三昧忏仪》中"四悔"于其中,或有删除观慧等文。所以,重新再制,并"尽取观慧诸文安于事后",以便礼忏时运念观想。

在遵式所制的忏法中,一部分是对天台忏法的完善与整理,如《补助仪》《请观音忏仪》;另一部分是为了满足信仰需求,适应时代潮流,如《大净土忏》《小净土忏》《炽盛光忏仪》,这与北宋时代净土信仰的流行、密宗经典大量翻译有关。最后,还有一种是为了现实需要而制的忏法,如《智

---

① 《往生净土忏愿仪后序》,《大正藏》第47卷,第494页下。
② 《佛祖统纪》卷十,《大正藏》第49卷,第207页上一中。

者大师斋忌礼赞文》。

2. 忏法的修行与弘扬

遵式不仅整理、校订忏法文献,制作、增补新忏法,而且还对忏法的修行与弘扬不遗余力。他在雍熙元年(984),至四明宝云寺,跟随义通学天台教。智者讳日,燃顶终朝,誓力行三昧;端拱元年(988),于天台国清寺大慈佛室,行"请观音忏法";咸平三年(1000),四明大旱,师同法智、异闻,率众行"请观音三昧";咸平五年(1002),归东掖,于其西隅建精舍,造无量寿佛与众共修念佛三昧;大中祥符四年(1011),东山结忏会;乾兴元年(1022),于山中为国行忏。

遵式对忏法的修行,不惜生命,《佛祖统纪》说:

> 常行三昧,以九十日为期,于行道四隅置锹炽炭,遇困倦则渍手于锹,十指唯存其三。其建光明忏殿,每架一椽甃一甓,辄诵大悲咒七遍以示圣法加被,不可沮坏之意。①

这是指遵式在行般舟三昧时,以九十日为一期,在坛场内四角放置热炭,如果身体困倦,便将手放入热炭中,以消除疲倦,以至于十指只剩下三指。他在建光明忏殿时,对于房屋的一椽、一壁,都诵《大悲咒》七遍,以表示圣法加被。可见,他对忏法修持的精进与虔诚。正因为其熏修精进,章懿太后才会令他为国行忏。

他不但率领僧众行忏,更结忏会,使得忏法流行民间,从《炽盛光忏仪》最后"劝诫檀信"可知。随着忏法的普及和民间化,忏法在实践的过程中逐渐出现混乱状态,成为一种商业行为,这必然会损害忏法的宗教神圣性。他说:

> 近见檀越之家,深有信向,请僧归舍,设食读经,望其福慧。势力损财,无善仪则。敬慢不分,是非宁别。或倚恃豪富,或放纵矜

---

① 《佛祖统纪》卷十,《大正藏》第49卷,第208页下。

> 高。反言衣食庇荫门僧，请唤道场便言恩幸，趋瞻失节朗责明诃。铺设法筵，稳便驱使。门僧无识，恐失依栖，苦事先为，免劳施主，纵有法则，岂敢辄言。檀越不询，门僧不说，讹谬之迹，自此滋彰。不扫厅堂，便张法席；未断荤秽，辄请圣贤；至于迎像延尊，殊不避座，旋踵致敬。①

北宋时期，礼忏法会已经在檀越家中实行，才会出现遵式所说的现象。一些富豪贵族，倚仗钱财，对僧人不但不生恭敬之心，而且以为请僧人举行法会，是对僧人的恩惠；而部分僧人无识，惟恐失去衣食庇荫，无视施主轻慢放纵之陋习，故仍迁就放任。这种法会不仅未具忏法的理观精神，即使在形式上也是草率、混乱的。

遵式希望能够通过自己的努力呼吁，规范忏法制度，清净忏悔道场，虔诚恭敬行事，他制定了五种规定，作为行持的标准：

> 第一，欲陈法会，家中长幼，尽须同心，去其酒肉五辛等物，施主每日随僧礼佛，陈吐忏悔。第二，当斋僧次，躬须给待，不得坐于僧上，称是主人，放纵谈笑。第三，佛前供养，须倍于僧，凡圣等心，事事精细。第四，尽其所惜，施佛及僧，勿得隐细用粗，世世招失意果报。第五，道场缓急，不得使僧，此是福田，翻为僮仆，岂得然乎？②

遵式的五项原则，主要是为了维护佛教的神圣性，保持道场的庄严、清净以及僧格的尊严与清高。在佛教化世导俗的过程中，导俗而不失神圣，适应而又不丧原则，这是佛教发展的关键。对于忏法实践来说，保持忏法的实践精神尤其重要，遵式希望能够回归到忏法的本怀。但是，明清以来，经忏佛事的形式化、商业化、鬼神化，已经成为令忏法"蒙羞"的外衣。③

遵式不仅强调忏法实行的神圣性、超越性，而且对天台忏法的抄写

---

① 《炽盛光道场念诵仪》，《大正藏》第 46 卷，第 982 页中。
② 同上书，第 982 页下。
③ 圣凯：《论中国佛教忏法的理念及其现代意义》，《法音》2003 年第 3 期。

提出严格要求,保证忏法文献的神圣性。他在《补助仪》中劝嘱后学:

> 凡欲传写,并须首尾全写,对勘分明,勿令脱误。多见《法华》、《观音》等忏文,多削前后,及观慧之文。但抄佛位及忏悔文,单题礼文,深可悲痛。若不能者,宁可莫写,免得毁散行法全文。一事不周,便亏行相,深诫! 深诫!①

随着忏法的流行与普及,忏法文本需求量增多,而且可能为了普行于大众修持,而有将仪轨随意添削、抄写浮滥的情形。如此,对忏法行相来说是一种损失,并且障碍修持。遵式深切告诫后学,不可不慎。

二、宋代华严宗的忏法实践

净源(1011—1088)被称为宋代华严宗的"中兴教主",致力于以华严教义解释其他较流行的佛教典籍,促动华严学在整个佛学中的运行。他曾经跟从长水子璿学习《楞严经》《圆觉经》《起信论》,对子璿的《楞严经义疏》推崇备至。他针对华严宗缺乏实践法门的情况,专门撰述《华严普贤行愿仪证仪》《圆觉经道场略本修证仪》《楞严修证仪》。

净源删略宗密的《圆觉经道场修证仪》,他在《略本修证仪》"总叙缘起"部分说:

> 吾佛之唱圆觉也,开一心法而被乎三根者,斯盖障之有深浅,机之有利钝矣。是故通别观门,离之为二,道场忏悔次其第三;亦犹出廏良驹,已摇鞭影,蓺尘大宝,须设治方耳。然则忏之为义,有理忏焉,有事忏焉。若陈罪相以精勤,责妄心而愧切,此事忏也;念实相以宴安,耀慧日以霜露,此理忏也。汉魏以来,崇兹忏法,蔑闻其有人者,实以教源初流,经论未备(方等诸经、婆沙等论)。西晋弥天法师,尝著四时礼文,观其严供、五悔之辞,尊经尚义,多撮其要,故天

---

① 《金光明忏法补助仪》,《大正藏》第 46 卷,第 958 页下—959 页上。

下学者悦而习焉。陈隋之际,天台智者撰《法华忏法》《光明》《百录》,具彰逆顺十心,规式颇详,而盛行乎江左矣。有唐中吾祖圭峰禅师,追弥天之余烈,贯智者之遗韵,备述《圆觉礼忏禅观》。凡一十八卷,包并劝修,揆叙证相,故道场法事之门有七,而礼佛忏仪之门有八,其所伸引,冲邃瀚漫(多用《佛名》文及《华严经》等意),盖被三期限内修证耳。余以像法之末,遇兹遗训,缅怀净业,其亦有年。由是略彼广本,为此别行,法类相从,盖尽一席之轨矣。既而观其辞,虽异于弥天;唱其声,似协于智者。后之末学,继而修之,则圭峰劬劳之德,亦报之之万一也。①

净源在"总叙缘起"中,主要说明了三个问题:一、忏悔的地位及其类别,因为众生的根机不同,所以法门有别,而忏悔适应根机钝者。忏悔分为事忏与理忏,事忏是发露罪相,生大惭愧苛责自心;理忏则观照实相,以智慧观罪性空。二、中国佛教忏法的发展,从道安法师制定四时礼文开始,忏法流行天下;到了陈隋之际,智者大师制定天台忏法,仪轨已经完备。三、《修证仪》的成立与删略,十八卷《修证仪》多引用《佛名经》忏悔文以及《华严经》之意,所以显得深邃、广博。净源为了在像法末世,使众生能够实践此忏法,所以才略出一卷,流行天下。

净源将《修证仪》三门二十三种仪轨,简化为十种:第一,总叙缘起;第二,严净道场;第三,启请圣贤;第四,供养观门;第五,正坐思惟;第六,称赞如来;第七,礼敬三宝;第八,修行五悔;第九,旋绕念诵;第十,警策劝修。这样,大大略化了许多仪轨,其中最主要的是删除了大量《圆觉经》的偈颂、《佛名经》忏悔文、无常偈以及其他经典的文字,使《略本修证仪》成为日常行仪。

净源对《修证仪》作出如此删节,除了《修证仪》本身确实有难以实践的原因以外,跟宋代佛教忏法流行有很大关系。尤其是天台忏法,经过

---

① 《圆觉经道场略本修证仪》,《卍续藏经》第129册,第1页上—下。

慈云遵式、四明知礼的努力,在社会上引起轰动。净源作为中兴华严宗的学者,也必须为本宗的实践作出努力,而华严宗本身缺乏实践性,唯一可以作为实践行仪的只有《修证仪》,于是净源不得不将十八卷删为一卷。但是,这样无形中减少了华严宗忏法本身的重理性、重思想的特色。

同时,净源制作了《楞严修证仪》,对《楞严经》进行了高度评价,认为是"九界交归之要门,一乘冥会之妙道",如果从事相来说,可以围坛诵咒;从禅观证果来说,则可以观心坐禅。净源在子璿门下学习《楞严经》时,只是研究义理、编述钞文。① 熙宁四年(1071),他于青墩宝阁兰若讲授《楞严经》,综合子璿、智圆、仁岳等疏、钞,详细考察坛场布置的要求,持咒、忏悔的方法,于是撰成《楞严修证仪》。

《楞严修证仪》是依十门而修习忏法,我们将《楞严修证仪》与《圆觉经道场略本修证仪》的十门比较列表如下:

《楞严修证仪》	《圆觉经道场略本修证仪》
1. 坛场方轨	1. 总叙缘起
2. 启请贤圣	2. 严净道场
3. 供养观门	3. 启请圣贤
4. 称赞如来	4. 供养观门
5. 礼敬三宝	5. 正坐思惟
6. 围坛诵咒	6. 称赞如来
7. 涤业规品	7. 礼敬三宝
8. 忏悔发愿	8. 修行五悔
9. 旋绕念诵	9. 旋绕念诵
10. 析通观法	10. 警策劝修

《楞严修证仪》与《圆觉经道场略本修证仪》在忏法结构上基本相同,前者将"析通观法"作为第十门,而后者将"正坐思惟"作为第五门,其实宗密《圆觉经道场修证仪》是将"正坐思惟"放在"旋绕念诵"后面,这与《楞严修证仪》是相同的。另外,《楞严修证仪》多了"围坛诵咒",这是因为《楞严经》有特有的持咒法门的缘故。

---

① 《首楞严坛场修证仪》,《卍续藏经》第95册,第1074页上。

(1) 坛场方轨,指布置坛场的要求与方法,这是依据《楞严经》佛陀对阿难开示的内容而建立。① 以香泥筑成方圆丈六的八角坛,坛心放置一根金银铜木所造的莲花,在莲花中安放一只钵,钵中盛上八月露水(或用净水),水中随安所有花叶,取八只圆镜各安其方围绕花钵,镜外建立十六朵莲花,十六只香炉放在花间,取白牛乳置十六器,以及种种供养品。于坛室中,四壁敷设十方如来及诸菩萨所有形像,在当阳处中间挂上卢舍那、释迦、弥勒、阿閦、弥陀及诸大变化观音形像,兼金刚藏,安其左右。帝释、梵王等护法神于门侧左右安置。取八镜悬挂在虚空中,与坛场中所安之镜方向相对,使其形影重重相涉。

这种坛场布置具有一定的表法意义,子璿说:

> 欲使行人熟此境界,则于事事无碍法界之理易得证耳。若时若处,一念之中,遍游十方,遍见诸佛,遍行佛事,遍得供养。一念既尔,尘尘皆然。②

子璿从华严宗来解释《楞严经》,所以从事事无碍法界来理解坛场的布置。通过镜中的光影重重相涉,表明理上的无碍法界。

诵咒仪轨方面,要求在初七日,顶礼十方如来诸大菩萨,恒于六时围坛行道,常行诵《楞严咒》一百零八遍;第二七日,专心发菩萨愿;从第三七日开始,专持《楞严咒》,十方如来能够出现在镜子的交光处。经过一百天,利根的修行者能够证得初果。

(2) 启请贤圣,启请卢舍那、释迦、弥勒、《首楞严经》、诸大菩萨、贤圣僧等以及护法神降临坛场。(3) 供养观门,观想以此香花等,供养十方三宝,诸佛三乘圣众能够慈悲感应。(4) 称赞如来,这是《楞严经》中的赞佛偈。③ (5) 礼敬三宝,即礼敬前面所启请的三宝及护法神。

---

① 《首楞严经》卷七,《大正藏》第19卷,第133页中—下。
② 《首楞严经义疏注经》卷七,《大正藏》第39卷,第916页中。
③ 《首楞严经》卷三,《大正藏》第19卷,第119页中。

（6）诵咒围坛，即诵《楞严咒》，净源提出"诵咒方法具如慈云式师念诵仪，此文亦厉声诵之，令声不得有间"①，所说遵式《念诵仪》应该是指《炽盛光道场念诵仪》。遵式对诵咒的要求概括有几点：一次必须满一百零八遍，若有急事，回来后必须继续；在诵咒时，不得与人言语，或者手在做其他事；在诵咒的期限内，不得离界，必须在界内或跪或坐；收摄身心，注意饮食。② 华严宗的忏法，在忏法结构与思想方面都来自天台思想，宗密的《圆觉经道场修证仪》便是依《法华三昧忏仪》及天台止观而制作成的。

（7）涤业规品，因为现存《卍续藏》本《楞严修证仪》在第六门"若能读诵"下，脱失十八行，每行十九字，导致第七门"涤业规品"不完整。在这一门中，主要说明罪业的品类以及忏悔的种类，列表如下：

三品罪		三种忏门	
上品罪	方便心重，作时作已，三时皆重，心境相应；复是逆罪，谤方等经，一阐提等，作业数利，迷因谬果，不识于犯，又不识法，名为上品。	伏业忏	依三乘局教，悔初四篇，但伏而不起，名之为忏；既经发露，本罪不增，无隐过覆藏等罪，应生不生，名之为伏。
中品罪	方便正作，二时心重，作已心轻，境重心微；又非三极，利而不数，不迷因果，名为中品。	转业忏	以促时换长时，用轻苦偿重苦；于三恶道中，若应受报，愿于今身偿，不入恶道受，此名转业忏也。
下品罪	前后心重，正作是轻，境与心违；又非出众之犯，数而不利，识法识犯，明信因果，名为下品。	灭业忏	必须观解明白，深发大菩提心；元始以来，所造诸罪，犹如暗室；忏悔正慧，喻如明灯；明灯一照，昏暗皆除，不以暗多，能拒灯也。迷因谬果，具造诸愆，佛性潜辉，故如暗室；发真慧火，事等明灯，灯起暗除，解生惑丧，业无不灭也。

---

① 《首楞严坛场修证仪》，《卍续藏经》第95册，第1074页上。
② 《炽盛光道场念诵仪》，《大正藏》第46卷，第979页中—下。

犯罪的品类高下，是依作前、作时、作已三时的心的轻重，以及对罪是否识法、识犯而定夺；忏悔的高下，是根据灭业作用的不同，依伏而不起、重罪轻受、长罪短受、彻底灭罪而分成三种忏悔。

关于忏悔的种类，天台智者依三种罪提出三种忏悔法①：第一，作法忏悔，是破违犯戒律的声闻罪；第二，观相忏悔，是破业缘的体性罪；第三，观无生忏悔，是破无明烦恼，究竟除去众罪的本源。智者大师以持戒清净为基础，将作法忏悔、观相忏悔、观无生忏悔与戒、定、慧三学相配，表示一切佛法都不在忏悔之外。② 但是，道宣提出事忏与理忏的不同功用：

> 然忏法多种，若作事忏，但能伏业易夺；若作理忏，则能焦业灭业。先论利根依理断业，如《涅槃》云：若有修习身戒心慧，能观诸法由如虚空，设作恶业思惟观察，能转地狱重报现世轻受；若于小罪，不能自出，心初无悔，不能修善，覆藏瑕玼，虽有善业，为罪垢污，现世轻报，转为地狱极重恶果，是为愚痴……二者钝根依事忏者，若依大乘，则《佛名》、《方等》具列行仪，依法忏悔要须相现，准教验心；若依律宗，必须识于罪名、种、相，随有牒忏。若疑不识，不合加法，唯除不学者，随犯结根本，此但灭犯戒罪也。③

道宣认为，事忏能够伏业不起，即净源所说"伏业忏"；理忏能够焦业（即"转业忏"）、灭业（即"灭业忏"）。"理忏"观诸法性空，罪性本空，由此能够转重报轻受，乃至灭除罪业。事忏包括观相忏悔和作法忏，"观相忏悔"即依《佛名经》《方等忏法》，必须有瑞相显现；"作法忏"即依戒律的羯磨法，依罪的不同作不同灭罪法。所以，净源的伏业忏、转业忏、灭业忏是继天台的三种忏悔，经过道宣的转化而最后提出来的。

---

① 《释禅波罗蜜次第法门》卷二，《大正藏》第 46 卷，第 486 页下。
② 圣凯：《论天台忏法的思想及其形成》，中国佛学院学报《法源》总第 20 期（2002 年），第 105—108 页。
③ 《昙无德部四分律删补随机羯磨》卷下，《大正藏》第 40 卷，第 506 页下。

(8) 忏悔发愿,忏悔自己所造罪业,从而发愿断除;同时,依六根发愿,成就六根清净功德。忏法只是外在的仪轨,修忏需要内心的观想,净源提出运心的方法:

> 既知罪有三品,忏有三门。次端一心,正身威仪,虔敬互跪,烧诸名香,存想观音菩萨,无量庄严,眷属围绕。为忏悔主,如对目前,发露无量劫来,所造一切恶业,断相续心,更不复造。而以正慧,观罪性空,不在内外,敬发大菩提心,摧灭洹沙烦恼。应一心念言:我与众生,无始所作,一切罪障,惟愿三宝哀愍拔济,顿见真性,等佛法身,三业罪愆,成三解脱,六根重障,翻作六通。①

以观世音菩萨为忏悔主,发露忏悔;同时,以般若智慧观罪性本空,不在内、不在外,发菩提心,灭一切罪障,证得法身,转身、口、意三业成空、无相、无作三解脱,转六根成六通。

同时,净源非常重视天台忏法的逆顺十心,逆顺十心是天台忏法运心的根本②,净源在《楞严修证仪》中说:

> 当运逆顺十心,即念《清凉偈》云:自从无始起无明,亦值恶友增我情,无随喜心善永灭,纵自语意恶渐生。心心遍布触处染,念念相续日夜营,不欲人知藏过失,不畏恶道任纵横。无惭无愧魔罗网,拔因拔果阐提坑,如是顺流背本已,生死苦海浩然盈。幸识由来长者子,今欲逆流舍贫里,正信因果破阐提,惭愧人天破无耻。恐怖恶道破不畏,发露罪业破覆疵,断相续心破常念,发菩提心破遍起。修功补过破纵恣,守护正法破无喜,念十方佛破恶友,观罪性空破结使。上之六偈,初三顺生死十心,以为所治;后三逆生死十心,从后

---

① 《首楞严坛场修证仪》,《卍续藏经》第 95 册,第 1079 页上。
② 《摩诃止观》卷四上:"若欲忏悔二世重障行四种三昧者,当识顺流十心,明知过失。当运逆流十心,以为对治。此二十心通为诸忏根本。"《大正藏》第 46 卷,第 39 页下。

翻破。①

"顺流十心"指众生由此十心,随顺烦恼,流转生死,即无明昏暗、外加恶友、善不随从、三业造恶、恶心遍布、恶心相续、覆讳过失、不畏恶道、无惭无愧、舍无因果;"逆流十心"指修行者由此十心,可翻除由顺流十心所造之恶法,即深信因果、生惭愧心、生大怖畏、发露忏悔、断相续心、发菩提心、断恶修善、守护正法、念十方佛、观罪性空。这顺逆十心,后来成为中国佛教忏法修习的心要,华严宗的澄观、宗密都加以引用。② 所以,净源亦同样运用于《楞严修证仪》中。

(9)旋绕念诵,即是在坛场内旋绕念诵佛、菩萨圣号,净源指出念诵的方法以及其他注意事项:

> 夫右绕者,顺向殷重,瞻望不足也。如是三匝乃至百匝,亦无定数。次诵《观音圆通》,声德者举云《首楞严经》观世音菩萨圆通法门。其或修一席之仪,只于道场讽经。如以七日为期限者,须于道场外置禅观堂,将入坛场,讽经规式,亦如《行愿仪》辨之。③

旋绕念诵必须右绕,同时次数不定。旋绕念诵完以后,必须诵《楞严经》卷六"观世音菩萨圆通法门"。这是因为《楞严修证仪》是以观世音菩萨为忏悔主,同时,观世音菩萨信仰的普遍性也是一种原因。

(10)析通观法,主要是辨析修习观世音菩萨耳根圆通法门的原因及重要性,净源说:

> 或谓:系念数息,实乃内行根本,三乘要道,今兹忏仪,何不遵禀? 答曰:夫观法之设,有方便门,有称实门;方便则局乎偏修,称实

---

① 《首楞严坛场修证仪》,《卍续藏经》第95册,第1079页上。
② 《大方广佛华严经疏》卷四十八,《大正藏》第35卷,第867页下—868页上;《大方广佛华严经随疏演义钞》卷七十八,《大正藏》第36卷,第610页中—611页中;《圆觉经修证仪》卷二,《卍续藏经》第128册,第740页上—下。
③ 《首楞严坛场修证仪》,《卍续藏经》第95册,第1080页下。

则通于圆证。今经虽有数息方便,局而不通,乃为文殊所夺。故经云:鼻想本权机,只令摄心住,住成心所住,云何获圆通。若乃称实圆证,通而不局,即为妙德所与。故经云:此方真教体,清净在音闻,欲趣三摩提,实以闻中入。既宗观音一门为最,自余诸方便,非是长修习。吾之所以不取数息者,识此也。

净源突出《楞严修证仪》的特色,指出此忏仪的禅观法门是"观世音菩萨耳根圆通法门"。按照一般禅观法门,都是以观照念头或数息作为修习的初门。但是,《楞严经》中破斥这两种禅观法门的局限性,不能证得圆通。所以,净源强调应该修习圆通法门。

最后,净源指出忏法仪轨与止观的关系:"矧以修法垂范,导利有缘,而礼觐供养,其福与六十二亿河沙菩萨正等,岂胜言哉!若以称实,摄于方便,则数息亦修止观二门。今经根尘结解门,决定修乎止;因果同异门,决定修乎观。厥或造修者,于道场中,行诸法事,瞥起妄念,则失于止也;暂时忘照,则缺于观也。夫然,则寂照双流,止观齐运,方为正修,其诸事仪,皆为助行耳!"净源首先强调修习忏法中种种仪轨的功德,然后强调在修习忏法中,能够不起妄念,随文入观,则止观双运,寂照双流。这是事相与理观的统一,也是中国佛教忏法的特色之一。

三、宋元佛教的社邑与净土结社

宋元佛教的社邑继续发展,而且结合各种信仰,成为信仰团体。唐中期以来,随着弥陀净土信仰的流行,逐渐出现"西方社"、"九品往生社"等。吴郡包山福愿寺僧人神皓(715—790)晚年设置"西方社",祈求往生弥陀净土。① 唐文宗开成五年(840)五月,浙江会稽禹寺请玄英法师在余姚平原精舍讲《金刚经》,法师在讲经会中劝募一千二百五十人,结成"九

---

① 《宋高僧传》卷十五,《大正藏》第50卷,第803页上;《全唐文》卷九百十八,清昼:《唐洞庭山福愿寺律和尚坟塔铭并序》,第4242页。

品往生社",并且刻石记事。沙门处纳撰《结九品往生社并序》说:

> 夫为善者,迷于所趣,无量寿佛,返念不息。遗民挂冕,康乐投簪,史氏称之,其风不泯。吴公学我真教,把其遗踪,施有等差,阶陈九品。①

这是依社人捐资多寡而列品,虽然碑文称法师募一千二百五十人,实际上题名者仅有一百二十五人,其中有十三名比丘、十四名比丘尼。

宋代的佛教结社中经会特别普遍,有"金刚经会",施主散施经本,并请僧人讲说;另有"看经会"和"诵经会"等,看经会的成员主要为官吏士绅,如李纲(1085—1140)与京师太平兴国寺堂头和尚璨公结"看经社"②,宋代舒岳祥《游天王寺》诗云:"经社千人会,燃灯七佛深。松行喧万籁,僧定不知音。"③姚勉(1216—1262)在《重建观音阁缘化榜语》中叙述观音阁中的活动:"此阁成就,岂徒美观?禅衲律僧,经社道友,或此习定,或此诵经,随所修为,种种方便。"④可见此阁是诵经社的活动场所。

宋代的佛教结社以净土念佛结社最具代表性。《佛祖统纪》卷四十三说:

> 杭州西湖昭庆寺沙门省常,刺血书《华严·净行品》,结社修西方净业。宰相王旦为之首,参政苏易简百三十二人,一时士夫皆称净行社弟子。比丘预者,千众人。谓庐山莲社,莫如此日之盛。⑤

省常(959—1020)慕庐山慧远结社念佛之传说,结社专修净业,取《华严经·净行品》之意,名为净行社。宰相王旦为社首,翰林学士苏易简等士大夫预其会者前后一百三十二人,都投诗颂,自称净行社弟子,还有信众

---

① 陆增祥:《八琼室金石补正》,第506页。
② 李纲:《梁溪集》卷一百零八,《四库全书》本。
③ 舒岳祥:《阆风集》卷三,《四库全书》本。
④ 姚勉:《雪坡集》卷四十六,《四库全书》本。
⑤《佛祖统纪》卷四十三,《大正藏》第49卷,第400页下。

千余人参加,时人以为庐山结社不如其盛。

苏易简撰写《施华严经净行品序》的时间为"淳化二祀(991)季秋二十有四日序",所以省常建立净行社的时间为淳化二年(991)。《施华严经净行品序》说:"以为沥恳莫若刺血,传信莫若篆版。乃印是经,凡一千卷,结八十僧社,散施念诵期于无穷。"①宋白《大宋杭州西湖昭庆寺结社碑铭并序》说:

> 杭州照庆寺僧曰省常,身乐明时,心发洪愿;上延景祚,下报四恩;刺血和墨,书写真经。书之者何?即《华严经·净行》一品也。每书一字,必三作礼,三围绕,三称佛名。良工雕之,印成千卷,若僧若俗,分施千人。又以栴檀香,造毗卢像,结八十僧,同为一社。②

省常自刺指血和墨,写《华严经·净行品》,每写一字,三拜、三围绕、三称佛名。刊版印成千卷,分施千人。

省常自撰《西湖净社录》,失佚。宋白《大宋杭州西湖昭庆寺结社碑铭并序》说:

> 尔时经像成,乃膝地合掌,作是言曰:我与八十比丘、一千大众,始从今日,发菩提心,穷未来际,行菩萨行。愿尽此报已,生赡养国,顿入法界,圆悟无生,修习十种波罗蜜多,亲近无数真善知识,身光遍照,令诸有情得念佛三昧,如大势至;闻声救苦,令诸有情获十四无畏,如观世音;修广大无边行愿海,犹如普贤;开微妙甚深智慧门,犹如妙德;边际智满,次补佛处,犹如弥勒;至成佛时,若身若土,如阿弥陀。八十比丘,一千大众,转次授记,皆成正觉。我今立此愿,普为诸众生。众生不可尽,我愿亦如是。伟矣哉!上人之言如是,志如是。③

---

① 《圆宗文类》卷二十二,《卍新纂续藏经》第58册,第563页上。
② 同上书,第563页下。
③ 同上。

这是净行社的发愿文,表明净行社是以《华严经》为中心的结社,融合念佛思想与净土往生思想。

省常之后,大中祥符六年(1015),知礼于四明延庆寺发起念佛施戒会,每年循例举行,知礼亲自制作疏文。① 仁岳的门人灵照于熙宁年中(1068—1077),住华亭的超果寺,元丰以后,开净业社,每年春首为期七日念佛,参加其会者常达二万人。② 汾州人文彦博,历仕仁宗、英宗、神宗、哲宗四朝,前后五十余年,官至太师,尝兼译经润文史,封为潞国公。仁宗时,于京师与净严禅师建净土会,结僧俗十万人念佛。③

宣和年中,齐玉住苕溪宝藏寺,每年岁末兴净业社。择瑛门人思净住钱塘北关,集万人结净土会。思照、宗利等,处处启建净土道场。在宋代,以江浙为中心,结社念佛非常盛行。

四、涅槃会与《涅槃礼赞文》

随着佛教传入中国,有关佛教的各种节日便开始在中国出现。东汉末年,便出现佛诞节的行事。在佛诞节,除了浴佛以外,还有行像。但是,从目前文献保留下来的节日来看,似乎没有看到有关佛陀涅槃日的纪念活动。以敦煌文献为中心,考察晚唐五代时期的敦煌寺院,其佛教节日记载比较详细的有正月十五日燃灯、二月八日行像、四月八日大会、七月十五日盂兰盆会、十二月八日腊八节。④ 但是,仍然可以找到一些与涅槃会有关的文书,证明唐五代时期,敦煌寺院举行了涅槃会。

随着《涅槃经》在汉地的流传,讲说、注释、诵持《涅槃经》十分盛行,形成"涅槃师"。同时,出现了以《涅槃经》为中心的"涅槃忏",而且在南

---

① 《四明尊者教行录》卷一,《大正藏》第 46 卷,第 857 页下。
② 《佛祖统纪》卷二十一,《大正藏》第 49 卷,第 242 页中。
③ 《佛祖统纪》卷五十三,《大正藏》第 49 卷,第 469 页中。
④ 郝春文:《唐后期五代宋初敦煌僧尼的社会生活》,中国社会科学出版社,1998 年,第 229—235 页。

朝时代颇为盛行。《广弘明集》卷二十八"忏悔篇",收集了梁简文帝所撰《谢敕为建涅槃忏启》、陈文帝所撰《娑罗斋忏文》。这些是通用于各处所行法会的文疏,修忏的目的在于取得除障、去病、祈求护念国土、广增福田等现世利益,这是从中国人的要求出发,从而将现世安稳、远离诸难与忏悔灭罪结合起来。① 而且,祯明二年(588)冬天,摄山栖霞山慧布法师临终时,徐孝克曾为他建"涅槃忏"。② 由于文献的缺乏,我们无从了解"涅槃忏"的详细情况。但是,根据陈文帝的《娑罗斋忏文》,可能是在涅槃日所举行的无碍大会:

> 寻夫真解脱者,本自不生;实智能者,今亦无灭。故知鹤林变色,非变易之文;鹫山常在,实常住之法。……熙连河侧,晨朝之色忽明;娑罗树间,中夜之声便寂。最后功德,是日兹辰。弟子有缘阎浮,属当重任。愍群生之颠倒,嗟庶类之愚迷。常愿造六度之舟,济之于彼岸;驾一乘之传,驱之于中道。今谨于太极殿,设无碍大会,百僧一夕,娑罗大斋。③

陈文帝设立娑罗斋的原因,在于积集功德、续佛慧命、广度众生。虽然没有明确说明这是在涅槃日所举行的无碍大会,但是说"最后功德,是日兹辰",这可能就是涅槃日。但是,"涅槃忏"只是一种忏仪,可以不限定在佛陀涅槃日举行,娑罗斋忏可能是在涅槃日举行,这些文献的记载不是很明确。

然而,中国民俗在二月十五日有寒食节,应当引起我们的注意。寒食节是在夏历清明前一两天,不举火,吃冷食。圆仁《入唐求法巡礼行记》记载,他在扬州开元寺(开成四年)、文登赤山新罗院(开成五年)和长

---

① [日]盐入良道:《中国佛教仪礼における忏悔の受容过程》,《印度学佛教学研究》第11卷,第2号,第733页,1964年。
② 《广弘明集》卷三十,《大正藏》第52卷,第357页上。
③ 《广弘明集》卷二十八,《大正藏》第52卷,第334页下。

安资圣寺（会昌二年）度过三个寒食节。① 这说明晚唐寺院已经认同中国习俗，而且寺院设乐与百姓、官僚共欢。如敦煌文书 S.381《龙兴寺毗沙门天王灵验记》记载："大番岁次辛巳闰二月十五日，因寒食，在城官僚、百姓，就龙兴寺设乐。"

在寒食节期间，中原出现"寒食祭墓"的行事，这就是后世"清明祭墓"的滥觞。② 如圆仁记载，会昌二年寒食节，家家拜墓。③ 在寺院中，二月十五日同时设斋，不限人数。④ 同时，圆仁还记载了在开成六年（841）二月八日至十五日期间，长安寺院设斋、举行佛牙供养的情景：

> 又大庄严寺开释迦牟尼佛牙供养。从二月八日至十五日，荐福寺开佛牙供养。蓝田县从八日至十五日设无碍茶饭，十方僧俗尽来吃，左街僧录体虚法师为会主，诸寺赴集。各设珍供，百种药食，珍妙果花，众香严备，供养佛牙。及供养楼廊下，敷设不可胜计。佛牙在楼中庭，城中大德尽在楼上，随喜赞叹。举城赴来，礼拜供养。……如是各各发愿布施，庄严佛牙会，向佛牙楼散钱如雨。求法僧等十日往彼随喜，登佛牙楼上，亲见佛牙，顶戴礼拜。⑤

从以上记载可以看出，在二月八日至十五日，长安各大寺院举行佛牙供养、设斋的盛况。虽然圆仁没有明确指出这是涅槃会，但这应该是属于涅槃会的情形。

敦煌文献中保存了敦煌僧团举行涅槃会所用的一些文书，可以看出唐宋时期涅槃会的一些形态。S.2832、P.2631 卷中有关岁时有部分记载："仲春二月，十五半旬，双林入灭之岁，诸行无常之日。人天号哭，自

---

① 白化文等校注：《入唐求法巡礼行记校注》，天津：花山文艺出版社，1992 年，第 113、216、396 页。
② 张弓：《汉唐佛寺文化史》（下册），北京：中国社会科学出版社，1997 年，第 944—945 页。
③ 白化文等校注：《入唐求法巡礼行记校注》，天津：花山文艺出版社，1992 年，第 396 页。
④ 同上书，第 209 页。
⑤ 同上书，第 373—374 页。

古兴悲;世界虚空,于今尚痛!""双林"指释迦涅槃地点在摩罗国拘尸那城的娑罗树间。这说明敦煌将此忌日列入岁时活动中①,并有 S.2832《二月十五文》一件:

> 时到双林奄神,士庶惊哀,天地失色。自日月逾深,霜星屡改,空存忌日,试用追崇。门徒才亲奉意珠,花叶相映,想像尊仪,攀慕如昨。无以远托,惟福是资,谨于此辰,追斯福佑。时雨初霁,纤尘不飞,凉风自来,预隔炎暑。陈众味,具甘鲜,热解脱香,展无生盖。惣此良田,伏愿神居极乐,惠(慧)眼遥观,道证无生,远垂加护,提拔我群品,舟楫我生灵。同证真师,资门人才,代代不绝,灯灯转明,惠(慧)命遐长,色身坚固。

《二月十五文》明确指出"空存忌日",说明二月十五时,已经有纪念释迦涅槃的活动,即涅槃会。而且,这件文书说明了二月十五的天气、风景等,并且指出举行涅槃会的目的,在于祈求能够往生极乐,证无生忍,度化众生,正法久住。

另外,P.2940《斋琬文》有《叹佛德·示归寂灭》:

> 二月十五,斯乃青祇式序,彼律惊辰,金河泛八解之澜,宝地秀七花之藻。于时一音退震,吼百亿而雷奔;五色光飞,照三千而电发。藻(澡)鸳池之德水,标鹤树之祥林,严绮阁于云心,庄净芳于镜面。遂乃金棺炳起,佛日于是沦辉;银椁烟飞,慈云以之罢润。遂使尘方力士,仰生地以驰魂;沙界含灵,俯提河而洒血。可谓善逝调机之夕,能仁控(空)寂之辰,启方便之幽关,示薰修之胜轨。

"青祇"就是青帝,这是指春天,春为青阳,立春日在东郊祭青帝。"七花"即"七净花",以花比喻七种净德,第七种为涅槃净,证得涅槃,远离尘垢。"鹤树"是指如来于娑罗双树间入般涅槃,双树皆悉变白,犹如鹤色,故名

---

① 谭蝉雪:《敦煌岁时文化导论》,台北:新文丰出版公司,1998年,第92页。

鹤树。① 从这件文书可以看出，敦煌寺院在二月十五，有设供祭奠，"能仁空寂之辰，启方便之幽关，示薰修之胜轨"，并且寄托哀思，以此追福。

所以中国佛教史上明确出现涅槃会，不是在北宋时代，在唐五代时期已经出现了。② 我们推测，涅槃会的出现跟寒食节有非常密切的关系。因为佛陀涅槃日与寒食节都是在二月十五日，而且中国民俗在寒食节有拜墓的传统，这是对祖先的怀念。那么，佛弟子对佛陀的怀念与仰慕，刚好能够随顺习俗而举行。所以，确定二月十五日举行涅槃会。天禧三年（1019）道诚所集《释氏要览》卷下说：

> 二月十五日佛涅槃日，天下僧俗，有营会供养，即忌日之事也。俗礼君子，育终身之孝，忌日之谓也。又谓不乐之日，不饮乐故。③

《释氏要览》向我们透露出，儒家君子重视孝道、慎终思远，作为佛弟子，也应该在佛涅槃日纪念佛陀，因此设立涅槃会供养。而且，此一行事在宋代成为天下寺院的共同作法，可见当时的盛况。而且，《释氏要览》指出，当时僧团丧葬礼仪主要是读《涅槃经》及诸律，穿丧服完全是为了随顺中国的儒家文化。④

咸淳七年（1271）刊行的《佛祖统纪》记载："如来于周穆王五十三年（壬申）二月十五日入灭。凡在伽蓝必修供设礼，谓之佛忌。"⑤ 北宋崇宁二年（1103）刊行《禅苑清规》卷三"监院"条提到，监院应于二月半设斋，这可能指"涅槃会"。⑥ 南宋景定四年（1263）成立的《入众须知》明确记载

---

① 谭蝉雪：《敦煌岁时文化导论》，台北：新文丰出版公司，1998年，第93页。
② ［日］永井政之先生认为中国佛教史明确出现涅槃会，是在北宋时代。《中国佛教成立の一侧面——三佛忌の成立と展开》，《驹泽大学佛教学部论集》第25号，1994年，第149页。
③《释氏要览》卷下，《大正藏》第54卷，第309页下。
④ 同上书，第307页下。
⑤《佛祖统纪》卷三十三，《大正藏》第49卷，第319页中。
⑥《禅苑清规》卷三，《卍续藏》第111册，第890页下。

于涅槃会举行"出班拈香"、叹佛、宣疏等仪式。①《校定清规》(1293年订立)则记载了于佛陀涅槃日,住持升座、祝香、敷座说法、举咒回向,而且有法语。②《备用清规》(1311年订立)亦详细记载涅槃会的仪轨。③ 年代越往后,涅槃会的仪轨越是完整、隆重,一直到《敕修百丈清规》(1336年订立)最后得到确定。④

这些清规只是记载涅槃会的仪轨次第,但是没有"法语",因此无法了解当时禅林设立涅槃会的原因以及用意。但是宋代以后,在一些禅师的语录中保存了大量涅槃会上堂时的"法语",为我们进一步深入考察涅槃会提供了资料。

云门宗慈受怀深(1077—1132)的《慈受怀深禅师语录》卷三"佛圆寂日上堂",属于比较早的"法语":

> 佛圆寂日上堂云:大觉世尊,二千年前,二月十五日,入般涅槃。今之弟子,每至斯辰,而生悲仰。敢问诸人,且道,果曾入灭耶? 不曾入灭耶? 若定当得,方明佛法旨趣。若定当不得,任是波旬也皱眉。记得,唐顺宗皇帝问西京如满禅师:佛从何方来,灭向何方去? 既言长在世,只今在何处? 满云:佛从无为来,灭向无为去,法身等虚空,长在无心处。师云:好,诸人者,龙牙云:君今欲得易成佛,无念之心不较多。然虽如是,因甚僧问洞山:如何是佛? 山云:麻三斤。僧问首山:如何是佛? 首山云:新妇骑驴阿家牵,到者里,如何和会,如何商量? 听取蒋山注脚,妙中妙,玄中玄,须信壶中别有天。铁树花开春气早,晓来风雨满山川。⑤

禅师上堂的"法语",不但表现了悼念佛陀的涅槃,而且更主要在于体会

---

① 《入众须知》,《卍续藏》第111册,第964页下。
② 《禅林校定清规》卷二,《卍续藏》第112册,第49页下—50页上。
③ 《禅林备用清规》卷一,《卍续藏》第112册,第64页上—下。
④ 《敕修百丈清规》卷二,《大正藏》第48卷,第116页上—中。
⑤ 《慈受怀深禅师语录》卷三,《卍续藏》第126册,第606页上—下。

到"佛"的存在,从而悟入佛道。

曹洞宗自得慧晖(1097—1183)的《自得慧晖禅师语录》卷一"二月望日佛涅槃上堂":

> 二月望日,佛涅槃上堂云:竺土之大仙,今日告涅槃;鹤林之米子,当下得枯偏。且道是同是别。四木有相身,如来丈六躯;四木无相身,如来一实见。时人见灭,山僧见生;时人见生,山僧见死。于此中间,有不生不灭理。遂大觉,对饮光,棺中出双趺。是什么心印妙文。①

自得慧晖以佛陀的涅槃作为契机,说明超越生死、不生不灭之理。

但是,这种上堂说法很容易成为一种例行法事,并没有多少新意。如虚堂智愚(1185—1269)在涅槃会上的上堂法语:

> 佛涅槃上堂:释迦老子二千年前,做一个梦,至今未醒。引得儿孙,向梦中说梦。狐魅后人。报恩寡不敌众,只得换手椎胸,道苍天、苍天。

> 佛涅槃上堂:今日则有,明日则无。释迦老子,一生卖峭,临死自纳败缺。致令后代儿孙,个个以鰕为目。万松丈人,屋上之乌,与之救看,拈起主杖,吹一吹。②

南宋禅宗"文字禅"很流行,上堂法语如果没有真正抓住佛陀涅槃的真意,便无法体现涅槃会的精神。

北宋禅宗寺院在涅槃日,由住持上堂说法,乃至进行拈香、宣疏、诵经等仪式,但是我们仍然对涅槃会缺少详细的了解。《梦粱录》卷一记载:

> 仲春十五日……崇新门外长明寺,及诸教院僧尼,建佛涅槃胜会。罗列幡幢,供养种种香花异果,挂名贤书画,设珍异玩具,庄严

---

① 《自得慧晖禅师语录》卷一,《卍续藏》第124册,第915页上。
② 《虚堂和尚语录》卷一,《大正藏》第47卷,第987页上、993页上。

道场。观者云集,竟日不绝。①

《梦粱录》为我们了解当时涅槃会的盛况提供了很好的资料,说明了涅槃会的庄严、隆重。

北宋时代涅槃会的盛行,促使北宋天台学僧净觉仁岳(992—1064)专门为举行涅槃会,制作了《释迦如来涅槃礼赞文》。他曾在知礼与遵式门下学习,而知礼、遵式极其重视礼忏,并且制作了大量的天台忏法。② 仁岳除了制作《释迦如来涅槃礼赞文》以外,还制作了《释迦降生礼赞文》、《南山祖师礼赞文》、《楞严忏仪》(佚失)、《罗汉礼赞文》(佚失)。③ 因此,仁岳依天台忏法的仪式,制作了举行涅槃会的礼赞文。《释迦如来涅槃礼赞文》的仪轨次第是:跪唱、一心奉请、一心顶礼(共十二礼)、五悔(至心忏悔、至心劝请、至心随喜、至心回向、至心发愿)。④

在《释迦如来涅槃礼赞文》中,以叙述佛陀涅槃的经过、赞叹佛陀的功德为中心,将佛教义理融入礼拜、赞叹的仪式中,这是中国佛教礼仪的特色。尤其是十二礼,每一礼都是说明佛陀涅槃的一个过程,然后再用一首偈颂加以赞叹。第一礼,"一心顶礼涅槃教主堪忍世界现声光集众时身释迦文佛";第二礼,主要叙述"受纯陀施食",偈颂说明如下:

> 如来久证遮那体,权现临终应供养;能与毛端变化身,受兹华氏粳粮食。六尘虽谓空无相,五果当知结有缘;我今追远奉粢盛,愿证真常同妙义。故我一心归命顶礼。⑤

佛陀因受纯陀供养的食物而引起身体不适,而净觉仁岳认为这是佛陀的示现,是化身接受纯陀的供养。

---

① 《梦粱录》卷一,中国商业出版社,第 7 页。
② 有关知礼、遵式对天台忏法的提倡,见释大睿:《天台忏法之研究》,台北:法鼓文化事业股份有限公司,2000 年,第 279—284 页。
③ 《佛祖统纪》卷二十一,《大正藏》第 49 卷,第 241 页中。
④ 《释迦如来涅槃礼赞文》,《卍续藏》第 130 册,第 184 页上—188 页上。
⑤ 同上书,第 184 页下—185 页上。

第三礼以下依次是：卧宝床现病，入月爱三昧，示人天相好，观世间寂定，入四禅灭度，入金棺白氎，示饮光在枢，入香楼火化，涅槃会上所集圣贤缘觉僧众，涅槃会上所集圣贤声闻僧众。这些礼拜赞叹文，将佛陀涅槃的经过叙述出来，而且说明涅槃的真正意义，从而使人悟入不生不灭之理。《释迦如来涅槃礼赞文》说明了，在北宋时代涅槃会盛行，僧众从而专门制作了涅槃会使用的忏法。

涅槃会在中国的成立与展开，跟中国民俗"寒食节"有一种内在的关联。但是，涅槃会只局限在佛教寺院内部，并没有对民间社会产生很大的影响。尤其，涅槃会的上堂说法，不仅为了纪念佛陀的涅槃，更是为了以涅槃作为禅机，开示学人。

五、水陆法会的演变与发展

水陆法会，全称为"法界圣凡水陆普度大斋胜会"，略称为"水陆会"，又称为"水陆道场""悲济会"，是中国佛教经忏法事中最隆重的一种。据明代莲池大师所作《水陆仪轨》卷一说，"法界"是指诸佛与众生本性平等，通称为"法界"。"圣凡"是四圣（佛、菩萨、声闻、缘觉）六凡（天、人、阿修罗、地狱、饿鬼、畜生），实际上泛指一切众生。"水陆"是指众生受报之处，即水、陆、空三界。水、陆二处众生的苦难尤为深重，所以称"水陆"。"普度"是使六道众生悉皆度化，使之解脱。"大斋"是指施食，"胜会"是指如此救度者与被救度者集会于一堂，食与法都在一起，普摄受苦众生。

启建水陆法会的主要目的，是要通过佛法的巨大威力，以食施、法施为手段来救度一切众生，特别是要救度陷于水陆之处、蒙受深重苦难的六道众生，使令皆得解脱。水陆法会以其殊胜的功德，千百年来一直是中国佛教最重要的大法会之一。

根据宋代宗鉴《释门正统》卷四记载，水陆法会的起源是梁武帝在梦中见到一位神僧告诉他：六道众生受无量苦难，为什么不作水陆大斋普济群灵？梁武帝醒来后，问当时许多高僧，结果他们都不知道水陆大斋。只有宝志和尚劝梁武帝广泛查寻经论，必然可以知道其中的因缘。梁武帝于是搜寻经论，于法云殿早晚阅读。后来，见到阿难尊者遇面然鬼王建立平等斛食的因缘，于是便制作仪轨，于润州（镇江）金山寺修设。梁武帝亲自来到坛场，命令僧祐宣读文疏。梁武帝制作"水陆"的年代，各典籍记载不一，《事物纪原》认为是天监七年（508），《佛祖统纪》认为是天监四年（505）。

梁武帝所制作的"水陆"仪轨在陈隋时代，早已隐没不传。《释氏稽古略》卷三记载，唐代咸亨中（670—673）西京法海寺道英禅师，从大觉寺僧义济得此仪文，于是再兴法会于山北寺。但是据《广弘明集》的记载，梁武帝于天监三年（504）才舍道事佛，不可能在天监四年以前已经披阅经论达三年之久。《水陆仪轨》的文辞完全依据天台的理论而撰述。其中所有密咒出于神龙三年（707）菩提流支译《不空羂索神变真言经》，这不仅是梁武帝所不能见，也是咸亨中道英所不能知的。现在通行的水陆法会分内坛、外坛，内坛依照仪文行事，外坛修《梁皇忏》及诵诸经。所谓梁武帝亲撰仪文及道英常设此斋，可能只是指《慈悲道场忏法》而言，至于水陆仪文则是宋代才开始制作的。

最早制作的"水陆法会"应该是宋代熙宁年间（1068—1077）东川杨锷所撰水陆仪轨（又称为"杨推官仪文"），流行于四川，这是较早的水陆仪轨的完成形态，但是已经佚失了。宋代宗晓《施食通览》中所记载"出自杨锷水陆仪"的内容，有初入道场叙建水陆意、宣白召上堂八位圣众、水陆斋仪文后叙等，由此可略知《杨锷水陆仪》三卷的概况。

宗赜所撰《水陆缘起》对于水陆法会的说明，叙述得非常详细。他说水陆供养的对象分为上、中、下，上就是供养法界诸佛、诸位菩萨、缘觉、声闻、明王、八部、婆罗门仙；中就是供养梵王帝释二十八天、尽虚空宿曜一切尊神；下就是供养五岳河海大地龙神、往古人伦、阿修罗众、冥官眷属、地狱众生、幽魂滞魄、无主无依诸鬼神众、法界旁生。所以，六道中所有的四圣六凡，普同供养。通过这些供养，使未发菩提心者，因为水陆胜会，而发菩提心；未能解脱苦轮者，因此而得不退转；未成佛道者，因为水陆胜会能得成佛道。

元祐八年(1093)，苏轼为亡妻宋氏设水陆道场，并且撰《水陆法像赞》十六篇。苏东坡在"水陆法像赞序"中说，水陆道场随后世而增广，唯有四川保存有古法，而且各种画像及设施仍然保持着原来的风格。因为他本是四川眉山人，所以他作的《水陆法像赞》就被称为"眉山水陆"。

宋元丰七八年间(1084—1085)，佛印(了元)住金山时，有海贾到寺设水陆法会，佛印亲自主持，大为壮观，遂以"金山水陆"驰名，"金山水陆"又称为"北水陆"。绍圣三年(1096)，宗赜删补详定诸家所集，完成《水陆仪文》四卷，普劝四众，依法崇修。现在，《水陆仪文》已经失传，仅可从其所撰《水陆缘起》一文，得知一斑。

南宋乾道九年(1173)，四明人史浩曾经经过镇江金山寺，慕水陆斋会的盛况，于是布施田地百亩，在四明东湖月波山专建四时水陆，用来报答四恩；并且亲制疏辞，撰集仪文。宋孝宗听到这个消息，特别颁赐以"水陆无碍道场"寺额。月波山附近有尊教寺，师徒道俗三千人，布施财产，购买田地，遵奉月波山四时普度之法。大众又诚心请志磐续成《水陆新仪》六卷，大力推广斋法，并且劝十方寺院重视斋法，大兴普度之道。

水陆法会自从宋代流行以后，很快普及于全国，特别成为战争以后朝廷上下经常举行的一种超度法会。宗赜《水陆缘起》中说，现在供养一佛、斋一个僧人，尚且有无限功德，何况普同供养十方三宝、六道万灵，不但能使自己得到利益，而且能够恩沾九族。所以，在江淮两浙、四川、广东、福建，水陆佛事从古以来十分盛行，不论是祈求保佑平安，还是追悼怀念长辈，还是救度卑微、幼小的众生，都通过水陆法会来完成，这样才被人们认为是真正的善、孝和仁慈。所以，在这些地区，富贵有钱人独自举行水陆斋会，贫穷者则共同出钱修设法会，这也就是后世所谓"独姓水陆"和"众姓水陆"的来源。

宋代以后，水陆法会十分盛行，著名的水陆法会也不少。如宋元祐八年（1093），苏东坡为他的亡妻宋氏设立水陆道场（《东坡后集》卷十九）。绍兴二十一年（1151），慈宁太后施钱为真歇清了在杭州崇先显孝寺修建水陆法会（正觉《真歇清了禅师塔铭》）。《应庵昙华禅师语录》卷五有昙华禅师在建康蒋山太平兴国寺时的《王机宜为弟枢密相公设水陆升堂法语》，和在平江府报恩光孝寺时的《悲济会水陆升堂法语》。昙华（1103—1163）是宋高宗时人，可见当时水陆佛事已很普遍。

元代延祐三年（1316），朝廷设水陆大会于金山寺，命江南教、禅、律三宗诸师说法，参加僧众一千五百人，径山元叟行端有《朝廷金山作水陆升座法语》。《元史》卷二十八记载，英宗至治三年（1323），下令在京师万安寺、庆寿寺、圣安寺、普庆寺，扬子江金山寺，五台山的万圣祐国寺作水陆佛事七昼夜；这时，月江正印禅师住持金山，他的《语录》中有〈朝廷金山寺建水陆法会普说〉，就是指这件事情。这一次规模十分大，有四十一位善知识、一千五百比丘僧。此外，大都（今北京）昊天寺、五台山、杭州上天竺寺等南北各地，都曾举行盛大的水陆法会。《大明高僧传》卷一记载，元代四川华严学者痴庵祖觉住眉州中岩寺，尝修《水陆斋仪》流行于四川。

明初洪武元年至五年（1368—1372），相继在南京蒋山设广荐法会，即水陆法会。其中以洪武五年（1372）正月所修法会之规模最大。前后法会均请四方高僧大德参加，如楚石梵琦、季潭宗泐、来复见心、东溟慧日、梦堂昙噩等，均曾应邀赴会说法，参加僧众常达千人。明太祖曾命令宗泐作《赞佛乐章》八曲，使太常奏曲歌舞；太祖与群臣都到法会礼佛。这次的法会仪式，具体的内容见于宋濂《蒋山寺广荐佛会记》。

明代江浙之间，有北水陆和南水陆之分。明末云栖袾宏法师，认为金山寺的《水陆仪文》前后错杂，很难理清始终的头绪，而且行者也是随意而作，不是很恰当；而志磐法师所辑的《水陆新仪》不但精密而且简易，精密而不会有碍于隆重，简易而不会有所缺漏。所以，云栖袾宏将志磐的《水陆新仪》重新加以修订,以广流通,这就是现在的六卷本《水陆仪轨》。

第二节 宋元佛教的慈善事业

宋代佛教的慈善事业非常发达,出现了收养贫病老人的居养院和安济坊、收养遗弃婴孩的慈幼局、帮助贫苦人家抚养婴孩的举子仓以及专业葬殡机构漏泽园等多种慈善设施。因为僧侣在社会上原就扮演着举足轻重的角色并处于领导地位,僧侣之卓越品质、坚忍情操,加之寺院经济之富厚,使他们有能力承担重任。宋代地方财政困难,公益事业无法顺利展开,要仰赖地方士绅和佛道教团体协助。其中佛教教团之努力和贡献显著。佛教积极参与公益事业,项目繁多,举凡桥梁、水利、道路修筑到地方治安巡逻等都不辞辛劳,出钱出力。至于地方上之救济事业如养老、济贫、饥饿、慈幼和医疗等项目,也多由官方责成寺院之僧侣负责行政管理工作,使得宋代官办慈善事业得以顺利进行。

一、宋代佛教的社会救济事业

宋初继承唐代的悲田坊、养病坊的制度,在开封设立东、西福田院,英宗时增置南北福田院,共有四福田院。[①] 宋代福田院亦由僧人负责,因为根据范祖禹于哲宗元祐二年(1087)十二月二十日《乞不限人数收养贫民札子》所说:

> 臣窃见四福院条例,逐院每年特与僧一名紫衣,行者三人剃度,推恩至厚。……亦乞详酌立定分数,每存活若干人即与剃度一名,

---

① 这方面的研究,见金中枢:《宋代几种社会福利制度——居养院、安济坊、漏泽园》,《新亚学术年刊》1968 年第 10 期,第 127—169 页;王德毅:《宋代的养老与慈幼》,《宋史研究论集》第 2 辑,台北:鼎文书局,1972 年,第 371—401 页;黄敏枝:《宋代佛教社会经济史论集》第九章《宋代佛教寺院与地方公益事业》,台北:台湾学生书局,1989 年。

如死损及若干人即减剃度一名。①

当时每个福田院以三百人为限,每所福田院逐年给予紫衣僧人一名、剃度行者三名。所以范祖禹上奏,希望不限人数,制定考核标准,这样对能管理福田院的出家人,有所奖惩。蕲州五祖戒禅师《抽顾颂》说:"时念弥陀三两声,追荐东村李胡子生西天,山里孟八郎强健,福田院里贫儿叫唤,乞与我一文大光钱。"②可见福田院类似今天的慈幼院、抚养孤儿等。崇宁元年(1102),"福田院"改名为"居养院",但是职责没有太大的变化。"居养院"在全国各地,或称为"利济院"、"养济院"等,如《阿弥陀经疏钞问辩》说:"今养济院,俗曰孤老院"③,积极推动佛教的社会救济事业。许多地方还设有慈幼庄、慈幼局、婴儿局等,专门收养和抚育弃儿或贫儿。

绍兴元年(1131),徽州太守徐谊创居养院,其制与元符体制大略相同,有如小兰若,置田三百亩以养之,命令僧人主管其事;吴兴于绍兴三年置利济院,拨田养之,岁收租米赡养,差遣僧、行各一名主管收支事宜。④另外,建康则设有养济院,嘉定五年(1212)黄公度所创办,规模小、收养不多;景定年间(1260—1264),于城南北并置两所居养院,每院度一僧掌管,收养贫民以五百人为限,并且取得宋兴寺废寺额,择僧住持,总督其事。地方政府拨户绝田五百九十余、山五百一十九亩,以供僧行;又捐钱千缗就宋兴寺置质库,这样,质库的盈余每三年就可以买祠部度牒,作为有功之行者剃度之用,再来掌管两院事务。⑤可见,地方政府不仅支持居养院的救济事业,而且以现钱置质库以为该寺行者将来剃度购买度牒之用,这样后继有人,使居养院能够正常运作。行者在宋代佛教的社会救济事业中具有重要的作用,因为僧人虽然能够管理居养院或者慈幼

---

① 范祖禹:《范太史集》,《四库全书》卷十四,《乞不限人数收养贫民札子》。
②《禅宗颂古联珠通集卷》第三十二,《卍新纂续藏经》第65册,第672页下。
③《阿弥陀经疏钞问辩》,《卍新纂续藏经》第22册,第698页上。
④《弘治徽州府志·恤政》,《天一阁明代方志选刊》卷五,上海:上海古书籍店,1981—1982年,第51页上。
⑤ 梅应发:《开庆四明续志》卷四,《宋元方志丛刊》,北京:中华书局,1990年。

245

庄的庄田收支等,但是具体的事务仍然需要行者来承担。所以,地方政府要安排质库以供行者买度牒之用。

福田院、居养院、慈幼庄等都是由官方委托寺院僧行经办,有一定的组织、程规以及相当制度化的救济制度。如宋代吴自牧《梦粱录》卷十八记载:"局侧有局名慈幼,官给钱典雇乳妇,养在局中,如陋巷贫穷之家,或男女幼而失母,或无力抚养,抛弃于街坊,官收归局养之,月给钱米绢布,使其饱暖,养育成人,听其自便生理,官无所拘。若民间之人,愿收养者听。官仍月给钱一贯、米三斗,以三年住支。更有老疾孤寡,贫乏不能自存,及丐者等人,州县陈请于朝,即委钱塘、仁和县官,以病坊改作养济院,籍家姓名,每名官给钱米赡之。此见朝家恤贫救老如此。"可见,慈幼院、养济院等慈善组织,具有政府官方背景,而地方政府亦委托寺院举办,由僧人管理。

另外,收留乞丐等无家可归者是寺院的善举之一,李若谷任江宁知府期间,"民丐于道者,以分隶诸僧寺,助给舂爨"①。寺院收留乞丐,同时乞丐帮助寺院干些舂米、做饭等杂务。

同时,僧人以医术济世,寺院开设药局施药等,也是宋代佛教的慈济事业。如北宋长沙医僧洪蕴(963—1004)出家后,"习方伎之书,后游京师,以医术知名";宋太宗在太平兴国年间,下诏购求医方,洪蕴"录古方数十以献";真宗尚在藩邸时,他以方药谒见;他最擅长的是汤剂,王公大臣有病亦请他诊视。② 宋代的寺院亦设立药局,如青州一辨禅师(1081—1149)到江西仰山太平兴国寺时,听说当地有擅长医术的新公,就去度他为僧,邀请他来主持寺院的药局;而在新公去世之后,又以新公之子接掌药局。元好问《少林药局记》说:

> 少林英禅师为余言:昔青州辨公,初开堂仰山,自山下十五里负

---

① 《宋史》卷二百九十一《李若谷传》,第 9739 页。
② 《宋史》卷四百六十一,第 13510 页。

米以给大众。其后,得知医者新公,度为僧,俾主药局。仍不许出子钱致赢余,恐以利心而妨道业。新殁,继以其子能。二十年间,斋厨仰给而病者亦安之。故百来以来,诸禅刹之有药局,自青州始。①

药局的经费来源主要是信徒的布施,而不是由寺院出资经营取利。药局不仅医治本寺禅僧,也为寺外俗人服务。金宣宗兴定(1217—1222)末年,东林隆禅师主持少林寺,得到信徒的一大笔檀施,于是仿效青州一辨禅师,继任的住持性英禅师请元好问(1190—1257)记载了此事。

宋代居养院与安济坊皆由寺院管理。作为管理者的僧侣,每三年一轮换,在任期间可领取薪金,如管理业绩显著,可得到政府颁授紫衣、师号或度碟。院内具体工作,如管理金钱、米谷账簿等事项,由所在州县胥吏担当,有些地方让厢军士兵从事炊事、打扫及其他各种杂役。与此相应,居养院经费,由官府拨给没官田地、雇人耕作、收取、和课以充,若其不足,则由常平仓支出。可知,其最好用主语居养院与安济坊以寺院为主体,以僧人为首脑,以一种具有相当完善性、整体性的机制实施运作,沟通了官府与民间。

二、宋代佛教的地方公益事业

宋代的许多地方建设事业,因为地方财政窘迫,于是需要士绅或宗教团体来承担。抚州乐安县安浦桥原为大桥,屡建屡毁。理宗端平二年(1235)又毁于水,郡守黄垙主张改建为石桥,乃责成绿源寺僧日章负责督造;迭石址三(?),上铺以木板,之上又铺石板,石板上面则铺层砖,覆以屋十一间,费钱一千五百缗则来自官府。② 湖州武康县有十二座桥是宋代僧侣所建,其名称分别是(1) 崇武桥,乃绍兴间僧智坚建;(2) 万安

---

① 《元好问全集》卷三十五,太原:山西古籍出版社,2004 年。
② 许应钟等重修、谢煌等纂:《光绪抚州府志》,台北:成文出版社方志丛书,清光绪二年(1876)刊本影印,第 25 页上—下。

桥和(3)南津桥皆绍兴间僧善诚建;(4)念佛桥是开禧时僧杰大翁建;(5)华严桥是元祐时僧通建;(6)禺山桥则是嘉定时僧智德建;(7)普安桥乃绍兴间僧净玉建;(8)众善桥是嘉定间僧妙智建;(9)善利桥淳熙时僧善利建;(10)黄山桥和(11)永安桥皆是绍兴时僧法词所建;(12)郭林桥则是僧道益于建炎间建。福州长乐县有八座桥亦成于宋僧之手,包括(1)善照桥:治平间僧光觉造,明、嘉靖重修;(2)豸桥:嘉定间僧人造,凡三间,长三丈,阔八尺,明、正德重建;(3)延祥斗门桥:淳化时延祥寺僧造,长一丈四尺,有闸以蓄延祥湖水;(4)仙桥:淳祐二年新城寺僧造,凡三间,长六丈,阔八尺,清、乾隆重修;(5)灵源桥:元祐二年甘泉寺僧造,一间,长二丈二尺,宽五尺;(6)溪上桥:元祐二年僧造,凡四间,雍正时重修;(7)资福桥:宣和三年资福寺僧造,凡二间,长二丈,宽八尺;(8)望河桥:绍圣二年(1095)甘泉寺僧淳照募建。① 僧人参与桥梁的兴建,一方面得到地方政府的支持,另一方面有信徒的帮助,如嘉祐五年(1060)《万安渡石桥记》:

> 泉州万安渡石桥,始造于皇祐五年四月庚寅,以嘉祐四年十二月辛未讫功。累趾于渊,酾水为四十七道;梁空以行,其长三千六百尺,广丈有五尺;翼以扶栏,如其长之数而两之。靡金钱一千四百万,求诸施者。渡实支海,去舟而徒,易危而安,民莫不利。职其事,卢锡、王寔、许忠、浮图义波、宗善等十有五人。既成,太守莆阳蔡襄为之合乐,譙饮而落之。明年秋,蒙召还京,道繇是出,因纪所作,勒于岸左。②

万安渡石桥的建造是在政府的领导下完成的,僧人义波、宗善参与其事,可能是因为他们对化缘有号召力,具有很大的影响力,比较容易成为领导人物。

---

① 黄敏枝:《宋代佛教社会经济史论集》,台北:台湾学生书局,1989年,第415页。
② 郑振满、丁荷生编:《福建宗教碑铭汇编·泉州府分册》(上),福州:福建人民出版社,2003年,第14页。

同时，在家佛教徒在佛教教义的号召下，也会从事佛教慈善事业。如端平二年(1235)《顾迳市井栏题字》：

> 顾迳市龙王庙西居住，奉佛弟子张□，谨发诚心，施财收买砖灰，命工砌造义井一口，所将功德专用追荐亡妻陶氏三四娘子，洗涤秽尘，早超净土，成就往生者。端平二年(1235)三月□日，孝夫张□谨题。①

张姓的佛弟子将造井的功德，回向给他的妻子，愿往生净土，由此可见佛教徒从事慈善事业在宗教意义上的目的。

宋代的寺院亦为旅游者提供食宿，有专门为接待游僧而设之接待院，或接待朝拜佛教圣地的士庶之机构，如五台山之普通院等。由潮州至惠州途中，由漳州至潮州南路一百里至漳浦县有僊云驿，又南行百九十里有临水泽，路远驿少，无寸木滴水，行人寄宿无所，有司乃斟酌道里远近随铺立庵，命僧主之，以待过客，且置田赡僧，俾僧守庵。于是南路共有十三庵，包括木棉铺庵（贾似道即被杀于此庵）、甘棠铺庵、横章铺庵、仙云驿庵、默林庵、无象庵、黄土庵、云霄庵、径心善护庵、大悲铺庵、半沙铺庵、临水淹、竹林庵，皆郡守傅伯寿所创置，时孝宗淳熙末年(1189)。

宋代佛教寺院与地方公益事业的紧密关系，展现了寺院在社会上所扮演的积极角色，更彰显了宋代佛教对社会的功能和意义。

第三节　宋元佛教的放生习俗

放生习俗的开展，成为宋代以后佛教深入社会的重要传统之一。放生习俗的形成，既有佛教戒杀护生的思想根源，同时亦受到儒家好生思想的推动。南北朝以来，在皇权贵族的支持下，佛教界逐渐以天然海湾

---

① 陆增祥：《八琼室金石补正》，北京：文物出版社，1985年，第842—843页。

为放生池的屏障,形成中国佛教的放生习俗;宋朝以后,僧人在寺院设置放生池,供民众放生,使放生习俗深入民间。

一、放生习俗的渊源

先秦时期,孔子以舜为好生榜样,强调环境保护;孟子则强调恻隐之心,并以仁义思想启发梁惠王;《吕氏春秋·异用》《列子·说符》等已经开创戒杀放生的风气。佛教传入汉地后,昙无谶译《金光明最胜王经·流水长者子品》为佛教放生提供了理论依据。

商汤之所以讨伐成功,除了擅用万物之外,还因为更懂得珍惜生灵,不让一切生命被赶尽杀绝,其治国所行仁爱之风,由"成汤解网"事迹可见一斑。《吕氏春秋·异用》记载:

> 汤见祝网者,置四面,其祝曰:"从天坠者,从地出者,从四方来者,皆离吾网。"汤曰:"嘻!尽之矣。非桀其孰为此也?"汤收其三面,置其一面,更教祝曰:"昔蛛蝥作网罟,今之人学纾。欲左者左,欲右者右,欲高者高,欲下者下,吾取其犯命者。"汉南之国闻之曰:"汤之德及禽兽矣。"四十国归之。人置四面,未必得鸟;汤去其三面,置其一面,以网其四十国,非徒网鸟也。①

成汤仁民爱物,强调放生上合天心、下顺民意,仁君不忍见猎人四面布网,有违上天好生之德,于是去除三面,仅存一面;并更改祝祷词,化杀戾气为和祥之气,表明统治者若行放生将比杀生更易获得民心。

"成汤解网"对后世影响很大,明代莲池《戒杀放生文》仍然引用其故事。《列子·说符篇》记载了"周简子正旦放生"的故事:

> 邯郸之民,以正月元旦献鸠于简子。简子大悦,厚赏之。客问其故。简子曰:"正旦放生,示有恩也。"客曰:"民知君之欲放之,竞

---

① 吕不韦:《吕氏春秋》卷十,第五篇《异用》。

而捕之,死者众矣。君如欲生之,不若禁民勿捕。捕而放之,恩过不相补矣。"简子曰:"然。"①

由此可知,邯郸在春秋时代已经出现专门捕鱼鸟以供放生的风俗,但是民间放生主要是表示对生灵的恩惠,先捕生灵然后再放之,则功过难以相抵。当时,周简子听众门客劝导,将"捕物放生"的做法改为"禁民捕捉",这是中国禁止屠钓的早期记载。

春天生物滋长,古人已有保护生物之措施,《礼记·月令第六》说:"孟春之月……命祀山林川泽牺牲毋用牝,禁止伐木,毋覆巢,毋杀孩虫、胎夭、飞鸟,毋麛毋卵。"②在春天万象更新之际,切勿伐木营生、覆巢嬉戏、残害幼苗等,否则有失大地万物生存之道。

"成汤解网"和"正旦放生"说明了放生习俗在中国文化具有深厚的思想背景。昙无谶译《金光明最胜王经·流水长者子品》为佛教的放生提供了内部的资源,内容简录如下:

> 流水长者子不忍鱼为日所曝,乃求其国王,与以二十大象,暂往负水,济彼鱼命,王允其请。长者子乃及请二子,至象殿中,随意取二十大象,双从酒家多借皮囊,往决水处,以囊盛水,象负至池,泻至池中,水即弥满,还复如故。流水长者子救起濒死之鱼,予之水、食,为其解说大乘经典,诸鱼闻经后,皆生忉利天。③

《流水长者子品》对佛教的放生习俗具有重要的影响,如十二因缘法、诸佛菩萨圣号、放生功德偈、放生程序、放生仪轨等。流水长者子救鱼放生的情节,增进了中原人士对佛教放生思想的理解,使之更易于被人们接受和传播。

儒家的放生思想源于恻隐之心,如"子产畜鱼"等,具有影响力。佛

---

① 杨伯峻:《列子集释》,香港:太平书局,1965年,第172页。
② 《礼记》,长沙:岳麓书社,2001年,第201页。
③ 《金光明经》卷四,《大正藏》第16卷,第352页中—353页下。

251

教的放生借助了儒家的号召力,方便顺利推行于民间。

二、宋以前的放生活动

南北朝以来,放生习俗逐渐流行。北魏献文帝下敕,勿用牲畜祭祀天地宗社,每年活七万五千牲畜的性命。北齐文宣帝实践佛教的慈悲教法,积极断绝肉食。天保七年(556)五月,文宣帝认为肉食是违反慈悲的精神,故不食肉。天保八年(557)四月庚午颁诏禁取虾、蟹、蛤、蚬等,只准捕鱼;同月乙酉,不论公私,禁绝以鹰、鹞猎狩。天保九年(558)二月下诏,限令在阴历十一月和一月准许烧野,此外一律不准用火。①

梁武帝撰写《断酒肉文》,下敕以蔬果为宗庙祭祀用品。而且,梁武帝造十三无尽藏,实践放生与布施二科。萧子显《御讲摩诃般若经序》说:

> 别敕至到张文休,日往屠肆命切鼎俎,即时救赎济免亿数,以此为常。文休者先为运吏,辄散运米与贫民,应入大辟,上愍其一分,恻然不许。非唯赦其重辜,乃加以至到之目,既非凭暖之市义,又无汲黯之请罪。人微宥重,过于昔时。文休既荷嘉贷,未尝暂息,日中或不得食,而足不得息,周遍京邑,行步如飞,击鼓扬幢,负担驰逐,家禽野兽殚,四生之品,无不放舍焉。是时朝臣至于民庶,并各随喜。②

梁武帝命令张文休每天去屠宰场,买下即将被杀的生物,然后放生。王公贵族以及市民受梁武帝的影响,积极参与、推广放生。

梁元帝(551—554 在位)下诏建立放生亭,并且撰写《荆州放生亭碑》:

---

① 《北齐书》卷四,第 61、63、64 页。
② 《广弘明集》卷十九,《大正藏》第 52 卷,第 237 页下。

252

> 鱼从流水,本在桃花之源;龙处大林,恒捻浮云之路。岂谓陵阳垂钓,失云失水;庄子悬竿,吞钩天饵。虽复元龟夜梦,终见取于宋王;朱鹭晨飞,尚张罗于汉后。譬如黄雀伺蝉,不知随弹应至;青鹢逐兔,讵识杠鼎方前。北海之食,鹦鹉未始,非人西王之使传信,谁云贱鸟。故知鱼鸟之观,俱在好生。欲使金床之鹇更返,衡阳之侣,雪山之鹿,不充食萍之宴。①

梁元帝将古人好生的典故重新整理诠释,显出他怀仁心以治天下,广收教化民心之功效。

陈宣帝太建十三年(581),智𫖮劝请陈宣帝下诏禁止采捕。智𫖮目睹民众以捕鱼网罟相连四百多里,于是购买江海湾段为放生池;并且为渔民讲《金光明经》,渔民闻法改行转业,好生从善,并献临海江沪溪梁六十三所,达三四百余里,为放生池,徐陵树碑阐明因缘。②

时至唐代,放生习俗非常盛行。《续高僧传·道胄传》记载,道胄于诸州建造放生池一百余所,多有灵感。③"安史之乱"后,政局动荡不安,人心惶惶,民生凋敝,饥荒四起。唐肃宗于乾元二年(759)下诏,设立放生池八十一所,从山南道、剑南道、黔中道、荆南道、岭南道、江西道、浙江道诸道,一直到昇州的江宁、秦淮太平桥及临江带郭上下五里,颜真卿撰《放生碑文》④。诏书中所谓的临江海一带上下五里各置放生池,与智𫖮以天然的海湾为放生池屏障之形式相雷同。

三、宋代放生习俗的流行

宋代以来,放生在朝廷的推动和民众的参与下更是盛行。宋太祖下

---

① 原收入《古今图书集成·博物汇编神异典》第212卷《放生部》,见蓝吉富主编:《大藏经补编》第16册,台北:华宇出版社,1986年,第822页。
② 《隋天台智者大师别传》,《大正藏》第50卷,第193页下。
③ 《续高僧传》卷二十二《道胄传》,《大正藏》第50卷,第623页上。
④ 颜真卿:《放生池碑》,蓝吉富主编,《大藏经补编》第16册,第822—823页。

诏,民间二月至九月,不许采捕弹射。宋真宗天禧三年(1019),杭州天竺灵山寺慈云遵式上奏朝廷,以西湖为放生池,而且自制"放生慈济法门"。《佛祖统纪》卷四十四说:

> 宰相王钦若出镇钱唐,率僚属诣天竺灵山,谒慈云法师遵式,请讲法华。叹曰:此道所未闻,此人所未见也。即为奏锡天竺旧名。师奏请西湖为放生池,每岁四月八日,郡人会湖上纵鱼鸟,为主上祝寿。①

放生为慈悲济世法门,为求皇帝延年益寿、长命百岁。遵式恳求皇帝于每年四月八日佛诞节时,大行放生会,为天子祝圣,获得恩准。

《金园集》收录了遵式的《放生慈济法门》,序言的开篇说:"儒冠五常谓之仁,释御四等谓之慈,皆恶残去杀,推惠广爱之谓也。然后果五福之曰寿,证四德之曰常,实唯不杀,放生之大统也。"②这是以放生融合了儒家的"五常"和佛教的"四无量心"。遵式以叙由、咒水、请加、归依、称佛、说法、忏愿七章,制订了放生的仪轨。

放生的流行不仅受到政府的支持,而且在宗教信仰上亦获得灵感,如守尚书屯田员外郎知越州诸暨县事潘华撰《梦鱼记》。潘华依《普贤观经》,令人不得捕池沼江湖内鱼。景德四年(1007),潘华奉诏还阙,梦江湖中鱼哭泣。③ 这种灵感故事的流行,说明了放生在宋代的盛况。

天圣三年(1025),四明山延庆寺知礼亦奏请在佛诞节放生,为皇帝祝寿,并请求以南湖为永久放生池。知礼为了使放生法会顺利进行而制订放生仪轨,并撰《放生文》以定其仪轨,当时的枢密使刘均奉敕为此撰写碑文,记载这种盛事。④

遵式、知礼奏请皇帝赐放生池,显示了僧人主动影响皇帝的情况;而

---

① 《佛祖统纪》卷四十四,《大正藏》第49卷,第406页中。
② 《金园集》卷中,《卍新纂续藏经》第57册,第8页上。
③ 《四明尊者教行录》卷一,《大正藏》第46卷,第864页上—中。
④ 《放生文》和《敕延庆院放生池碑铭》,见《四明尊者教行录》卷一。

天禧元年(1017),宋真宗下诏重修放生池,并禁止在淮州郡淮水上下五里内捕鱼,这可能是受当时修建放生池风气的影响。欧阳修撰写《跋放生池碑》,显扬宋真宗对万物的恩德:

> 右放生池碑,不著书撰人名氏,放生池唐世处处有之,王者仁泽及于草木昆虫,使一物必遂其生而不为私惠也。惟天地生万物所以资于人,然代天而治物者,常为之节使其足用而取之,不过万物得遂其生而不夭三代之政,如斯而已。易大传曰:庖犠氏之王也,能通神明之德,以类万物之情,作结绳为网罟,以佃以渔,盖言其始教民取物,资生为万世之利,此所以为圣人也。浮屠氏之说,乃为杀物者有罪,而放生者得福,苟如其言,则庖犠氏遂为人间之圣人,地下之罪人矣。①

宋代的放生习俗延续了唐朝的传统,并且扩展到民间百姓的生活中。

各地放生池的兴衰,亦反映出当地佛教发展的盛衰。自从智顗首创放生池以来,当佛教兴盛时,放生池也被广泛利用,如唐肃宗、宋真宗曾下令扩展放生池;当佛教没落时,放生池则成为捕捉鱼族之区。

---

① 蓝吉富主编:《大藏经补编》第16册,台北:华宇出版社,1985年,第823页。

第四章　明清佛教徒的信仰与生活

随着明太祖三分天下寺院,明清佛教经忏佛事更加盛行,各种仪轨层出不穷;同时,佛教信仰深入民间社会,民众的生活多受其影响,举凡婚丧嫁娶、岁时节日等,皆能见到佛教的影响。

第一节　"蒋山法会"与明太祖整顿瑜伽教

明太祖三分寺院,整顿与规范瑜伽教,促进明清经忏佛事的繁荣与发展。明太祖对经忏佛事的规范与推动,不仅有纠弊的需求,更有王道的政治理想与怀柔高僧的目的,"蒋山法会"是最重要的表现。

一、"蒋山法会"的启建与法仪次第

明太祖完成统一天下的大业后,从洪武元年(1368)九月十一日开始,直至明成祖永乐五年(1407),明太祖、明成祖相继在钟山,延请佛门高僧启建无遮水陆大法会,史称"蒋山法会"。"蒋山法会"主要是为了救拔战乱伤亡的战士之魂和无辜之灵,藉此安顿民心、稳定政局。①

---

① [日]滋贺高义:《明初の法会と佛教政策》,《大谷大学研究年报》第21卷,1969年,第199—237页。

"蒋山法会"作为朝廷推动的无遮大会,规模宏大,时间持久,对明代佛教有深远的影响。历次"蒋山法会"的时间、地点及参加的高僧如下页①:

《楚石梵琦禅师语录》卷二十"水陆升座"条记载,洪武元年(1368)九月十一日,楚石梵琦奉旨于蒋山禅寺水陆会中升座说法,提到明太祖"特赐银帑,命善世院,就蒋山禅寺,修建冥阳水陆大斋一昼夜,于中作诸佛事,供佛贤圣、天地神祇、三界鬼神",并且召梵琦"举唱宗乘,所集功勋,并用超度四生六道,无辜冤枉悉脱幽冥,往生佛土"②。

洪武二年(1369)三月十三日,楚石梵琦再次于蒋山禅寺水陆法会上升座说法。

明太祖的《御制蒋山寺广荐佛会文》记载:"洪武三年(1370)正月十五日,朕于钟山前蒋山寺奉佛供僧。"③但是举行法会的具体事宜不明。

洪武四年(1371)春天,明太祖下诏汇集禅、讲、教三宗名僧十人,及其徒二千,建广荐法会于钟山。命天界寺力金总持斋事,力金因为母亲老迈,推举宗泐代理。④

洪武四年(1371)冬十二月,诏征见心来复等十人到达南京,在蒋山太平兴国禅寺举办广荐法会。

规模最大的"蒋山法会"是从洪武四年冬天至洪武五年春天,长达一个多月,这是以水陆法会作为国家的祭祀,仪式极为隆重,其主要文献有明太祖《御制蒋山寺广荐佛会文》、宋濂《蒋山广荐佛会记》,宋濂一文详细地记载了法会的具体情况。水陆法会的佛教仪式与朝廷祀天祭孔的礼仪有差别,皇帝亲临幽鬼镇魂的法会,在礼制上有许多讲究,所以必须融合与折衷二者的仪式。《续佛祖统纪》卷二"如玘传"记载:

---

① [日]长谷部幽蹊:《明清佛教教团史研究》,京都:同朋舍,1993年,第18—20页。
② 《楚石梵琦禅师语录》卷二十,《卍新纂续藏经》第71册,第657页下—658页下。
③ 《金陵梵刹志》卷三,《中国佛寺史志汇刊》第1辑第3册,第312页。
④ 《佛祖纲目》卷四十一,《卍新纂续藏经》第85册,第804页上。

年	时间	称呼	地点	行道说法的高僧
洪武元年	秋九十一日	无遮大会（水陆会）	钟山太平兴国寺（蒋山寺）	天真惟则 楚石梵琦 别峰大同 竹庵怀清 逆川智顺 行中至仁 以中智及 日章祖你 复原福报 象原仁淑 （懒庵廷俊）十余人
洪武二年	春三月十三日		钟山	白云智度 楚石梵琦 无梦昙噩 以中智及
	冬十月	普济佛会		碧峰宝金
洪武三年	春一月十五日	（水陆会）	（钟山）	东溟慧日
				碧峰宝金 楚石梵琦 无梦昙噩 全室宗泐 杰峰世愚 以中智及 行中至仁 松磬正寿
洪武四年	春			天渊清濬 白庵力金
洪武五年	冬十二月十五日	广荐法会	钟山	见心来复等高行僧十人及其徒二千人
	春一月十五日秋终			全室宗泐 东溟慧日 性原慧明 白庵力金 牧隐文谦 碧峰宝金 木庵司聪 象原仁淑 天镜元瀞 （钟山行脚）他行脚 太璞如玘 蓬庵大佑 徒二千人
洪武六年			天界寺	以中智及他有道硕十余人
洪武十一年			金山	呆庵普庄 性原慧明
洪武十七年		普度斋	钟山灵谷寺	
洪武十九年		大斋会	灵谷寺	天渊清濬
洪武二十年		普度大斋	灵谷寺	天渊清濬
永乐二年		普度大斋	钟山寺	哈立麻吧上师，雪轩道成他
永乐五年		普度大斋	灵谷寺	哈立麻（法吉祥贤）

> 庚戌，上将修厘事，以鬼神之道茫昧，召高僧讲究，师奏疏称旨。四年辛亥，善世院罢天界领事者，以师升演福，学者慕之，赢粮景从。五年壬子，上将覃恩幽滞，召天下高僧毕集钟山，设广荐会，法仪甚盛，大驾亲临，沙门上首分番说法。①

可见，明太祖对于"蒋山法会"仪轨很重视。洪武三年（1370）庚戌，明太祖先就行礼之法等法仪召集仪曹和佛教高僧审议讨论；洪武四年（1371），法仪经过试行的过程；至洪武五年（1372），法仪最后成型。如《补续高僧传·白庵金禅师传》记载："凡仪制规式，皆堪传永久。"②于是隆重举行。

宋濂《蒋山广荐佛会记》引用明太祖《钦录集》云：

> 洪武五年壬子春，即蒋山寺建广荐法会，命四方名德沙门，先点校藏经，命宗泐撰《献佛乐章》。既成进呈，御署曲名，曰《善世》，曰《昭信》，曰《延慈》，曰《法喜》，曰《禅悦》，曰《遍应》，曰《妙济》，曰《善成》，凡八章。勅太常谐协歌舞之节，用之，着为定制。四年十一月二十一日，钦奉圣旨《御制广荐佛会榜文》，命都省出榜，晓谕天下，官民士庶人等。③

这是八大乐章的制作过程，先收集藏经的资料，诏命宗泐撰写乐章，明太祖取曲名；然后，命太常府谱曲配以歌舞。而且，明太祖将《御制广荐佛会榜文》在全国广贴，晓谕天下。平常的水陆法会榜文只在举办地出榜，而"蒋山法会"榜文广贴天下，可见法会的国家祭祀特点。

下面，依宋濂《蒋山广荐佛会记》④恢复当时"蒋山法会"的法仪次第：

一、出榜，洪武四年（1371）十一月二十一日，在全国各地广贴《御制蒋山寺广荐佛会文》。

二、致斋，洪武四年冬天，明太祖宿斋室，拒绝荤肉和夫妻生活一

---

① 《续佛祖统纪》卷二，《卍新纂续藏经》第75册，第751页中。
② 《补续高僧传》卷十四《白庵金禅师传》，《卍新纂续藏经》第77册，473页上。
③ 宋濂：《护法录》卷五，《大藏经补编》第28册，第118页。
④ 同上书，第116—118页。

个月。

三、遣官,派遣中书汪广洋、胡惟庸在城隍庙宣文,"俾神达诸幽冥,期以毕集"。

四、祭告,洪武五年(1372)春一月十三日,明太祖穿皮弁服,至奉天殿,群臣朝服,左右侍候。尚宝卿梁子忠开启明太祖御撰的章疏,"识以皇帝之宝"。明太祖礼拜,燎香于炉后,再拜。明太祖亲自阅读章疏,授与礼部尚书陶凯。陶凯捧着章疏,从黄道出午门,将章疏放入龙舆中,备法仗、鼓吹,引导至蒋山。天界寺总持白庵万金、蒋山寺主僧行容等率僧伽千人,持香花出来迎接陶凯一行;然后,万金取疏,进入大雄宝殿,开始诵经做法事,在佛像前宣读文疏,读后焚烧。诸位高僧退后,从辛酉至癸亥,阅读三藏。

五、迎佛,癸亥日,诸位高僧举行法会后,明太祖着皮弁服,搢玉珪,到蒋山寺大雄宝殿,面对释尊,北面而立。群臣穿着法服,陪侍左右。在奉天殿时,群臣穿的是朝服;至蒋山寺,群臣则穿法服,可见归向佛法的意味。和声郎举麾,奏佛乐《善世》,明太祖和群臣礼拜迎请;奏佛乐《昭信》,明太祖下跪进供熏芗奠币。

六、初献礼,明太祖和群臣拜下,奏佛乐《延慈曲》,同时配合"悦佛之舞"。跳舞的人有二十,她们的手上各持着香、灯、珠玉、明水、青莲花、水桃以及名荈、衣食等物品,配合着乐曲的节奏而舞。明太祖跪着献上清净肴馔、史册,祝愿后,再拜下去。

七、亚献礼,奏《法喜曲》,跳悦佛舞,光禄卿徐兴祖进馔。

八、终献礼,奏《禅悦曲》,跳悦佛舞,光禄卿徐兴祖进馔。在三次献礼中,舞是相同的,乐曲各有不同;后二次献礼,不用献上史册,徐兴祖代表明太祖进馔。三献礼后,明太祖回大次,群臣退下。

九、诵咒,诸位高僧旋绕大雄宝殿,诵咒三周。

十、招魂:"初,斫山左地成坎六十,浸以垩。至是,令军卒五百负汤实之,汤蒸气成云。诸浮图速幽灵入浴,焚象衣,使其更以彩幢、法乐,引至三解脱门。门内五十步筑方坛,高四尺。上升坛南向坐,使者北向跪。

受诏而出,集幽灵而戒饬之。"这一段是描写招魂的过程,先挖洞而填满垩,而汤的蒸气上升而成云。这是招引亡灵入浴,"焚象衣"表示让亡灵穿上法衣,然后由彩幢、法乐引导至三解脱门。三解脱门内筑高坛,明太祖升坛,为幽灵宣诏,望解冤释结。

十一、说法、受戒、施食,明太祖宣诏后,接引亡灵听宗泐说法,在慧日处受戒;最后引至施食处,由阇黎师咒饭,共有四十九盘饭。

十二、撤馔,《蒋山广荐佛会记》称为"撤豆",即是撤下供品的意思。这时,已经半夜,明太祖上大雄宝殿,群臣跟随前去,乐队奏《遍应曲》,执事者撤下供馔,明太祖和群臣拜下。

十三、送佛,乐队奏《妙济曲》,明太祖和群臣拜下。

十四、望燎,即是烧文书、纸钱等物。乐队奏《善成曲》,明太祖和群臣至燎位,烧完后,回到大殿。明太祖和群臣退下。

由于明太祖亲临"蒋山法会",水陆法会具有国家祭祀的特点,这尤其体现在传统"郊祀"和"蒋山法会"在乐舞的相似性上,列表如下①:

郊 祀			蒋山法会		
	乐曲	舞		乐曲	舞
迎神	中和曲		迎佛	善世曲	
奠帛	萧和曲		奠芗奠币	昭信曲	
进俎	凝和曲				
初献	寿和曲	武功舞	初献	延慈曲	悦佛舞
亚献	豫和曲	文德舞	亚献	法喜曲	悦佛舞
终献	凝和曲	文德舞	终献	禅悦曲	悦佛舞
撤馔	雍和曲		撤豆	遍应曲	
送神	安和曲		送佛	妙济曲	
望燎	时和曲		望燎	善成曲	

---

① [日]长谷部幽蹊:《明清佛教教团史研究》,京都:同朋舍,1993年,第32页。

从上表对比可以看出,郊祀与"蒋山法会"在礼仪的次第上基本相似,二者的差异有两点:一、"蒋山法会"增加了追荐幽魂,因此有招魂、施食、说法、受戒等仪式;二、"蒋山法会"的祈愿对象是佛菩萨,所以先要对佛菩萨祈愿供养,庄严道场,然后才是三献礼先王。总之,"蒋山法会"是以水陆法会作为主体,吸收郊祀的仪式结构,而且改造了其中的乐曲和舞蹈,从而作为了国家祭祀。

二、明太祖的鬼神宗教观与祭祀"礼""时"的要求

明太祖对"蒋山法会"的重视,一方面是为了结束元末战乱所带来的人心涣散、社会混乱的状态,从而实现安顿民心、稳定政局的目的。如《御制蒋山寺广荐佛会文》所说:

> 朕本农夫,自幼托身佛门,忽经大乱,不得已而从戎于二十年矣。向与群雄并驱之时,务在操兵,拯坠救民于彷徨之中。今祸乱已平,天下已定,未尝朝僧暮道,妄祀鬼神,有所祀必以礼,有所祭必以时。尚虑军民,身经大难。凡死者或遭兵刃,或陷水火,或迫于危急而自缢投河,或潜入山林而蛇伤虎咬,或天灾而殒灭,或思父母妻子因疾而亡身,凡此诸等死者,或蒲门灭绝无祭无依,或虽有眷属不能顾念,或有父母妻子因兵流离,生者未安,死者谁为之祭。朕以己心度之,此等鬼魂遇天阴时,莫不呻吟于风雨之间;遇晴明之时,莫不悲号于星月之下。或因生前作恶,留连冥冥之中,无由自脱。①

"蒋山法会"的启建,对于安抚社会民心具有重要作用。明太祖采取当时通行的经忏佛事以追荐孤魂野鬼,也跟他曾出家为僧的特殊经历有关。

"蒋山法会"之所以能够成为国家祭祀,另一方面则与明太祖的鬼神

---

① 《金陵梵刹志》卷三,《中国佛寺史志汇刊》第1辑第3册,第311—312页。

宗教观有密切关系。一般而言,天子执行天神地祇、宗庙社稷的祭祀,并不是佛门法仪的主要执行者。但是,明太祖在"蒋山法会"中,在招魂仪式上仍然升坛宣读诏书,可见他具有掌管现世与来世、显幽两界的意识,从而肯定鬼神的存在。明太祖在制定治国的根本政策时,对儒臣文士下了《问圣学》《问刑罚》《问天时》《问天地鬼神》《问佛仙》等求策诏书,在《问天时》中,明太祖命诸儒解答是否存在天人感应;在《问天地鬼神》和《敕问文学之士》中,命诸儒解答鬼神是否存在,鬼神显寂的情状如何,鬼神能否主宰人间祸福,赫然有汉武帝当年敕问董仲舒的风采。明太祖后作《诵经论》《释道论》《三教论》《甘露论》《鬼神有无论》《天生斯民论》和《修教论》等,对天人感应与鬼神问题做了解答,这些思想成为明朝的意识形态。明太祖在《鬼神有无论》中说:

> 其鬼神之事,未尝无甚显而甚寂,所以古之哲王立祀典者,以其有之而如是。其于显寂之道,必有为而为。夫何故?盖为有不得其死者,有得其死者;有得其时者,有不得其时者。不得其死者何?为壮而无,屈而灭,斯二者乃不得其死也,盖因人事而未尽,故显。且得其死者,以其人事尽而矣,故寂。此云略耳。且前所奏者,其状若干,皆有为而作。①

尧舜的时候,天下大治,不得其死者少,故世无游魂。秦汉以来,屡起刀兵,死无所依者多,故出现有为的鬼神就多。如果认为无鬼神,人将无畏于天地,而且愧对于祖宗,所以明太祖强调:"今鬼忽显忽寂,所在某人见之,非福即祸,将不远矣。其于千态万状,呻吟悲号,可不信有之哉。"②同时,明太祖笃信因果,认为"定业难逃矣,果报昭然矣"(《修教论》)③,看到了因果报应说在教化百姓中的作用。

---

① 《金陵梵刹志》卷一,《中国佛寺史志汇刊》第1辑第3册,第113—114页。
② 同上书,第115页。
③ 同上书,第119页。

所以,明太祖非常重视鬼神祭祀的"礼"与"时",《御制蒋山寺广荐佛会文》说:

> 观自古至今相传,祭礼鬼神之事,岂不重乎?然事鬼神必有礼有时,毋犯分,毋越礼,毋非时,毋昧于鬼神。若昧于鬼神,则为鬼神亦难矣。且聪明正直,变化不测之谓神。祸福所施,必不以亲疏而异。但世人愚而贪,欲心浩大,遂至犯分越乱。不知以敬求神,在于有礼有时也。①

对鬼神当恭敬,不能犯分、越礼、非时、昧于鬼神。"礼"即是祭祀的礼仪次第,"时"即是祭祀的时间,只有符合礼仪和时间的祭祀,才能获得鬼神的感应。

明太祖通过"蒋山法会",将明初的佛教高僧悉数召到南京,无疑团结了当时江南佛教界的力量,这也是对佛教界的怀柔政策;另一方面,高僧们参与国家祭祀式的"蒋山法会",执行了祭祀祈祷的国家事业,从而将佛教主要力量都置于王权的统治下,这为整顿与规范明初佛教起了重要作用。同时,"蒋山法会"扩大了佛教在宫廷朝臣和民间社会的影响力,为水陆法会等经忏佛事在明清时代流行奠定了非常重要的基础;而且,明太祖提出祭祀鬼神的"礼"和"时"的要求,通过对"蒋山法会"法仪的整理,推动了明代经忏佛事的整顿。

三、明太祖对经忏佛事的规范与推动

明太祖朱元璋(1328—1398)作为明朝的开国皇帝,当过和尚,对佛教关注颇多,明朝的佛教政策及其模式皆源于他。元代以来,民间显密法事盛行,而且从事法事活动的人员复杂,其中有白莲教、白云宗等不逞之徒,频频假佛教名义举行佛事,搅乱民心。朱元璋鉴于元代崇奉藏传

---

① 《金陵梵刹志》卷三,《中国佛寺史志汇刊》第1辑第3册,第310页。

佛教的流弊,针对明初佛教的情形,将佛教寺僧分为禅、讲、教三类。这继承了元朝以来天下寺院约定俗成的分别,如《元史》说:"天下寺院之领于内外宣政院,曰禅、曰教、曰律,则固各守其业。"①但是,朱元璋通过强势政令推行寺僧的分类,洪武十五年(1382)五月,明太祖谕旨:

> 佛寺之设,历代分为三等:曰禅、曰讲、曰教。其禅不立文字,必见性者,方是本宗;讲者务明诸经旨义;教者演佛利济之法,消一切现造之业,涤死者宿作之愆,以训世人。②

"禅"即是禅宗,禅门以不立文字、见性成佛为宗;"讲"是阐发讲说佛教义理的宗派,如天台、华严等;"教"是指专门念诵真言密咒,演化瑜伽显密法事,以消业度亡为宗等。这样,僧人相应地被划归为禅僧、讲僧、教僧。

明太祖对寺僧进行分类与规范,在服饰方面也作出特别的区分,《明史》卷六十七说:"洪武十四年,定禅僧,茶褐常服,青绦玉色袈裟;讲僧,玉色常服,绿绦浅红袈裟;教僧,皂常服,黑绦浅红袈裟。僧官如之。惟僧录司官,袈裟绿文及环皆饰以金。"③不仅如此,明太祖又下了一个特别饬令,令曰:

> 见除僧行果为左阐教,如锦为右觉义,前去能仁开设应供道场。凡京城内外大小应付寺院僧,许入能仁寺会住看经,作一切佛事。若不由此,另起名色,私作佛事者,就仰能仁寺官问罪。若远方云游,看经抄化,及百姓自愿用者,不拘是限。④

这是专门以能仁寺为试行的应供道场,有专门负责的僧官,而且以这种应供道场垄断一切佛事活动;除此以外,若为私作佛事,则由能仁寺问罪。

---

① 《元史》卷二百二《释老志》,第4524页。
② 《释氏稽古略续集》卷二,《大正藏》第49卷,第932页上。
③ 《明史》卷六十七《舆服三》,第1656页。
④ 《释氏稽古略续集》卷二,《大正藏》第49卷,第932页上。

明太祖对教寺、教僧的规范是全方位的,他在能仁寺试行应供道场一年后,于洪武十六年(1383)五月,正式下旨:

> 即今,瑜伽显密法事仪式及诸真言密咒,尽行考较稳当,可为一定成规,行于天下诸山寺院,永远遵守,为孝子顺孙慎终追远之道,人民州里之间祈禳伸请之用。恁僧录司行文书与诸山住持,并各处僧官知会,俱各差僧赴京,于内府关领法事仪式,回还习学。后三年,凡持瑜伽教僧,赴京试验之时,若于今定成规仪式通者,方许为僧。若不省解,读念且生,须容周岁再试。若善于记诵,无度牒者,试后就当官给与。如不能者,发为民庶。①

圣旨的本意在于推动经忏法事的规范化,从而使赴应僧或瑜伽僧获得公认的地位。朝廷先组织僧录司制作统一规范的法本定规,通行于天下寺院;经忏法事的目的在于鼓励孝子贤孙遵行慎终追远的伦理,满足民众对宗教仪式的需求。各山住持要派僧人来京领取法本,三年后,所有瑜伽教僧要来京参加考试,通达法事仪轨并且通过严格的考试才能成为正式的教僧,才有资格为人演行法事仪式。这一规定不仅推进了法事仪式的统一进程,而且对"教僧"的资格提出了严格的要求。

法事仪式是社会性的惯例行事,是佛教传播过程中的重要象征。明太祖整顿与规范瑜伽教僧的行为,一方面是为了整饬元末以来佛事泛滥、从事者混乱的局面,一方面也是明初佛教发展过程中存在问题的体现。② 在洪武二十四年(1391)颁布的"申明佛教榜册"中,对教僧从事法事进行了许多规定与限制③:

一、重申了必须遵守洪武十六年所颁布的法事定式,强调科仪"明则可以达人,幽则可以达鬼",不合法的仪轨则不能通达鬼神,所以不能增

---

① 《释氏稽古略续集》卷二,《大正藏》第49卷,第932页下—933页上。
② 周齐:《明代佛教与政治文化》,北京:人民出版社,2005年,第119页。
③ 《释氏稽古略续集》卷二,《大正藏》第49卷,第936页上—下;《金陵梵刹志》卷二,《中国佛寺史志汇刊》第1辑第3册,台北:明文书局,1980年,第231—239页。

减规范后的法事仪轨。

二、对于"瑜伽僧"应酬经忏的收入作了具体规定:"每一日、每一僧钱五百文,主磬、写疏、召请三执事每僧各一千文。"

三、对于各经忏的念诵费,《道场诸品经咒布施则例》规定:

> 《华严经》一部钱一万文,《般若经》一部钱一万文,内、外部真言每部钱二千文,《涅槃经》一部钱二千文,《梁武忏》一部钱一千文,《莲经》一部钱一千文,《孔雀经》一部钱一千文,《大宝积经》每部钱一万文,《水忏》一部钱五百文,《楞严咒》一会钱五百文。

以上诸经衬钱,诵经僧"三分得一,二分与众均分",即使是云游僧遇到诵经法会,亦同样分得衬钱。但是,如果施主喜欢法事而额外布施,或施主的亲戚朋友乘机供养斋衬,则不受此限制。

四、陈设诸佛像,香灯供给,闍黎等项劳役钱一千文。

五、对道场内文书的格式与种类有严格的规定,只能有一表、三申、三牒、三帖、三疏、三榜等文书,不能巧立名目,浪费钱财。

六、同时强调僧纲、僧正、僧会等僧官不能以此规定而对民间寺院僧人非法拘碍,"从有缘僧,有道高行深者,或经旨精通者,檀越有所慕,从其斋礼,毋以法拘",显示了规定的灵活与圆融。

七、再次重申瑜伽教的宗旨与功能:"瑜伽之教,显密之法,非清净持守,字无讹谬,呼召之际,幽冥鬼趣,咸使闻知,即时而至,非垢秽之躯世俗所持者。"而民间世俗多有仿效的瑜伽僧,称为善友,这是佛法不清净、显密不灵,应该禁止。

从社会功能而言,瑜伽教僧是以服务社会大众为主,应付他们的消灾度亡需求,从而与信众之间建构起市场性的供需消费行为。其弊病显而易见:一方面存在教僧对信徒过多索取钱财,另一方面索价不一,可能造成教僧之间经济分配的不平均,导致教团纷争。所以,明太祖才对教僧诵经收费与经济收入的额度,予以明确规定。

第二节　明清佛教经忏佛事与丛林仪轨

明清佛教在宋元时代流行的佛教仪轨的基础上，完善、修订了许多仪轨，尤其是二时课诵的确定、《水陆仪轨》的修订，现代佛教丛林一直使用着明清佛教的唱念仪轨。

一、明清佛教经忏佛事的流行与混乱

明太祖三分寺院为禅、讲、教后，教寺耸立于大江南北，如江南一些地方的寺院比例：湖州府教寺37所，讲寺6所，禅寺24所，所属宗派不明有17所，总计84寺，所归并的寺院庵堂251寺；姑苏府教寺71所，讲寺23所，禅寺31所，所属宗派不明，总计131寺，所归并寺院558寺。① 由此可见，教寺占了较大的比例，而且流行在江浙一带佛教盛行且经济富庶的地区。

经忏佛事的流行，与明清皇室和民间社会的强烈需求有关。明成祖永乐五年（1407），仁孝徐皇后病逝，下《报恩寺修观斋敕》谕天下赴法会的僧众，"比者仁孝皇后崩逝，举荐扬之科，启无遮之会，广集僧伽讽扬经典，百日之间，喜祯翕集"。明成祖希望藉此斋会，"期早登于觉地，利生助化翼我皇家，钦哉！故谕"。② 明成祖亦对佛教经咒进行整理，集汉地民间流传经咒，以及元代藏传梵本所传译的咒语而成《大乘经咒》，卷首有"御制经赞"，卷中有成祖在永乐九年、十年御制序五则，此经咒应为大内宫眷信奉之范本。③ 永乐十四年七月一日《永乐御制水忏序》说：

> 然则三昧者，其惟在于人心，而不必他求也。朕遂书此，以冠于

---

① 龙清池：《明太祖的佛教政策》，《现代佛教学术丛刊》第15册《明清佛教史篇》，台北：大乘文化出版社，1979年，第15页。
② 《金陵梵刹志》卷三十一，《中国佛寺史志汇刊》第1辑第3册，第1080—1081页。
③ 陈玉女：《明代瑜伽教僧的专职化及其经忏活动》，《新世纪宗教研究》第3卷第1期，2004年，第68页。

篇,并以锓梓,作方便利益。是为汲大海之三昧,以遍周沙界,灌溉尘劫者也。观于斯者,尚慎其所趋向哉!①

可见,明成祖对经忏佛事的推崇与倚重,经忏法会成为宫中节庆乃至宗教生活中非常重要的内容。尤其是慈圣皇太后,在神宗大婚以后,于万历九年(1581)委托憨山德清前往五台山启建功立业"祈皇嗣无遮大会",可见她对经忏佛事的热爱。

明清以来,随着藏传佛教在皇宫内的流传,有关藏传的诵经法会亦日益增多,但是汉传的经忏佛事仍在宫内流行。如《金鳌退食笔记》卷上说:

> 崇智殿……本朝顺治年间,改为万善殿,供三世佛像,选老成内监披剃为僧,焚修香火。木陈、玉林两老衲奉召至京师,曾居万善殿。每岁中元,建盂兰道场,自十三日至十五日,放河灯,使小内监持荷叶燃烛其中,青碧熠熠,罗列两岸,以数千计。又用琉璃作荷花灯数千盏,随波上下,中流驾龙舟,奏梵乐,作禅诵。②

顺治年间,清朝宫内仍然举行盂兰盆会,放河灯成为"苑中胜事"。《钦定大清会典则例》卷一百六十一记载"万寿圣节前后三日皆启建道场"③,可见经忏佛事是宫中常常举行的宗教活动。

明清以来,民间社会礼忏盛行,如万历年间薛氏女,在万历十九年(1587)得病,临终前"延僧礼忏",最后坐化往生西方。④ 顺天宛平人杜居士,专志念佛三年,"预知将终,礼忏九日",至忏文恳切的字句,则流涕哽咽,最后绝食,唯饮一些水,礼忏而坐脱。⑤ 同时,士大夫乃至民众为礼忏持咒而结成团体,如刘玉受,长洲人,平日持诵《准提咒》,在参加省试时,

---

① 《御制水忏序》,《大正藏》第45卷,第968页上。
② 《金鳌退食笔记》卷上,《四库全书》电子版。
③ 《钦定大清会典则例》卷一百六十一,《四库全书》电子版。
④ 《往生集》卷二,《大正藏》第51卷,第146页上。
⑤ 同上书,第149页中—下。

建坛持咒七日,考试时果然"思如泉涌,遂得隽";万历三十五年(1607)成进士,官庐陵进士。玉受于是在乡里提倡讽诵《准提咒》,"其后进之士,若杨子澄及其二子维斗、公干、李子木、徐九一、刘公旦、姚文初诸贤,皆结准提社,择桃花坞桃花庵故趾辟精舍,修白业"。① 吏部稽勋司员外郎卢淳熙,钱塘人,中乡举后,"与同社友诵《梁皇忏》";万历十一年(1583)中进士,居京师不久,遇父丧,于是决定入山修道,以报父恩,居山中,经常喂养山中动物。② 经忏佛事的流行,与民众对斋忏消灾度厄的效力深信不疑有关。如杭州云栖寺周围出现猛虎伤人,云栖袾宏"乃发悲恳,讽经千卷,设瑜伽施食津济之,自是虎不伤人"。③ 清代王应奎撰《柳南随笔续笔》卷二记载"饭僧求嗣"的故事,明末常熟县山塘王氏先人年四十无子,向莲池大师请教,后来在云栖启建水陆道场以求子。④ 施设瑜伽焰口法会以度化猛虎,建水陆以求子,可见民众的宗教意识。

政府乃至整个社会对经忏佛事的需求,导致寺院法会不断,僧人收入甚丰,于是经忏佛事成为寺院和僧人的主要活动。如《云栖大师遗稿·示直院等三条》说:

> 水陆头尾相连,经忏接续不断,求经次,汲汲如选官;请经师,忙忙如报喜。库头终夜计算,不过是分派应赴钱财;担运逐日奔波,无非是买办道场货物。⑤

可见,经忏佛事带来寺院和僧人的繁忙与获利。同时,因为经忏佛事易学易行,只要学会敲打唱念便可应付,如湛然圆澄《慨古录》说:"近来新学晚辈曾不坐禅,又不习观,但学腔科,滥登此位,非唯生不可利。"⑥所以

---

① 《居士传》卷四十七,《卍新纂续藏经》第88册,第274页上—中。
② 《居士传》卷四十二,《卍新纂续藏经》第88册,第258页下。
③ 《武林梵刹志》卷二,杭州:杭州出版社,2006年,第44页。
④ 王应奎:《柳南随笔续笔》卷二,《清代史料笔记丛刊》,北京:中华书局,1983年,第163页。
⑤ 《莲池大师全集·遗稿三》,莆田广化寺佛经流通处,第4759—4760页。
⑥ 《慨古录》,《卍新纂续藏经》第65册,第374页上。

应付俗世的瑜伽教僧人数日益增长。

在经济利益的驱动下,经忏佛事的流行在明清时代出现了许多问题。如在家人也学做佛事,永乐十五年(1417)五月,明太宗对礼部下旨:

> 佛道二教,本以清净,利益群生。今天下僧道,多不守戒律,民间修斋诵经,动辄较厚利,又无诚心,甚至饮酒食肉,游荡荒淫,略无顾忌。又有一种无知愚民,妄称道人,一聚蛊惑男女杂处无别,败坏风化。洪武中,僧道不务祖风及俗人行瑜珈法,称火居道士者。俱有严禁,即揭申明,违者杀不赦。①

僧俗混淆,唯利是图,完全违背了经忏佛事利他方便的本意,从而严重破坏了佛教在社会上的清净形象。至清朝乾隆年间,乾隆三番五次下令"应付僧、火居道士"还俗;清代钱泳(1759—1844)在《三教同源》中指出"僧道以经忏而骗衣食,皆利也"②,可见经忏的泛滥成灾。

当然,针对经忏佛事的混乱,明清佛教界不断地进行整顿与规范。

二、明清佛教忏法的制作与完善

明太祖重视法会的"礼"和"时",重新制定"蒋山法会"的法仪次第,而且将全国的经忏佛事进行统一,势必会促进佛教界对已有的忏法仪轨进行改进和完善;另一方面,经忏佛事的流行和混乱,也促使高僧大德反思忏法仪轨的不完整及不如法,他们纷纷对忏法仪轨重新加以修订。

明清佛教界对忏法的制作,是对宋元佛教忏法的补充与完善。明代受登法师撰写了《准提三昧行法》及《药师三昧行法》各一卷,传灯集《吴中石佛相好忏仪》,智旭撰《占察善恶业报经行法》、《赞礼地藏菩萨忏愿

---

① 《礼部志稿》卷二,《四库全书》电子版。
② 钱泳:《履园丛话》(上),北京:中华书局,1979年,第177页。

仪》各一卷,释禅撰《依楞严究竟事忏》二卷,如惺撰《得遇龙华修证仪》四卷。清代有夏道人集《准提焚修悉地忏悔玄文》一卷,有不知名撰者集《消灾延寿药师忏法》三卷、《慈悲地藏菩萨忏法》三卷,古昆录集《西归行仪》一卷,继僧撰《舍利忏法》,弘赞集《供诸天科仪》、编《礼舍利塔仪式》和《礼佛仪式》,建基录《金刚经科仪》一卷,智证录《水忏法随闻录》三卷、西宗集注《水忏法科注》三卷等。

1. 释禅《楞严事忏》

明代云南鸡足山悉檀寺沙门释禅所编《依楞严究竟事忏》(简称《楞严事忏》)两卷。释禅,俗名张初俊,生于昆明,19岁祝发于通海秀山,拜秀山妙空和尚为师,法名释禅,号本无。释禅早年生活情况不详,明万历四十五年(1617),他受丽江土知府木增之请,前往大理宾川鸡足山悉檀寺,被延为开山祖师;又受土司之托,前往京师乞请大内藏经入鸡足山,受到明光宗之特允颁赐,并官至僧录左善世,授紫衣,可谓名重一时。他生性聪颖,一生精通佛典,博览儒典,当时的文化界人士冯时可、陈继儒、陶珽等都与他往来,著有佛、儒、道等著作,如《风响集》《楞严忏法》《禅宗颂古》《老子注》。① 释禅的禅学传承,是创于慧庭之手的云南元明禅宗通海系。由于他的影响,该系在他及弟子弘辨、安仁的手上,曾显现出中兴迹象,这对于后来云南禅宗的进一步发展具有重要意义。

同时,明太祖派遣僧人到云南建寺传教,洪武二十一年(1388),朱元璋下令僧录司行文书于各处僧司:"但有讨度牒的僧,二十已上的,发去乌蛮、曲靖等处,每三十里造一座庵,自耕自食,就化他一境的人。"②所以,汉地佛教在明初曾大规模传入云南,赴应世俗之请的"教"也随之传

---

① 钱邦纂,范承勋增修:《鸡足山志》卷六,清康熙三十一年刊本,《中国佛寺志汇刊》第3辑第1册,台北:台湾丹青图书公司,1985年,第409页。陈垣《明季滇黔佛教考》,认为释禅的著作还有《因明论随解标释》,《老子注》改为《老子玄览》,石家庄:河北教育出版社2000年第1版,第248—249页。昆明市宗教事务局、昆明市佛教协会编:《昆明佛教史》一书,释禅的著作又增加了《禅林佛事》,昆明:云南民族出版社,2001年,第250页。

②《释氏稽古略续集》卷二,《大正藏》第49卷,第935页中。

入云南。① 正是经忏佛事在云南的流行,刺激了云南本地僧人制作忏法的心愿。

木增,字生白,是丽江土知府。万历末年,在鸡足山创建悉檀寺,又于本山华严寺建藏经阁,九重崖建一衲轩,文笔山建尊胜塔院,俱极精伟。陈寅恪先生说:"山中修建功德,以增为最。"②木增曾经在叶榆崇圣寺得到《华严忏仪》四十二卷,他便请僧人送到苏州雕版,然后将版存置于嘉兴楞严寺。《华严忏仪》末尾题记说:

> 钦□忠义忠荩四川左布政云南丽阳佛弟子木增,同丽江府知府授参政男木懿,应袭孙木靖,暨诸子孙太学生木乔、木参,生员木宿、木櫄、木□、木槺、木极、悟乐等,各捐净俸,延僧命役敬奉《大方广佛华严经三昧忏仪》一部共四十二卷,六十一册,直达南直隶苏州府尝(常)熟县隐湖南村荐素居士毛凤苞汲古阁中鸠良工雕造。起于崇祯庚辰(1640)孟夏,终于辛巳(1641)暮春,凡一载功成。今置此版于浙江嘉兴府楞严寺藏经阁,祈流通诸四众,历劫熏修,见闻此法,永持不舍所愿。一乘顿教,遍布人寰;三有群生,俱明性海者耳。赍经僧系鸡足山悉檀禅寺比丘道源、玄契等。③

如此可见,木增对佛法之虔诚,对忏法之重视。释禅制作《楞严事忏》后,也是由他捐资助刊。《楞严事忏》卷上末尾题记说:"创建牟尼庵香火大檀越、大方伯、二品服色、丽阳奉佛弟子木增,捐资刊,用助此功德,所愿寿跻篯铿,云仍爪瓞者。"④

释禅在修述《楞严事忏》完成后,曾经有一段跋语,说明其修忏的原因以及制作的经过:

---

① 昆明市宗教事务局、昆明市佛教协会编:《昆明佛教史》,昆明:云南民族出版社 2001 年第 1 版,第39页。
② 陈垣:《明季滇黔佛教考》,石家庄:河北教育出版社 2000 年,第 341 页。
③ 《华严经海印道场忏仪》卷四十二,《卍续藏经》第 128 册,第 718 页下。
④ 《依楞严究竟事忏》卷上,《卍续藏经》第 129 册,第 28 页上。

忏法度世,仗以灭罪生善,繇来尚矣。而《华严忏》,卷帙富博,弥月方竟,不甚传布。《法华忏》、《金光明忏》,南中人目所未睹。今之流通者,梁法云僧祐诸师,以齐竟陵文宣王子良梦感所撰《净住子》二十卷,节为十卷,即《梁皇忏》也。南宋孝宗之世,左街僧录若讷,摭取《佛名经》十五卷之文,为《水忏》三卷。观夫两忏,详略虽殊,理无不该,事无不尽,无所容置喙矣。然人心轻佻,于祭祀之诚,肃敬难久。今《梁忏》竭蹶四日,以属倦怠,中下之家,以费钜阻办。而《水忏》一日有拜三部者,似乎系简未中。释禅既获退居牟尼山,止观之际,觉其根尘之宿业偏重,思欲湔洗,乃依《楞严经》,修次忏法二卷,四百余拜,终日可毕持,以澡雪罪垢。楷磨灵台,不敢辄以示人,已而幡然曰:此岂一人之私愿乎?遂听徒属抄写。夫有可废之人,无可废之言。诚能不贱近贵耳,试熏修之,未必不为净土禅悟之助因也。苟不当意,置之也可。①

释禅评价了各种忏法,以及一些忏法的制作过程。《华严忏仪》四十二卷,过于庞博,修习一次需要一个多月,不利于传播;《法华三昧忏仪》《金光明忏》等天台忏法,并未在云南地区流传;在云南地区广泛流行的忏法是《梁皇忏》,释禅认为这是梁朝法云、僧祐等诸位法师,删略齐文宣王所撰《净住子》二十卷而成为十卷。对于《三昧水忏》,净源认为这是南宋孝宗时期,左街僧录若讷抄袭《佛名经》的忏悔文,而成为《三昧水忏》三卷,这样《水忏》的作者应该是若讷,但是目前我们并没有发现相关证据。② 而且,在北宋赞宁时代,《水忏》已经非常流行了。

释禅对《梁皇忏》与《三昧水忏》非常赞叹,认为二者都理事圆融,无

---

① 《依楞严究竟事忏》卷下,《卍续藏经》第129册,第44页上—下。
② 我们对此序文进行分析,并且对《水忏》的忏文与《佛名经》进行比较研究,确定《三昧水忏》是抄袭《佛名经》的忏悔文而成。这一点是可以肯定的,但是《水忏》作者未确定。圣凯:《知玄与〈三昧水忏〉》,《法音》2001年第11期。

所不包。但是，《梁皇忏》十卷，修忏一次需要四日，容易造成修忏者疲倦懈怠；同时，如果斋主想要请僧修习《梁皇忏》，因为费用较高，不是很富裕的斋主则很难办到。当时有修《三昧水忏》者，一天可以办三部，释禅认为这太过简单。释禅有感于当时忏法修习的状况混乱，所以退居牟尼山后，在修习禅观之余，依《楞严经》，撰《楞严事忏》两卷，总共四百余拜，这样详略适中，一天便可以修习完毕。而且，认为熏修《楞严事忏》可以作为往生净土、禅观开悟的助因。

由于释禅对《梁皇忏》及《三昧水忏》非常重视，同时云南地区并未流行天台忏法，所以释禅便模仿《梁皇忏》等两种忏法的结构，制作《楞严事忏》。这样，《楞严事忏》并未分门，只是礼拜一些佛号以及诵念一段忏悔文，显得比较简单，这也是明代以后忏法制作的一般模式。

释禅在《楞严事忏》开头对修忏提出一些简单要求：

> 凡熏修《楞严究竟忏法》，不须别作佛事，不必申奏表牒，不用金银钱袱，不动铙、钹、云罗，但当延名僧善士，朗诵忏文，静观罪性，观想佛像，至诚礼拜，必致感应。夫水清月现，镜净像生，克念在我，无有不如愿者矣。①

修习《楞严事忏》只要虔诚朗诵忏悔文，至诚礼拜诸佛名号，一定会有感应，不需要一般佛事中的表牒、金银纸以及其他法器。在坛场中，应该随力陈设佛像、菩萨像、罗汉像、诸天护法像；在佛像前，可以放置净水、净茶、净镜、名香、灯烛、香花、水果、蔬菜等，凡是自己所有宝物、绸缎，都可以列供，不可以隐藏新的、精细的东西而使用旧的、粗陋的东西作为供养品。但是，释禅并没有要求必须按照《楞严经》所要求布置坛场的方法而陈设、放置各种供品，这是与宋代净源《首楞严坛场修证仪》所不同的地方。

修习《楞严事忏》时，先要诵《大佛顶首楞严咒》结界，然后严净祝赞，

---

① 《依楞严究竟事忏》卷上，《卍续藏经》第129册，第10页上。

这样便成就坛场了。然后,便开始入忏修习。释禅本身文学素养非常高,精通佛、儒、道三教,《楞严事忏》的忏悔文虽然录自经典,但是经过释禅的加工,便具有文学性,朗朗上口。

整个《楞严事忏》,上卷礼佛十进、总计二百六十拜;下卷礼佛六进,总计一百五十拜,结构比较严谨、简单。忏中所礼拜的佛号,释禅自己标明录自菩提流支译《佛名经》《千佛因缘经》等。但是,释禅喜欢将《佛名经》中一些带有数目的佛名抄进《楞严事忏》,如南无六十功德宝佛、南无六十二毘留罗佛、南无八万四千名自在幢佛、南无三百大幢佛、南无五百净声王佛、南无五百波头摩王佛等①,可能希望给修忏者造成礼佛功德巨大的印象,因为一拜佛便是礼拜数十、数百乃至无量诸佛。同时,《楞严事忏》佛名的另外一个模式:"……方……佛""……世界……佛",给人一种非常具体、确切的感觉,这也是有助于修忏者生起信心。《楞严事忏》的忏悔文,大部分来自《楞严经》,还有来自《佛名经》《华严经·普贤行愿品》《观药王药上二菩萨经》《三聚经》《菩萨藏经》《涅槃经》《楞伽经》《金刚经》《金光明经》等经典的。这些忏悔文旨在说明忏悔的重要性、众生造业的缘由、六道轮回受报的痛苦、发愿等,如忏悔人处无常、苦、空,忏悔人间八苦,忏悔由因世界留碍轮回,忏悔六交报(即六根造业受报的痛苦)等。

释禅在《楞严事忏》中,着重表现了明代佛教诸宗融合、禅净盛行的现象。《楞严事忏》提出应该"发七种心,忏三种障",将天台忏法的"逆顺十心"引入了《楞严事忏》中,这是他的特色。② 整个《楞严事忏》也是以"忏三种障"为中心,但是因为《楞严经》的思想背景,有其独自的展开,列表如下:

---

① 《佛名经》卷一,《大正藏》第14卷,第115页上;《依楞严究竟事忏》卷上,《卍续藏经》第129册,第15页下。
② 《依楞严究竟事忏》卷上,《卍续藏经》第129册,第13页下。

三障		内　　容	出处（《楞严经》，《大正藏》第19卷）
烦恼障	见思烦恼	前五识	
		第六意识	
		末那识	
		阿赖耶识	
业障	六根		
	十习因	淫习交接、贪习交计、慢习交陵、嗔习交衡、诈习交诱、诳习交嫌、见习交明、枉习交加、讼习交谊	卷八，第143页下—144页上
	由因世界留碍轮回	销散轮回、罔象轮回、愚钝轮回、相待轮回、相引轮回、合妄轮回、怨害轮回	卷七，第138页下—139页上
果报障	人处无常苦空		
	人间八苦	生、老、病、死、怨憎会、爱别离、求不得、五阴炽盛	
	六交报	六交报：眼根见报、耳根闻报、鼻根嗅报、舌根味报、身根触报、意根思报	卷八，第144页上—下
	七趣	天道、人道、仙趣、阿修罗道、畜生道、饿鬼道、地狱道	
	十种鬼	贪物——怪鬼、贪色——魃鬼、贪惑——魅鬼、贪恨——虫毒鬼、贪忆——厉鬼、贪傲——饿鬼、贪罔——魇鬼、贪明——魉鬼、贪成——役使鬼、贪党——传送鬼	卷八，第145页上
	十种畜生	枭类、咎征、狐类、毒类、蛔类、食类、服类、应类、休征、循类	卷八，第145页上
	十种人	枭伦、咎征、狐伦、毒伦、蛔伦、食伦、服伦、应伦、休征、循伦	卷八，第145页中
	十种仙趣	地行仙、飞行仙、游行仙、空行仙、天行仙、通行仙、道行仙、照行仙、精行仙、绝行仙	卷八，第145页下

《楞严事忏》对"果报障"的阐述非常详细，整个下卷及上卷的一部分

都是在说明"果报障",但是对烦恼障与业障则阐释得十分简单。《楞严事忏》下卷的内容主要来自《楞严经》卷八,如十习因、六交报、七趣、十种鬼、十种畜生、十种人、十种仙趣,这些都是经中详细解说的内容。另外,有些忏悔文则来自《佛名经》,如"经云从无始来,至于今日……身业三种,口四意三恶业受报,六趣险难,诚心忏悔"①。

《楞严经》对众生无明烦恼来源的说明,是以一切众生从无始来生死相续,皆由不知常住真心性净明体,有诸妄想,故有轮转。真性圆明,无生无灭,本来常住,一切众生轮回世间,由二颠倒分别妄见,随业轮转:(1)众生别业妄见,(2)众生同分妄见。世间一切根尘阴处等皆如来藏清净本然,但以三种相续——世界相续、众生相续、业果相续,诸有为相循业迁流,妄因妄果其体本真。应当抉择真妄,而明五阴身心不有,世界本空,破我法二执,显本觉真如,显示五阴本如来藏妙真如性。真智真断不重起妄,是故如来证真故无妄。四大本性周遍法界,歇即菩提,不从人得。所以,《楞严事忏》说:

> 从无始来,用诸妄想,颠倒行事,自取流转,不知此心活泼泼地。离尘出指,妄推在内、在外、在根、在中,味空结色,遗本迷还,别业妄见,背觉合尘。所觉所明,立同立异,扰乱生劳,浑浊成恼。昼夜思想,念念不停,于中善念恒少,恶念恒多,事即未行,幽对冥构,忆善受胜报,思恶自沉沦。何况明为显作,安能条列缕指。②

众生不知妙明真心,起诸妄见,造种种业:(1)别业妄见,指诸众生迷失真性,自起妄见,见有一切虚妄境界,或苦或乐,若人不失本真,即不见有虚妄境界;(2)同分妄见,指诸众生迷失真性,同见一切虚妄境界,同受苦乐,同业所感。《楞严事忏》以这些妄见、妄业来说明烦恼障、所知障,但

---

① 《依楞严究竟事忏》卷上,《卍续藏经》第129册,第21页上—下;《佛名经》卷十四,《大正藏》第14卷,第239页下—240页上。
② 《依楞严究竟事忏》卷上,《卍续藏经》第129册,第17页下。

是缺乏详细的分析。

从忏悔思想来说,释禅是重视理忏的,《楞严事忏》卷上最后说:

> 愿诸世尊为我证明,与我作眼。我等未识三宝时,随顺三毒,叠造十恶,所有业障、烦恼障、诸众生障、法障、转后来世障,忏悔已,复忏悔,更不敢作。……佛说诸法,从因缘有,三世无体,无有业障。无业障处,现作诸行。亦无业障,一切诸法,空无有我。本性空寂,是则实际、无漏际,能净一切法障,而得寂静。①

因为《楞严经》是以真妄来说明染污与清净,所以业障等妄法,本是清净。若能够观诸法性空,本性空寂,则无有一切业障、法障等。

同时,释禅在《楞严事忏》卷下最后总结全忏说:

> 向上参究理忏决透疑关,根尘识业已销除,现生后报俱清净,地狱粉碎,业海枯干……今则礼忏众信,并及有情等行难行之善,事忏难忏之恶,条服甘露之妙药,入不死之寿邦,十障、二十二愚应念销落,刷结八十一使即时併除。人法悉空,断常斯遣,二边刷荡,慧日当天,三漏陶镕,智锋出匣。现前无少物,寂照一如;当下出言诠,是非双泯。七处征心,心已彻;八还辨见,见惟精。转物即同如来,歇狂便登正觉。因缘自然皆戏论,合和离即示真常。②

释禅依《楞严经》的顿悟禅以及自己的禅学体悟,将理忏与禅宗的参究结合起来,同时认为理忏能够忏除事忏难忏的罪恶。这样,由于发明真心,人法二空,即同如来,便登正觉。

在释禅《楞严事忏》中,体现了儒家的伦理道德以及护国的思想,这与释禅本身深厚的儒学修养及其受到明光宗的厚遇、木增的护法有关系。他在《楞严事忏》中说:

---

① 《依楞严究竟事忏》卷上,《卍续藏经》第129册,第27页下—28页上。
② 同上书,第43页上—下。

> 当今皇帝,陛下万寿万安,万福万禄,万天保佑,万神护持。万机之暇,万法归一,以一统万,万事得理,万民安乐……五星顺序,五谷丰登……辅弼将相,部寺百僚,台宪监司,忠贞亮直,郡邑临民,清廉公止,高迁品秩,弘护教门,恒忆灵山之付嘱,永为佛法之金汤。①

释禅不仅祝愿皇帝、国家,而且希望将相大臣们能够忠诚正直、清廉公正。同时,还希望皇帝、大臣们能够护持佛教,共同发扬佛教。

此外,《楞严事忏》中,体现了释禅主张忏悔为"净土禅悟之因"的思想,他在忏法的实践中,强调回向西方净土。《楞严事忏》说:"教主本师,释迦牟尼佛深慈大悲,开示西方公案,横截直超法门,为末世第一救度津梁,依教信受尊敬,奉持礼忏,众等一心归命。"②将持名念佛、礼佛、忏悔相结合,将净土思想导入忏法实践中,作为忏法实践的最后归宿,这是宋代以后忏法发展的一般趋势。

2. 明代如惺《得遇龙华修证忏仪》

明代如惺于万历三十四年(1606)撰成《得遇龙华修证忏仪》(以下简称《龙华忏仪》),是弥勒礼忏仪中最为完善的忏仪。

如惺是天台宗的僧人,所以他的《龙华忏仪》是按照天台忏法仪轨而制作。他依据"诸大乘经及《法住记》",劝人修行十二方便:

> 第一开发正信,第二广求良友,第三严持戒律,第四发菩提心,第五明结坛仪,第六礼请三宝,第七忏悔往罪,第八专诵法华,第九三宝福田,第十总观兜率,第十一别观龙华,第十二念一实相。③

而如鉴《龙华忏仪跋语》中说:"万历丙午岁,天台慈云忏主幻为惺公,按《观弥勒上生》等经,集《龙华忏仪》四卷,列十二门。"④去所以,《龙华忏

---

① 《依楞严究竟事忏》卷下,《卍续藏经》第129册,第39页下—40页上。
② 同上书,第41页上。
③ 《得遇龙华修证忏仪》卷一,《新卍续藏经》第74册,第599页下。
④ 同上书,第618页中。

仪》的主要经典依据是《观弥勒菩萨上生兜率天经》和《法住记》。

在《龙华忏仪》"第十一别观龙华"中对于弥勒成佛,引用了诸经不同的记载,如竺法护译《弥勒下生经》、鸠摩罗什译《弥勒下生成佛经》《弥勒大成佛经》、失译《弥勒来时经》、义净译《弥勒下生成佛经》。所以,《龙华忏仪》的撰述,其实参考了所有有关弥勒的经典。《法住记》全称《大阿罗汉难提蜜多罗所说法住记》,主要是记载十六罗汉及其眷属名称与住处、正法住世的时限,最后说明了弥勒下生的情形,劝当来众生修弥勒胜因,亲近逢事弥勒。

在《龙华忏仪》的十二方便中,第一开发正信、第二广求良友、第三严持戒律、第四发菩提心是忏仪行前的基础,阐明弥勒信仰的殊胜、弥勒忏仪的助缘、行者必须具备的根机。《龙华忏仪》的仪轨次第都是按照《法华三昧忏仪》而制作,只是在一些仪轨中添加了有关弥勒信仰的因素。

《龙华忏仪》不仅在仪轨上按照天台忏法的次第,而且在忏仪中偏重《法华经》,所以第八方便是"专诵《法华》"。如惺强调,专诵《法华》有三种原因:

> 一者,龙华如海,殊途同归,一何择焉？第恐行人志趣不一,所适靡定,所以散善日驰,则精一之心荡矣。且令制心一缘,如射望的,工成一片,道体易彰。二者,《法华》自曰经王,孰能超胜？三者此因首因弥勒示疑,终则普贤劝发。①

如惺从天台宗的立场出发,认为《法华经》与弥勒菩萨有很深的因缘,并且《法华经》是诸经之王,所以强调专诵《法华经》。而且,在结坛修行时,必须结两个坛,"既依《法华》为龙华之本,须结二坛:一为普贤道场,一为弥勒道场。普贤道场,令修法华忏；弥勒道场,惟发愿求生内院"②。因此,《龙华忏仪》明显地表现出天台宗的色彩,而且其中掺有大量的教说,

---

① 《得遇龙华修证仪忏》卷二,《新卍续藏经》第74册,第607页上。
② 同上书,第603页上。

和纯粹以梵唱、礼拜等行门为主的《上生礼》之间似乎没有直接的联系。

三、丛林早晚课诵的修订与流行

课诵是佛教寺院每日朝暮读诵经咒，唱诵梵呗、礼赞偈，礼佛行道的仪轨。关于课诵的起源，在《法华经·法师品》中，已经有受持法师、读经法师、诵经法师的记载。所以，可以推测我国课诵的风尚，是西域等地的佛教译经家传来的。我国典籍中最早关于课诵的记载，是《吴书·刘繇传》附记东汉笮融的事迹，笮融建可以容纳三千人的浮图祠，并且课读佛经，使许多喜欢佛教的人都来听道。历代皇帝也有提倡课诵的，如唐玄宗曾下诏命令不空诵《仁王经》，代宗敕命选二十七位沙门为国家长期诵《佛顶咒》。《佛祖统纪》卷五十三《持诵功深》条中列举了从东晋安帝至宋光宗七百多年间，僧俗二众念诵佛经特别的事例十九起。可见，课诵的普遍及其历史之悠久。

关于课诵的仪轨与制度，古印度是奉行"三启"仪制，当时普遍讽诵马鸣所作的赞佛诗歌《佛所行赞》，所以首先颂扬马鸣所集的赞佛诗文，其次正诵佛经，最后陈述回向发愿。全部过程是"节段三开"，所以称为"三启"。在诵经完毕以后，大众同声念"苏婆师多"或"娑婆度"（赞叹经文为微妙语的意思）。我国古今法事念诵的基本仪制，也是"三启"式的念诵法：无论举行任何法事，都是先安排赞（香赞或赞偈），其次是文（经咒本文、有关仪文等），末了回向发愿（或偈或文，或偈文兼举）。只有后缀大众志诚同声念"苏婆师多"或"娑婆度"，在我国念诵仪中很少见，可是在有关法事文的末尾也有称"善"或"善哉"，娑婆度就是善哉的意思。

我国念诵仪制始创于东晋道安所制定的"僧尼轨范"，其中有常日六时行道、饮食唱食法，这就是课诵斋粥仪。我国原来便有经咒、梵呗等较为简单的念诵，晋代后发展出忏法，后来陆续有忏法、焰口、水陆等，唱念逐渐复杂。到了唐代马祖道一营建丛林，百丈怀海制定清规，唱念逐渐规范化，尤其在明代，丛林中普遍形成朝暮课诵的制度。

1. 清规中的朝暮课诵

丛林中的早课以诵《楞严咒》为主,晚课以诵《阿弥陀经》和《八十八佛》为中心,这与宋代以来丛林中的"楞严会"和"夏中念佛"有关。

《楞严经》十卷,唐中宗时般刺密帝译,全称《大佛顶如来密因修证了义诸菩萨万行首楞严经》,又名《中印度那烂陀大道场经》,略称《楞严经》、《大佛顶经》。因其内容与其他显教各经论所说多有分歧,历代经录的记录颇相违异,译者、译时、流传经过等异说纷纭,所以自古以来对于此经的真伪而多有疑问。本经阐明"根尘同源,缚脱无二"之理,并解说三摩提的方法与菩萨的阶次,是开示修禅、耳根圆通、五阴魔境等禅法要义的重要经典。此经所说常住真心性清净体,与台、贤二家圆教宗旨相合。《楞严经》所说七处征心、八还辨见,对于禅宗的参究有很大的帮助和启发;同时,详细说明了圆顿禅的途径,也给禅修者以警策。

自宋代以后,《楞严经》盛行于禅、教之间,各宗派义解僧都依自己宗派的观点注解《楞严经》,使《楞严经》的注释书多达 48 家,居《华严经》《法华经》《金刚经》《心经》之后。① 同时,宋元以来的禅宗丛林,于夏安居结制中,为祈福除魔而祈求安居能够顺利进行,设立"楞严坛",自阴历四月十三日至七月十三日,每日于佛殿集众僧诵《楞严咒》,这就是"楞严会"。南宋之真歇清了在补陀山,于夏中为病僧作普回向文而诵咒,即为"楞严会"之始。于楞严会上,大众坐位之图,称"楞严图"。

《勅修百丈清规》卷七记载,维那选声音清脆者为"楞严头",举"南无楞严会上佛菩萨"三声,大众和声;其次,唱经首"妙湛总持不动尊",诵《楞严咒》;诵咒后,唱"摩诃般若波罗蜜多"三声。最后,维那唱真歇清子所作的《普回向偈》"上来现前比丘众,讽诵楞严秘密咒……摩诃般若波

---

① [日]村中祐生:《楞严经にみる天台教义》,《天台学报》第 26 号,1984 年。村中祐生先生统计诸经注疏的数目,《华严经》有 76 种,《法华经》有 67 种,《金刚经》有 57 种,《心经》有 55 种,《楞严经》有 48 种。

罗密"。①"楞严会"的仪轨顺序,与现在的早课内容基本相似,只是没诵《大悲咒》、十小咒,可见"楞严会"是早课念诵《楞严咒》的渊源。

丛林中的晚课基本上以净土宗为核心,这是宋元以来禅净合一的结果。清代仪润《百丈丛林清规证义记》卷八记载"夏中念佛",丛林在夏安居时,以念佛代替坐禅。早餐后,念《大势至圆通章》一遍,《大悲咒》、十小咒、《心经》各一篇,佛号五百声,回向作梵,唱"一者礼敬诸佛"十句愿偈,三归依结束;第二堂佛事,念《观经·杂想观章》一篇,《往生咒》三遍,佛号五百声,礼阿弥陀佛十二拜,三菩萨各一拜,三归依后回堂;午饭后,念《大忏悔文》,佛号五百声,三归依后回堂;晚课诵《阿弥陀经》,放蒙山;晚上,念《观经·上品上生章》一遍,《往生咒》三遍,佛号千声,礼阿弥陀佛十二拜,三菩萨各三拜,三归依后结束。② 明清丛林的晚课以《阿弥陀经》和念佛为主,这主要是丛林中念佛盛行的结果。

2. 袾宏《诸经日诵集要》

依现有文献,丛林明确出现早晚课诵的时间是在明朝,如明代僧费隐通容(1593—1661)撰、法嗣百痴行元编《丛林两序须知》"首座须知"提到"早晚课诵勿失"③,明代僧元贤(1578—1657)所撰、为霖道霈重编《永觉元贤禅师广录》出现"至晚课后,与诸人相见"④。早晚课诵的规范化,与明朝政府对清规的重视有关。现存的《敕修百丈清规》前有明代百丈山大智寿圣禅寺住持僧忠智在正统七年(1442)的奏文,其中提到:洪武十五年(1382),明太祖下旨:"诸山僧人不入清规者,以法绳之";永乐十年(1412),明太宗下旨:"僧人务要遵依旧制,各务祖风,谨守清规,严洁身心";永乐二十二年(1424),对僧众中有不守规矩者,下旨:"照依清规料治"。⑤ 在明朝严格检束僧行的政策影响下,僧团内部对清规规范化出

---

① 《敕修百丈清规》卷七,《大正藏》第48卷,第1151页下—1152页上。
② 《百丈丛林清规证义记》卷八,《新卍续藏经》第63册,第500页下。
③ 《丛林两序须知》,《新卍续藏经》第63册,第667页下。
④ 《永觉和尚广录》卷四,《新卍续藏经》第72册,第408页中。
⑤ 《敕修百丈清规序》,《大正藏》第48卷,第1109页下—1110页上。

现一种自律的要求,丛林早晚课诵的规范与完善便是规范化的体现。

万历二十八年(1600),云栖袾宏编辑《诸经日诵集要》,为当时僧尼道俗的日常课诵提供范本。依袾宏《重刻诸经日诵序》的记载,当时坊间流传的《百八般经》是僧尼道俗朝暮持诵的文本,袾宏认为"真伪交杂,识者消焉",于是他便以《百八般经》为基础,选择内容,改变目次,去除其中的伪经;他还阅读经律和古人的著作,采取最合适的经咒、文章而加入,刊行于世。后来再版时,又重新加以修订,印刷为方册本,留存于云栖寺。① 但是,《百八般经》的具体内容则无从知晓。

袾宏修订《诸经日诵集要》,是他主持云栖寺期间,根据僧众修学的需求而不断完善。袾宏于隆庆五年(1571)在云栖寺结庵定居,逐渐开始复兴云栖寺。同时,为了规范僧众的日常修学生活,建立其独特的修学体系,袾宏开始制定僧团的行为规范——《云栖共住规约》,从而使云栖寺成为明末最大的念佛结社。在《云栖共住规约上集·大堂》中将一天分为四时,"三时礼诵,一时入观"。初五更为第一时,诵《楞严咒》《观经·上品上生章》,念佛千声,唱《小净土文》回向;早晨后至午斋前为第二时,诵《四十八愿文》,念佛千声,同前回向;午后为第三时晚课,诵《阿弥陀经》《八十八忏悔文》,放大蒙山,念佛千声,唱《大净土文》回向;入夜为第四时,念佛一百声,回到房间,入观休息;袾宏对一天四时的修学评价说:"一日净业,不繁不简,永持无斁。"② 袾宏对早晚课诵要求极其严格,对缺勤者将罚钱十文。

《诸经日诵集要》的制定,主要是为云栖寺僧众的日常修学提供范本,分为"总集"和"别集","总集"是早晚课诵,"别集"是平日所诵的经咒、高德著作。内容列表如下:

---

① 《云栖法汇·诸经日诵》,《莲池大师全集》,第1715页。
② 同上书,第4799页。

总集	朝时课诵第一	大佛顶楞严咒、千手千眼无碍大悲心陀罗尼、如意宝轮王陀罗尼、消灾吉祥神咒、功德宝山神咒、佛母准提神咒、圣无量寿决定光明王陀罗尼、药师灌顶真言、观音灵感真言、七佛灭罪真言、往生净土神咒、善天女咒、般若波罗蜜多心经、念佛缘起、回向文(具别集)
	暮时课诵第二	佛说阿弥陀经、忏悔文、蒙山施食仪、念佛回向文(具别集)、三归依、善导和尚示临睡入观文
别集(下卷)	经类第一	华严行愿品章、楞严势至菩萨念佛章、观无量寿佛经上品上生章、无量寿经四十八愿、观普贤菩萨经普贤章
	咒类第二	佛顶尊胜大陀罗尼、受戒搭衣咒、般若无尽藏真言、华严补缺咒、秽迹金刚神咒、十二因缘咒(付杂咒)、补缺真言
	杂录第三	看经警文(保宁勇禅师作)、礼华严文(随州大洪山遂禅师作)、大慈菩萨发愿偈、净土文、又净土文(慈云忏主作)、新定西方愿文(云栖袾宏作)、礼佛发愿文(怡山然禅师作)、礼观音文、又礼观音文(大慧杲禅师作)、沩山大圆禅师警策文、斋佛仪、二时临斋仪、祝圣仪、祝韦驮仪、祝伽蓝仪、祝祖师仪、祝监斋仪、击钟仪、结会念佛仪、香赞、西方赞

《诸经日诵集要》对早晚课诵内容的规定，与当今丛林的课诵大多相似，可见《诸经日诵集要》对课诵规范化的巨大影响力。

3.《诸经日诵》与《禅门日诵》

袾宏对《诸经日诵集要》的修订与实践，并不能促使全国各寺日常课诵马上统一，《诸经日诵集要》在流行的过程中，禅门高僧仍然对其不断地进行完善。明末四大高僧之一智旭(1599—1655)以继承袾宏之学为己任，十七岁时，阅袾宏《自知录》和《竹窗随笔》而入佛门；在雪岭座下剃度后，住云栖寺听讲《成唯识论》，因此他应该非常熟悉《云栖共住规约》的内容。智旭《灵峰宗论》卷六收有《刻重订诸经日诵自序》说：

> 自马祖建丛林，百丈立清规，世相沿袭，遂各出私见，妄增条章。如藏中《百丈清规》一书，及流通《诸经日诵》三册，杜撰穿凿，不一而足。宁惟罔知正修行路，祇早晚课诵一事，参差失欵，惟事唱赞鼓

钹,大可叹矣。云栖和尚,较刻定本,古杭诸处,多分遵行;而留都积弊,分毫未革。迩与幽栖学侣,力正其讹,重谋付梓,再删繁芜,独存切要,并于律藏,取警策身心有益初学者,略补一二,以公同志。愿高明者,守禅观之清雅,庶可随文入证,莫羡瑜伽音响也。①

从智旭的记载可知,明末丛林中流行着《诸经日诵》三册,与袾宏的《诸经日诵集要》完全不同。《诸经日诵集要》在杭州一带广泛流行,但是南京却丝毫未受影响。智旭感慨当时丛林课诵只重视敲法器、唱赞,于是再次刊行《诸经日诵集要》,以正佛门。智旭和当时云栖寺的学侣,对袾宏《诸经日诵集要》进行再次的修订,删削繁杂,保留切要的部分,而且从律藏中选择一些能够警策身心、有益初学的内容而再加以补充。据成时《灵峰蕅益大师宗论序说》的记载,智旭有《重订诸经日诵》二卷,但是《蕅益大师全集》等并未收录,故其具体内容则无从知晓。

明末清初丛林的朝暮课诵并没有完全统一,存在着多种《诸经日诵》。清代中期以来,流传着《诸经日诵》《禅门日诵》《禅门佛事》等课诵本,其内容相差不多,皆为早晚课的咒、经文、偈、文等仪式类、咒类、文类、赞类、佛事类内容。

现在丛林经常参考的《禅门日诵》,此日诵大约是在雍正年间成立,主要内容为《唐太宗文皇帝御赐玄奘三藏圣教序》、朝时课诵、暮时课诵、祝圣普佛仪、斋佛仪、普供赞语、诸赞语、华严仪、礼法华仪、礼忏仪、大悲忏仪、净土忏、净土文、礼忏发愿文、观音文、念佛起止仪、临斋仪、斋天仪、放生仪轨、祈雨仪、诸咒语、挂钟板、击钟偈、十二命辰、圣诞日期、选斋吉凶日、剃头吉日,另有《抚州白扬法顺禅师示众》等具有警策、开示意义的文章、经典,最近的则是叙述禅宗法统字辈的《佛祖心灯》。《禅门日诵》的朝暮课诵内容,朝时诵《楞严咒》、十小咒,晚时诵《阿弥陀经》、放蒙山,与现在丛林通行的《佛门必备课诵本》相同,但是发愿回向文以及三

---

① 《灵峰宗论》卷六,福建莆田广化寺佛经流通处,第509页。

归依后的赞语则不同。

总之,丛林的朝暮课诵不断地进行完善与修订,各大寺院会根据各自情况而增删内容。

四、明清民国对经忏佛事的反思与批判

随着经忏佛事弊端突显,明中叶以后,在佛教界内部出现许多反思与批判的声音。尤其是云栖袾宏对寺院和僧人进行了更多的规范与劝诫。他对僧人从事经忏作出严格的规定:"泛揽经事者出院""聚集男女做世法斋会者出院""习学应赴词章笙管等杂艺者出院"。① 同时,他亦通过罚钱来规范僧人的佛事活动,如《云栖共住规约附集·诵经礼忏不诚敬罚例》说:

一、严净时不至者,罚钱二十六。

一、诵经忏过一叶方至者,罚钱四十文,经要多少刻加倍补诵。

一、杂谈戏论当经忏中者,罚钱一百二十文;在经忏歇时者,罚钱六十文。

一、斗争者,罚钱六十文;大争失威仪者,罚钱一百二十文。

一、不出声者,罚重念过。②

袾宏在云栖寺时,整顿僧纪,一方面规范经忏佛事,另一方面提倡以念佛代替经忏。

至民国初年,太虚大师分析当时的佛教界实况,将当时的佛教分为四流。一、清高流,此流颇能不慕利誉,清白行业,但既无善知识开示,散漫昏暗者多,明达专精者少。此流之人如凤毛麟角,当时已属最难得。二、坐香流,但能死坐五六载,经得敲骂,略知丛林规矩,便称老参,由职事而班首,由班首而长老,即是一生希望;其下者,则趁逐粥饭而已。三、

---

① 《莲池大师全集·云栖纪事》,第 5023—5024 页。
② 《莲池大师全集·云栖共住规约别集》,第 4925—4926 页。

讲经流,在讲座上能照古人注解而背讲不谬者,便可称法师矣;下者,则或听记经中一、二则因缘,向人夸述而已。四、忏焰流,学习歌唱,拍击鼓钹,代人拜忏诵经,放焰设斋,创种种名色,裨贩佛法,郊同俳优,贪图利养者也。① 此四流之中,第四流人数超过九成,而其弊恶腐败,太虚大师说:"尚有非余所忍言者。"②从此可见经忏佛事在中国社会的盛行及其弊端危害。

随着西方现代主义的传入,科学、理性、民主成为一种潮流。唯科学主义者以其特有的批判意识,反对任何不能证实的东西,反对任何形式的演绎及思辨的推理。他们不仅攻击宗教,而且攻击传统世界观。所以,他们的批判兼备培根对理念论的批判和实证主义对宗教的攻击这两种色彩,他们对科学的崇拜简直可以看作是一种替代宗教或宗教代替,或者即是一种"科学宗教"。③ 唯科学主义者将阻碍中国科学进步的原因,直接归咎于迷信鬼神的盛行,于是作为中国佛教的末流——经忏佛事首当其冲,成为激烈批判的对象。

著名的晚清革命家朱执信从自然科学出发,并继承中国古代的神灭论思想传统,断然否定近代佛教末流所宣扬的灵魂不死说和鬼神果报论,指出和尚念经"超度死人",是完全不可能的事。④ 陈独秀也极力批判佛教的迷信化,提出"以科学代宗教",认为佛教"薄现实而趣空观,厌倦偷安,人治退化,印度民族之衰微,古教宗风,不能无罪也"。⑤ 几乎同时,蔡元培提出"以美育代宗教",同时希望改革佛教并为护国之实施:(1) 当删去念经拜忏之事,而专意于佛教事;(2) 当仿日本本愿寺章程,设普通

---

① 太虚:《震旦佛教衰落之原因论》,《太虚大师全书》第 29 册,台北:善导寺佛经流通处印行,1980 年第 3 版,第 42 页。除此四流之外,太虚大师尚举一种人,不受戒、不读经,虽居塔庙,不与佛教徒数者也。
② 同上书,第 43 页。
③ [美]郭颖颐:《中国现代思想中的唯科学主义(1900—1950)》,雷颐译,第 25—26 页。
④ 《朱执信集》(下),北京:中华书局 1984 年版,第 880 页。
⑤ 《独秀文存》,合肥:安徽人民出版社 1987 年版,第 16—17 页。

学堂及专门学堂;(3)当由体操而进之以兵学,以资护国之用;(4)禁肉食者,推戒杀也,此佛教最精义。① 蔡元培的主张混合了他个人的美育观念、达尔文的进化思想以及与宗教隔离的倾向,同时也发觉到寻觅一种宗教代用品的需要,不但在知识思想界引起一股反对佛教迷信化的思潮,同时在社会民众及政府方面,也对佛教迷信化提出激烈批评。

在批判佛教迷信化的过程中,最多的批评来自对经忏佛事的批判,因此废弃经忏佛事的呼声此起彼伏。但是,从佛教界来说,既要回应社会大众的声音,也要考虑到佛教的实际。因此,佛教界对经忏佛事的反思与批判,应该更有力度、更深刻。要改变佛教的迷信化形象,必须正确处理佛教与各种迷信的关系。于是,当时佛教界的法师、居士提出了"佛教非迷信之教""佛教乃智信""佛教是破除迷信的"等观点,对佛教迷信化进行澄清、破邪显正的工作,在社会引起很大的轰动。佛教界不仅在理论上进行说明、澄清,而且在行动上表现出力挽狂澜的气概,对佛教的末流进行改革与整治。

太虚大师作为近代佛教革新运动的领袖人物,一直非常明确地反对以各种迷信形象,来损毁真正的佛教形象。他对经忏佛事的本意及其流弊进行考察:

> 即于经忏佛事而论,本是从自己诚实恳切之心,念经、拜忏,有人请荐灵祈福,乃将一片诚心以回向施主;如今念经、拜忏者,只知一天可得一二角钱了事;各地寺院,遂成善价而贾之工场!把原来诚心修行之美德丧失。②

经忏佛事的本意,在于依自己的诚实恳切之心为施主回向,念经、拜忏本来就是自己的修行,而为施主荐灵、祈福是将自己的一片诚心回向施主。

---

① 《蔡元培全集》,转引自麻天祥《反观人生的玄览之路》,第 179 页。
② 太虚:《勤俭诚公》,《太虚大师全书》第 35 册,台北:善导寺佛经流道处印行,1980 年第 3 版,第 95 页。

但是,现在的经忏佛事成为一种金钱的交易,寺院成为"善价而贾"的工场,佛教怎么能够兴盛起来? 总之,经忏佛事的核心在于诚心修行的美德,并非在于金钱。

太虚大师引导经忏佛事回归到修行的本位,而且从根本上革除经忏佛事的鬼神迷信色彩,即革新"死的佛教"与"鬼的佛教",提出"人生佛教"。他说:

> "人生佛学"者,当暂置"天"、"鬼"等于不论,且从"人生"求其完成以至于发达为超人生、超超人生,洗除一切近于"天教"、"鬼教"等迷信,依现代的人生论、群众化、科学化为基,于此基础上建设趋向无上正遍觉之圆渐的大乘佛学。①

"人生佛教"的根本意义,就在于洗除一切近于"天教""鬼教"等的"迷信",以现代的人生化、群众化和科学化为基础,进而建立适合时代需要的大乘佛教。

"人生佛教"并非只重对治"死"和"鬼",而是进一步安顿了一切天神鬼灵。如太虚大师在民国九年(1920)说:

> 归宿佛有二义:一、我今以决定正信之心归宿佛教故,则一切天神鬼灵等均非我之所信仰,即非我所归宿;二、我今以决定正信之心归宿佛教,则愿他人及一切天龙鬼神及诸众生,皆归信佛。②

佛教的本位,对鬼神信仰并非只重对治,而是加以摄化。所以,太虚大师的新佛教的理想为入世救世、经世济民的佛教经世主义,也就是以佛教的道理来改良社会,使人类进步,世界改善;社会、人类、世界为关注和努

---

① 太虚:《人生佛学的说明》,《太虚大师全书》第5册,台北:善导寺佛经流通处印行,1980年第3版,第209页。
② 太虚:《佛乘宗要》,《太虚大师全书》第1册,台北:善导寺佛经流通处印行,1980年第3版,第225页。

力改善的对象,而非彼土来生。①

太虚大师之所以痛斥经忏佛事,主要是矫枉过正。当年教难、国难俱为深重,百姓民不聊生,若不实行为现实人间服务的佛教,何得称为大乘佛教!但痛斥经忏佛事决不意味着要放弃所有的经忏佛事,因为这是佛教在现实人间表达超脱生死的重要手段,能够体现佛教的"宗教性"。②所以,太虚大师对经忏佛事的态度是,让经忏佛事回到修行的本位;同时提倡"人生佛教",改变佛教的关注对象,强调入世,注重人生。

近现代佛教对经忏佛事的自觉,其实都非常切合实际,许多寺院都改革经忏制度,改为不做经忏,或者有所变通。如倓虚法师反对以经忏牟利,青岛湛山寺不做经忏。但有些对建寺护法有贡献的居士,再三要求为其亲属变通一下,倓虚法师无奈,就从除弊的角度重新加以考虑:他把念经的对象限于上述居士;居士的供养全归寺庙所有,然后由寺庙统一分发单钱给念经和尚;做法事的时间也限于湛山学校课余,而且注意防止产生不良社会影响。

印光法师从净土信仰出发,从根本上反对经忏佛事,他坚持所有与他有关的道场都不能应酬经忏佛事。他在《灵岩寺永作十方专修净土道场及此次建筑功德碑记》中,坚持灵岩寺"专一念佛,除打佛七外,概不应酬一切佛事"。③ 印光法师用念佛来代替一切经忏佛事,如《南京三汊河创建法云寺缘起碑记》说:

> 有信士慕此间道风,祈打念佛七,以期延椿萱之寿算,超祖宗之灵魂,消己躬之罪愆,培子孙之福祉者,仍照常念佛,加三次回向而已。焰口亦决不放,以杜住应赴僧,伏破坏道场之机也。凡祈打七者,只可来一二人,以行礼敬,即日便回。若广集亲友,及小年女眷,

---

① 林明昌:《经世佛教——太虚的新佛教运动》,《普门学报》第10期,2002年,第27页。
② 李四龙:《人间性与宗教性》,《普门学报·读后感》,2002年,第53页。
③ 印光:《灵岩寺永作十方记》,《印光法师文钞续编》卷下,第148页。

住此待圆满方归者,决不应许。①

原先荐灵、祈福必须通过拜忏、放焰口等经忏佛事来完成,现在改为打念佛七回向,而且不允许施主的太多亲属来道场参加佛七,坚持道场的清修。他的这一原则在《济南净居寺重兴碑记》《创建菩提精舍缘起碑记》中都有所体现。②

印光法师认为经忏佛事只是虚张声势,并没有实际效果。他在致温光熹居士的信中说:"父母恩深,宜认真请有道心之僧念佛,不宜请赶经忏之僧诵经、拜忏、做水陆,以徒张虚文也。"③他不但对赶经忏的出家人加以否定,而且指出经忏佛事本身含有许多非佛教的因素,他在《复郭介梅居士书一》中说:

> 当以至诚恭敬念佛,以期消灭往业,洗心涤虑,不作后愆。以婆婆重多罪愆,决志往生西方,方为正理。何可不在自心忏罪过,专靠伪经忏灭罪过乎! 既信佛能度苦,何不念佛所说之大乘经,如《金刚经》、《弥陀经》、《心经》、《大悲咒》、《往生咒》,及《法华经》、《楞严经》等,以期灭罪增福乎!《焰口》,乃济孤要法,反不相信,而群以破血湖、破地狱,为必不可不作之佛事。自己不得真利益,反令知世理而不知佛法之人,谓此即是佛法,因兹生出种种谤法之胡说巴道,尚自以为是,一班瞎子,反奉为圭臬。④

印光法师主张依念佛法门来忏悔,念佛能够灭罪,这是依《观无量寿经》而说的。唐代的善导、宋代的慈云,都将念佛法门与忏悔相结合,制作种种忏仪,如《净土法事赞》、《往生净土忏愿仪》等。同时,印光法师强调诵大乘经典也能灭罪,至于破血湖、破地狱等经忏佛事是依伪经而制作,并

---

① 印光:《南京法云寺记》,《印光法师文钞续编》卷下,第160页。
② 印光:《净居寺记》,《增广印光法师文钞》卷四,第15页;《菩提精舍缘起碑记》,《增广印光法师文钞》卷四,第31页。
③ 印光:《复温光熹居士书二》,《印光法师文钞三编》卷三,第600页。
④ 印光:《复郭介梅书一》,《印光法师文钞续编》卷上,第74页。

且给佛教带来许多负面效应。

同时,随着近现代佛教的复兴,禅宗也得到了一定的振作,出现一些具有重要影响的禅宗高僧,如虚云和尚、来果和尚、圆瑛法师等。他们努力恢复禅宗道场,重振禅林清规,提倡坐禅、打禅七等。而且,除了将经忏佛事拒于禅宗寺院之外,来果和尚在整顿和重振扬州高旻寺家风时,明确提出,凡参禅之外的一切佛事活动,如开学堂、立莲社、学密宗、念佛、礼忏、传戒、研教阅经、经忏焰口等,一律不许。①

虚云和尚对经忏的态度会比来果和尚显得宽松一些。1920年,他应滇督唐继尧之请,移锡昆明华亭寺,重兴古刹,改名云栖寺。1930年,他订立《云栖寺万年簿》,其中便有一条:"诸方丛林,应付经忏规矩,不能整理,渐趋下流。此后本寺常住,如有檀越请念经、拜忏,只准在山或下院念之,除重要护法外,概不出门,致妨道业。"②虚云和尚看到当时丛林中的经忏佛事的末流,因此规定只能在云栖寺或下院念经、拜忏,不能出门做经忏,妨碍道业。所以,他强调不能私应经忏,这点与倓虚法师一样。③

虚云和尚不但规定在特定地点念经、拜忏,而且对经忏佛事加以整治、规范。因此,他于1920年制定了《水陆法会念诵执事规约》,对经忏佛事的宗旨进行了说明:

> 古之丛林,高蹈绝俗,除祝釐外,不通应酬。正为大事未明,剪爪不暇,那肯应酬,散其道念。况且未能自度,何能度人。经云:瑜伽一法,乃登地菩萨利生之事,非初心凡夫所宜。惟是丛林淡薄,四事供应,每虞缺乏,故不得已,乃略应念诵也。然进坛必须生道场想,对经像如对佛想。诵其文,思其义,行其事,践其实,必使身与口

---

① 成章:《江苏禅宗三大名刹——金山寺、高旻寺、天宁寺》,《法音》1998年第5期;陈兵、邓子美《二十世纪中国佛教》,北京:民族出版社,2000年,第291—292页。
② 《虚云和尚法汇·规约》,《虚云老和尚法汇·年谱增订本》,台北修元禅院1997年印赠,第798页。
③ 同上书,第807页。

合,口与心唯。不昏沉,不散乱,不懈怠,不贪利,明因果,知惭愧,兢兢业业。若是,则不期度人而自度人,不期利益而自利益。所谓人以财与我,我以法与人,等施无异,犹可权为。若鼓籥橐而看经,舂杵碓而礼忏,身对尊像而目视他方,口诵经忏而心存别念。如是必招现前之毁谤,受未来之业报。使自利利他之法宝,反成自误误人之罪案,可不慎哉。①

丛林本为修行之道场,以明生死大事为本;经忏本为菩萨利生之方便,并非我们凡夫僧所能为。因为丛林生活困难,所以不得已而为之。因此,在举行经忏、放焰口时,应该以修行的态度来举行。施主以钱财供养僧人,而出家人则以佛法布施,财法二施,等无差别。如果在做经忏时,为了钱财,不专心致志,仅有形式,那么便会招来毁谤,而且未来便受苦报。所以,应该认真礼忏、放焰口,不能自误误人。

而且,虚云和尚制订了详细的规约,我们抄录如下:

一、诵经人,先日见牌上有名,即沐浴。次早诵经礼忏,须三业志诚,口诵心唯。不得于念诵礼拜时,夹杂闲言,更不得轻狂戏笑。若诵经故意杂谈戏笑者,于经忏中罚补诵;或在忏后歇息时,戏谈喧哗者,跪香。

二、念诵时,不得回头转脑,看看人物,一心称念,字字分明,不得重念。过严净不至,诵过一页方至者,罚,经忏仍须补罚。

三、表白人,不急遽简略,宜一一依文,次第念诵。其钟鼓等,亦宜庄雅,不宜繁碎。

四、内外香灯行人,俱要诚洁,小心火烛,以及各坛堂中,尤宜加倍慎重。

五、施食要一一依文,精诚结印,诵咒作观,三业相应。不得含糊弹舌,急促了事,白文亦然。

---

① 《虚云和尚法汇·规约·水陆法会念诵执事规约》,《虚云老和尚法汇、年谱增订本》,第831页。

六、每日按定钟点作事,钟到鸣鼓一通。如有不至者,罚。

七、外六坛场均听大坛起忏,各坛亦宜同起,不得有误。如违者,罚。

八、经忏及施食等,不得法事未竟,先收佛像庄严器物。

九、香烛供果等,倘落地者,不得用;供过者,亦不用。

十、上供蔬菜饭食等,必熟得味,不得用干物、生物。

十一、法会内外人等,犯斗争者,因争失威仪,不胜调伏,不服者,出院。

虚云和尚对佛事活动中各种执事规定了责任,而且对违背者进行惩罚,无非是为了保证经忏佛事的庄严及有序,真正达到自度度人的目的。

第三节 明清佛教的慈善事业与放生习俗

明清佛教的发展,一方面承宋元以来的发展潮流,重视慈善事业,参与社会公益,发挥化世导俗的功能。然而,由于结社的兴盛和宗族力量的成长,民间社会的组织工作逐渐由社团和宗族完成,所以明清佛教对慈善事业的组织功能在下降。另一方面,佛教信仰深入明清社会,对民众生活发挥重要影响。值得一提的是袾宏对放生的提倡,他设立放生池,成立"放生会",制订放生仪轨,积极推进佛教放生的规范化。

一、明清佛教的慈善事业

随着三教合一的提倡,明清社会以儒家仁义王政为中心,融合佛教的慈悲因果观念和善书中行善积德、利物济人观念,大大推动了慈善事业的发展。明清佛教很少参与设置和运转养济院、惠民药局等官方慈善机构,主要是从事民间慈善活动,唐代的"悲田养病坊"、宋代的"福田院"这种僧人负责、政府资助的佛教慈善机构在明清没有出现。明清慈善事业最重要的现象是出现大量的慈善组织,如同善会、普济堂、育婴堂、保婴会等,这与明代士人结社风气的兴盛有很深的渊源。在书院社团的号召与教化下,慈善事业的道德教化与组织工作已经不需要寺院和僧人的参与,书院社团和士人完成了这项任务。明清士林通过聚会讲学的方式团结同志,振奋士林风气,发扬光大儒学精神,而且通过组织同善会等慈善机构,实现重整社会结构的理想。

但是,不少佛教徒参与同善会、普济堂等,融合积德行善与佛教信仰,仍然是明清佛教慈善事业的重要特点。如罗允枚倡导念佛,成立念佛社,"凡放生、育婴、赈饥诸善事,咸乐成之"①。如彭际清(1740—1796)于乾隆三十八年(1773)三十四岁时在真谛寺依香山老人闻学实定(1712—1778)受菩萨戒,自此以后直到嘉庆元年(1796)五十七岁他逝世为止,他根据般若译的《大方广佛华严经》卷四十《入不思议解脱境界普贤行愿品》,倡导华严弥陀净土教合修论,著有《华严念佛三昧论》等著作,诚挚地实践了弥陀净土教的教义,并且极力提倡儒释道三教的融合。另一方面,化导乡党,团结宗族的力量,"开近取堂以周穷乏,置润族田以赡贫族,举恤嫠会以济孀居,立放生会以全物命,各有发愿文,回向净土"②。设立近取堂和彭氏润族田。近取堂即是类似同善会的慈善组织,内设有施棺局、施衣局及放生会等,恤嫠会是救济贞女节妇的;彭氏润族田后来发展成彭氏义庄,造福乡梓。可以看出,明清佛教徒在从事慈善事业时表现出强烈的佛教信仰观念。

明清佛教的寺院和僧人仍然从事着修桥铺路等传统的慈善活动。如明景泰四年(1453)福建晋江县《重修通济桥记》记载了这座桥从北宋至明代的几次修建,皆在僧人主持下进行。嘉祐(1056—1064)年间,僧本观重修,名曰"济民";元丰七年(1084),转运判官谢仲规再修,改名"通济";绍兴十三年(1143),僧文会和陈提刑、□枢密作石桥一十六间,长七十丈五尺,广一丈七尺,两翼筑以扶栏,以佛像镇桥,这项工程一直到乾

---

① 《净土圣贤录》卷八,《卍新纂续藏经》第78册,第302页下。
② 《净土圣贤录续编》卷二,《卍新纂续藏经》第78册,331页上。

道五年(1169)才完成;庆元年间(1195—1200),僧了性再修三座小石桥;至永乐十一年(1413),桥的石梁断坏;景泰四年(1453),在泉州郡别驾谢琛的发动下,张钦具体负责修复工程,僧人憨默监督工程,完成修桥的工作。① 又如《修海岸长桥记》中记载,泉州承天寺僧智镜、灵源寺僧体照等分别参与了海岸长桥的历代修复工程。②

同时,僧人亦从事救济赈灾和掩埋暴露骸骨(等工作)。如憨山德清四十八岁那年(1594),山东大饥荒,死者众多,德清将山中所储之斋粮全数布施给近山之民;粮食不足,德清又远至辽乐买豆子数百石回来救济灾民。由于他的极力奔走,住在边山与四社之民众才得以逃过一劫,没有一个遭到饿死的命运。③ 德清五十二岁(1598),会城有许多人死伤,其骸骨暴露原野,德清于是令人收拾掩埋,而且建普济道场七昼夜。④

明清佛教界虽然缺乏国家制度的支持,但是在慈悲和因果报应思想的号召下,仍然积极从事慈善事业。

二、明清佛教的放生习俗

随着江南社会经济的繁荣,临近江海的杭州、宁波一带,盛产水产,民众喜好进食,加速了水产和肉食的消耗;同时,江南蚕丝业发达,势必伤害许多生命。针对江南社会的生活方式,明清佛教界积极提倡放生,尤其是云栖袾宏,如憨山德清《云栖莲池宏大师塔铭》所说:"极意戒杀生,崇放生,著文久行于世,海内多奉尊之。"⑤对明清佛教界影响极大。

"戒杀护生"是佛教生命观的重要体现,云栖袾宏提出"畜生有佛性""畜生有知觉""畜生能轮回往生""畜生也会伤心痛苦"等思想,试图改变

---

① 《福建宗教碑铭汇编·泉州府分册》(上),福州:福建人民出版社,2003年,第70—71页。
② 同上书,第85—86页。
③ 《憨山老人梦游集》卷五十三,《卍新纂续藏经》第73册,第839页下。
④ 《憨山老人梦游集》卷五十四,《卍新纂续藏经》第73册,第841页上。
⑤ 《憨山老人梦游集》卷二十七,《卍新纂续藏经》第73册,第656页中。

社会民众对动物的观点,以达到戒杀护生的目的。袾宏从"凡厥有心,定当作佛"的佛性论出发,表示动物念佛亦能往生,他在《阿弥陀经疏钞》说:

> 善男子女人者,善有二义:一是宿生善因,一是今生善类。男女者,通指缁素利钝,及六道一切有缘众生也。……又鬼畜地狱,雌雄牝牡,亦可均名男女。但念佛者,俱得往生,是通一切众生也。①

袾宏将"善男子善女人"解释为"六道一切有缘众生",畜生有心可以"以念生定",畜生亦具有成佛的可能性,这从修行解脱的角度提升了动物的生命地位。既然动物与人类的佛性是平等,杀害动物则是"以强凌弱"的非正义行为。如《竹窗二笔·杀罪》说:"据含灵皆有佛性,则蚁与人一也,何厚薄之足云? 如其贵欺贱,强陵弱,则人可杀而食也,亦何厚薄之足云?"②袾宏强调人们应该无有厚薄、平等地对待动物。

其次,袾宏强调动物与人一样,亦有感情和知觉,以此劝导不杀。《竹窗随笔·汤厄》说:

> 予见屠酤之肆,生置鳖鳝虾蟹之属,于釜中而以百沸汤烹之,则谕之曰:彼众生力弗不汝敌,又微劣不能作声音。若力敌,则当如虎豹噉汝;若能作声,冤号酸楚之声当震动大千世界。③

袾宏描述汤烹动物的情形,让人们去想象动物的痛苦,"不忍其痛",从而达到戒杀护生的目标。另外一方面,动物亦有亲人,不愿意同亲人分开,如世间父母的爱子,"一切禽兽亦各爱其子"④。

袾宏劝导民众反思自己的生活与感受,想象动物亦有类似的感受,从而引发同理心、同情心、不忍心。在《戒杀放生文》中,他要求民众在生

---

① 《阿弥陀经疏钞》卷三,《卍新纂续藏经》第 22 册,第 659 页上—中。
② 《莲池大师全集·竹窗二笔》,第 3799 页。
③ 《莲池大师全集·竹窗随笔》,第 3694 页。
④ 《莲池大师全集·戒杀放生文》,第 3347 页。

日、生子、祭先、婚礼、宴客、祈禳、营生时都不可以杀生。而且,袾宏用因果报应故事,形象地阐明戒杀放生的功德。同时,戒杀放生不仅是慈悲心的体现,更是得生净土的法门,如《戒杀放生文》说:"净业三福,慈心不杀实居其一。今能不杀,又放其生;既能放生,又以法济令生净土。如是用心,报满之时,九品莲台高步无疑矣。"①这是将戒杀放生纳入修行法门,从人性的同情引向宗教的解脱。

袾宏不仅宣扬戒杀放生的思想,而且在实际行动上于杭州城南北设上方和长寿两个放生池,以利十方信众行放生之善行。依袾宏《重修上方寺凿放生池记》的记载:上方寺建始于后梁贞明七年(921),明景泰四年(1453)寺庙衰败,土地被民众占用,仅存十分之一的土地。沈善能居士原来占有土地,嘉靖二十三年(1544)升官,将土地出租,产权留给女儿。他的女儿出嫁王氏后,遵父亲的遗嘱,将土地产权交给云栖寺,于是恢复为僧地。王氏夫妇去世后,宋化卿居士听到这件事非常赞叹,便拿钱赠送给王家的子孙,而且定好契约。袾宏在众居士的帮助下,节衣缩食,将上方寺故址赎回。当时,居士们建议在旧址建立寺院,袾宏观察地理形势,修渠疏通湖与土地,建成放生池;并且修整一座废弃的房子,让两三个诚信的僧人守护修行。②袾宏在修建上方寺放生池后不久,又续建了长寿庵放生池。依《北门长寿庵放生池记》,长寿庵是后唐时期翔鸾院的旧址,年久荒废,袾宏与仁绅募款兴建为放生池。③

放生池的修建是一项大工程,在财力、人力、物力等方面都需要有大投入。袾宏通过讲经说法传播自己的戒杀放生思想,劝导当时的仕绅接受他的思想。《居士传·虞长儒传》记载:"时宏公方坐南屏演《圆觉经》,募钱赎万工池,立放生社,缁白数万,伽陀之音震动川谷,一时清节之士

---

① 《莲池大师全集·戒杀放生文》,第3379页。
② 同上书,第3384—3386页。
③ 同上书,第3390—3391页。

多与其会,实长孺倡率之。"①袾宏演讲《圆觉经》以募资,于是受到当时仕绅的支持,尤其是虞长孺这样的仕绅领袖宣传、倡导、率领。同时,《北门长寿庵放生池记》记载,居士、比丘、士大夫有的提供金钱援助,有的带来食物,有的亲自参与劳动。

同时,放生池的维持也需要庞大的资金,一方面为居士信众的捐款,另一方面则是寺庙僧众自行挪省供给。如《云栖纪事》说:"云栖在山中设放生所,飞走各类充牣其中;既有生食,众僧复减口以养之;除苢荄,约费粟二百石;城内外放生二池岁费百余金,自来无缺乏。"②可见,放生池的修建和维持,是戒杀放生思想、制度、实践融合的结果。

在明代结社风气的影响下,袾宏成立了"放生会",依《上方善会约》可知有"上方善会""西湖放生社"。《上方善会约》规定了上方善会的宗旨、定期、读诵、治供、议论、主会等事项。③"上方善会"的宗旨是"读诵大乘戒经,兼之放生念佛,是诸上善人同会一处",其中,"大乘戒经"是指《梵网经》,可见"上方善会"是一个持戒、念佛、放生的在家修行聚会。在每月朔望前一日,信众聚集于上方寺,愿意参加者签名于本上,以记录参加人数,可见,这一法会是有固定的参会日期的。众人到齐后,由一位僧人领众,诵《戒经》一卷,念佛五百声或一千声。诵经完后,饼果三色作茶供;念佛后,饭菜三色作斋供。茶供、斋供的费用由每位参加者各出五分银,由守院僧置办。法会后,大众可以交流佛法义理。对于放生银,则各各随便出,不拘多少或者有无,或者自己购买来放生。在"上方善会"的组织里,会首是轮流依次作主,因为会资是固定的五分钱,会首的主要工作是准备香烛茶汤,记录参加的会员。总之,袾宏是希望保持"放生会"的平等、简单、易操作等特点,这样才能久存。

此外,袾宏在四明知礼放生仪轨的基础上,对《放生仪》进行改造,使

---

① 《居士传》卷四十二,《卍新纂续藏经》第88册,第259页上。
② 《莲池大师全集·云栖纪事》,第5077页。
③ 《莲池大师全集·规约》,第4941—4944页。

其简便易行。其步骤主要有默想、洒水、说法、忏悔、发愿,袾宏所作最大的改变是增加了念诵《往生净土神咒》和《十方华严经·十回向品》,是希望体现放生的意义在于回向众生与往生净土。

袾宏在明末结社风气的影响下,凿建放生池、召集放生社团、修订放生仪轨、制定放生会约,对佛教的放生进行制度性的建构,使放生成为具有阶层组织、定期定量的制度,使放生在精神上符合时代价值、在形式上组织制度化。在袾宏的影响下,放生盛行于明末清初的佛教界。湛然圆澄、密云圆悟等高僧,以及冯梦祯(1548—1595)、虞淳熙(1553—1621)、陶望龄(1562—1609)等居士,亦多支持放生之业。虞淳熙在西湖组织胜莲社,鼓励社友放生救众,《武林掌故丛编》收有虞淳熙撰《胜莲社约》。陶望龄、张子云等亦曾在万历二十九年(1601),于杭州城南创放生会。

第四节 明清佛教"四大名山"信仰的形成

佛教从印度传到中国时,并没有带来系统化、有组织的佛教圣地。在印度,佛教圣地主要是与佛陀的生平故事或遗迹相关联,甚至有时与特殊的菩萨有关。[①] 但是,中国佛教圣地主要是通过长期佛教信仰传统的积累,通过修学参访、修建寺院、朝圣灵感等方法形成。

游方行脚、寻师访道是佛教徒的修学传统,在这一过程中,一些名山大寺逐渐成为参访中心。宋代的"五山十刹"是对江南禅林的归纳,是以佛教制度为立制的基础,与"名山"以信仰为基础,有本质的区别。[②] 至明清时代,禅宗寺院渐渐走向衰落,僧俗大众逐渐以传统名山,如五台山、峨眉山、普陀山、九华山为主要参访、进香之地,使名山的社会影响不断

[①] James Robson, *Power of Place: The Religious Landscape of the Southern Sacred Peak* (*Nanyue* 南岳) *in Medieval China*, Harvard University Press, 2009, p. 52.
[②] "五山十刹"的最新研究,见刘长东《宋代佛教政策论稿》,成都:巴蜀书社,2005年;王仲尧:《南宋佛教制度文化研究》(上、下册),北京:商务印书馆,2012年。

扩大,最终形成"四大名山"的基本格局。①

学术界对普陀山、五台山的个案研究较多②,但是对"四大名山"整体形成的原因以及出现的确切年代,则较少关注。实际上,"四大名山"信仰的兴盛辉煌时代各有不同,但是完整出现"四大名山"称呼,是在九华山地位的提升之时。中国佛教乃至中国社会对佛教名山圣地的形成,在历史上一直都有不同认识和演变过程;但是,有些名山,如庐山、天台山等一直未能进入名山圣地之列,可见作为名山圣地必须有其特定的内涵。学术界很少对名山圣地的信仰内涵进行揭示③,而信仰内涵的确定则有助于理解佛教信仰本土化的根据与历史形成原因。

一、"四大名山"出现年代考

五台山、峨眉山、普陀山、九华山四座名山并称,在中国佛教史上经历了一个历史的演变过程。"天下名山僧建多",名山往往是中国佛教的中心,但是每个时代对佛教名山的认识往往不同。如刘禹锡《故衡岳律大师湘潭唐兴寺俨公碑》对当时佛教进行总结:

> 佛法在九州间,随其方而化,中夏之汩于荣利,破荣莫若妙觉,故言禅寂者嵩山。北方之人锐以武力,憺武者莫若示现;故言神道者,宗清凉山。南方之人剽而轻,制轻莫若威仪;故言律藏者,宗衡山。是三名山为庄严国。④

---

① 潘桂明:《中国居士佛教史》,北京:中国社会科学出版社,2000年,第818页。
② 有关普陀山研究,如[日]石野一晴:《补陀落山的巡礼路——浙江省普陀山における17世紀前半の功徳碑をめぐって》,《東アジア文化交渉研究》第3号,2010年,第143—159页。有关五台山研究,如崔正森:《五台山佛教史》,太原:山西人民出版社,2000年;[韩]崔福姬:《〈古清凉传〉から〈广清凉传〉への文殊信仰の変遷:文殊概念を中心に》,《印度学佛教学研究》第52卷第1号,2003年,第192—194页;[韩]崔福姬:《五台山文殊信仰における化現》,《佛教大学大学院纪要》第33号,2005年,第15—29页。
③ 圣凯:《明清佛教"四大名山"信仰的形成》,《宗教学研究》2011年第3期,2011年。
④ 《全唐文》卷六百一十,上海:上海古籍出版社,1990年,第2730—2731页。

刘禹锡指出当时的中国佛教名山是嵩山,以禅宗为中心;五台山,以神秘感应为中心;衡山,以持戒威仪为中心。

依台湾学者道昱的研究,在四大名山中,五台山因其终年积雪无暑气故名"清凉",恰与《华严经·菩萨住处品》中所述的文殊菩萨住清凉山之说吻合,因而带动感应的热潮。早在5世纪,文殊菩萨应于五台山之说已传出。峨眉山在六朝时代只是一座观赏的名山,虽然早有蒲翁采药入峨眉山见普贤大士的传说,但是缺乏文献证实。唐中期,澄观巡礼五台山,又往峨眉山求见普贤菩萨,并且注疏《华严经》赞叹文殊与普贤为"华严三圣"之二,在五代时期形成峨眉山"银色世界"的称呼。初唐时期,印度布呾洛迦山观音的灵感说传入,日僧慧锷因不肯离去的观音圣像而建观音院,开启了观音菩萨驻锡普陀山的说法。宋代时,附近海域遇难的船只向普陀观音祈祷获救,南宋潮音洞的观音大士灵感再现,又有真歇清了等禅师的禅风度化,奠定了普陀山的风范。到了元朝,普陀山观音菩萨的感应之事多样化,而且屡获皇室的加封赐金,禅师们的普陀禅风与观音的灵感结合,终于形成普陀山观音道场。九华山因为新罗僧金地藏修行于九华山,但因无出色的僧众继承九华道风,而且缺乏地藏菩萨的感应事迹,故宋元时代被文人墨客"九华诗社"所取代,列入名山范围最晚。①

但是,"四大名山"并称始于何时?这确实是一大难题。② 明代出现三大名山之说。万历己丑(1589)屠隆撰《补陀山志序》:

> 震旦国中,三大道场,西峨眉以普贤,北五台以文殊,而东海补陀以观世音。西北距佛国不远,道法渐摩,近而且易。东海僻在深阻,声迹荒遐,众生久苦沉沦,熏染五浊,如来重悯之。兹观世音之开化补陀,津梁娑竭,良有以也。峨眉、五台深峭雄拔,秀甲神州。

---

① 道昱:《中国佛教四大名山考》,《普门学报》第45期,2008年,第58—106页。
② 道昱:《百丈清规证义记》卷三的记载,将"四大名山"称呼定在1878之后,见上文。

而补陀独立大瀛海中孤绝处,尤为奇特。①

该序明确提出普陀山是观世音的道场,峨眉山是普贤菩萨的道场,五台山是文殊菩萨的道场。

万历三十三年(1605),礼部尚书李长春《峨眉大佛寺落成颂并序》亦引用"三大名山"的说法:"盖闻震旦国中有道场三:曰峨眉,曰五台,曰普陀,鼎立宇内,为人天津梁。"②但是,《五灯全书》卷六十四"常州磐山天隐圆修禅师"中,圆修禅师(1575—1635)24岁出家(1599)后,有一天同参告诉他:"闻四大名山,菩萨出现,神通广大。"③可见,万历年间逐渐出现"三大名山"或"四大名山"的说法。

《补续高僧传》卷二十"夜台传"叙述夜台朝拜五台、峨眉、普陀、九华的种种经过和灵感,而且明确提过"师往近四大名山""系曰:夜台,走四大名山,足迹遍海内"。④《补续高僧传》是明河(1588—1640)撰,作者在崇祯十三年(1640)临卒时,嘱咐弟子道开继续其事。到清代顺治四年(1647),道开加工编辑,始大致告成。但是,"夜台传"中的"系曰"是明河的评论。

《云溪俍亭挺禅师语录》卷十七收录(的)《云岫建塔疏》中说"此其上为四大名山奉四菩萨"⑤。云溪净挺(1615—1684)生于万历四十二年(1615),卒于清康熙二十三年(1684),字俍亭,俗名徐继恩,又字世臣,号逸亭,浙江省杭州府仁和人。顺治十八年(1661)四十七岁时,受具足戒于三宜明盂禅师,住持云溪精舍。此疏应该是他住持精舍时为修塔而作,明确提到"四大名山"。

在《嘉兴藏》中,道忞(1596—1674)《天童弘觉忞禅师北游集》卷五

---

① 《普陀山志》卷六,扬州:江苏广陵古籍刻印社,1993年,第595—596页。
② 《峨眉山志》卷六,扬州:江苏广陵古籍刻印社,1997年,第286页。
③ 《五灯全书》卷六十四,《卍新纂续藏经》第82册,第293页中。
④ 《补续高僧传》卷二十,《卍新纂续藏经》第77册,第509页上—中。
⑤ 《云溪俍亭挺禅师语录》卷十七,《嘉兴藏》第33册,第797页上。

"题血书华严经序"提到"海虞行虚禅人沥血书杂华大典,用藏四大名山"①,《紫竹林颛愚衡和尚语录》卷三"示阅止遂禅人"提到"到四大名山,走遍四天下"②,《频吉祥禅师语录》卷五提到"四大名山"相对应的"四山菩萨"——文殊、普贤、观世音、地藏③,《空谷道澄禅师语录》卷八记载康熙十九年(1680)的语录中提到"四大名山"④。

《嘉兴藏》始于万历年间,终于康熙年间,可见在康熙年间(1662—1722),四大名山的说法非常普遍。如康熙二十六年(1687),按察使曹素徵《峨眉山序》说:"三峨高出五岳,秀甲九州,震旦第一山也。顾其山不入五岳,而列于四大名山之一。"⑤康熙三十七年(1698),裴琏在《南海普陀山志》说:

> 文殊、普贤、观音、地藏,皆久成佛道之法身大士。以度生心切,遍界现身,又欲众生投诚有地,故文殊示应迹于五台,普贤示应迹于峨眉,观音、地藏示应迹于普陀、九华也。世有以地、水、火、风分配四大名山者,乃知地、水、火、风为四大之义,而以己见妄会之,不可为据。⑥

康熙年间不仅出现了四大名山,而且以地、水、火、风四大进行附会性质的解释。所以,"四大名山"在社会广泛流行,应该在康熙之前。

因此,"四大名山"的说法可能出现于万历年间,在康熙年间已经成为中国佛教和中国社会的共识。这是因为,九华山佛教在万历年间受到明神宗的重视,而且《九华山志》的修撰亦集中出现在万历年间:

(1) 王一槐修撰,《九华山志》六卷,明嘉靖年间成书。

---

① 《天童弘觉忞禅师北游集》卷五,《嘉兴藏》第26册,第303页上。
② 《紫竹林颛愚衡和尚语录》卷三,《嘉兴藏》第28册,第671页下。
③ 《频吉祥禅师语录》卷五,《嘉兴藏》第39册,第622页下。
④ 《空谷道澄禅师语录》卷八,《嘉兴藏》第39册,第963页上。
⑤ 《峨眉山志》卷首,第7页。
⑥ 《普陀山志》卷六,扬州:江苏广陵古籍刻印社,1993年,第558页。

（2）苏万民重修、孙樾编辑，《九华山志》六卷，明万历七年（1579）成书。

（3）蔡立身重修，《九华山志》八卷，明万历二十一年（1593）成书。

九华山在万历年间被列入"四大名山"，才意味着完整的"四大名山"信仰格局的完成。"四大名山"的形成，是中国佛教信仰具有标志性的现象，是佛教信仰中国化的最具有代表性的结果。"四大名山"的信仰形态，是民众信仰方式的表现，是善男信女表达宗教感情的朝拜地，是佛教文化的最生动体现。

二、四大名山的信仰内涵

名山信仰的形成，是五台山、普陀山、峨眉山、九华山等山佛教信仰长期积累的结果。于是，佛教史学家对名山的地理环境、人文环境、名胜古迹等进行总结与探讨，形成特有的"名山志"，成为佛教方志的重要组成部分。① 名山志的作者们在编辑、撰述山志时，势必会涉及到核心问题：该山为什么会成为佛教名山？因此，名山志的体例是理解名山的信仰内涵的重要根据。

《古清凉传》是第一部记载五台山的专志，是唐高宗时期的蓝谷山寺沙门慧祥编撰。《古清凉传》二卷，在结构上仿效《释迦方志》，从五方面叙述五台山之所以成为佛教名山：（1）立名标化，解释"清凉山"成为文殊菩萨示现道场的由来；（2）封域里灵秀，阐述五台山的地理形胜；（3）古今胜迹，考察五台山的寺院、胜迹等；（4）游礼感通，汇集有关文殊化现的感应传说；（5）支流杂述，解释五台山的花草药木等。《古清凉传序》说：

> 紫府名山，七佛师栖真之处；清凉圣境，万菩萨晦迹之方。亘于

---

① 曹刚华总结了佛教方志的四个特点：宗教性、史学性、文献性与地域性，指出："佛教方志就是指记述佛教地理环境与人文环境发展情况的史志，是一种区域性的佛教历史地理著作和资料的总汇。"见《明代佛教方志研究》，北京：中国人民大学出版社，2011年，第2页。

古今,备于图籍。芬馥之异华灵草,莹洁之幽石寒泉,瑞气吐于林中,祥云横于岭上。苍岩入夜,焖焖而灯烛常明;碧洞侵晨,殷殷而鼓钟恒响。老人萧散于溪谷,童子游戏于烟霞;灿灿之楼阁庄严,巍巍之殿堂崇丽。或则高僧远访,或则贵族亲临,观化仪结得道之缘,瞻相好发至诚之愿,修殊因于此日,证妙果于他生。①

依此序可以看出,五台山作为文殊菩萨的化现之地,其地理环境、塔寺规模以及参访朝圣是非常重要的原因。张弓先生提出,佛教界附会《华严经·菩萨住处品》,视五台为文殊示现的清凉山,大约在北魏时期;以法缘、形胜、佛寺、圣迹、灵通传说等为基本内容的五台"释山人文",形成于隋唐之际。②

《古清凉传》对中古"名山信仰"的价值在于,它是五台的"名山信仰"的最初融合,并为释门名山撰述的体例新创一格。后来,宋代延一的《广清凉传》、张商英《续清凉传》,遵循《古清凉传》的范式,增补五台山名山信仰的内涵。尤其是《广清凉传》,作者以分列为主,纪事本末为辅,将记载内容分为菩萨生地见闻功德,菩萨应化总别机缘、菩萨何时来至此山、清凉山得名所因、五台四埵古圣行迹、五台境界寺名圣迹、释五台诸寺方所等23类,每类之间互不干涉。

现存最早普陀山的山志体例,是元代《补陀洛迦山传》。作者采用分目体的方法,交记载内容分为四品、三附录,即自在功德品、洞宇封域品、应感祥瑞品、兴建沿革品、附录、观音大士赞、名贤诗咏七章。明万历年间(1573—1619),云栖袾宏(1532—1612)的弟子周应宾(生卒年不详)以侯志重山而略于寺,因此加以重修,名为《重修普陀山志》。该志凡六卷,分为宸翰、图考、山水、殿宇、规制、建制、灵异、颁赐、命使、释子、物产、艺文、事略、诗,共十四门。民国二十年(1931)王亨彦辑《普陀洛迦新志》,

---

①《古清凉传序》,《大正藏》第51卷,第1092页下。
② 张弓:《汉唐佛寺文化史》(下),北京:中国社会科学出版社,1997年,第716页。

卷一至卷十二依次为本迹、形胜、檀施、梵刹、禅德、营建、规制、流寓、艺文、志余、叙录等。

民国二十七年(1938),德森编辑《九华山志》的体例与《普陀洛迦新志》相同。民国许止净辑《峨嵋山寺》全书共八卷,内容依次为星野图说、菩萨圣迹、全山形胜、寺庵胜概、感应灵异、历代高僧、王臣外护、仙隐流寓、古今艺文、动植物产、蒋编志余。

总结《清凉山志》《峨眉山志》《普陀山志》《九华山志》的体例,可以发现"名山信仰"的要素与内涵。笔者以为,名山信仰的形成,是一个"经典记载、地理形胜、感应传说、塔寺高僧、信徒朝圣、国家支持"的综合历史过程,是中国佛教信仰圈的最明显标志。这六大要素亦是名山志的核心内容,我们一一剖析如下。

1. 经典记载

四大名山作为菩萨道场,经典记载是神圣信仰的来源,是"四大名山"能够形成的首要条件。虽然中国其他名山亦具有其他条件,但是唯独不具此"经典"要素,因此无法形成名山的信仰圈。如天台山、庐山、衡山,皆具有丰富、悠久的佛教信仰传统,与"四大名山"相比,唯独缺乏经典记载的神圣依据。

晋译《华严经·菩萨住处品》记载:"东北方有菩萨住处,名清凉山。过去诸菩萨常于中住,彼现有菩萨,名文殊师利,有一万菩萨眷属,常为说法。"[1]唐译《文殊师利法宝藏陀罗尼经》记载:"我灭度后,于此赡部洲东北方,有国名大振那,其国中有山,号曰五顶。文殊师利童子游行居住,为诸众生于中说法。"[2]结合二经的记载,文殊菩萨道场在大振那国的五顶山或清凉山。

晋译《华严经》记载:"西南方有菩萨住处,名树提光明山,过去诸菩

---

[1]《大方广佛华严经》卷第二十九,《大正藏》第9卷,第590页上。
[2]《佛说文殊师利法宝藏陀罗尼经》,《大正藏》第20卷,第791页下。

萨常于中住,彼现有菩萨名贤首,有三千菩萨眷属,常为说法。"①唐译《华严经》则称为贤胜菩萨②,但是"光明山"作为菩萨道场是相同的。

唐译《华严经》说:"于此南方,有山名补怛洛迦,彼有菩萨名观自在。"③《大唐西域记》卷十记载:"秣刺耶山东有布呾洛迦山……观自在菩萨往来游舍。"④《普门品》中有对观世音菩萨寻声救苦功德的描述。印度的布呾洛迦山实有其山,但是观世音菩萨的慈悲精神与海上守护神的特征,成为普陀山信仰的渊源。

九华山作为地藏菩萨道场,则来自新罗僧人金地藏的应化事迹。

2. 地理形胜

作为名山,必须具备两个地理条件:一、要符合经典描述的地理特征;二、必须具有建立众多寺院的空间,能够成为清净的修行道场。

如澄观根据他在五台山十年的亲自考察,结合印度东北方的五台山有气候严寒、地有五顶的特点,澄观说:"清凉山,即代州雁门郡五台山也,于中现有清凉寺。以岁积坚冰,夏仍飞雪,曾无炎暑,故曰清凉。五峰耸出,顶无林木,有如垒土之台,故曰五台。"⑤山顶不生林木,远远望去,似如垒土之台,故曰五台。以地势高耸,烟雾常积,台顶常隐于雾幕之后,不甚分明,时至天清云散,才有时而现。《古清凉传》作者慧祥对五台山在方位、气候上的条件,与《华严经》中的文殊寓所——清凉山如此雷同,曾表示殊胜和赞叹。如此一处绝尘之境,《括地志》云:"其山……灵岳神巇,非薄俗可栖。止者,悉是栖禅之士,思玄之流。及夫法雷震音,芳烟四合,慈觉之心,邈然自远。"⑥可见,五台山不仅具有神秘和神圣的氛围,也是修道参禅的好地方。

---

① 《大方广佛华严经》卷二十九,《大正藏》第 9 卷,第 590 页上。
② 《大方广佛华严经》卷四十五,《大正藏》第 10 卷,第 241 页中。
③ 《大方广佛华严经》卷六十八,《大正藏》第 10 卷,第 366 页下。
④ 《大唐西域记》卷十,《大正藏》第 51 卷,第 932 页上。
⑤ 《大方广佛华严经疏卷》四十七,《大正藏》第 35 卷,第 859 页下。
⑥ 《古清凉传》卷上,《大正藏》第 51 卷,第 1093 页上。

峨眉山位居西南,而且昼有"佛光",夜有"圣灯",光明常住,符合"光明山"的地理特征。而普陀山,如《补陀洛迦山传题辞》所说:

> 始自唐朝梵僧来睹神变,而补陀洛迦山之名,遂传焉。盘礴于东越之境,窅芒乎巨浸之中,石洞嵌岩,林峦清邃,有道者居之,而阿兰若兆兴焉。自非好奇探幽,乘桴泛槎者,罕能至也。①

普陀山的海岛风光及其地理特点,无疑是普陀洛迦名称的来源。九华山亦是奇秀,高出云表,峰峦叠状,耸立如莲华,其数有九,故为九华山。

3. 感应传说　4. 信徒朝圣

随着四大菩萨经典的传入,各种有关菩萨的传说亦在汉地流传。同时,僧人、信徒在名山的各种宗教体验成为菩萨应验的事迹,从虔诚教徒的口中流传出来,于是不断地激发信众对菩萨的信仰热情,也推动人们前来朝访巡礼。可见,感应传说是名山信仰的发展动力。

五台山的文殊化身、普陀山梵音洞都非常有号召力,吸引无数善男信女前往朝拜。唐代日本和尚圆仁前往五台山时,记载下了自己的心理:

> 此清凉山,五月之夜极寒,寻常着棉襖子。岭上谷里,树木端长,无一曲戾之木。入大圣境地之时,见极贱之人,亦不敢作轻蔑之心;若逢驴畜,亦起疑心,恐是文殊化现欤。举目所见,皆起文殊所化之想,圣灵之地,使人自然对境起崇重之心也。②

圆仁对"文殊化身"的信仰心理,是所有五台山朝圣者的心理。

如《佛祖统纪》载③:宋太祖乾德四年(966),"嘉州屡奏白水寺普贤相见",宋太宗"太平兴国七年(982),嘉州通判王衮奏:近往峨眉提点白水寺修造,见瓦屋山皆变金色,中有丈六金身普贤,次日中午见罗汉二身乘

---

① 《补陀洛迦山传题辞》,《大正藏》第51卷,第1135页中。
② [日]圆仁:《入唐求法巡礼行记》卷二,上海:上海古籍出版社,1986年,第108页。
③ 《佛祖统纪》卷四十三,《大正藏》第49卷,第395页中、398页上。

紫云行空中","普贤祥瑞"使峨眉山获得北宋皇帝的许多直接支持,皇室采取利用和保护佛教的措施,对峨眉山普贤菩萨道场的形成,无疑起了最后促成的关键性作用。

美国华人学者于君方在讨论到普陀山成为观世音菩萨的道场时说:

> 感应故事与朝山圣地在中国观音信仰中扮演重要的角色,两者都有助于观音的本土化及汉化。举凡感应故事、地方传说、文学及艺术都是传扬朝山圣地的媒介,它们在有意朝山的人心目中形成某些期许,甚至可能影响朝圣者的实际体验。朝圣者无论僧俗,都是将地方传统带到全国各地的媒介。①

编撰山志的作者细心蒐集、保存这些传统,这在历代的《普陀山志》都可以发现。所以,感应传说和信徒朝圣是"名山信仰"的重要内涵,两者都有助于观音的本土化及汉化。

5. 塔寺高僧

作为名山,必须具有规模效应,林立的塔寺佛像、高僧辈出才能引发信仰的热潮。五台山在北魏开始有佛教的传播,入齐之后,"宇内塔寺,将四十千;此中伽蓝,数过二百。又割八州之税,以供山众衣药之资焉。据此而详,则仙居灵觇,故触地而繁矣"②。时有灵辩法师造《华严论》一百卷,为中国佛教注疏《华严经》之嚆矢,五台山逐渐成为中国北方研习《华严经》的圣地。至隋唐时代,太宗于此建寺度僧,高宗敕令蠲除税敛,武后还建塔供养,令西京会昌寺沙门会赜于龙朔二年(662)撰成《清凉山略传》一卷,又令僧统德感国师常住五台山清凉寺。唐开元年间,以五台山为中心的文殊信仰盛极一时,形成文殊道场,五台山寺院规模得到极大的扩张。元代和清代推崇密教,五台山密教寺院剧增。明万历年间,

---

① 于君方:《观音:菩萨中国化的演变》,陈怀宇、姚崇新、林佩莹译,台北:法鼓文化,2009年,第387页。
② 《古清凉传》卷上,《大正藏》第51卷,第1094页上。

五台山有寺院三百余座。

5世纪初,慧持在峨眉山创建普贤寺;唐以后,峨眉山的"佛光"现象逐渐传扬。随着人们以"普贤祥瑞"来解说"佛光",再加上北宋统治者的推波助澜,峨眉山逐渐形成普贤道场。明代是峨眉山佛教的鼎盛时期,寺院多达一百七十余座,常住僧侣达三千多人,礼佛信众不计其数。

普陀山从唐大中元年(847)一名印度高僧来山定居开始,后梁贞明二年(916),日僧慧锷建"不肯去观音院",观世音菩萨信仰日益盛行,寺院建筑迅速增加。至道光十二年(1832),依王鼎勋《重修南海普陀山志序》记载:"山中僧寮不下七十余所,缁流及外方挂单约一千余众。"①

唐至德(756—758)年间,九华乡绅诸葛节等为金乔觉创建化城寺,为九华山佛教的开端,逐渐形成"九华一千寺,撒在云雾中"之说。清代周文赟在《九华山志·化城市僧寮记》曾说,天下佛寺之盛,千僧极矣。可见寺院星罗棋布,高僧云集,法会隆重,佛事频繁,如此规模效应才能具有名山的信仰气氛。

6. 国家支持

一座名山的影响扩大,离不开皇帝和朝廷的支持;"四大名山"的提法也需要经过帝王的认可,才能具有权威性。在五台山,北齐诸帝曾"割八州之税,以供山众衣药之资";不空三藏借助代宗的权力,大力推广文殊信仰,大历四年(769),代宗批准不空三藏的奏疏,尊文殊菩萨为天下寺宇食堂中的"上座",钦定普贤菩萨、观音菩萨为"侍者",从而确定五台山为名山之首。②

峨眉山得到北宋皇帝的种种支持:乾德四年(966),宋太祖命内侍张重前往普贤寺庄严佛像;太平兴国五年(980)正月,宋太宗敕内侍张仁赞往成都铸金铜普贤像,高二丈,安奉在白水普贤寺,建造大阁以覆之,于是重修白水普贤、黑水、华严、中峰乾明、光相等五寺;雍熙四年(987),宋

---

① 《普陀山志》,扬州:江苏广陵古籍出版社,1993年,第625页。
② 《贞元新定释教目录》卷十六,《大正藏》第55卷,第887页下。

太宗敕内侍送宝冠、璎珞、袈裟往普贤寺;端拱二年(989),敕内侍谢保意,带领工匠和黄金三百两饰普贤像,再修寺宇,并赐御制文集;大中祥符四年(1011),宋真宗诏赐黄金三千两,增修峨眉山普贤寺,设三万僧斋,每年度僧四人。这样,大大地扩张了峨眉山佛教的声势,减弱了道教的力量,在皇权的支持下,峨眉山在宋代成为闻名中外的普贤道场。明太祖尊峨眉山宝昙和尚为国师;明神宗敕建无梁砖殿以保护普贤骑象,亲书"圣寿万年寺"之额;他又颁诏在山顶新建铜殿,赐以"永时华藏寺"之额。清代康熙皇帝还为峨眉山的寺院撰写诗联匾额,顺治赏赐锡瓦殿明正和尚永乐年间的铜板精印《北藏经》一部。明清帝王的直接支持,促进了峨眉山佛教寺院的增加和交通环境的改善,为信徒朝拜提供了许多方便。

普陀山佛教的发展,主要是受到明清历代帝王的重视。明神宗数度赐藏经与普陀山,崇祯命国戚田弘遇捧御香祈福观音大士;康熙二十八年(1689),命近侍赐帑金千两,建盖山寺;三十八年(1699),康熙驾巡杭州,差太监带着黄金千两,分赐前后两寺,到普陀山进香,而且传旨"山中乃朝廷香火";雍正九年(1731),赐帑金七万两,重建前后两寺。所以,普陀山佛教地位的上升与明清帝王的政治关心是联系在一起的。

九华佛教亦是在明清时代发展起来的。明万历年间,明神宗两次颁赐化城寺藏经;康熙三次遣内侍来进香,并赐额"九华圣境";乾隆四十一年(1776),向化城寺赐额"芬陀普教"。九华山能够上升为"四大名山",与明清政府支持的关系最为密切。

三、名山信仰的建构与"边地情结"的克服

"四大名山"说法的出现可能开始于万历年间,在康熙年间已经成为中国佛教和中国社会的共识。但是,五台山作为佛教圣地,不仅受到中国人的崇拜,亦同样受到印度高僧的尊崇;而宋元以来,峨眉山、普陀山上升为佛教圣地,与印度佛教的衰落、中国佛教"中心主义"相关联。中

国佛教对印度佛教的许多领域,都存在普遍的"边地情结"。① 唐宋之际,中国佛教在佛教信仰、佛教思想、佛教制度三个层面完成本土化的过程,中国人建构了自己的佛教信仰、思想、制度体系。随着印度佛教的衰落,中国作为世界佛教的中心地位更加明显,"四大名山"的出现具有非同凡响的意义。

中国佛教的名山信仰,并不是印度佛教圣地的"复制",而是以"经典记载"为神圣根据,这是名山信仰的神圣性基础;结合"地理形胜"的相似性,通过长期的"高僧修道"、参访,获得国家支持的塔寺建设,最后形成大规模的寺院道场,这是名山信仰的物质性基础;最后,以"感应传说"为崇拜冲动力,引来持续的"信徒朝圣",这是名山信仰的心理性基础。

通过名山信仰的神圣性、物质性、心理性三大基础,中国佛教将文殊、普贤、观音、地藏四大菩萨"移植"到中国,从而克服了中国佛教自身的"边地情结",凸出中国佛教在信仰上的独特性,表现了中国佛教为建构世界佛教中心所作的努力。盛唐文化作为世界文化的中心,对于宋代以来的中国人来说,永远都是一种"中心梦";四大名山的出现,符合了中国人的"中心梦"。

---

① 相关研究王邦维:《佛教的'中心观'对中国文化优越感的挑战》,《国学研究》第 25 辑,2010 年,第 45—53 页;陈金华:《东亚佛教中的"边地情结":论圣地及祖谱的建构》,《佛学研究》第 21 期,2012 年,第 22—41 页。

参考文献

一、《大正藏》

《大明度无极经》,《大正藏》第 8 卷
《小品般若波罗蜜经》,《大正藏》第 8 卷
《法华经》,《大正藏》第 9 卷
《正法华经》,《大正藏》第 9 卷
《金刚三昧经》,《大正藏》第 9 卷
《佛说观普贤菩萨行法经》,《大正藏》第 9 卷
《大方广佛华严经》,《大正藏》第 9 卷
《大般泥洹经》,《大正藏》第 12 卷
《大般涅槃经》,《大正藏》第 12 卷
《胜鬘师子吼一乘大方便广经》,《大正藏》第 12 卷
《佛名经》,《大正藏》第 14 卷
《佛说佛名经》,《大正藏》第 14 卷
《五千五百佛名神咒除障灭罪经》,《大正藏》第 14 卷
《药师如来本愿功德经序》,《大正藏》第 14 卷
《药师琉璃光如来本愿功德经》,《大正藏》第 14 卷
《佛说观弥勒菩萨上生兜率天经》,《大正藏》第 14 卷
《思惟略要法》,《大正藏》第 15 卷
《金光明经》,《大正藏》第 16 卷
《入楞伽经》,《大正藏》第 16 卷
《佛说诸德福田经》,《大正藏》第 16 卷
《药师琉璃光如来消灾除难念诵仪轨》,《大正藏》第 19 卷

《金刚顶瑜伽略述三十七尊心要》,《大正藏》第 19 卷
《首楞严经》,《大正藏》第 19 卷
《佛说文殊师利法宝藏陀罗尼经》,《大正藏》第 20 卷
《大圣文殊师利菩萨赞佛法身礼序》,《大正藏》第 20 卷
《佛说十二佛名神呪校量功德除障灭罪经》,《大正藏》第 21 卷
《摩诃僧祇律》,《大正藏》第 22 卷
《四分律》,《大正藏》第 22 卷
《十诵律》,《大正藏》第 23 卷
《善见律毗婆沙》,《大正藏》第 24 卷
《鼻奈耶序》,《大正藏》第 24 卷
《梵网经》,《大正藏》第 24 卷
《大智度论》,《大正藏》第 25 卷
《法华玄义》,《大正藏》第 33 卷
《华严经探玄记》,《大正藏》第 35 卷
《大方广佛华严经疏》,《大正藏》第 35 卷
《大方广佛华严经随疏演义钞》,《大正藏》第 36 卷
《金光明经文句》,《大正藏》第 39 卷
《首楞严经义疏注经》,《大正藏》第 39 卷
《四分律删繁补阙行事钞》,《大正藏》第 40 卷
《四分律行事钞资持记》,《大正藏》第 40 卷
《昙无德部四分律删补随机羯磨》,《大正藏》第 40 卷
《慈悲道场忏法》,《大正藏》第 45 卷
《御制水忏序》,《大正藏》第 45 卷
《摩诃止观》,《大正藏》第 46 卷
《止观辅行传弘决》,《大正藏》第 46 卷
《释禅波罗蜜次第法门》,《大正藏》第 46 卷
《诸法无诤三昧法门》,《大正藏》第 46 卷
《法华经安乐行义》,《大正藏》第 46 卷
《天台四教仪》,《大正藏》第 46 卷
《南岳思大禅师立誓愿文》,《大正藏》第 46 卷
《国清百录》,《大正藏》第 46 卷
《四明尊者教行录》,《大正藏》第 46 卷
《方等三昧行法序》,《大正藏》第 46 卷
《法华三昧忏仪》,《大正藏》第 46 卷
《法华三昧忏仪勘定元本序》,《大正藏》第 46 卷
《金光明忏法补助仪》,《大正藏》第 46 卷
《炽盛光道场念诵仪拾遗序》,《大正藏》第 46 卷
《炽盛光道场念诵仪》,《大正藏》第 46 卷

《观念阿弥陀佛相海三昧功德法门》,《大正藏》第 47 卷
《转经行道愿往生净土法事赞》,《大正藏》第 47 卷
《安乐行道转经愿生净土法事赞》,《大正藏》第 47 卷
《往生礼赞偈》,《大正藏》第 47 卷
《集诸经礼忏仪》,《大正藏》第 47 卷
《净土五会念佛略法事仪赞》,《大正藏》第 47 卷
《往生净土忏愿仪后序》,《大正藏》第 47 卷
《虚堂和尚语录》,《大正藏》第 47 卷
《宗镜录》,《大正藏》第 48 卷
《敕修百丈清规》,《大正藏》第 48 卷
《历代三宝记》,《大正藏》第 49 卷
《佛祖统纪》,《大正藏》第 49 卷
《佛祖历代通载》,《大正藏》第 49 卷
《释氏稽古略续集》,《大正藏》第 49 卷
《隋天台智者大师别传》,《大正藏》第 50 卷
《大唐故三藏玄奘法师行状》,《大正藏》第 50 卷
《大唐大慈恩寺三藏法师传》,《大正藏》第 50 卷
《唐大荐福寺故寺主翻经大德法藏和尚传》,《大正藏》第 50 卷
《玄宗朝翻经三藏善无畏赠鸿胪卿行状》,《大正藏》第 50 卷
《大唐故大德赠司空大辨正广智不空三藏行状》,《大正藏》第 50 卷
《大唐青龙寺三朝供奉大德行状》,《大正藏》第 50 卷
《高僧传》,《大正藏》第 50 卷
《续高僧传》,《大正藏》第 50 卷
《宋高僧传》,《大正藏》第 50 卷
《比丘尼传》,《大正藏》第 50 卷
《往生集》,《大正藏》第 51 卷
《高僧法显传》,《大正藏》第 51 卷
《大唐西域记》,《大正藏》第 51 卷
《古清凉传序》,《大正藏》第 51 卷
《古清凉传》,《大正藏》第 51 卷
《补陀洛迦山传题辞》,《大正藏》第 51 卷
《弘明集》,《大正藏》第 52 卷
《广弘明集》,《大正藏》第 52 卷
《辩正论》,《大正藏》第 52 卷
《集古今佛道论衡》,《大正藏》第 52 卷
《集神州三宝感通录》,《大正藏》第 52 卷
《代宗朝赠司空大辨正广智三藏和上表制集》,《大正藏》第 52 卷
《法苑珠林》,《大正藏》第 53 卷

《诸经要集》,《大正藏》第 54 卷
《南海寄归内法传》,《大正藏》第 54 卷
《大宋僧史略》,《大正藏》第 54 卷
《释氏要览》,《大正藏》第 54 卷
《出三藏记集》,《大正藏》第 55 卷
《大唐内典录》,《大正藏》第 55 卷
《贞元新定释教目录》,《大正藏》第 55 卷
《佛说观普贤菩萨行法经记》,《大正藏》第 56 卷
《修业要诀》,《大正藏》第 83 卷
《悉昙要诀》,《大正藏》第 84 卷
《四分戒本疏》,《大正藏》第 85 卷
《大乘无生方便门》,《大正藏》第 85 卷
《楞伽师资记》,《大正藏》第 85 卷
《回向文》,《大正藏》第 85 卷
《入布萨堂说偈文等》,《大正藏》第 85 卷
《礼忏文》,《大正藏》第 85 卷
《像法决疑经》,《大正藏》第 85 卷

二、其他藏经资料

《圆觉经大疏钞》,《卍续藏经》第 14 册
《阿弥陀经疏钞》,《卍续藏经》第 22 册
《阿弥陀经疏钞问辩》,《卍续藏经》第 22 册
《金园集》,《卍续藏经》第 57 册
《圆宗文类》,《卍续藏经》第 58 册
《百丈丛林清规证义记》,《卍续藏经》第 63 册
《丛林两序须知》,《卍续藏经》第 63 册
《禅宗颂古联珠通集卷》,《卍续藏经》第 65 册
《慨古录》,《卍续藏经》第 65 册
《楚石梵琦禅师语录》,《卍续藏经》第 71 册
《永觉和尚广录》,《卍续藏经》第 72 册
《憨山老人梦游集》,《卍续藏经》第 73 册
《得遇龙华修证忏仪》,《卍续藏经》第 74 册
《续佛祖统纪》,《卍续藏经》第 75 册
《补续高僧传》,《卍续藏经》第 77 册
《净土圣贤录》,《卍续藏经》第 78 册
《净土圣贤录续编》,《卍续藏经》第 78 册
《五灯全书》,《卍续藏经》第 82 册
《佛祖纲目》,《卍续藏经》第 85 册

《居士传》,《卍续藏经》第 88 册
《首楞严坛场修证仪》,《卍续藏经》第 95 册
《天竺别集》,《卍续藏经》第 101 册
《禅苑清规》,《卍续藏经》第 111 册
《入众须知》,《卍续藏经》第 111 册
《禅林备用清规》,《卍续藏经》第 112 册
《禅林校定清规》,《卍续藏经》第 112 册
《自得慧晖禅师语录》,《卍续藏经》第 124 册
《慈受怀深禅师语录》,《卍续藏经》第 126 册
《华严经海印道场忏仪》,《卍续藏经》第 128 册
《圆觉经修证仪》,《卍续藏经》第 128 册
《依楞严究竟事忏》,《卍续藏经》第 129 册
《圆觉经道场略本修证仪》,《卍续藏经》第 129 册
《释迦如来涅槃礼赞文》,《卍续藏》第 130 册
《释门正统》,《卍续藏经》第 130 册
《法华经疏》,《卍续藏经》第 150 册
《天童弘觉忞禅师北游集》,《嘉兴藏》第 26 册
《紫竹林颛愚衡和尚语录》,《嘉兴藏》第 28 册
《云溪俍亭挺禅师语录》,《嘉兴藏》第 33 册
《频吉祥禅师语录》,《嘉兴藏》第 39 册
《空谷道澄禅师语录》,《嘉兴藏》第 39 册
黄永武主编《敦煌宝藏》,台北:新文丰出版公司,1981 年。

三、古代中国典籍

《峨眉山志》,扬州:江苏广陵古籍刻印社,1997 年。
《福建宗教碑铭汇编·泉州府分册》,福州:福建人民出版社,2003 年。
《弘治徽州府志·恤政》,《天一阁明代方志选刊》,上海:上海古书籍店,1981—1982。
《礼记》,长沙:岳麓书社,2001 年。
《灵峰宗论》,福建莆田广化寺佛经流通处。
《普陀山志》,扬州:江苏广陵古籍刻印社,1993 年。
《全唐文》,上海:上海古籍出版社,1990 年。
《四书章句》,济南:齐鲁书社 1992 年。
《太平广记》,上海:上海古籍出版社,1990 年。
《武林梵刹志》,杭州:杭州出版社,2006 年。
《御定渊鉴类函》,四库全书本。
北京大学图书馆编《北京大学藏敦煌文献》,上海:上海古籍出版社,1995 年。
北京图书馆金石组编《北京图书馆中国历代石刻拓本汇编》第六册,郑州:中州

古籍出版社,1989年。

段成式《酉阳杂俎》,北京:中华书局,1981年。

蓝吉富主编《大藏经补编》,台北:华宇出版社,1986年。

陆增祥《八琼室金石补正》,北京:文物出版社,1985年。

梅应发《开庆四明续志》,《宋元方志丛刊》,北京:中华书局,1990年。

钱邦纂、范承勋增修《鸡足山志》卷六,《中国佛寺志汇刊》第3辑第1册,台北:台湾丹青图书公司,1985年。

钱邦纂、范承勋增修《金陵梵刹志》卷三,《中国佛寺史志汇刊》第1辑第3册,台北:台湾丹青图书公司,1985年。

钱泳《履园丛话》,北京:中华书局,1979年。

司马光《资治通鉴》,北京:中华书局,2007年。

许应钟等重修、谢煌等纂《光绪抚州府志》,台北:成文出版社方志丛书,清光绪二年(1876)刊本影印。

王昶《金石萃编》,北京:中国书店,1985年。

王汲《事物原会》,南京:广陵古籍刻经社,1989年。

王溥《唐会要》,上海:上海古籍出版社,2006年。

王应奎《柳南随笔续笔》,《清代史料笔记丛刊》,北京:中华书局,1983年。

吴自牧《梦粱录》,北京:中国商业出版社,1982年。

杨伯峻《列子集释》,北京:中华书局,1979年。

姚奠中主编《元好问全集》,太原:山西古籍出版社,2004。

俞樾《茶香室丛钞》,北京:中华书局,1995年。

四、研究著作

[法]爱弥尔·涂尔干《宗教生活的基本形式》,渠东、汲喆译,上海:上海人民出版社,1999年。

[日]安藤俊雄《天台学——根本思想及其开展》,苏荣焜译,台北:慧炬出版社,1998年。

白化文等校注《入唐求法巡礼行记校注》,石家庄:花山文艺出版社,1992年。

白金铣《唐代禅宗忏悔思想研究》,台北:文史哲出版社,2009年。

[加]卜正民《为权力祈祷——佛教与晚明中国士绅社会的形成》,南京:江苏人民出版社,2005年。

曹刚华《明代佛教方志研究》,北京:中国人民大学出版社,2011年。

陈兵、邓子美《二十世纪中国佛教》,北京:民族出版社,2000年。

陈独秀《独秀文存》,合肥:安徽人民出版社,1987年。

陈清香《罗汉图像研究》,台北:文津出版社,1995年。

陈垣《明季滇黔佛教考》,石家庄:河北教育出版社,2000年。

陈作霖《南朝佛寺志》卷上,台北:明文书局,1980年。

[日]池田鲁参《国清百录の研究》,东京:大藏出版,1982年。

崔正森《五台山佛教史》，太原：山西人民出版社，2000年；

[日]大村西崖《中国美术史·雕塑篇》，国书刊行会，1980年。

[日]大谷光照《唐代の佛教仪礼》，有光社，1937年。

[日]大野荣人《天台止观成立史の研究》，京都：法藏馆，1994年。

戴晓云《佛教水陆画研究》，北京：中国社会科学出版社，2009年。

[日]道端良秀《唐代佛教史の研究》，京都：法藏馆，1983年。

董志翘《观世音应验记三种译注》，南京：江苏古籍出版社，2002年。

Erik Zürcher, *The Buddhist Conquest of China: The Spread and Adaptation of Buddhism in Early Medieval China*. Leiden: E. J. Brill, 1959.

[英]菲奥纳·鲍依（Fiona Bowie）《宗教人类学导论》(The Anthropology of Religion: An Introduction)，金泽、何其敏译，北京：中国人民大学出版社。

冯友兰《中国哲学简史》，涂又光译，北京：北京大学出版社，1996年。

[德]格奥尔格·西美尔《宗教社会学》，曹卫东译，上海：上海人民出版社。

葛兆光《七世纪前中国的知识、思想与信仰世界》，《中国思想史》第一卷，上海：复旦大学出版社，1998年。

郭颖颐《中国现代思想中的唯科学主义(1900—1950)》，雷颐译，南京：江苏人民出版社，1995年。

郝春文《唐后期五代宋初敦煌僧尼的社会生活》，北京：中国社会科学出版社，1998年。

郝春文《中古时期社邑研究》，台北：新文丰出版公司，2006年。

洪锦淳《水陆法会仪轨》，台北：文津出版社，2006年。

侯旭东《五、六世纪北方民众佛教信仰》，北京：中国社会科学出版社，1998年。

胡适《楞伽宗考》，《胡适文存》第4集，合肥：黄山书社，1996年。

黄敏枝《宋代佛教社会经济史论集》，台北：台湾学生书局，1989年。

黄征、吴伟校注《敦煌愿文集》，长沙：岳麓书社，1995年。

黄征、张涌泉校注《敦煌变文校注》，北京：中华书局，1997年。

Jacques Gernet, *A History of Chinese Civilization*, Translated by J. R. Foster, Cambridge University Press, 1982.

Jacques Gernet, *Buddhism in Chinese Society: An Economic History from the Fifth to the Tenth Centuries*, Translated by Franciscus Verellen. New York: Columbia University Press, 1995. 中译本见《中国5—10世纪的寺院经济》，耿昇译，上海：上海古籍出版社，2004年。

James Robson, *Power of Place: The Religious Landscape of the Southern Sacred Peak*（Nanyue 南岳）*in Medieval China*, Harvard University Press, 2009.

[日]菅野博史《中国法华思想の研究》，东京：春秋社，1994年。

姜伯勤《敦煌艺术宗教与礼乐文明》，北京：中国社会科学院出版社，1996年。

Kenneth Ch'en, *The Chinese Transformation of Buddhism*. Princeton: Princeton University Press, 1973.

昆明市宗教事务局、昆明市佛教协会编《昆明佛教史》,昆明:云南民族出版社,2001年。

赖永海、王月清《宗教与道德劝善》,江苏古籍出版社2002年。

赖永海《中国佛教文化论》,中国青年出版社1999年。

李道业《华严经思想研究》,京都:永田文昌堂,2001年。

李发良《法门寺志》,西安:陕西人民出版社,2000年。

李利安《观音信仰的渊源与传播》,北京:宗教文化出版社,2008年。

李小荣《敦煌密教文献论稿》,北京:人民文学出版社,2003年。

[日]镰田茂雄《中国佛教通史》(第一卷),关世谦译,台湾佛光山出版社1985年。

梁满仓《汉唐间政治与文化探索》,贵阳:贵州人民出版社,2000年。

[日]铃木大拙《禅の语录2·达摩の语录·二入四行论》,筑摩书房,1969年。

[日]铃木大拙《禅思想史研究第三》,岩波书店,东京,1987年。

刘淑芬《中古的佛教与社会》,上海:上海古籍出版社,2008年。

刘长东《宋代佛教政策论稿》,成都:巴蜀书社,2005年。

[日]柳田圣山《初期禅宗史书の研究》,禅文化研究所,1967年。

吕澂《中国佛学源流略讲》,北京:中华书局,1979年。

[德]马克斯·韦伯《儒教与道教》,洪天富译,江苏人民出版社1997年第1版。

[美]麦尔福·史拜罗(Melford E. Spiro)《佛教与社会:一个大传统并其在缅甸的变迁》(*Buddhism and Society*:*A Great Tradition and its Burmese Vicissitudes*),香光书乡编译组译,嘉义:香光书乡,2006年。

[英]麦克·阿盖尔(Michael Argyle)《宗教心理学导论》,陈彪译,北京:中国人民大学出版社,2005年。

牟宗三《佛性与般若》,台北:台湾学生书局,1992年。

[日]木宫泰彦《中日佛教交通史》,陈捷译,《世界佛学名著译丛》第49册,台北:华宇出版社,1985年。

[日]牧田谛亮《六朝古逸观世音应验记の研究》,京都:平乐寺书店,1970年;

[日]那波利贞《唐代社会文化史研究》,东京:创文社,1988年,第3版。

潘桂明、吴忠伟《中国天台宗通史》,南京:江苏古籍出版社,2001年第1版。

潘桂明《智顗评传》,南京:南京大学出版社,1996年。

潘桂明《中国居士佛教史》,北京:中国社会科学出版社,2000年。

P. L. Vaidya (ed.), A ṣṭasāhasrikā-Prajñāpāramitā (BuddhistSanskritText-No. 4)

[日]平川彰《初期大乘と法华思想》,《平川彰著作集》第6卷,东京:春秋社,1997年。

[日]平川彰《初期大乘佛教の研究Ⅱ》,《平川彰著作集》第4卷,东京:春秋社,1997年。

冉万里《中国古代舍利瘗埋制度研究》,北京:文物出版社,2013年。

冉云华《从印度佛教到中国佛教》,台北:东大图书股份有限公司,1995年。

[日]山崎宏《隋唐佛教史の研究》,京都:法藏馆,1967年。
[日]山崎宏《支那中世佛教の展开》,京都:清水书店,1932年。
圣凯《中国佛教忏法研究》,北京:宗教文化出版社,2004年。
圣凯《中国汉传佛教礼仪》,北京:宗教文化出版社,2001年。
释大睿《天台忏法之研究》,台北:法鼓文化事业股份有限公司,2000年。

Stephan Feuchtwang: *Popular Religion in China: The Imperial Metaphor*, Richmond: Curzon Pressss, 2000. 中译本见[英]王斯福《帝国的隐喻:中国民间宗教》,赵旭东译,南京:江苏人民出版社,2009年。

Stephen F. Teiser, *Scripture of the Ten Kings and the Making of Purgatory in Medieval Chinese Buddhism*. Honolulu: University of Hawaii Press, 1994.

Stephen F. Teiser, *The Ghost Festival in Medieval China*. Princeton: Princeton University Press, 1988. 汉译本见《幽灵的节日:中国古世纪的信仰与生活》,侯旭东译,杭州:浙江人民出版社,1998年。

[日]水野清一、长广敏雄合著《云岗石窟》第二卷《云岗金石录》,京都大学人文科学研究所。
孙昌武点校《观世音应验记三种》,北京:中华书局,1994年。
太虚《太虚大师全书》,台北:善导寺佛经流通处印行,1980年第3版。
谭蝉雪《敦煌岁时文化导论》,台北:新文丰出版公司1998年第1版。
汤用彤《汉魏两晋南北朝佛教史》(上、下册),北京:中华书局,1983年。
汪娟《唐宋古逸佛教忏仪研究》,台北:文津出版社,2008年。
汪娟《敦煌礼忏文研究》,台北:法鼓文化事业股份有限公司,1998年。
王亚荣《长安佛教史论》,北京:宗教文化出版社,2005年。
王仲尧《南宋佛教制度文化研究》(上、下册),北京:商务印书馆,2012年。
[日]望月良晃《大乘涅槃经的研究——教团史的考察》,东京:春秋社,1988年。
[美]韦思谛《中国大众宗教》,陈仲丹译,南京:江苏人民出版社,2006年。
[英]维克多·特纳(Victor Turner)《仪式过程:结构与反结构》,黄剑波、柳博赟译,北京:中国人民大学出版社,2006年。
[日]下田正弘《涅槃经の研究——大乘经典の研究方法试论》,东京:春秋社,2000年。
萧登福《道教与佛教》,台北:东大图书公司,1995年第1版。
谢重光《中古佛教僧伽制度和社会生活》,北京:商务印书馆,2009年。
[日]辛嶋静志《正法华经词典》,东京:创价大学国际佛学高等研究所,1998年。
修元禅寺编《虚云老和尚法汇、年谱增订本》,台北修元禅院1997年印赠。
[荷]许理和《佛教征服中国:佛教在中国中古早期的传播与适应》,李四龙、裴勇等译,南京:江苏人民出版社,2003年。
严耀中《佛教戒律与中国社会》,上海:上海古籍出版社,2007年。
颜尚文《梁武帝》,台北:东大图书股份有限公司,1999年。
杨曾文编校《神会和尚禅语录》,北京:中华书局,1996年。

杨曾文校写《敦煌新本六祖坛经》,上海:上海古籍出版社,1993年。
尹富《中国地藏信仰研究》,成都:巴蜀书社,2009年。
印光《印光法师文钞三编》,福建莆田广化寺佛经流通处。
印光《印光法师文钞续编》,福建莆田广化寺佛经流通处。
印光《增广印光法师文钞》,福建莆田广化寺佛经流通处。
印顺《中国禅宗史》,南昌:江西人民出版社,1990年。
印顺《中国佛教琐谈》,《华雨集》第4册,台北:正闻出版社,1993年。
印顺《初期大乘佛教之起源与开展》,台北:正闻出版社,1992年。
[日]永井政之《中国禅宗教団と民众》,东京:内山书店,2000年。
于君方《观音:菩萨中国化的演变》,陈怀宇、姚崇新、林佩莹译,台北:法鼓文化,2009年。
袁刚《隋炀帝传》,北京:人民出版社,2001年。
袁瑾《佛教、道教视野下的焰口施食仪式研究》,北京:宗教文化出版社,2013年。
[日]圆仁《入唐求法巡礼行记》,上海:上海古籍出版社,1986年。
云栖袾宏《莲池大师全集》,上海古籍出版社,2012年。
云栖袾宏《莲池大师全集·遗稿三》,莆田广化寺佛经流通处。
张弓《汉唐佛寺文化史》(上、下),中国社会科学院出版社,1997年。
张弓主编《敦煌典籍与唐五代历史文化》,北京:中国社会科学出版社,2006年。
张总《地藏信仰研究》,北京:宗教文化出版社,2003年。
[日]长谷部幽蹊《明清佛教教团史研究》,京都:同朋舍,1993年。
赵朴初《赵朴初文集》(上卷),北京:华文出版社,2007年,第571页。
郑僧一《观音——半个亚洲的信仰》,郑振煌译,台北:华宇出版社,1987年。
郑振满、丁荷生编《福建宗教碑铭汇编·泉州府分册》,福州:福建人民出版社,2003年。
周齐《明代佛教与政治文化》,北京:人民出版社,2005年。
周叔迦《周叔迦佛学论著集》,北京:中华书局,1991年。
朱执信《朱执信集》(下),北京:中华书局1984年版。
[日]诸户立雄《中国佛教制度史的研究》,东京:平河出版社,1990年。
[日]竺沙雅章《增订版中国佛教社会史研究》,京都:朋友书店,2002年。
[日]诹访义纯《中国中世佛教史研究》,东京:大东出版社,1985年。
[日]佐藤达玄《戒律在中国佛教的发展》,释见憨等译,台北:香光书乡出版社,1997年。
[日]佐藤哲英《天台大师の研究》,京都:百华苑,1961年。
[日]佐藤哲英《续·天台大师の研究》,京都:百花苑,1981年。

五、期刊论文

[日]坂本广博《四种三昧——特に非行非坐三昧と随自意、觉意三昧について》,多田厚隆先生颂寿纪念《天台教学の研究》,山喜房佛书林,东京,1990年。

[日]坂轮宣敬《中国の石窟における法华经の造形表现について》,野村耀昌编《法华经信仰の诸形态》,京都:平乐寺书店,1976年。

陈金华《东亚佛教中的"边地情结":论圣地及祖谱的建构》,《佛学研究》第21期,2012年。

陈玉女《明代瑜伽教僧的专职化及其经忏活动》,《新世纪宗教研究》第3卷第1期,2004年。

成章《江苏禅宗三大名刹——金山寺、高旻寺、天宁寺》,《法音》第5期,1998年。

[日]川口高凤《四分律行事钞にあらわれた引用典籍の研究——经论部》,《曹洞宗研究员研究生研究纪经》第6号,1976年。

[日]船山彻《六朝时代における菩萨戒の受容过程》,《东方学报》第67册,京都,1995年。

[韩]崔福姬《〈古清凉传〉から〈广清凉传〉への文殊信仰の变迁:文殊概念を中心に》,《印度学佛教学研究》第52卷第1号,2003年。

[韩]崔福姬《五台山文殊信仰における化现》,《佛教大学大学院纪要》第33号,2005年。

[日]村中祐生《北齐の奉佛と菩萨の修行法の形成》,《大正大学研究纪要》第76辑,1991年。

[日]村中祐生《楞严经にみる天台教义》,《天台学报》第26号,1984年。

道昱《中国佛教四大名山考》,《普门学报》第45期,2008年。

杜斗城《西秦佛教述论》,《中华佛学学报》第13期卷上·中文篇,2000年。

方广锠《敦煌遗书的〈妙法莲华经〉及有关文献》,《中华佛学学报》第10期,1997年。

[日]福井文雅《都讲の职能と起源——中国·インド交涉の一接点》,[日]栉田良洪先生颂寿纪念论文集《高僧传の研究》,东京:山喜房佛书林,1973年。

[日]福井文雅《讲经仪式における服具の仪礼的意味》,日本佛教学会编《佛教仪礼——その理念と实践》,京都:平乐寺书店,1978年。

[日]福井文雅《讲经仪式の组织内容》,[日]福井文雅、牧田谛亮编《讲座敦煌·7·敦煌と中国佛教》,东京:大东出版社,1984年。

[日]福井文雅《麈尾新考·仪礼的象征の一考察》,《大正大学研究纪要》第56辑,1971年。

[日]冈部和雄《禅僧の注抄と疑伪经典》,《讲座敦煌8·敦煌佛典と禅》,东京:大东出版社,1980年。

高振农《〈法华经〉在中国的流传》,《光山净居寺与天台宗研究》,香港:天马图书有限公司,2001年。

[日]佑藤智水《北朝造像考》,《日本中青年学者论中国史·六朝隋唐卷》,上海:上海古籍出版社,1995年。

[日]广川尧敏《敦煌出土七阶佛名经について——三阶教と净土教との交涉》,《宗教研究》第251号,1982年。

［日］广川尧敏《礼赞》，［日］牧田谛亮、福井文雅编《讲座敦煌·7·敦煌と中国佛教》，东京：大东出版社，1984年。

贺世哲《关于十六国北朝时期的三世佛与三佛造像诸问题（一）》，《敦煌研究》1992年第4期。

贺世哲《敦煌壁画中的法华经变》，敦煌研究院编《敦煌研究文集·敦煌石窟经变篇》，兰州：甘肃民族出版社2000年第1版。

［日］横井克信《中国における内道场の起源について》，《大正大学综合佛教研究所年报》，2006年。

［日］花塚义久《日严寺の建造について》，《印度学佛教学研究》第30卷第2号，1982年。

贾应逸《鸠摩罗什译经与北凉时期的高昌佛教》，《敦煌研究》1999年第1期。

金中枢《宋代几种社会福利制度——居养院、安济坊、漏泽园》，《新亚学术年刊》第10期，1968年。

赖鹏举《炳灵寺169窟无量寿佛龛所涉之义学与禅学》，《东方宗教研究》第2期，1990年。

赖鹏举《关河的三世学与河西的千佛思想》，《东方宗教研究》第4期，1994年。

赖鹏举《后秦僧肇的"法华三昧"禅法与陇东南北石窟寺的七佛造像》，《佛学研究中心学报》第2期。

李四龙《人间性与宗教性》，《普门学报·读后感》，2002年。

林明昌《经世佛教——太虚的新佛教运动》，《普门学报》第10期，2002年。

刘淑芬《北齐标异乡义慈惠石柱——中古佛教社会救济的个案研究》，《新史学》第5卷第4期，1994年。

刘淑芬《慈悲喜舍——中古时期佛教徒的社会福利事业》，《北县文化》第40期，1994年。

刘淑芬《五至六世纪华北乡村的佛教信仰》，《中央研究院历史语言研究所集刊》第63本3分，1993年。

［日］柳田圣山《传法宝纪とその作者——ペリオ三五五九文书をめぐる北宗禅研究资料の札记、その一》，《禅学研究》第53号，1963年。

龙清池《明太祖的佛教政策》，《现代佛教学术丛刊》第15册《明清佛教史篇》，台北：大乘文化出版社，1979年。

［日］平野显照《讲经文の组织内容》，福井文雅、牧田谛亮编《讲座敦煌·7·敦煌と中国佛教》，东京：大东出版社，1984年。

冉云华《中国早期禅法的流传和特点——慧皎、道宣所著"习禅篇"研究》，《华冈佛学学报》第7期，1984年。

Richard B. Mathe, "The Bonze's Begging Bowl: Eating Practices in Buddhist Monasteries of Medieval India and China", *Journal of American Oriental Society*, V. 101:4(1981).

［日］神达知纯《日本对南岳慧思研究之现状》，《光山净居寺与天台宗研究》，香

港:天马图书有限公司,2001年。

〔日〕榊亮三郎《梵藏汉和四译对校翻译名义大集》,《世界佛学名著译丛》第12册,台北:华宇出版社,1984年。

沈海波《北宋初年天台教籍重归中土的史实》,《中华佛学研究》第4期,2000年。

Sheng Kai, "On the Veneration of the Four Sacred Buddhist Mountains in China", *The Eastern Buddhist* 44/2(2013):121-143.

圣凯《知玄与〈三昧水忏〉》,《法音》2001年第11期。

圣凯《论忏悔原语的含义》,《觉群·学术论文集》第一辑,北京:商务印书馆,2001年。

圣凯《论天台忏法的思想及其形成》,中国佛学院学报《法源》总第20期,2002年。

圣凯《论中国佛教忏法的理念及其现代意义》,《法音》2003年第3期。

圣凯《明清佛教"四大名山"信仰的形成》,《宗教学研究》2011年第3期,2011年。

释大睿《中国佛教早期忏罪思想之形成与发展》,《中华佛学研究》第2期,1998年。

释圣严《中国佛教以〈法华经〉为基础的修行方法》,《中华佛学学报》第7期,1994年。

〔日〕石野一晴《补陀落山の巡礼路——浙江省普陀山における17世纪前半の功德碑をめぐって》,《東アジア文化交涉研究》第3号,2010年。

史苇湘《敦煌莫高窟中的福田经变壁画》,敦煌研究院编《敦煌研究文集·敦煌石窟经变篇》,兰州:甘肃民族出版社,2000年。

〔日〕矢崎正见《法华经传译とその形态》,收于坂本幸男编《法华经の思想と文化》,京都:平乐寺书店,1974年。

〔日〕水野弘元《菩提达摩の二人四行说と金刚三昧经》,《驹泽大学研究纪要》第13号;

〔日〕松本文三郎《观音の语义と古代印度、支那におけるその信仰について》,速水侑编《观音信仰》,东京:雄山阁,1991年。

Spiro, Melford E.: "Religion: problems of definition and explanation", Michael Banton (ed.), *Anthropological Approaches to the Study of Religion*. ASA Monogrphs 3. London: Tavistock, 1973.

孙楷第《唐代俗讲轨范及其本之体裁》,周绍良、白化文编《敦煌变文论文录》,上海:古籍出版社,1982年。

〔日〕藤谷厚生《金光明经にもとづく忏悔灭业の仪礼について》,《印度学佛教学研究》第41卷第2号,1993年。

〔日〕土桥秀高《毗尼と忏悔》,《印度学佛教学研究》第26卷第1号,1979年。

王邦维《佛教的"中心观"对中国文化优越感的挑战》,《国学研究》第25辑,2010年。

王德毅《宋代的养老与慈幼》,《宋史研究论集》第2辑,台北:鼎文书局,1972年。

汪娟《唐代弥勒信仰与佛教诸宗派的关系》,《中华佛学学报》第 5 期,1992 年。
王文才《俗讲仪式考》,《敦煌学论集》,兰州:甘肃人民出版社,1985 年。
[日]西口芳男《敦煌写本七种对照观心论》,《花园大学禅学研究》第 74 号,1996 年。
向达《唐代俗讲考》,《唐代长安与西域文明》,北京:三联书店,1987 年。
[日]岩崎日出男《不空の时代の内道场について——特に代宗の时代の内道场に充てられた宫中诸殿の考察を中心として》,《高野山大学密教文化研究所纪要》第 13 号,2000 年。
[日]盐入良道《忏法の成立と智顗の立场》,《印度学佛教学研究》第 7 卷,第 2 号,1959 年。
[日]盐入良道《天台智顗禅师における忏悔の展开》,《大正大学大学院研究论集》第 9 号,1985 年。
[日]盐入良道《中国佛教に於ける礼忏と佛名经典》,结城教授颂寿纪念《佛教思想史论集》,东京:大藏出版社,1964 年。
[日]盐入良道《中国佛教仪礼における忏悔の受容过程》,《印度学佛教学研究》第 11 卷,第 2 号,1963 年。
颜尚文《北朝佛教社区共同体的法华邑义组织与活动——以东魏〈李氏合邑造像碑〉为例》,《佛学研究中心学报》第 1 期,1996 年。
颜尚文《法华思想与佛教社区共同体——以东魏〈李氏合邑造像碑〉为例》,《中华佛学学报》第 10 期,1997 年。
颜尚文《梁武帝的君权思想与菩萨性格初探——以〈断酒肉文〉形成的背景为例》,《国立台湾师范大学历史学报》第 16 期,1988 年。
杨惠南《智顗对秦译〈法华经〉的判释》,《佛学研究中心学报》第 2 期,1997 年。
[日]野村耀昌《中国文化と法华钻仰史の连关》,坂本幸男编《法华经の思想と文化》,京都:平乐寺书店,1974 年。
[日]永井政之《中国佛教成立の一侧面——三佛忌の成立と展开》,《驹泽大学佛教学部论集》第 25 号,1994 年。
[日]由木义文《智顗と普贤观经》,《印度学佛教学研究》第 23 卷,第 1 号,1974 年。
游祥洲《论中国佛教忏悔伦理的形成及其理念蕴涵》,傅伟勋主编《从传统到现代——佛教伦理与现代社会》,台北:东大图书公司,1990 年。
张宝玺《炳灵寺的西秦石窟》,《中国石窟·永靖炳灵寺》,北京:文物出版社、平凡社 1989 年。
张弓《唐代的内道场与内道场僧团》,《世界宗教研究》1993 年第 3 期。
[日]滋贺高义《明初の法会と佛教政策》,《大谷大学研究年报》第 21 卷,1969 年。
[日]诹访义纯《〈四分律含注戒本疏行宗记〉にみる道宣の自叙と三种の道宣传——道宣传の再检讨》,《爱知学院大学文学部纪要》第 20 号,1990 年。

后　记

不要让信仰代替生活,要让生活体现信仰。

当智慧无法到达真理时,信仰就成为唯一的途径。

儿童时代,天天看着村里大人们"跳大神";每年春节,大家抬着神像和"降神"的堂叔一起游村,自己则扛着大旗,跟着"神"游荡在福建、浙江的乡村中;亲眼看着"降神"的堂叔踩在刀刃上,看着堂叔开出治病的药方……那时候,这种信仰生活是自己乃至全村乡亲的重要内容。"神"与我们一起生活着,我们请人为"神"唱戏,"神"为我们看病、保佑着我们的生活。生活,是我们与"神"的连接空间。那座神庙,也是我们儿童时代的游戏空间,我们在里面打牌、杂耍。在那座神庙里,神圣与世俗从来就没有紧张过,我想:这是中国人的最好生活方式。这种经验对于坚定信仰、体验信仰有绝好的好处,因为当信仰变成经验时,信仰就变成了力量。

回想自己的生命历程,信仰似乎不需要理由,从来都是生活的一部分重要内容。"佛"的理性信仰与"神"的经验信仰交融,用理性反思信仰的激情,用经验确定信仰的真实。1998年,当自己开始研究忏法时,信仰生活成为自己的反思对象。而最好的反思途径便是历史的经验,于是忏法研究成为自己的学术领域。虽然南北朝佛教学派研究成为近十多年的主要方向,但是信仰生活研究如同信仰一样,一直引导着自己、激励着自己,断断续续地进行着,心中一直期待三卷本《中国佛教忏法史》的出现。

呈现在大家面前的这本书,缘起于导师赖永海教授当年主编《中国佛教通史》,自己承担"中国佛教徒的信仰与生活"部分。江苏人民出版社副总经理府建明先生多次提及,这部分内容非常重要,希望能够修订后单独出版。本来是一件很容易的事情,可是去年想写一个序论,却引发出有关佛教信仰的本质与变迁之思考,变成了对禅宗形成的思考。今年8月,在五台山举办五台山信仰国际会议,同时带领300多位学员朝拜五台山,在完成一步一拜黛螺顶的朝圣后,突然放下了这段思考。回到北京后,另写一篇呈现在大家面前的序论。

感恩赵元梓同学通读全文,对某些字句表达提供了很好的修改意思;感恩范文丽同学在学业紧张之余,帮我完成参考文献的归类工作。感恩师公上人,耄耋之年,在闭关静修中对我嘘寒问暖;感恩两位师父上人,多年培养之恩,却允许我流浪四方,让自由的我走在学术与教育的道路上。感恩导师赖永海教授、王晓朝教授、万俊人教授,多年的学术教导与提携之恩。感恩加拿大英属哥伦比亚大学陈金华教授,多次邀请我在各种会议上发表有关信仰生活的研究论文。感恩南京大学、清华大学的诸位师友,多年的学术切磋与探讨,激励着自己不断前进。感恩普隐学堂的四众弟子们,用愿力与行动证明信仰的伟大。感恩江苏人民出版社府建明、戴宁宁两位老师,成就出版之缘。感谢果莲居士对我的学术文化出版事业的支持。

信仰的追寻,本身便是追寻有意义的生活。活着,拥有信仰便是有意义的人生,于是乎便能无憾地活在这个世界上。

圣 凯

2015年9月

于清华大学新斋